# METAFÍSICA DEL ALMA DESPUÉS DE LA MUERTE

Un Estudio a través de
Platón, Santo Tomás de Aquino y A. Gálvez

Faustino Ruiz Cerezo

MADISON, WI
2018

*Metafísica del alma después de la muerte* by Faustino Ruiz Cerezo. Copyright © 2018 by Shoreless Lake Press. American edition published with permission. All rights reserved. No part of this book may be reproduced, stored in retrieval system, or transmitted, in any form or by any means, electronic, mechanical, photocopying, recording or otherwise, without written permission of the Society of Jesus Christ the Priest, P.O. Box 157, Stewartsville, New Jersey 08886.

## CATALOGING DATA

Author: Ruiz Cerezo, Faustino 1964—
Title: Metafísica del alma después de la muerte
**Library of Congress Control Number: 2018957606**

ISBN–978-1-7322886-0-7

Published by
Shoreless Lake Press
P.O. Box 157
Stewartsville, New Jersey 08886

Al P. Alfonso Gálvez,
quien me enseñó tres amores extremos:
a Dios, a los hombres y a la verdad.

# Índice general

Prefacio        ix

## I    Cuestiones Preliminares      1

**1  El primer trasfondo del *Banquete***      3
    1.1  Cuestión de hecho y cuestión de derecho . . . . .    3
    1.2  El Olvido de la Tradición . . . . . . . . . . . . .    8
    1.3  El camino hacia la realidad del alma . . . . . . .    15
    1.4  La inteligencia y la emoción . . . . . . . . . . . .    21

**2  El segundo trasfondo del *Banquete***      29
    2.1  La Posición de la Autosuficiencia . . . . . . . . .    29
        2.1.1  El Desprestigio de la Fe . . . . . . . . . .    30
        2.1.2  El Desprestigio de la Razón . . . . . . . .    35
    2.2  El segundo trasfondo del *Banquete* . . . . . . . .    50
    2.3  La actualidad de la cuestión . . . . . . . . . . . .    61

# II  Platón — 73

**3  Los orígenes filosóficos de la inmortalidad — 75**
   3.1  El ambiente griego respecto del 'Más Allá' .... 75
   3.2  Las consecuencias del origen religioso ....... 82
   3.3  La inmortalidad Socrática .............. 87
      3.3.1  La antropología socrática ......... 91
      3.3.2  El principio constitutivo de la ética socrática. .............................. 97
   3.4  La transición a la inmortalidad platónica ..... 103
      3.4.1  El mito del día del juicio en el *Gorgias* .. 107
      3.4.2  La *Anamnesis* en el *Menón* ........ 111

**4  La primera vía platónica: el conocimiento — 121**
   4.1  Introducción ..................... 121
   4.2  El *Fedón* ....................... 124
      4.2.1  Los cuatro argumentos ........... 129
   4.3  Conclusión ...................... 138
      4.3.1  Diversas interpretaciones del *Fedón* .... 141

**5  La melodía principal — 149**
   5.1  Sócrates y Platón ................... 150
   5.2  La aporía del *Lisis* ................. 154
   5.3  El aparente fracaso del *Lisis* ............ 157
   5.4  La recuperación teórica de la línea emotiva ... 171

**6  La segunda vía platónica: Eros — 177**
   6.1  El *Banquete* ..................... 177
      6.1.1  Los textos fundamentales ......... 179
   6.2  La polémica sobre la inmortalidad ........ 184
      6.2.1  R. Hackforth y el escepticismo temporal de Platón. .................... 184

ÍNDICE GENERAL v

      6.2.2   J. S. Morrison y la nueva datación del *Banquete*. . . . . . . . . . . . . . . . . . . 189
      6.2.3   J. V. Luce y su inmediata respuesta a Hackforth . . . . . . . . . . . . . . . . . 193
  6.3   Conclusión . . . . . . . . . . . . . . . . . . . . . 198

# 7   Las reflexiones ulteriores de Platón      205
  7.1   El acceso al alma en los diálogos posteriores . . . 205
  7.2   El alma como principio de movimiento . . . . . . 208
      7.2.1   El diálogo *Fedro* . . . . . . . . . . . . . . 208
      7.2.2   *Las Leyes* . . . . . . . . . . . . . . . . . . 219
  7.3   La división tripartita del alma . . . . . . . . . . . 223
      7.3.1   La tripartición del alma en la *República* . 224
      7.3.2   Las partes del alma en el *Timeo* . . . . . 228
      7.3.3   La inmortalidad en la *República*. . . . . . 231
  7.4   El Demiurgo y el alma en el *Timeo* . . . . . . . . 237
  7.5   Conclusión. . . . . . . . . . . . . . . . . . . . . . 249

# III   Ética, Antropología y Metafísica      251

# 8   Prenotandos a la parte sistemática      253
  8.1   El concepto de síntesis . . . . . . . . . . . . . . . 254
  8.2   Ética, Antropología y Metafísica . . . . . . . . . 263
  8.3   Conceptos fundamentales de la Antropología . . 271
      8.3.1   El alma, sustancia incorpórea . . . . . . . 274
      8.3.2   El alma, forma de un cuerpo orgánico . . 278
      8.3.3   La noción de persona . . . . . . . . . . . 289

# 9   Amar y morir      301
  9.1   Dos realidades específicamente humanas . . . . . 303
      9.1.1   Vocabulario metafísico . . . . . . . . . . . 308

- 9.2 La experiencia de la acción amorosa . . . . . . . . 314
  - 9.2.1 La acción de amar . . . . . . . . . . . . . 318
  - 9.2.2 La relación de amor . . . . . . . . . . . . 328
  - 9.2.3 Persona, ser capaz de amar . . . . . . . . 332
- 9.3 La experiencia del morir . . . . . . . . . . . . . . . 333
  - 9.3.1 El morir como pasión . . . . . . . . . . . 333
  - 9.3.2 La preparación activa para la muerte . . . 339
  - 9.3.3 Persona, ser capaz de morir . . . . . . . . 346

## 10 El pensamiento de A. Gálvez     351
- 10.1 La ausencia de Aristóteles . . . . . . . . . . . . . 351
- 10.2 Una teoría sobre el amar y el morir . . . . . . . . 359
- 10.3 La persona: potencia activa de amar . . . . . . . 363
- 10.4 Persona y naturaleza . . . . . . . . . . . . . . . . 372
- 10.5 El estatuto personal del alma separada . . . . . . 376
- 10.6 Acción de amar y relación de amor . . . . . . . . 386
- 10.7 El fin último de la persona humana . . . . . . . . 394
- 10.8 La exigencia ética, antropológica y metafísica . . 403

## 11 La síntesis platónica     407
- 11.1 Introducción . . . . . . . . . . . . . . . . . . . . . 407
- 11.2 Los Primados fundamentales del Platonismo . . . 410
  - 11.2.1 El Primado de la Idea . . . . . . . . . . . 412
  - 11.2.2 El Primado del Alma . . . . . . . . . . . . 415
  - 11.2.3 El Primado de la Contemplación . . . . . 417
  - 11.2.4 La síntesis: La contemplación de la Idea de Belleza con la fuerza de eros . . . . . . 422
- 11.3 El estatuto ontológico del alma separada . . . . . 426

## 12 La síntesis tomista     437
- 12.1 Las *Quæstiones Disputatæ de Anima* . . . . . . . 437
- 12.2 Los Primados del Tomismo . . . . . . . . . . . . 438

12.2.1 El Primado del *Actus Essendi* . . . . . . . 445
12.2.2 El Primado del Alma . . . . . . . . . . . . 453
12.2.3 El Primado de la Contemplación . . . . . 476
12.2.4 La síntesis: La contemplación de Dios como Verdad . . . . . . . . . . . . . . . . . . 481
12.3 El estatuto del alma separada . . . . . . . . . . 484
12.4 Conclusión . . . . . . . . . . . . . . . . . . . . . 496

**Epílogo**                                                    **497**

**Índice de Autores**                             **509**

**Bibliografía**                                     **519**

# Prefacio

El dogma católico relativo a la Escatología Intermedia afirma que tras la muerte del hombre, su núcleo espiritual, separado del cuerpo, pervive y es sometido a un Juicio Particular según sus obras en espera de la Resurrección final, la Parusía, cuando Cristo venga *"acompañado de todos sus ángeles y se siente en el trono de su gloria (Mt. 25, 31)"* [1]. Pertenece también al contenido de este dogma que las almas de los justos que no tengan nada que purgar, inmediatamente después de la muer-

---

[1] Constitución *Benedictus Deus*, de Benedicto XII, Denzinger, 530s (DS 1000); Concilio V de Letrán, Bula *Apostolici Regiminis*, Denzinger 738 (DS 1440), en la defensa de la inmortalidad del alma frente a la fuerza del Averroísmo; indirectamente el Concilio de Vienne, Constitución *Fidei Catholicae*, Denzinger 481 (DS 902), al declarar como herejía "quod anima rationalis seu intellectiva non sit forma corporis humani per se et essentialiter" frente a las tesis de Juan Olivi; y después del Vaticano II, Pablo VI, *Professio Fidei*, n. 8: AAS 60 (1968) (436), al afirmar que creemos en un solo Dios "Creatorem, in unoquoque homine, animae spiritualis et inmortalis"; Juan Pablo II, Sacra Congregatio pro Doctrina Fidei, *Epistula ad Venerabiles Praesules Conferentiarum Episcopalium de quibusdam quaestionibus ad Eschatologiam spectantibus*, AAS 71 (1979) 939-943 cuyo punto tercero no es sino la afirmación de un elemento espiritual capaz de conocimiento y volición que recibe el nombre de alma según el uso de la Sagrada Escritura y la Tradición.

te (mox post mortem), pasan a un estado de bienaventuranza sin interrupción "usque ad finale iudicium et ex tunc usque in sempiternum",[2] estado que se caracteriza por la visión beatífica de Dios, sin mediación de criatura alguna, y mostrándoseles la divina esencia inmediatamente, desnuda, clara y abiertamente. Y fruto de todo ello, el gozo eterno.[3]

Dos motivos distintos confluyen a la hora de elaborar el presente estudio sobre el estatuto ontológico del alma humana después de la muerte. Y ambos, aunque con grandes implicaciones filosóficas en juego, provienen del campo de la teología, en particular, de la escatología. La justificación de afrontarlos desde el punto de vista de la razón viene dada, tanto por el hecho de la capacidad que ésta tiene de llegar a la demostración de la realidad del alma sin ayuda de la Fe, como por la necesidad de nuestro entendimiento de lograr una síntesis entre las verdades conquistadas por la razón y las recibidas por la Fe.

El primero surge de la polémica actual que en torno a la Escatología Intermedia (período que va desde la muerte individual hasta la Resurrección) se produce entre la sana teología católica y la teología protestante. Es aquí donde entra en juego la inmortalidad del alma. Y el segundo surge de la doctrina, también escatológica, de la visión beatífica y el amor perfecto que en tal estado *las almas* gozarán, en un *momento* en el que, según el pensamiento de Santo Tomás de Aquino, están privadas de su estatuto ontológico de personas.

---

[2] Denzinger 530, (DS 1001).

[3] Denzinger 530, (DS 1000), "quodque sic videntes eadem divina essentia perfruuntur."

**La teología protestante y la inmortalidad del alma.** La teología protestante de principio del siglo XX comenzó, en el marco de la tesis luterana de la *sola fidei*, a impugnar el dogma de la Escatología Intermedia afirmando que la inmortalidad del alma es un postizo helénico (racional) que no pertenece a la Revelación neotestamentaria.[4] Las obras de C. Stange,[5] K. Barth,[6] y en menor medida, O. Cullmann,[7] por citar tan solo a los más representativos, mantienen como patrimonio común la negación de la inmortalidad del alma y la afirmación de una Escatología de fase única en donde el hombre, inmediatamente después de la muerte, resucita.[8] Lo que subyace de fondo en esta postura viene a ser la incapacidad que tiene la razón como potencia hu-

---

[4] "En todos estos planteamientos se sugiere con fuerza que el origen de la escatología de doble fase —más concretamente, de la fase de supervivencia entre la muerte y la resurrección— es helenístico. Sería una contaminación del auténtico pensamiento bíblico, casi un sincretismo de la idea bíblica de resurrección y la teoría filosófica griega de la inmortalidad del alma." Cf. C. Pozo, *Teología del más Allá*, B.A.C, Madrid, 1992, págs. 172–173. Un estudio serio y profundo sobre esta posición de la Teología Protestante así como la historia del problema se encuentra en J. A. Jorge, *Escatología*, Santiago de Chile, Shoreless Lake Press, 2018, págs. 281–320.

[5] Su obra fundamental es *Die Unsterblichkeit der Seele*, Gëtersloh, 1925. Las citas que siguen y los datos del problema están tomados de Cándido Pozo, *Teología del más Allá*, op. cit., págs. 165-324.

[6] K. Barth, *Der Rëmerbrief* München, 1922.

[7] O. Cullmann *Immortalité de l'Ame ou Résurrection des Morts?*, Neuchâtel-Paris, 1956. La tesis de Cullmann es mucho menos radical que la de sus correligionarios, en cuanto acepta un estado intermedio para las almas de los justos, pero en estado de dormición.

[8] La diferencia entre ellos, según Pozo, radica en que para Stange, la muerte es muerte total del ser del hombre y su resurrección es una nueva creación; Barth, a su vez, sostiene que no podemos utilizar categorías temporales ni de distancia una vez que el hombre muere, y por lo tanto, se suprime

mana para descubrir con sus propias fuerzas la pervivencia del principio espiritual del cuál ella misma procede. Con palabras de J. Pieper, hablando de la antropología del materialismo metafísico, para la cual no existe problema más allá de la muerte de ese trozo de materia que es el hombre, "con horror hemos podido comprobar que dentro de la teología protestante moderna se defiende una tesis que, de hecho, aunque parta naturalmente de otros presupuestos, viene a significar completamente lo mismo: 'La muerte del hombre es en todo rigor un *se acabó* y no un callado *seguir* y *pervivir*'; 'para la fe cristiana no hay inmortalidad'."[9]

Las consideraciones anteriores ponen de manifiesto la descalificación que, por parte de la Teología Protestante actual, se hace no solo de la inmortalidad del alma en tanto revelada en el N.T., sino también la posibilidad de un conocimiento natural que demuestre la pervivencia de ella una vez acaecido el acontecimiento de la muerte. Esta razón sería suficiente para volver a estudiar y analizar cuáles fueron los caminos y en qué se apoyaban los grandes filósofos de Grecia para llegar a la afirmación de la existencia de un núcleo espiritual cuya principal propiedad era la inmortalidad. Obras como el *Fedón* o el *Banquete* de Platón, o el tratado *Sobre el Alma* y la *Ética a Nicómaco* de Aristóteles, presentan al hombre como poseyendo algo divino en su estructura y dan razones de la inmortalidad tanto por el camino del análisis del conocimiento y la ciencia, como por la

---

el tiempo entre el acontecimiento de la muerte y su resurrección. Cf. C. Pozo, *Teología del más Allá*, op. cit., págs. 176–179.

[9] J. Pieper, *Muerte e Inmortalidad*, Herder, Barcelona, p. 166. Las citas son de los teólogos protestantes Helmut Thielicke, *Tod un Leben*, y de Gerardus van Der Leeuw, *Phänomenologie der Religion*, Tubinga, 1933, respectivamente.

vía del amor y el deseo.[10] Pongamos como botón de muestra, entre otros muchos más que se podrían aducir, el siguiente texto de la *Ética a Nicómaco*, hablando sobre el último fin, la vida contemplativa y el elemento inmortal que existe en el hombre:

> "Tal vida, sin embargo, sería demasiado excelente para el hombre. En cuanto hombre, en efecto, no vivirá de esta manera, sino en cuanto hay en él algo divino, y en la medida en que ese algo es superior al compuesto humano, en esa medida lo es también su actividad a la de las otras virtudes. Si, por tanto, la mente es divina respecto del hombre, también la vida según ella es divina respecto de la vida humana. Pero no hemos de tener, como algunos nos aconsejan, pensamientos humanos puesto que somos hombres, ni mortales puesto que somos mortales sino en la medida de lo posible inmortalizarnos y hacer todo lo que está a nuestro alcance por vivir de acuerdo con lo más excelente que hay en nosotros."[11]

Pero esta situación es aun más urgente de ser tratada por una Filosofía Cristiana[12] cuando un número grande de teólogos católicos se ha hecho eco de las tesis protestantes y, en contra del Magisterio de la Iglesia, rechazan la Escatología Intermedia. Así L. Boros quien, negando la dualidad antropológica de cuerpo y alma, afirma, paradójicamente, la existencia "de un núcleo

---

[10] J. Eduardo Rivera, *El Banquete. Una Vía hacia Dios*, Ediciones Universidad Católica de Chile, Santiago, 1983.

[11] Aristóteles, *Ética a Nicómaco*, Gredos, Madrid, 1981, X, 7, 1177b-1178a. Edición bilingüe y traducción por M. Araujo y J. Marías.

[12] La filosofía aquí asumida es la calificada como Cristiana, y por ello se inserta en la posición que mantiene Gilson sobre la existencia de una Filosofía con tal calificativo. Cf. Étienne Gilson, *Elementos de Filosofía Cristiana*, Rialp, Madrid, 1960; *L'Esprit de la Philosophie Médiévale*, Vrin, París, 1944.

personal que abandona el cadáver en el momento de morir"[13], el cual estaría revestido de materialidad, siendo el instante de la muerte el mismo de la resurrección.[14]

Es precisamente en este contexto de lucha, por un lado, entre una concepción protestante actual con amplias ramificaciones católicas que desvaloriza la inmortalidad del alma por ser una categoría helénica y un Magisterio de la Iglesia, por otro lado, asistido por el Espíritu Santo, que se apoya en la Biblia y en la Tradición para admitir la inmortalidad, sin excluir que la razón pueda llegar al conocimiento de esta doctrina por sus propias fuerzas,[15] en donde se encuadraría uno de los aspectos que el presente estudio va a tratar desde un punto de vista natural o racional. Y precisamente lo que se intenta aquí es dar mayor entidad al alma humana o, si se prefiere, sostener que es la misma dignidad ontológica la que tiene el alma humana antes y después de la muerte.

---

[13] Cándido Pozo, *Teología del más Allá*, op. cit., p. 308.

[14] Entre otros autores que de forma directa o indirecta cuestionan esta parte de la Escatología mediante el ataque a las categorías helenísticas, J. L. Ruiz de la Peña, *La Otra Dimensión. Escatología Cristiana*, Santander, 1986; J. M. González Ruiz, "¿Hacia una Desmitologización del 'Alma Separada'?", *Concilium*, 1969.

[15] Rom. 1,19: "Invisibilia enim ipsius a creatura mundi per ea, quae facta sunt, intellecta conspiciuntur, sempiterna eius et virtus et divinitas, ut sint inexcusabiles." Aunque el hombre puede llegar a conocer con la razón algunas de las verdades de la Fe, era necesaria y conveniente la Revelación. Cf. Santo Tomás de Aquino, *Summa Contra Gentiles*, 1, 4; *Summa Theologiæ*, 1 q. 1 a. 1; II-II q. 2 a. 4. La demostración de la inmortalidad del alma pertenece, según Santo Tomás, a los *preambula fidei*.

**El problema del amor en la escatología intermedia.** La segunda fuente que motiva a investigar el estatuto del alma *mox post mortem* es una incompatibilidad que, por lo demás, resulta paradójica. Por supuesto, incompatibilidad solo en nuestro pensamiento y no en la realidad, desde el momento en que no existe contradicción entre la Fe cristiana y lo aportado por el conocimiento racional como verdadero. Si es que se da la incompatibilidad, ha de ser necesariamente algún error, o alguna apariencia que este pasando como real en nuestra razón. Incompatibilidad que exigiría dos tesis enfrentadas y una razón de contradicción.

La aparente incompatibilidad ocurre cuando, por un lado, la doctrina revelada afirma que el alma de los justos, separada del cuerpo, obtiene como premio, gozar del amor de Dios, ya sin intermediarios,[16] justo en el momento, y aquí estaría el otro extremo, en que la filosofía de Santo Tomás de Aquino le niega el estatuto de persona al alma humana. Uno de los textos más claros de esta postura del Doctor Angélico es el siguiente:

> "El alma es una parte de la naturaleza humana. Y por ello, como separada, aunque retiene la naturaleza de la unión (al cuerpo), no puede ser llamada substancia individual, hipóstasis o substancia primera, como tampoco lo puede ser ni la mano ni cualquier otra parte del hombre. Y por ello no le compete ni la definición de persona ni el nombre."[17]

---

[16] I Cor. 13, 12: "Videmus enim nunc per speculum in aenigmate, tunc autem facie ad faciem; nunc cognosco ex parte, tunc autem cogonoscam, sicut cognitus sum."

[17] Cf. Santo Tomás de Aquino, *Summa Theologiæ*, I, q. 29, a. 1, ad. 5.

Y la razón de la incompatibilidad viene por el hecho de que, más que en ningún otro acto propio del hombre, amar y ser amado requieren el estatuto de persona. El amor es eminentemente personal. Esto ha quedado claramente expresado en los dos volúmenes de una obra de reciente aparición que trata sobre el Amor de Dios, o como dice el autor, "su único propósito es el de esbozar unos apuntes sobre el misterio del amor, según lo que de esta realidad puede descubrirse, o bien en Dios —que es Amor infinito—, o bien en el hombre, al que le ha sido otorgada por gracia."[18] La idea de que la relación de amor no puede darse sino entre un *yo* y un *tú* personal recorre toda la obra, bien sea el que se da en el seno de la Trinidad, bien el propio y participado del hombre con Dios y de Dios con el hombre, bien, por último, el puramente humano:

> "El amor va a ser estudiado aquí como una realidad, que primariamente, responde a la *estructura* trinitaria de la divinidad: Dios es Amor, y hay en él pluralidad de personas porque la pluralidad de personas pertenece a la esencia del amor. O dicho de otra manera: Si Dios es amor, tiene que haber en él pluralidad de personas, puesto que el amor no es nunca unipersonal, sino que su esencia consiste precisamente en ser el amor de un *yo* a otro *yo* que, a su vez y recíprocamente, se convierten en un *tú* y otro *tú*."[19]

Es decir, al no poder atribuir este estatuto de persona al alma, separada del cuerpo tras la muerte, el amor divino-humano

---

[18] A. Gálvez, *Comentarios al Cantar de los Cantares*, vol. I, Shoreless Lake Press, New Jersey, 1994, p. 64, n. 2.

[19] A. Gálvez, *Comentarios al Cantar de los Cantares*, vol. I, op. cit., p. 16.

quedaría sin fundamento por parte del hombre al no ser persona el alma humana en su estado de beatitud. Es por ello por lo que el autor, hablando del 'misterioso intercambio de vidas' que produce el amor y de la 'transformación en el otro que el amor lleva a cabo', afirma que nunca puede llegar a ser de tal grado que aniquile el punto de origen del que procede la relación amorosa: "Ante todo es necesario dejar bien establecido que esta transformación no significa la pérdida de la personalidad de ninguno de los amantes. Sería algo que atentaría contra la esencia misma del amor. La inviolabilidad e independencia del yo de cada uno de los que se aman es condición necesaria para la existencia del amor... Así es como el amor, no solamente no implica fusión en un todo, con la pérdida de la personalidad de cualquiera de los amantes, sino que —muy al contrario— se teje siempre sobre el cañamazo de una cierta oposición."[20]

En este mismo libro, A. Gálvez hace referencia a esta incompatibilidad con la situación de las almas en la Escatología Intermedia y el amor divino-humano que en tal estado poseerán por gracia, dejando su solución a los teólogos ya que "no corresponde a este lugar examinar un problema teológico tan delicado"; tan solo propone como posible vía de entendimiento el hecho de la referencialidad del alma humana hacia su yo constitutivo: "baste con decir que se trata de las almas de los bienaventurados", trayendo a colación lo mantenido por Santo

---

[20] A. Gálvez, *Comentarios al Cantar de los Cantares*, vol. I, op. cit., págs. 269-270. Y otro texto, de gran claridad: "...un amor absolutamente puro y limpio (incluso sobrenaturalizado) tiene por objeto y término, como siempre, a la persona amada, y no meramente a su alma." p. 366, n. 50.

Tomás.[21] No obstante, en el vol. II de su *Comentario al Cantar de los Cantares*, el axioma de que el amor es esencialmente una relación de oposición entre dos personas, se presenta todavía de una forma más drástica, detectando el grave problema que plantea hablar de *alma* en vez de *persona*: "Si en el amor no existieran personas distintas, y aun opuestas como tales, no cabría la posibilidad de que cada una de ellas *saliera* de sí misma para entregarse a la otra. La entrega amorosa sería impensable allí donde no hubiera *alguien* capaz de recibir tal entrega, desde el momento en que no puede haber donación y recepción sino entre personas diferentes. Aquí cabe también la posibilidad de algún fallo de enfoque en la doctrina clásica... Lo que quiere decirse aquí es que, en las relaciones de amor —en este caso referidas al hombre—, parece algo inapropiado hablar meramente del *alma*, puesto que en realidad es de las personas de quien se puede decir con más propiedad que aman y son amadas."[22] Y por eso la reflexión desde el punto de vista teológico sobre nuestro específico tema es más profunda en este segundo volumen y apunta directamente a la solución que aquí se quiere proponer, pero desde el punto de vista de la razón: "Partiendo de que el alma humana separada sigue siendo capaz, aun independientemente del cuerpo, de realizar operaciones cognoscitivas y volitivas, y admitida por el mismo Santo Tomás su condición

---

[21] A. Gálvez, *Comentarios al Cantar de los Cantares*, vol. I, op. cit., p. 370 n. 58. Y la cita de Santo Tomás de Aquino, *Summa Theologiæ*, I, q. 75, a. 2 ad 2.

[22] A. Gálvez, *Comentarios al Cantar de los Cantares*, vol. II, Shoreless Lake Press, New Jersey, 2000, p. 30.

de ente subsistente, tal vez sería interesante encontrar una vía capaz de reconocerle al menos una cierta personalidad."[23]

**Finalidad de esta obra.** Nuestro trabajo tratará de investigar las razones por las que en Santo Tomás, y por lo tanto, en la tradición de la Escuela hasta nuestros días, la muerte es capaz de privar de aquello que hay de más perfecto en el hombre;[24] y proponer, al mismo tiempo, los cauces para la afirmación contraria, a saber, que el estatuto de persona no se pierde con la muerte. Tiene como fin indagar si la muerte del hombre es un acontecimiento que le afectaría en tal grado y manera que perdería su estatuto de persona; o si, por el contrario, la muerte se situaría dentro de esa cadena de acontecimientos (bien sea relativos a su índole corporal, bien sea a su índole espiritual) que, sucediéndole a un *yo* personal, no es de tal magnitud que pueda erradicar lo más íntimo y profundo que posee el hombre.

En el primer caso la muerte sería el último acto —o tal vez una pura pasión, en el sentido escolástico de este término— y el fin del hombre como persona humana; en el segundo caso, la muerte, siendo una tragedia, sería el tránsito de una forma de vida corporal a una forma de vida, no natural, sin cuerpo, acaecida en el mismo sujeto personal. Y como nos quedamos en el nivel puramente filosófico, no se hará mención del dato de la fe sobre la resurrección final de los cuerpos, aunque sí sea de la competencia de la razón establecer su no-imposibilidad. Como

---

[23] A. Gálvez, *Comentarios al Cantar de los Cantares*, vol. II, op. cit., p. 393.

[24] "Persona significat id quod est perfectissimum in tota natura." Cf. Santo Tomás de Aquino, *Summa Theologiæ*, I. q. 29, a. 3, Resp.

dice Millán-Puelles, "el saber filosófico no tiene capacidad para dar una prueba de este dogma de fe, pero puede, no obstante, demostrar que la resurrección de nuestro cuerpo no es ningún imposible. En efecto, por una parte, esa resurrección no contradice la índole propia del espíritu y, por otro lado, tampoco es contradictoria con la Omnipotencia divina."[25]

Pero antes de señalar qué vías de investigación garantizan una inmortalidad de la persona es necesario destacar los presupuestos sobre los que se desarrollará nuestra disertación. Presupuestos que se insertan en la herencia doctrinal de carácter aristotélico-tomista que ha ido construyendo un sistema de verdades, a partir de los datos de la experiencia, que se apoyan en unos principios primeros que al ser evidentes *per se*, carecen de toda demostración. En este sentido la verdad en filosofía, por razón de la dificultad de su objeto, es algo que se va adquiriendo en profundidad con el paso del tiempo a partir de principios evidentes a cuyo estudio se dedica la filosofía primera, tal y como era concebida desde Aristóteles.[26]

**Presupuestos.** El planteamiento de nuestro tema se sitúa en el marco de la Filosofía de la Escuela y del Tomismo o, como antes se ha dicho, en el interior de una Filosofía Cristiana. Acepta, por lo tanto, la composición de alma y cuerpo, la dualidad de principios en la unidad de la substancia humana, como un caso concreto, aunque desbordante, de la composición general de

---

[25] A. Millán-Puelles, *Léxico Filosófico*, Rialp, Madrid, 1982, p. 368.

[26] "Lo que ahora queremos decir es esto: que la verdadera Sabiduría versa, en opinión de todos, sobre los primeras causas y sobre los primeros principios." Cf. Aristóteles, *Metafísica*, I, 2, 981b 27–982a 3, Gredos, Madrid, 1982, edición trilingüe por Valentín García-Yebra.

materia y forma de todo ente móvil cuyo marco conceptual no es sino la teoría hilemórfica de Aristóteles. La aceptación de la dualidad de principios o co-principios entitativos en el hombre implica necesariamente el rechazo, por ser incompatibles entre sí, de todas aquellas explicaciones que reducen el hombre a uno de sus dos co-principios, ya sea que identifiquen al hombre con la sola alma;[27] o que lo reduzcan a pura evolución de la materia, sin ningún elemento inmaterial que dé razón de las operaciones superiores del hombre, como fue el caso de las antropologías surgidas al hilo del evolucionismo en cuanto hipótesis explicativa del origen del hombre,[28] tales como las de Huxley o Spencer.

Por lo demás, la aceptación de la dualidad de principios, alma y cuerpo, en la unidad de un ser humano concreto, no es sino fruto de un conjunto de experiencias que de mí mismo tengo, en cuanto que me vivo como poseyendo un cuerpo que me pertenece y del que uso de una forma muy distinta a como uso la ropa o el martillo; es decir, algo que me es interno a mí mismo; por el que entro en contacto con los demás seres materiales que me rodean; un cuerpo que en su crecimiento, desarrollo y enve-

---

[27] Todas las corrientes espiritualistas que han surgido al calor del Platonismo. Cf. Étienne Gilson, *El Espíritu de la Filosofía Medieval*, Emecé, Buenos Aires, 1952, traducción de Ricardo Amaya, págs. 177-194.

[28] Entre los principios filosóficos que el evolucionismo pasa por alto estaría el principio evidente de causalidad, en cuanto hace emerger de la propia virtualidad de la materia un efecto para el que no estaba capacitada la propia causa: el efecto no puede superar a la causa o, utilizando nuestro lenguaje usual, *nadie da lo que no tiene*. Por eso dice A. Millán-Puelles que "si la causa debe tener al menos tanta virtualidad como el efecto, solo es posible que el hombre sea causado por el hombre o —si se plantea la cuestión del primer ser humano y la de la omnipotencia divina— por otro ser superior al hombre mismo." Cf. A. Millán-Puelles, *Fundamentos de Filosofía*, Rialp, Madrid, 1965, p. 412.

jecimiento no es sino el cambio producido en un mismo sujeto. Pero también, precisamente porque soy capaz de percibirme a mí mismo como el sujeto que unifica todas esas experiencias y de formar un conocimiento universal (en el sentido de superar la individualidad del hecho particular de la experiencia) puedo concluir que no todo mi ser se reduce a ser cuerpo, sino que requiere de otro principio capaz de realizar operaciones de carácter inmaterial: "Por consiguiente, no solo tenemos cuerpo, sino también espíritu; y, así como en cierta forma somos realmente el cuerpo que en calidad de nuestro, en la acepción más esencial e íntima, sentimos, así también en cierta forma somos el espíritu que tenemos y por virtud del cual estamos capacitados para todos nuestros actos de entender y para todas las voliciones realizables por nuestra potencia volitiva."[29]

Al mismo tiempo, se rechaza toda concepción antropológica que reduzca el hombre a una mera yuxtaposición de sus dos principios constitutivos, o bien a una unión accidental por ser incompatible con la experiencia que cada uno tiene de ser un individuo (no divisible sin ser destruido como tal) junto a la conciencia que se tiene de la multiplicidad de las potencias operativas en un mismo yo que así las vive. Es el mismo yo el que estaba en el error y ahora está en la verdad; o el que se duerme y se despierta; en definitiva el que permanece en el cambio. Aquellas doctrinas antropológicas que establezcan un lazo tan débil entre el alma y el cuerpo como el que sucede en la unión accidental, o aquellas otras que, partiendo de la crítica de Hume al principio de causalidad, niegan cualquier sujeto permanente en el hombre, reduciéndolo a un conjunto de actos sin ninguna conexión, han de ser descartadas aquí por ser contradictorias

---

[29] A. Millán-Puelles, *Fundamentos de Filosofía*, op. cit., p. 359.

con el punto de partida que se mantiene en esta obra: la unidad substancial del compuesto humano.[30]

**Desarrollo del tema.** Dos vías se abrieron en la filosofía antigua para llegar a la afirmación de que en el hombre 'hay algo de divino'[31] e inmortal y que ese 'algo' no era sino el alma cuando se dirige hacia lo que 'es puro, eterno, inmortal e inmutable.'[32] Considerando el orden de importancia que en la historia de la filosofía han tenido posteriormente, la primera de ellas fue la vía del conocimiento y la de la ciencia. Puesto que el hombre era capaz de contemplar lo Bueno en sí y lo Bello en sí, bien sea como Ideas subsistentes (Platón), o como Formas abstraídas de sus condiciones materiales (Aristóteles), se seguía la necesidad de encontrar un principio, dentro de él, que diera cuenta de las condiciones que tal conocimiento requería. Como el carácter inmaterial era lo que unía tanto a la Idea platónica como a la Forma aristotélica, de ahí se concluía la existencia de un núcleo en el hombre, que siendo inmaterial, fuera capaz de poseer tal

---

[30] Esta viene a ser la tesis mantenida por Millán-Puelles, en consonancia con la tradición aristotélico-tomista, y entablando un diálogo con los filósofos modernos y contemporáneos de la altura de Descartes, Kant, Fichte, Hegel, Brentano, Husserl, Heidegger y Sartre, en su libro *La Estructura de la Subjetividad*, Rialp, Madrid, 1967. Tan importante es este libro que, según afirma J. Ferrer Arellano en "Fundamento Ontológico de la Persona. Inmanencia y Trascendencia", *Anuario Filosófico*, XXVII/3, 1994, p. 896: "se ha dicho justamente que si Aristóteles es el protagonista de la operación de aterrizaje de las celestes esencias platónicas, Millán-Puelles lo es del aterrizaje de la conciencia idealista."

[31] Aristóteles, *Ética a Nicómaco*, X, 7, 1177b 26, sgs.

[32] Platón, *Fedón*, 70c, editado en, *Diálogos: Fedón, Banquete, Fedro*, vol. III, Gredos, Madrid, 1988. Traducciones, introducciones y notas por C. García Gual, M. Martínez Hernández, E. Lledó Íñigo.

conocimiento. En razón de este carácter inmaterial, Sócrates piensa que existe un principio en el hombre que es capaz de contemplar lo Igual en sí y lo Bello en sí:

> —"(Socr.) ¿No es cierto que éstas (multitud de cosas bellas), puedes tocarlas y verlas y captarlas con los demás sentidos, mientras que a las que se mantienen idénticas no es posible captarlas jamás con ningún otro medio, sino con el razonamiento de la inteligencia, ya que tales entidades son invisibles y no son objeto de la mirada?
> —(Cebes) Por completo dices verdad —contestó."[33]

Y porque nuestro entendimiento puede llegar a conocer lo caliente sin quemarse, y lo frío sin enfriarse, y así conocer lo sensible sin las condiciones reales de lo sensible, era necesario para Aristóteles que el entendimiento fuera incorpóreo o separable de la materia. En el *De Anima*, lo expone con suficiente claridad:

> "Así pues, el denominado intelecto del alma -me refiero al intelecto con que el alma razona y enjuicia- no es en acto ninguno de los entes antes de inteligir. De ahí que sería igualmente ilógico que estuviera mezclado con el cuerpo; y es que en tal caso poseería alguna cualidad, sería frío o caliente y tendría un órgano como lo tiene la facultad sensitiva; pero no lo tiene realmente... Así pues, digamos en general que el intelecto es separable en la misma medida en que los objetos son separables de la materia."[34]

---

[33] Platón, *Fedón*, op. cit., 79a.

[34] Aristóteles, *De Anima*, III, 4, 428-430, Gredos, Madrid, 1988. Introducción, traducción y notas de T. Calvo Martinez.

Y a este principio rector del conocimiento, de carácter 'noble, puro e invisible',[35] ya sea en lucha constante con su cuerpo y sus inclinaciones mediante una purificación por la que no sea perturbado ni por el 'oído, ni la vista, ni dolor ni placer alguno',[36] en orden a ir liberándose de las ataduras de la cárcel hasta que llegue la muerte esperada y poder llegar junto a hombres buenos y junto a los dioses, nuestros amos;[37] ya sea como la 'entidad en cuanto forma específica de un cuerpo natural que en potencia tiene vida'[38] orientada, para su perfecta felicidad, a la consecución de la Sabiduría,[39] y así poder participar de lo divino e inmortalizarse, es a lo que, tanto Platón como Aristóteles, llamaron alma.

La segunda vía para el descubrimiento de la realidad del alma, abierta en la Filosofía de Grecia aunque con menos fuerza que la via del conocimiento, es la vía del amor platónico o *eros*, mediante el cual el alma alcanza la divinidad,[40] por poseer una

---

[35] Platón, *Fedón*, op. cit., 80d.

[36] Platón, *Fedón*, op. cit., 65c.

[37] "(Soc.) Pero sabed bien ahora que espero llegar junto a hombres buenos, y eso no lo aseguraría del todo; pero que llegaré junto a los dioses, amos muy excelentes, sabed que yo lo afirmaría por encima de cualquier cosa." Cf. Platón, *Fedón*, op. cit., 64bc.

[38] Aristóteles, *De Anima*, op. cit., 412a 20-23.

[39] "Si la felicidad es una actividad conforme a la virtud, es razonable que sea conforme a la virtud más excelente, y ésta será la virtud de lo mejor que hay en el hombre. Sea, pues, el entendimiento o sea alguna otra cosa lo que por naturaleza parece mandar y dirigir y poseer intelección de las cosas bellas y divinas, siendo divino él mismo o lo más divino que hay en nosotros, su actividad de acuerdo con la virtud que le es propia será la felicidad perfecta. Que es una actividad contemplativa, ya lo hemos dicho." Cf. Aristóteles, *Ética a Nicómaco*, op. cit., X, 7, 1177b.

[40] J. Eduardo Rivera, *El Banquete. Una Vía hacia Dios*, op. cit.

orientación hacia ella en su mismo ser. El inicio del discurso de Aristófanes en el *Banquete* revela tanto la novedad de la vía amorosa como su falta de desarrollo: 'A mi me parece que los hombres no han conocido en absoluto la potencia del eros'. Y es que esta potencia está incrustada tan profundamente en el alma que se constituye desde el inicio como '*el* anhelo, *el* ansia, y *el* deseo fundamental del hombre, vale decir, el anhelo de *lo absoluto*, de Dios.'[41] Pero, puesto que Aristófanes no logra concebir a qué aspira su alma cuando se deja llevar del impulso del *eros*, así como tampoco el resto de los participantes logran su objetivo, es Sócrates, en la segunda parte del diálogo, quien elabora un ascenso del alma a Dios a través del amor. *Eros*, ese anhelo de Dios constitutivo del alma, por ser necesidad de Dios, se lo concibe como una especie de *daimon* mortal e inmortal cuyo oficio no es sino 'traducir y transportar a los dioses, las cosas de los hombres y a los hombres las cosas de los dioses'[42] ya que Dios no se mezcla con los hombres. Para ello, se inicia una ascensión del alma humana que pasa a través de los cuerpos bellos hasta llegar a la cima de la Belleza, de lo Trascendente, de Dios mismo. Así, 'el eros es un impulso metafísico que saca al hombre de sí mismo (una *manía* o locura divina) y lo hace trascender hacia el ser de todas las cosas, hacia la idea suprema.'[43] En definitiva, un anhelo que empieza siendo deseo amoroso y culmina en la contemplación de la Belleza en sí.

Podría decirse que el *Banquete* ha sido el primer intento de la filosofía por incorporar a su bagaje lo que la religión (en

---

[41] J. Eduardo Rivera, *El Banquete. Una Vía hacia Dios*, op. cit., p. 24.

[42] J. Eduardo Rivera, *El Banquete. Una Vía hacia Dios*, op. cit., págs. 31-32.

[43] J. Eduardo Rivera, *El Banquete. Una Vía hacia Dios*, op. cit., p. 32.

este caso la mitología) le proporcionaba en torno a la vía del amor. En la *Metafísica*, Aristóteles alude a una tradición que se remonta más allá de Hesíodo, la cual establecía como principio del universo a un dios, que es el Amor:

> "Debería creerse que Hesíodo entrevió mucho antes algo análogo, y con Hesíodo todos los que han admitido como principio en los seres el Amor o el deseo; por ejemplo, Parménides. Este dice, en su explicación de la formación del Universo:
> *El creó el Amor, el más antiguo de todos los dioses.*
> Hesíodo, por su parte, se expresa de esta manera:
> *Mucho antes de todas las cosas existió el Caos; después la Tierra espaciosa. Y el Amor, que es el más hermoso de todos los Inmortales.*"[44]

Pero los defectos de los dioses mitológicos impedían la perfecta elaboración de un discurso sobre el amor. Solamente la revelación de un Dios–Amor, que sí quiere mezclarse con los hombres, Creador del universo por amor, podía incrustar en el ser del hombre un anhelo real hacia la posesión de Él. Y esta fue la gran carencia de la filosofía griega en relación al amor.[45]

Por lo tanto, esta obra está dividida en tres partes. Una primera parte dedicada al análisis de la relación entre la Fe y la Razón como *cuestión de hecho* y como *cuestión de derecho*, a

---

[44] Aristóteles, *Metafísica*, op. cit., I, IV.

[45] "Los clásicos antiguos que trataron del tema (amor), entre los que destaca Platón, a pesar de sus geniales intuiciones, no pudieron penetrar en lo más profundo de esta realidad, que es, sin duda alguna, la más apasionante de todas las realidades." Cf. A. Gálvez, *Comentarios al Cantar de los Cantares*, vol. I, op. cit., p. 15.

través de un análisis del diálogo platónico *Banquete*. Una segunda parte, de caracter histórico, centrado en la obra de Platón y su decisiva importancia para el desarrollo de la Antropología a través de las dos vías abiertas en la Antiguedad. Y una terecer parte, sistemática, donde se expondrán la relación entre Etica, Antropología y Metafísica en el sistema de Platón y Santo Tomás de Aquino, para contrastarlo con las tesis filosóficas que se derivan del pensamiento teológico de A. Gálvez y así poder fundamentar la defensa del estatuto metafísico de persona al alma separada del cuerpo.

# Parte I

# Cuestiones Preliminares

# 1
# EL PRIMER TRASFONDO DEL *BANQUETE*

## 1.1 Cuestión de hecho y cuestión de derecho

A fin de encuadrar el objetivo de este estudio con claridad y precisión, así como obtener legítimamente la perspectiva desde la cuál se va a abordar la reflexión sobre el diálogo del *Banquete* —y con él, todos los demás capítulos— es necesario, en primer lugar, realizar una serie de consideraciones en torno a las *conexiones* que la filosofía griega, al constituirse como ciencia en su génesis, hizo con otros campos no filosóficos. Para llevarlas a cabo hay que dejar en claro una *cuestión de derecho* y una *cuestión de hecho*. Que la filosofía exija, como *cuestión de derecho*, la existencia de tales conexiones para su desarrollo es uno, entre muchos, de los problemas con los que habrá de enfrentarse y, de cuya solución correcta, depende su progreso, su primacía e, incluso, su estatuto como ciencia. Pero, *de hecho*, ha sido competencia de la historia de la filosofía determinar en sentido afirmativo que la filosofía, en su despliegue, se vio en la necesidad de comunicarse con ámbitos extra-filosóficos, de entre los que se destacaría principalmente el *religioso* por la identidad de algunas de sus notas. Así, en su conexión concreta con este ámbito, la pregunta acerca de la posibilidad de una Filosofía Cristiana sería tan indiscutiblemente legítima en el marco teórico de esta ciencia como el de una Filosofía Judía o Musulmana.[1] Pero la existencia sola de esta pregunta sobre el carácter posible de una Filosofía Cristiana se puede plantear precisamente porque se apoya en el dato incontestable que *de hecho* sucedió así. Es más, de forma general, que al fundarse la filosofía, ya desde el inicio, lo hiciera conexionada con elementos no filosóficos —religiosos—; que, también, su desarrollo ulterior (antiguo y medieval) no se diera sin el concurso con la religión, es algo que, a título de experiencia y como punto de partida de la elaboración teórica posterior, no puede ponerse en duda a la hora de solucionar la *cuestión de derecho* sobre la necesidad de tal conexión. La filosofía nació y se desarrolló conectada a la

---

[1] Étienne Gilson, *The Spirit of Mediaeval Philosophy*, University of Notre Dame Press, Notre Dame, 2011. Todo el cap. I, está dedicado al planteamiento de este problema: "The Problem of Christian Philosophy" págs. 1-19; y el cap. II, a la solución: "The Concept of Christian Philosophy" págs. 20-41. Respecto de la *cuestión de hecho*: "For the question is not simply this: whether the historian of medieval thought is justified in considering separately, first those philosophies elaborated in the course of the Middle Ages by Christians, and then those constructed by Jews or Mussulmans. If we put it in that form the problem is purely historical and can be settled very easily. We have no right to isolate in our history things that in fact were united in reality." p. 1. Y respecto de la *cuestión de derecho*: "The real problem is quite a different one; it belongs to the philosophical order and is much more serious. Reduced to its simplest terms, it consists in asking whether the very concept of *Christian Philosophy* has any real meaning..." págs. 1-2.

## 1.1 Cuestión de hecho y cuestión de derecho

religión, cualquiera que ésta fuera.[2] Y no solamente por la religiosidad de aquéllos que se dedicaron a filosofar, sino también por la afinidad de temas y el carácter intercambiable de alguno de sus objetos.[3]

Precisamente, al hacer uso aquí del vocablo *conexión*, no se quiere indicar otra cosa sino la existencia de una relación entre la filosofía y la religión, cuya necesidad se presenta, por lo menos, como posible, sin establecer, por ahora, la naturaleza de tal relación.[4] La voz castellana *unir*, y su substantivo correspondiente *unión*, en la acepción cuarta del *Diccionario de la Real Academia Española* refleja con exactitud lo que aquí se quiere expresar: "Acercar una cosa a otra para que formen un conjunto o concurran al mismo objeto o fin". Pero el peligro de entenderla en sus tres primeras acepciones, —juntar..., mezclar..., atar...— de modo que pudiera desaparecer o difuminarse uno de los dos

---

[2] "He aquí que, de inmediato, en la primerísima expresión de la Filosofía (se refiere a Tales de Mileto), ya nos topamos con tres concepciones (Naturaleza, Dios y Alma) que cuentan con una larga historia, en cuanto representaciones religiosas, antes de que la filosofía, como tal, comenzase... Asimismo hallaremos que la filosofía hereda de la religión, además de las nociones de Dios y de alma, ..." Cf. F. M. Cornford, *De la Religión a la Filosofía*, Ariel, Barcelona, 1984, p. 17.

[3] "De este modo (hablando de la especulación de los Griegos), la labor de la Filosofía aparece como la elucidación y clarificación de un material religioso, o incluso prerreligioso." Cf. F. M. Cornford, *De la Religión a la Filosofía*, op. cit., p. 150.

[4] Vocablos afines podrían ser: *relación, concurrencia, enlace, comunicación* y hasta *unión* si y solo si, con todos ellos, no se saliera, por ahora, del terreno de lo acaecido y permaneciera siempre en la relación la distinción de los extremos. Cf. F. M. Cornford, *De la Religión a la Filosofía*, op. cit., p. 14, se queja del uso de términos como 'préstamos' o 'influencia' y prefiere hablar, determinado por la terminología sociológica francesa, de esquemas de representación que son 'similares', es decir, de 'semejanza', p. 166.

extremos, ha motivado que en el transcurso de la exposición sea preferible el vocablo 'conexión.'[5] Por la difícil comprensión de lo que el vocablo *connubio* y, con él, su sinónimo *matrimonio*, significan, no es conveniente su uso metafórico para expresar esa particular relación que se dio entre la Razón y la Fe.[6] Sin embargo es oportuno aquí la explícita mención de que, con tal término, se haya querido expresar lo que sucedió entre la filosofía griega y el cristianismo naciente a fin de comprender mejor la naturaleza propia de la *cuestión de hecho*. El concepto metafórico de *nutrición*, aunque presenta en su comprensión la nota de necesidad, da una idea clara de la conexión que entre ambos campos del saber sucedió.[7] Por último, destacando la actualidad de nuestro problema sobre la muerte y la inmortalidad, se ha hablado también de *contrapunto* y se ha hecho uso de la expresión *hacer entrar en juego*, para resaltar esa relación que se da entre la filosofía y la teología. J. Pieper defiende la legitimidad que tiene la verdadera filosofía para incluir en su reflexión las consideraciones que, respecto de los mismos temas, presenta la teología: "Pero el *contrapunto* que ofrece lo que uno cree contra

---

[5] Real Academia Española, *Diccionario de la Lengua Española*, Edición Electrónica, versión 21.1.0, Espasa–Calpe, Madrid, 1995.

[6] Ch. Moeller, *Sabiduría Griega y Paradoja Cristiana*, Ediciones Encuentro, Madrid, 1989, págs. 268. No teniendo el original francés, la traducción utiliza el término *connubio*: "El cristianismo contrajo con el helenismo, es decir, con una de las formas más perfectas del humanismo, un connubio indisoluble." p. 17.

[7] "Mais la véritable justification est ailleurs: elle est dans la constatation que, chez les Grecs aussi bien que dans le christianisme primitif, la spéculation sur l'homme et la spéculation sur Dieu sont inséparables; chacune se *nourrit* de l'autre, et l'aliment à son tour." Cf. J. Pépin, *Idées Grecques sur l'Homme et sur Dieu*, Société d'Édition "Les Belles Lettres", París, 1971, p. 2.

## 1.1 Cuestión de hecho y cuestión de derecho

lo que uno sabe es una función que ha de tenerse siempre a flor de crítica, despierto uno siempre para *hacerle entrar en juego*, a no ser que de antemano se renuncie ya a considerar el objeto en cuestión desde todos sus aspectos posibles; es decir, a no ser que se renuncie a hacer verdadera filosofía."[8]

Por lo tanto, el planteamiento de esta distinción es pertinente al caso para poder comprender la génesis de algunas opiniones que, a la hora de afrontar el origen y desarrollo de la filosofía antigua, aparecieron en este siglo. Bien fuera porque se disolviera la *cuestión de derecho*, sin haber tenido en cuenta la *cuestión de hecho*; o bien porque se resolviera la *cuestión de derecho* no habiendo tenido acceso a una mayor cantidad de datos históricos, surgieron, por ambos lados, una serie de desaciertos que, al ser desvelados, van a poner de manifiesto la existencia de dos trasfondos en el *Banquete*.

Lo que aquí convendrá en llamarse la Posición del Olvido de la Tradición no fue sino fruto de una época en la que no se tenía acceso a todo un material que se fue descubriendo en el curso del s. XX, y por lo tanto, la *cuestión de derecho* recibía su veredicto partiendo de una *cuestión de hecho* deficientemente adquirida.

Y lo que se describirá como la Posición de la Autosuficiencia surgió al querer disolver la *cuestión de derecho*, ya fuera por contemplar a la filosofía como incompatible con los principios de una religión —Posición del Desprestigio de la Razón—, o por contemplar a la religión como incompatible con los principios de la filosofía —Posición del Desprestigio de la Fe—; pero, uno

---

[8] J. Pieper, *Muerte e Inmortalidad*, op. cit., p. 102. El subrayado es nuestro.

y otro, no habiendo examinado el hecho indudable de que, en muchos filósofos, su filosofía estuviera íntimamente ligada a la vivencia de su religión, y su religión fuera avalada en mayor o menor medida por su filosofía.[9]

El esquema preparatorio para el sucesivo desarrollo de este primer capítulo sería, entonces, el siguiente:

$$\text{Posición} \begin{cases} \text{De Hecho} \begin{cases} \text{Olvido de la Tradición} \end{cases} \\ \text{De Derecho} \begin{cases} \text{Desprestigio de la Fe} \\ \text{Desprestigio de la Razón} \end{cases} \end{cases}$$

## 1.2 El Olvido de la Tradición

La reflexión filosófica acerca del alma; sus propiedades esenciales, a saber, la espiritualidad, la inmortalidad y la simplicidad; su origen y su destino; las potencias que posee para

---

[9] "A true philosophy, taken absolutely and in itself, owes all its truth to its rationality and to nothing other than its rationality: that is indisputable, and St. Anselm and even St. Augustine would be the first to admit it. But the constitution of this true philosophy could not in fact be achieved without the aid of revelation, acting as an indispensable moral support to reason... Doubtless in the abstract philosophy professes no religion, but we may very well ask whether it is altogether a matter of indifference that a philosopher should profess one. We may ask especially whether it is indifferent to the history of philosophy as such that there have been philosophers who were Christians, and whether, in spite of the purely rational texture of their systems, we cannot still to-day discern the mark of the influence of their faith on the conduct of their thought." Cf. Étienne Gilson, *The Spirit of Medieval Philosophy*, op. cit., p. 41.

## 1.2 El Olvido de la Tradición

el ejercicio de sus funciones, así como el papel preponderante y hegemónico que ejerce respecto de lo corpóreo y de la materia con la que de alguna forma *le toca vivir*; todo ello, en líneas generales, constituyó una de las grandes conquistas de los Griegos y, de forma muy particular, de Sócrates, Platón y Aristóteles. La trascendencia de este pensamiento griego en torno al modo de acceso a una realidad invisible e intangible ha predispuesto la ulterior reflexión sobre ella. Toda la filosofía que surge a raíz del Misterio Cristiano de la Encarnación, al igual que los grandes temas debatidos en la filosofía occidental hasta nuestros días en torno a Dios, el hombre y su alma, y lo real hunde sus raíces en lo especulado por estos grandes maestros de Grecia.

Con todo, hay que evitar un primer error que podría surgir en nuestra mente sobre lo dicho hasta ahora. Expresado en su forma más extrema, vendría dado por el hecho de imaginar que la noción de alma, su diferenciación respecto del cuerpo, y sobre todo, su naturaleza espiritual e inmortal, fue algo descubierto por Sócrates, Platón y Aristóteles, sin ningún apoyo en la tradición anterior, de forma totalmente novedosa, como surgido 'de la noche a la mañana.' Y, aunque esta posición, así expresada, no ha sido mantenida por nadie, sin embargo, sí se han dado variantes de la misma de una manera menos radical.

Es lo que podría afirmarse, en primer lugar, de aquellas visiones generales de la filosofía antigua que presentan a los presocráticos como meros φυσιολογοι, pensadores, no preocupados por el hombre y por el alma, sino por la naturaleza entendida en su aspecto material.[10] Uno de los escritos que más influyó en

---

[10] "Se concluye, pues, de los textos aducidos, bien explícitos algunos, que, en puridad, no fue un hecho la despreocupación de los presocráticos por el

la génesis de este olvido fue la importante obra de E. Zeller.[11] Se sostenía aquí que la filosofía presocrática estaba orientada siempre hacia consideraciones cosmológicas sobre la naturaleza y prestaba muy poca atención a los problemas de Dios y del hombre. Y es de señalar que, aunque Zeller hable en su estudio del descubrimiento de la subjetividad a partir de la orientación ética de Sócrates, se mantiene, sin embargo, en la tesis de que, incluso en los grandes filósofos de Grecia, nunca se logró superar la subordinación a la φυσις en las reflexiones sobre el alma.[12]

Una segunda versión matizada de esta posición vendría dada cuando se afirma que una de las propiedades esenciales del alma, en concreto la inmortalidad, alcanzada por Platón y Aristóteles como derivada de la capacidad que tiene el hombre de conocer en su forma más elevada, no tenía tradición en Grecia, sino que fue un elemento externo al pensamiento griego. Tal es una de las tesis que Rohde sustentaba a principio del siglo

---

tema del hombre." Cf. L. R. Altuna, *La Inmortalidad del Alma a la Luz de los Filósofos*, Gredos, Madrid, 1959, p. 23.

[11] E. Zeller, *Die Philosophie der Griechen in ihrer Geschichtlihcen Entwicklung*, Leipzig, 1919. Existe traducción italiana y ampliación de R. Mondolfo: *La Filosofía dei Greci nel suo Sviluppo Storico*, Florencia, 1932.

[12] A juicio de R. Mondolfo, muy acertado por lo demás, la postura de Zeller vendría motivada por querer encontrar en Grecia la conciencia refleja, surgida a partir de Descartes y culminada en Hegel, como lo propio de toda subjetividad: "De modo que Zeller coincidía sustancialmente con el juicio de Hegel, en lo que respecta a la existencia de una permanente subordinación del espíritu a la naturaleza en la filosofía griega; actitud que va preparando la conclusión ulterior a la que llegan muchos historiadores neo-hegelianos y espiritualistas cristianos, cuando realizan una verdadera reducción del primero a la segunda en esa filosofía." Cf. R. Mondolfo, *La Comprensión del Sujeto Humano en la Cultura Antigua*, Ediciones Imán, Buenos Aires, 1955, p. 33.

## 1.2 El Olvido de la Tradición

pasado.[13] A pesar de los grandes aciertos de la obra de Rohde en torno a la historia de la idea de alma y de su inmortalidad, y pese a que en sus investigaciones sobre la génesis del concepto llega hasta establecer lo que en *La Iliada* y *La Odisea* se entendía por ψυχή, no deja por ello de incurrir en el olvido de la tradición cuando insiste en que la idea de la inmortalidad del alma era una gota de sangre ajena en las venas de los griegos.[14]

Sin pretender con esto ser exhaustivo, una última variante matizada de esta posición, consistente en olvidar el peso de la tradición, sucede en aquellos que, al considerar la noción de alma en el pensamiento de Sócrates, señalan que fue original de éste la exclusiva identificación del alma como la sede del intelecto —lugar en donde se lleva a cabo la actividad cognoscitiva y moral—, mientras que sus predecesores la consideraban, también de forma exclusiva, como la sede de la pasión y de los apetitos. Representante de esta postura podría ser la obra clásica de Burnet,[15] cuya síntesis mejor expresada aparece en el siguiente texto de uno de sus discípulos, A. Tylor:

> "El punto más importante es que tal vez no haya ni un solo pasaje en la literatura precedente en que ψυχή signifique lo que "alma" ha significado para nosotros durante tantos siglos, a saber, la personalidad consciente,

---

[13] E. Rohde, *Psyche: The Cult of Souls and Belief in Immortality among the Greeks* (trad. W. B. Hillis), Nueva York, 1966. Traducción española, México, 1946.

[14] E. Rohde, *Die Religion der Griechen*, 1927. Cf. E. R. Dodds, *The Greek and the Irrational*, U.P., California, 1951.

[15] J. Burnet, "The Socratic Doctrine of the Soul", *Proc. of the British Academy*, 7, (1915-16). Reimpreso en *Essays and Addresses*, Londres, 1929.

que puede ser sabia o necia, virtuosa o malvada, según el cuidado y disciplina a que se haya sometido."[16]

Los estudios históricos actuales en torno al origen y formación del concepto filosófico del alma y de sus notas esenciales, destacando lo aportado por aquellos que incurrieron de una u otra forma en el olvido antes señalado, sin embargo insertan la reflexión socrática del alma y, por tanto, la de Platón y Aristóteles, en una tradición cuyos orígenes se pierden en la historia.[17] Esta tradición, primordialmente religiosa, fue tomando forma escrita en la literatura épica y lírica de Grecia, en los grandes poemas de Homero, en las tragedias griegas; y, asumida e interpretada por diversos cauces, dio lugar, entre otras muchas cosas, a las sectas órficas y eleusinas que tanto influyeron en la formación del pensamiento platónico. La misma mitología griega se construye en el seno de la tradición y será el propio Platón quien en los temas más importantes de su filosofía se remonta a los mitos transmitidos o a lo escuchado 'un día de labios de una mujer de Mantinea, Diotima, que era sabia en éstas y otras muchas cosas más.'[18] Pieper incluso, apoyado en las tesis de ciertos Padres de la Iglesia y en Santo Tomás de Aquino,[19] llega a afirmar que "al comienzo de la Historia humana está el he-

---

[16] A. E. Tylor, *Sócrates*, Anchor Edition, p. 134.

[17] "He querido insistir sobre este punto porque parece que la concepción socrático-platónica del alma, de un influjo tan universal en la psicología y la ética de occidente, ha de considerarse, mucho más de lo que se ha hecho hasta ahora, como el término natural de una evolución cuyas raíces más profundas se pierden en las oscuridades de la prehistoria de los griegos." Cf. J. Vives, *Génesis y Evolución de la Ética Platónica*, Gredos, Madrid, 1970, p. 155.

[18] Platón, *Banquete*, op. cit., 201d.

[19] "Multis gentilium facta fuit revelatio." Cf. Santo Tomás de Aquino, *Summa Theologiæ*. II-II q.2 a.7 ad 3um; *De Veritate*. q. 14 a. 11 ad 5um.

## 1.2 El Olvido de la Tradición

cho de una comunicación divina propiamente dicha dirigida al hombre. Lo que en ella se transmitía ha entrado en la tradición sagrada de todos los pueblos, es decir, en sus mitos y en ellos se ha conservado y está presente —de manera segura, aunque desfigurado, exagerado y con mucha frecuencia convirtiéndose en algo casi irreconocible—."[20]

Y aunque no haga referencia explícita al tema que aquí se está tratando, un texto de la *Metafísica* de Aristóteles destaca con radical evidencia el peso de la tradición en la formación de los contenidos filosóficos:

> "Una tradición, transmitida desde la más remota antigüedad y entregada en forma de mito a las edades siguientes, nos dice que las substancias primeras son dioses y que lo divino abraza la Naturaleza entera. Todo lo demás ha sido añadido, más tarde, en forma mítica, para persuadir a la gente y para servir a las leyes y al interés común. Así, se ha dado a los dioses forma humana o se les representa como parecidos a ciertos animales, añadiendo toda suerte de detalles. Pero si se separa de este mito su fundamento inicial y se toma por sí solo, a saber, que las substancias primeras son dioses, entonces hay que decir que ésta es una afirmación verdaderamente divina. Según parece, las diversas artes como la filosofía han sido encontradas y desarrolladas varias veces, pero perdidas otras

---

La referencia neotestamentaria es el conocido texto de Rom. 1, 19: "... quia, quod noscibile est Dei, manifestum est in illis; Deus enim illis manifestavit."

[20] J. Pieper, *Sobre los Mitos Platónicos*, Herder, Barcelona, 1984, p. 74. Cf. F. M. Cornford, *De la Religión a la Filosofía*, op. cit., cap. II, "El Origen de la Moira", págs 57–92, dejándose influir por los discutibles resultados de la sociología de Lévy-Bruhl y E. Durkheim, establece el origen de la religiosidad griega y de su moral en la creación de representaciones por la colectividad a las que se une una profunda carga emotiva.

tantas. Pero aquella afirmación es uno de los restos que han sobrenadado al naufragio de la sabiduría antigua."[21]

Esta transmisión desde antiguo, bien sea oral o escrita, creadora de la religiosidad griega, fue también el marco y la atmósfera de los albores de la filosofía griega en Jonia, hacia principios del s. VI a. C. Los primeros pensadores presocráticos, Tales, Anaxímenes, Anaximandro..., así como los contemporáneos a Sócrates o cercanos a él, a pesar de estar incluidos en el juicio que de ellos hizo Aristóteles, en el libro I de la *Metafísica*, como filósofos que pusieron la unidad de lo múltiple en las cosas materiales,[22] y pese a los escasos fragmentos que la historiografía actual ha conseguido extraer,[23] tuvieron como horizonte de su pensamiento la perspectiva religiosa de la divinidad y del alma del hombre. Hoy día, gracias al resultado de estas investigaciones, se viene afirmando que la comprensión de Dios y

---

[21] Aristóteles, *Metafísica*, op. cit., 1074b.

[22] "Pues bien, la mayoría de los filósofos primitivos creyeron que los únicos principios de todas las cosas eran los de índole material." Cf. Aristóteles, *Metafísica*, op. cit., libro I, c. III, 983b. A juicio de Altuna y refiriéndose a la obra de E. Zeller, "deducir de esta doctrina primitiva, indirecta y fragmentaria, —no olvidemos que asistimos a los balbuceos de la filosofía— el materialismo integral de los presocráticos, nos parece aventurado, por no decir insostenible." Cf. Luis R. Altuna, *La Inmortalidad del Alma a la Luz de los Filósofos*, op. cit., p. 19. Una crítica, no compartida aquí en su totalidad, sobre el juicio aristotélico de los presocráticos en torno a la pura perspectiva material se da en el libro de H. F. Cherniss, *La Crítica Aristotélica a la Filosofía Presocrática*, Universidad Nacional Autónoma, México, 1991, cap. III "La Causalidad", págs. 246-321.

[23] Recopilados en E. Diehl y W. Kranz, *Die Fragmente der Vorsokratiker*, 3 vols., 6 ed. Berlín, 1951-2. Texto en griego y en alemán. La versión de estos fragmentos que utilizaremos es *Los filósofos presocráticos*, Gredos, Madrid, 3 vols. (1978–1979–1980), introducción notas y traducción por C. Eggers Lan.

del alma fue el presupuesto de la comprensión que tuvieron de la Naturaleza y "que el carácter propio de tal pensamiento no es el hilozoísmo o el panteísmo..., sino más bien la mística, la concepción de un mundo abarcado, dirigido y penetrado por la divinidad y, por tanto, de un mundo divino, de un pansiquismo que es panenteísmo."[24]

## 1.3  El camino hacia la realidad del alma

Nuestro interés acerca de cómo han sido impugnadas las distintas variantes de lo que hemos convenido en llamar la Posición del Olvido de la Tradición, radica en el hecho de que, al ser refutada, se ha puesto de manifiesto gran cantidad de elementos que, esparcidos en el patrimonio cultural griego, formaron el trasfondo de la meditación filosófica de aquella civilización. En relación a la génesis de ψυχή en la época dorada de la filosofía, se puede concretar que, desde Homero, aunque de modo muy rudimentario, van surgiendo dos líneas de acceso a esa realidad, las cuales, manteniéndose paralelas pero en constante progreso, encontrarán su punto de unión, no ya en Sócrates y su intelectualismo ético, sino en los diálogos medios o diálogos de la madurez del pensamiento de Platón. En el ahondamiento progresivo de estas dos líneas, el camino a seguir era siempre de lo externo a lo interno o, como decía Aristóteles, del conocimiento de lo que es más cognoscible respecto de nosotros al conocimien-

---

[24] C. Fabro, *Introducción al Problema del Hombre: la Realidad del Alma*, Rialp, Madrid, 1982, p. 203. Afirma Fabro que fue gracias a los estudios de K. Joël cómo la opinión tradicional acerca del materialismo de los presocráticos fue perdiendo vigencia frente a su contraria de que el primer pensamiento griego estaba imbuído por el problema teológico. K. Joël, *Der Ursprung der Naturphilosophie aus dem Geiste der Mystik*, Diederichs, Jena 1906.

to de lo que es más cognoscible en sí mismo.²⁵ Y en el desarrollo histórico de las mismas intervinieron, como portadores, tanto las creencias populares transmitidas de generación en generación como la religión oficial de los dioses reflejada en *La Ilíada* y *La Odisea*;²⁶ las religiones mistéricas de Eleusis y el Orfismo, independientemente de si éste era una comunidad cerrada con un conjunto de creencias determinadas o una amalgama variable de creencias populares fundadas en unos poemas a Orfeo;²⁷

---

²⁵ C. Fabro, *Introducción al Problema del Hombre: la Realidad del Alma*, op. cit., p. 205. Equivalente esto también a la prioridad temporal del conocimiento sensible sobre el inteligible: "Priores philosophi circa sensibilia fuerunt occupati, et ex his paulatim in intelligibilia pervenerunt." Cf. Santo Tomás de Aquino, *Summa Theologica*, I, q. 44, a. 2.

²⁶ "Pudo muy bien suceder que los movimientos religiosos que cobran fuerza a partir del siglo VI en los que juega un papel preeminente la inmortalidad y la divinidad del alma, fueran, por lo menos en parte, floración de creencias populares que habían estado vivas, aunque latentes, en la Grecia Continental." Cf. J. Vives, *Génesis y Evolución de la Ética Platónica*, op. cit., p. 153.

²⁷ Respecto de la influencia órfica en la concepción del alma, afirma J. Vives: "Sea, pues, lo que fuere del origen de las corrientes órficas, es indudable que prepararon el terreno para la concepción socrática del alma como núcleo central y personal del hombre y sujeto de la vida ética." Cf. J. Vives, *Génesis y Evolución de la Ética Platónica*, op. cit., p. 161. El predominio de una religión, la reflejada en Homero, o de otra, la mistérica, ha llevado al establecimiento de dos posturas opuestas. Por un lado, la escuela de Wilamowitz, que destacaba la preponderancia de la religión homérica en la cultura griega y por otro lado, posterior a la de Wilamowitz, aquellos que fueron descubriendo la enorme importancia de una religión 'no menos admirable', 'cuyos dioses no son figuras, sino pensamientos, que tienen una ética religiosa bien definida, que sabe de una vida perdurable en el más allá y de una justicia en el otro mundo, y que por lo tanto es en muchos puntos la antítesis de la religión olímpico–homérica. Y consta que esta religión es la más antigua, la verdadera religión primitiva de los griegos; mostrose pujante también en la época posthomérica, y hasta en los tiempos de la tardía antigüedad; fue

## 1.3 El camino hacia la realidad del alma

como la lírica, al expresar la emoción interna del individuo, y la tragedia, en su intento de reflejar el mundo de los sentimientos del individuo en sociedad.[28] Y, sin lugar a duda, fuente directa de donde bebieron tanto Sócrates como Platón y Aristóteles, fueron los filósofos "jonios y las demás corrientes filosóficas presocráticas que contribuyeron decisivamente, por caminos algo distintos, a la creación del concepto de ψυχή como yo autónomo consciente y sustancial."[29] Hasta tal punto esto es cierto que el mismo Aristóteles, a la hora de llevar a cabo su densa investigación sobre el alma, no lo hace sino recogiendo lo que han dicho quienes le han precedido en el tema:

> "Puesto que estamos estudiando el alma se hace necesario que —al tiempo que recorremos las dificultades cuya solución habrá de encontrarse a medida que avancemos— recojamos las opiniones de cuantos predecesores afirmaron algo acerca de ella: de este modo nos será posible retener lo que dijeron acertadamente así como tomar pre-

---

también la madre de la Filosofía Griega.' Cf. E. Peterich, *Die Theologie der Hellenen*, Leipzig, 1938, págs. 12-13, citado en M. J. Scheeben, *Los Misterios del Cristianismo*, Herder, Barcelona, 1957, p. 25, n. 5.

[28] Respecto de la lírica, y centrado en la concepción ordinaria que de ψυχή tiene Píndaro, dice Vives: "Seguramente, no hay todavía conciencia precisa de la naturaleza espiritual de este principio interior; pero sí se siente su superioridad sobre todo lo demás que hay en el hombre y su capacidad para regir la conducta: se va preparando la noción de ψυχή como sujeto personal y moral." Cf. J. Vives, *Génesis y Evolución de la Ética Platónica*, op. cit., p. 170. Y respecto de la tragedia, afirma que "recibe la adquisición fundamental de los líricos y piensa que la ψυχή es ante todo el principio apetitivo-emotivo." p. 171.

[29] Vives, *Génesis y Evolución de la Ética Platónica*, op. cit., p. 173.

cauciones respecto de aquello que puedan haber dicho sin acierto."[30]

Que estas dos líneas se refieren, por un lado, al yo como sujeto apetitivo–emocional, y al yo consciente y responsable por otro lado, ha quedado suficientemente manifiesto por los estudios de carácter filológico, literario y filosófico, bien sean de carácter general o bien aplicados a casos concretos,[31] que en defensa de 'lo transmitido' han aparecido recientemente. Por un lado, desde Homero hasta los presocráticos, se fue entendiendo progresivamente por ψυχή que en el hombre existía un principio motor, irreductible a la materia, que lo hacía ser o bien valeroso, capaz de amar hasta entregar la propia vida como 'la hija de Pelias, Alcestis... ya que fue la única que estuvo decidida a morir por su marido,'[32] o bien pusilánime como Orfeo, el cual

---

[30] Aristóteles, *De Anima*, op. cit., lib. I, cap. II, 403b20. En la obra perdida *De la filosofía*, según el fr. 6 recogido, Aristóteles se remonta hasta la época de los Magos en su desarrollo histórico de la filosofía. Según W. Jaeger, después de los Magos, "venían los venerables representantes de la más remota sabiduría helénica, los teólogos, como él los llama; a continuación, las doctrinas de los órficos y sin duda Hesíodo, aunque éste no aparece en los fragmentos; y por último la sabiduría proverbial tradicionalmente atribuida a los Siete Sabios..." Cf. W. Jaeger, *Aristóteles*, Fondo de Cultura Económica, México, 1984, p. 151.

[31] Una exposición clara y resumida de todo este desarrollo, y de la evolución del pensamiento humano hacia una depuración de conceptos en Grecia, la encontramos en el libro de J. Vives, *Génesis y Evolución de la Ética Platónica*, op. cit., cap. IV: "El Bien del Alma, Superación del Utilitarismo y del Hedonismo", págs. 126-185; y en el cap. VI: "Moral y Metafísica: la Idea del Bien", págs. 204-246. Una visión más resumida y solo de la influencia de los presocráticos, en el cap. IV, "Desarrollo Histórico del Problema del Alma", C. Fabro, *Introducción al Problema del Hombre: la Realidad del Alma*, op. cit., págs. 203-214.

[32] Platón, *Banquete*, op. cit., 179b.

## 1.3 El camino hacia la realidad del alma

'no se atrevió a morir por amor..., sino que se las arregló para entrar vivo en el Hades;'[33] principio que en Homero no tenía todavía el carácter de centro inmaterial de operaciones vitales sino que cada una de éstas eran atribuidas a órganos concretos del cuerpo;[34] pero con la progresiva clarificación y depuración conceptual, al correr de los siglos, comenzó a ir despojándose de todo lo corpóreo, por ser incompatible con su naturaleza, adquiriendo así el *estatus* de principio espiritual de vida.[35]

Y, por otro lado, también desde Homero, la comprensión del término ψυχή, comenzaba a referirse, no ya al *espíritu fantasmal* que resulta de la separación del cuerpo en la muerte del hombre,[36] sino a algo más elaborado, consciente de las cosas que

---

[33] Platón, *Banquete*, op. cit., 179d.

[34] "El vocabulario psicológico de Homero confirma este punto de vista: el corazón, el espíritu del hombre, su vida consciente, hecha de deseo, pasiones y conocimientos, atribúyense a órganos físicos, el *thymos*, o sea, el aliento, el vaho que sube y baja en las fosas nasales del hombre, el ritmo de su cólera o de su júbilo, o bien el *phrên*, el diafragma, sede de las pasiones." Cf. Ch. Moeller, *Sabiduría Griega y Paradoja Cristiana*, op. cit., p. 199.

[35] Respecto de la presencia de *Eros*, solamente en la poesía, pero relacionada con lo religioso y lo filosófico, afirma O. Velásquez, *Apuntes sobre el Banquete*, (inédito), Santiago de Chile, 1997: "Por otra pare, *Eros*, como expresión específica de la pasión amorosa es patente en los poetas líricos de los siglos VI y VII a. C. y en los trágicos —como se puede ver, entre otras obras, en las *Traquinias* de Sófocles y el *Hipólito* de Eurípides—. Considerados desde el horizonte homérico, es cada vez más evidente que, para estos poetas, *Eros* es una fuerza que incluso trasciende las capacidades humanas, y adquiere las características de un poder cósmico, como en algunas concepciones filosóficas y religiosas de la época trágica." p. 11.

[36] "Creo que el que se ponga a considerar en el texto original el conjunto de expresiones homéricas en las que aparece ψυχή, guardándose de leer en ellas ideas modernas que fácilmente se entrometen en todo intento de traducción, no tendrá dificultad en constatar que el sentido primario de ψυχή es en

le rodean, con capacidad de ciencia y de opinión, apto para lo sensible y lo inteligible, cuyos límites son desconocidos y que, al decir de Heráclito, "no los hallaría andando, cualquier camino que recorrieran: tan profundo es su logos."[37] Esta segunda vía, que tiene también su presencia en la lírica y en la tragedia, por ejemplo en Sófocles,[38] tomó un auge grande precisamente en los inicios de la filosofía cuando, por encima de la multiplicidad que les mostraba el mundo, querían encontrar un principio unificador que diera razón de su existencia; principio que, poco a poco, de ser material como el agua o el fuego, fue espiritualizándose, o mejor dicho, desmaterializándose, dando lugar al aire, a lo indeterminado, al ser parmenídeo, o al 'número', de

---

Homero el de 'espíritu separado' o *ghost* y que precisamente por esta razón se usa el término ψυχή primariamente para referirse, o bien a los que han muerto, o bien al momento o al acto por el que tiene lugar la separación de tal espíritu." Cf. J. Vives, *Génesis y Evolución de la Ética Platónica*, op. cit., págs. 145-146. Cf. J. Pépin, *Idées Grecques sur l'Homme et sur Dieu*, op. cit., págs. 76-77, n.3: "Naturellement, l'habitude de rendre par ψυχή la notion du 'moi' est antérieure à Platon; mais elle n'a alors ni le caractère systématique ni la tonalité 'puritaine' qu' elle prendra dans la suite...; ces textes (Homère), qui établissent un contraste entre l'homme αὐτός et sa ψυχή, se trouvent de ce fait aux antipodes de l'anthropologie de l'*Alcibiades*; il est vrai que la ψυχή n'est pas l'âme au sens platonicien..., mais l'ombre du mort présente dan l'Hadès, le reflet infernal fait à l'exacte ressemblance de la personne vivante."

[37] *Los Filósofos Presocráticos*, vol. I, op. cit., p. 373, n. 697, fr. 45.

[38] J. Vives afirma: "En conclusión podemos decir que en la tragedia ψυχή, no solo expresa el yo interior apetitivo-emotivo como en la lírica, sino que empieza a designar también el yo cognoscente intelectual..." Cf. *Génesis y Evolución de la Ética Platónica*, op. cit., p. 173.

naturaleza inteligible,[39] llevando así a cabo una exigencia del entendimiento humano.[40]

## 1.4 La inteligencia y la emoción

En este largo camino de la filosofía presocrática, será el planteamiento de dos profundas tesis, de corte tanto gnoseológicas como metafísicas, el que inclinará enormemente la reflexión sobre el alma humana hacia el dominio de 'lo espiritual' hasta el punto de convertirse ésta en la nota primordial de aquella realidad.

En primer lugar, la identificación parmenídea de ser y conocer,[41] que concluía los grados del saber en la Ciencia, tendería, como consecuencia lógica, a identificar también las notas y propiedades de uno y otro: eterno, idéntico, indivisible; notas que, no hallándose en el mundo material, fueron las determinantes de que el estatuto del alma consiguiera una separación y

---

[39] Afirma Fabro de los pitagóricos: "Queriendo explicar, sin embargo, la naturaleza íntima del alma, los pitagóricos ponían como principio de las cosas los 'números', es decir, unos contenidos de naturaleza inteligible, así que en ellos ya se da —o al menos se entrevé— la separación neta entre lo material y lo espiritual." Cf. C. Fabro, *Introducción al Problema del Hombre: la Realidad del Alma*, op. cit., p. 206.

[40] "Instados por esta inconmovible convicción, inconmovible por arraigada en la misma esencia del entendimiento humano, los primeros pensadores griegos intentaron sucesivamente reducir la naturaleza en general a agua, después a aire, después a fuego, hasta que uno de ellos dio al fin con la respuesta correcta a la pregunta, diciendo que la materia primaria de que la realidad está hecha es el ser." Cf. Étienne Gilson, *El Ser y los Filósofos*, op. cit., p. 28.

[41] Parménides, *Parménides*, traducción de Montero Moliner, Gredos, Madrid, 1960, p. 8.

delimitación respecto de lo corpóreo.⁴² La meditación sobre la naturaleza del alma, llevada a cabo por Sócrates en el *Fedón* ante Cebes, señala el definitivo despojo de toda materia en aquella realidad, al que se llegaba tras aceptar el axioma parmenídeo de la identidad de atributos entre ser y conocer:

> —"(Soc) En cambio, siempre que ella las observa por sí misma, entonces se orienta hacia lo puro, lo siempre existente e inmortal, que se mantiene idéntico, y, como si fuera de su misma especie se reúne con ello, en tanto que se halla consigo misma y que le es posible, y se ve libre del extravío en relación con las cosas que se mantienen idénticas y con el mismo aspecto, mientras que está en contacto con éstas. ¿A esta experiencia es a lo que se llama meditación?... ¿A cuál de las dos clases de cosas, tanto por lo de antes como por lo que ahora decimos, te parece que es el alma más afín y connatural? —(Cebes) Cualquiera, incluso el más lerdo en aprender, creo que concedería, Sócrates, de acuerdo con tu indagación, que el alma es por completo y en todo más afín a lo que siempre es idéntico que a lo que no lo es."⁴³

Y en segundo lugar, la distinción entre 'lo que puede ser conocido por el hombre solo' y 'lo que solo el hombre puede

---

⁴² Según R. K. Gaye, *The Platonic Conception of Immortality and its Connection with the Theory of Ideas*, London, 1904, el principio *similia similibus cognoscuntur* de Empédocles, sirvió para extraer la conclusión de la identidad de notas entre ser y conocer. Así lo aplica él, hablando del ascenso final a la Belleza en el *Banquete*: "Moreover, as the ideal world is in the truest sense immortal, so we may expect to find the soul immortal too; the principle of *similia similibus cognoscuntur* enunciated by Empedocles would readily suggest the conclusion that the eternity of the one involves the eternity of the other." p. 31.

⁴³ Platón, *Fedón*, op. cit., 79de.

## 1.4 La inteligencia y la emoción

conocer con la ayuda divina', hizo de su alma una entidad capaz de poseer conocimientos que transcendían los límites de los sentidos y que exigían la existencia, si no obligadamente de sus objetos, por lo menos la de un sujeto de conocer cuyas propiedades le permitieran el desempeño de tal actividad: poseer lo revelado. Alcmeón, "discípulo de Pitágoras, comienza su tratado *Sobre la Naturaleza*, con estas palabras: 'En relación a las cosas invisibles, los dioses tienen certeza mientras que nosotros en tanto hombres conjetura (solo es posible)'."[44] Parménides es introducido por la diosa para pasar de la Opinión hacia el conocimiento puro del Ser. Para Alcmeón, el hombre puede llegar a un conocimiento débil de lo invisible mediante el análisis de las percepciones sensibles. En Parménides, el conocimiento de lo invisible se produce por 'revelación.'[45] Pero, ya sea uno u otro, llegan al descubrimiento de un universo inteligible en total autonomía de lo corpóreo. Asimismo, el Logos de Heráclito como lo esencial de la divinidad, y su consideración del alma como una razón o λόγος que se aumenta a sí mismo,[46] cuya actividad

---

[44] Citado por B. Snell, *The Discovery of the Mind in Greek Philosophy and Literature*, Dover Publications, New York, 1982, p. 146: "The physician Alcmaeon, a disciple of Pythagoras, began his treatise *On Nature* with these words: 'Concerning things unseen the gods have certainty, whereas to us as men conjecture (only is possible)' (fr. 1)." El cap. VII, "Human Knowledge and Divine Knowledge among the Early Greeks" concuerda con lo que aquí se está manteniendo.

[45] B. Snell, *The Discovery of the Mind in Greek Philosophy and Literature*, op. cit., p. 148: "But according to Parmenides man succeeds in thinking the One Being, not along the lines laid down by Alcmaeon who proceeds step by step from sense perceptions to the invisible, but, as he himself has found out, by a kind of grace."

[46] *Los Filósofos Presocráticos*, vol. I, op. cit., p. 374, n. 698, fr. 115: "Propio de un alma es un logos que se acrecienta a sí mismo."

no era otra sino la de llevar a cabo el precepto de Delos ("Heráclito, como si hubiera cumplido con algo magno y sagrado, dice: me investigué a mi mismo"[47]) fue otro factor crucial de la adquisición para la antropología del concepto 'espíritu' y su independencia respecto de la materia.[48] Y Platón, en palabras de Simmias, ante las dificultades que presentaba la elaboración racional de la inmortalidad del alma, describe bellamente los diversos caminos de acceso a la verdad:

> "Pues a mí me parece, Sócrates, acerca de estos temas, seguramente como a ti, que el saberlos de un modo claro en la vida de ahora o es imposible o algo dificilísimo, pero, sin embargo, el no comprobar a fondo lo que se dice sobre ellos, por cualquier medio, y el desistir de hacerlo hasta que uno concluya de examinarlos por todos lados es propio de un hombre cobarde. Acerca de estos temas hay que lograr una de estas cosas: o aprender cómo son, o descubrirlos, o, si eso resulta imposible, tomando la explicación mejor y más difícil de refutar de entre las humanas, embarcarse en ella como sobre una balsa para surcar navegando la existencia, si es que uno no puede hacer la travesía de manera más estable y menos arriesgada sobre un vehículo más seguro, o con una revelación divina (θειος λογος)."[49]

---

[47] *Los Filósofos Presocráticos*, vol. I, op. cit., p. 374, n. 699, fr. 101: "...ἐδιζησάμην ἐμεωυτόν"

[48] W. Nestle, en su análisis sobre la filosofía de Heráclito, dice: "Heráclito espiritualiza la naturaleza. Esta no es para él el mundo externo de los fenómenos, sino su núcleo más íntimo, la fuerza creadora presente en todas las cosas la cual no se sorprende sino cuando 'se escucha atentamente' a estas (fr. 112)." Cf. W. Nestle, *Historia del Espíritu Griego*, Ariel, Barcelona, 1987, p. 65.

[49] Platón, *Fedón*, op. cit., 85cd.

## 1.4 La inteligencia y la emoción

En definitiva, para la consolidación de un elemento espiritual en el hombre, capaz no solo de operaciones cognoscitivas y de apresar las notas esenciales del ser, sino también de anhelar y desear, sujeto de emociones opuestas, fueron de vital importancia, por un lado, las reflexiones de los presocráticos y, por otro, todo el conjunto de creencias religiosas, bien fueran populares bien oficiales, transmitidas de generación en generación.

Esta tradición asistemática e imprecisa acerca de la realidad del alma, recibida por Sócrates, Platón y Aristóteles, con su amor por la delimitación de los conceptos y las definiciones, preocupados por los aspectos éticos, antropológicos y metafísicos, con métodos más científicos —como podían ser la *Mayéutica socrática*, la *Dialéctica* platónica[50] o el *Organon* aristotélico— tendrá su momento culminante y su intento de clarificación conceptual en la filosofía antigua con el *Fedón* y el *De Anima* para la vía intelectual, y con el *Banquete*, el *Fedro* y la *Ética a Nicómaco* para la vía emotivo–apetitiva.

La razón de habernos detenido en la consideración del Olvido de la Tradición viene dada por el hecho de que, al impugnarlo, han quedado realzadas estas dos líneas originarias, descubridoras de la realidad del alma en Grecia. Una de las cuales, la emotiva, va a constituir, por ser preparatorio, el primer trasfondo del *Banquete*, al ser tomada por Erixímaco como tema único de los discursos:

---

[50] "El método dialéctico es el único que, echando abajo las hipótesis, se encamina hacia el principio mismo para pisar allí terreno firme, y al ojo del alma, que está verdaderamente sumido en un bárbaro lodazal, lo atrae con suavidad y lo eleva a las alturas." Cf. Platón, *República*, Centro de Estudios Constitucionales, Madrid, 1981, 3 vols. Edición bilingüe, traducción, notas y estudio preliminar por J. M. Pabón y Manuel Fernández Galiano, 533c.

"Así, pues, si os parece bien también a vosotros, tendríamos en los discursos suficiente materia de ocupación. Pienso, por tanto, que cada uno de nosotros debe decir un discurso, de izquierda a derecha, lo más hermoso que pueda como elogio de Eros y que empiece primero Fedro, ya que también está situado el primero y es, a la vez, el padre de la idea."[51]

Y la otra, la intelectiva, pasando desapercibida para los cinco primeros oradores, es asumida en la parte final del discurso de Diotima en lo que podríamos llamar el primer ensayo de síntesis acaecido en la Historia acerca del constitutivo metafísico–ético del alma humana, fundamento previo de su inmortalidad. Diotima, conocedora de la profundidad del misterio que estaba tratando, al querer exponerle a Sócrates 'los ritos finales y suprema revelación'[52] y dudando de que éste pueda se-

---

[51] Platón, *Banquete*, op. cit., 177cd. Cf. A. Nygren, *Erôs et Agapè. La Notion Chrétienne de l'Amour et ses Transformations*, Aubier, París, 1962, p. 176: "Pour exposer ce qu'est l'*éros*, il faut examiner la conception que Platon en avait. Ceci ne veut pas dire qu'il l'ait imaginée. Il l'a trouve, au contraire, déjà existante et l'a empruntée, dans ses parties essentielles, à la piété déterminée par les mystères."

[52] La importancia metafísica de este paso que va a dar Diotima se respira en la misma prosa, y bien podría decirse que es uno de los textos más claros en los que Platón sobrepasa a Sócrates: "Estas son, pues, las cosas del amor en cuyo misterio también tú, Sócrates, tal vez podrías iniciarte. Pero en los ritos finales y suprema revelación, por cuya causa existen aquéllas, si se procede correctamente, no sé si serás capaz de iniciarte. Por consiguiente, yo misma te los diré —afirmó— y no escatimaré ningún esfuerzo; intenta seguirme, si puedes." *Banquete*, op. cit., 209e. Esta tesis acerca de 209e–210a fue propuesta por F. M. Cornford, "La Doctrina de Eros en el *Banquete*", *La Filosofía no Escrita*, Barcelona, 1974, págs. 127-146. G. Vlastos, en *Platonic Studies*, "The Individual as an Object of Love in Plato", Princeton University Press, 1981, p. 481, adelanta todavía el momento de este giro hacia la

## 1.4 La inteligencia y la emoción

guirle, intenta unir 'las cosas del amor' con el descubrimiento de la ciencia y de la contemplación de 'ese mar de lo bello' para llegar a ser, si es posible, inmortales como los dioses:

> "Pues ésta es justamente la manera correcta de acercarse a las cosas del amor o de ser conducido por otro: empezando por las cosas bellas de aquí y sirviéndose de ellas como de peldaños ir ascendiendo continuamente, en base a aquella belleza, de uno solo a dos y de dos a todos los cuerpos bellos y de los cuerpos bellos a las bellas normas de conducta, y de las normas de conducta a los bellos conocimientos, y partiendo de éstos terminar en aquél conocimiento que es conocimiento no de otra cosa sino de aquella belleza absoluta, para que conozca al fin lo que es la belleza en sí... (al que llega a este estado) ¿No crees que le es posible hacerse amigo de los dioses y llegar a ser, si algún otro hombre puede serlo, inmortal también él?"[53]

---

teoría platónica del amor cuando Sócrates se muestra incapaz de responder acerca de la acción amorosa: "Si pudiera —dije yo— no estaría admirándote, Diotima, por tu sabiduría ni hubiera venido una y otra vez a ti para aprender precisamente estas cosas."(206b); G. Vlastos se pregunta: "If Plato had wanted to imply such a thing why should he have represented Socrates as stumped already at 206b?" Cf. G. Vlastos, *Platonic Studies*, op. cit., p. 21, n.58.

[53] Platón, *Banquete*, op. cit., 211cd-212a.

# 2
# EL SEGUNDO TRASFONDO DEL *BANQUETE*

## 2.1 La Posición de la Autosuficiencia

La segunda posición, reseñada como la Posición de la Autosuficiencia y expresada también en su forma radical, quedaría formulada al considerar que lo conquistado en Grecia, principalmente por Sócrates, Platón y Aristóteles, acerca de la estructura metafísica del alma, así como su origen y su destino, por ser fruto de la razón, *de hecho*, entró en oposición con la religión de los Griegos; y, *de derecho*, se presenta como incompatible con la religión, especialmente con la Revelación Cristiana. Al describir así la relación entre religión y filosofía, se muestra una constante del pensamiento humano cuando éste oscila de un extremo al otro, es decir, del extremo de considerar a la razón como incompatible con la religión, al extremo de considerar la religión como incompatible con la razón.[1]

## 2.1.1  El Desprestigio de la Fe

Precisamente por esto, dentro de la Posición de la Autosuficiencia, es posible detectar una primera manifestación que puede ser descrita como el Desprestigio de la Fe. Lo específico de esta variante radicaría en exponer lo sucedido entre la religión griega y la razón griega como el certamen entre dos campos, uno de los cuales no tendría absolutamente razón (religión griega) y el otro la poseería exclusivamente. Aquel campo estaría privado de la verdad, y éste otro, por el contrario, tendría el dominio sobre ella. Pero al constituirse así esta variante, lo que se presenta ingenua y ambiguamente como una *cuestión de hecho* no es sino el resultado de haber querido dirimir la *cuestión de derecho* con anterioridad a la exposición de *lo acaecido*. En el relato que hacen de los hechos, se revela latente la 'resolución' previa de la *cuestión de derecho*.

Por afirmar la imposibilidad de que pudiera darse una cooperación de la religión griega con lo alcanzado por los griegos con su razón, ha surgido la postura racionalista de un pensamiento, aislado de todo lo que no sea producto de la razón, y que exige para sí el monopolio de la verdad. Intentando delimitar el genuino espíritu griego, W. Nestle ha mantenido que

---

[1] El análisis que hizo en su tiempo el teólogo alemán M. J. Scheeben, *Los Misterios del Cristianismo*, op. cit., avala el contenido de lo que aquí se está desarrollando: "No se nos oculta que de diferentes lados se oponen dificultades a esta separación, a favor del misterio por una parte y en defensa de la razón por la otra, según se considere que *todas* las verdades del cristianismo están igualmente lejos de la razón o igualmente cerca de la misma." p. 15.

## 2.1 La Posición de la Autosuficiencia

lo específicamente helenístico sería la lucha de la razón para independizarse del mito, a través de la literatura, de la medicina y sobre todo de la filosofía. Esta lucha tenía como objetivo sustituir lo religioso y lo mítico por una filosofía de carácter empírico.[2] Precisamente por no someterse a este patrón, Nestle coloca a Platón como uno de los escasos elementos extraños a la mentalidad propiamente griega: "Así en Platón, 'la gota extranjera en la sangre griega', la inclinación a la mística, atraviesa en todo momento el pensamiento racional, lo penetra y lo aparta del camino de la investigación empírica para llevarlo a la especulación que se complace en alturas supraterrenas. Mientras que el pensamiento genuinamente griego es absolutamente monista, Platón se queda, como Empédocles, en la dualidad de Dios y mundo, espíritu y materia, alma y cuerpo, cismundaneidad y más allá; así preso, entra Platón en conflicto con los valores supremos de la cultura griega."[3]

---

[2] "Este es el resultado principal de la lucha milenaria entre el Mito y el Logos, entre la religión nacional tradicional y el pensamiento racional. La lucha fue ganada por espíritus destacados al servicio de la filosofía, y ésta se convirtió para la capa culta y superior de la sociedad en sustituto de la religión." Cf. W. Nestle, *Historia del Espíritu Griego*, op. cit., p. 355. En el inicio del prólogo, expone el autor con claridad su tesis: "Objeto de este libro es la historia de la progresiva disolución de la fe griega por obra de la filosofía y de las ciencias particulares nacidas de ella y por ella fecundadas."

[3] W. Nestle, *Historia del Espíritu Griego*, op. cit., p. 196. Bien es verdad que en este libro el autor deja en claro en una nota a pie de página que su intención no es ofrecer una explicación completa de la filosofía platónica (n.2 p. 158); pero, de todas formas, desterrar a Platón de lo 'genuino griego' suena tan sorprendente como eliminar a Santo Tomás de Aquino del espíritu de la filosofía medieval o a Descartes y Kant de la filosofía moderna y contemporánea. Ahora bien, de ser extranjero, desde luego nunca sería la única gota. Todo parece que esta afirmación de Nestle solo puede hacerse cuando se estudia la historia del espíritu griego con el prejuicio de que la única filosofía

Y si toda la postura de Nestle quedara circunscrita a los mitos griegos para destacar su carácter abiertamente falso, no hubiera sido tan estrictamente necesario dedicarse a él. Pero al trascender su posición más allá de la religión de los griegos y aplicarla a todo tipo de creencia, especialmente a la cristiana, como incompatible con un saber racional, era obligado sacarlo a la luz por ser un caso claro de los que, por principio, no aceptan ni siquiera que pueda darse una cooperación entre razón y

---

posible es aquella que no sobrepasa los límites de nuestros sentidos. O mejor dicho: lo que el Espíritu Griego debería haber sido según el pensamiento de Nestle no fue lo que realmente fue para los propios griegos. En defensa de Nestle podría objetarse que, en realidad, lo que está haciendo a la hora de estudiar la cultura griega es, simplemente, describir lo que allí sucedió sin decidirse previamente por una postura determinada de qué sea la filosofía. Pero la objeción deja de tener peso si se lee con detenimiento el prólogo del libro y la conclusión. El único objetivo de la razón en la historia ha sido revelar la verdad, de la que solo ella es capaz, frente a todo tipo de fe, que por muy respetable que sea, no proporciona ningún saber. Los mitos, las religiones monoteístas han intentado apropiarse de la verdad indebidamente: "Pero aunque la tensión entre la religión y la consideración racional del mundo no sea entre los griegos tan intensa como entre los pueblos cristianos de la edad moderna..., llegó de todos modos el momento en el que tuvieron por fuerza que desgarrarse la una de la otra. En cuanto se planteó, en efecto, al mito la cuestión de la verdad, tuvo que quedar de manifiesto que su fantasía gráfica e imaginativa no coincidía con la realidad" (p. 22). Solamente Kant ha sabido trazar los límites de la experiencia de los límites de la religión (p. 17). Lo único que le queda al hombre es osar a ser más racional para llegar a una humanidad libre y plena (p. 357). Frente a esta postura de Nestle, V. Brochard, *Études de Philosophie Ancienne et de Philosophie Moderne*, París, 1926, p. 218-219: "... el ideal moral de Platón es la expresión del genio griego en su mejor momento, antes de ser deformado por los tiempos e influencias extranjeras." Cf. Hans Urs von Balthasar, *Gloria. Una Estética Teológica*, vol. IV, *Metafísica, Edad Antigua*, Ediciones Encuentro, Madrid, p. 165: "Su filosofar deriva, en este sentido, directamente del mito y pertenece de lleno a toda la tradición helénica."

## 2.1 La Posición de la Autosuficiencia

Revelación cristiana. Una afirmación gratuita del prólogo manifiesta el prejuicio con el que se descarta a la religión monoteísta judeo-cristiana: "La concepción helénica de la *naturaleza* es de la mayor importancia para la comprensión de la religión y del pensamiento de los griegos. No hay en sus concepciones ninguna contradicción entre la naturaleza y lo divino —contradicción que existe en el monoteísmo judeo-cristiano—, sino que la naturaleza misma es divina."[4]

Por lo que se refiere al tema de la inmortalidad, Nestle cae dentro de este desprestigio al excluir arbitrariamente del campo de la filosofía griega cualquier especulación supraterrena o del más allá por ser elementos religiosos e irracionales. Fijémonos tan solo en la equiparación de adjetivos sustantivados y, de forma especial, en el primer binomio, que concurren en el siguiente texto, para darnos cuenta de la idea preconcebida y la ambigüedad conceptual que el autor tiene de lo que debería

---

[4] W. Nestle, *Historia del Espíritu Griego*, op. cit., p. 21. Teniendo en cuenta el hecho de que no presenta ninguna prueba de esa 'contradicción' entre la naturaleza y lo divino en el monoteísmo judeo-cristiano, probablemente esté apoyándose en el principio de autoridad intelectual, haciendo eco de lo afirmado ya en su tiempo por M. Heidegger y F. Nietzsche: "Solo en la sofística y en Platón la apariencia fue explicada como mera apariencia, y con ello disminuida. A la vez, el ser en cuanto ιδεα se desplazaba a un lugar suprasensible. Se abrió el abismo, ωρισμος, entre el ente que solo es susceptible de aparecer aquí abajo y el ser real que se halla en algún lugar de allá arriba; es decir, *se abrió aquel abismo que más tarde estableció la doctrina cristiana, que transformó lo inferior en lo creado, y lo superior en el Creador, pudiendo -con las armas así transformadas- oponerse a la antigüedad (entendida como paganismo) y disimularla. Por eso Nietzsche dijo con razón que el Cristianismo es un platonismo para el pueblo.*" Cf. M. Heidegger, *Einführung in die Metaphysik*, Max Niemeyer, Tübingen, 1983. Traducción castellana, Ed. Nova, Buenos Aires, 1972.

ser la esencia del Espíritu Griego y de aquellos objetos sobre los que la reflexión filosófica puede tratar:

> "La *filosofía de Platón* es un gran intento de enlazar lo racional con lo irracional, lo sensitivo con lo suprasensitivo, lo perecedero con lo imperecedero, lo temporal con lo eterno, lo terreno con lo celeste y lo humano con lo divino."[5]

La postura de Nestle es un caso claro de los que, pareciendo ser fieles a los hechos, afronta el tema de la *cuestión de derecho* con absoluta libertad respecto de ellos. Bien podría incluirse, por lo tanto, a Nestle dentro de aquellos historiadores de la cultura griega, que olvidando 'la multiforme versatilidad del espíritu griego',[6] intentaron reducir, a toda costa, tal multiformidad a una rígida categoría del entendimiento humano moderno. R. Mondolfo, junto a historiadores como Gomperz y Jaeger entre otros, ha dejado claramente establecido que para abordar el estudio de la cultura griega hay que empezar reconociendo "la naturaleza polimorfa del genio... helénico de modo que cuando algunos historiadores se refieren... y hablan de elementos exóticos, extraños y hasta repugnantes al espíritu griego..., omiten considerar que ya el hecho histórico de la asimilación y difusión de semejantes elementos demuestra la existencia previa de disposiciones, elementos potenciales y tendencias efectivas y eficientes."[7] Y la misma reducción se pretendió a la hora de

---

[5] W. Nestle, *Historia del Espíritu Griego*, op. cit., p. 195.

[6] Frase tomada del historiador decimonónico Eucken y citada por R. Mondolfo, *La Comprensión del Sujeto Humano en la Cultura Antigua*, op. cit., p. 25.

[7] R. Mondolfo, *La Comprensión del Sujeto Humano en la Cultura Antigua*, op. cit., p. 25.

*2.1 La Posición de la Autosuficiencia* 35

abordar el tema del fin último de la vida humana, al querer imponer que lo propio del Espíritu Griego en este tema era llevar una existencia que evite la envidia de los dioses y el juego de la fortuna. Y con ello se expatriaba de Grecia el ideal de Sócrates, Platón, y Aristóteles, etc.[8] Era el precio que había que pagar al querer eliminar voluntariamente algunos de los elementos que componían la *cuestión de hecho* en el periodo griego.[9]

## 2.1.2 El Desprestigio de la Razón

La segunda variante de esta posición, a la que hemos llamado la Posición del Desprestigio de la Razón, zanja indebidamente la *cuestión de derecho* descalificando la *cuestión de hecho*; y no es sino la ley general de aquella particular oposición entre razón y fe, divisada ya en la patrística, y ampliamente debatida en la Edad Media, tanto en el mundo musulmán como en el cristiano, y que Santo Tomás de Aquino rebatió magistralmente.[10] De modo muy general, se mantendría la tesis de que lo revelado resulta incompatible con lo razonado, pero esta vez, en

---

[8] R. Mondolfo, *La Comprensión del Sujeto Humano en la Cultura Antigua*, op. cit., p. 25, n. 19. Trae una cita de Martinazzoli que compendia toda nuestra exposición y crítica al pensamiento de Nestle: "Lo realmente griego está compuesto por lo que es griego y por lo que no lo es."

[9] "Por estos motivos resultan inaceptables las oposiciones polares mediante las cuales desean aún muchos historiadores diferenciar entre sí el pensamiento de la antigüedad clásica y el cristianismo–moderno; oposiciones que... desconocen caracteres y elementos que es necesario reconocer, por el contrario, como presentes y operantes en el pensamiento." Cf. R. Mondolfo: *La Comprensión del Sujeto Humano en la Cultura Antigua*, op. cit., págs. 26-27.

[10] Santo Tomás de Aquino distingue muy bien la teología de la filosofía, para establecer luego sus relaciones y dependencias: *Summa Theologiæ*, I, q. 1; *Contra Gentiles*, II, 4.

detrimento de la razón. De un modo claro, ya en los inicios del Cristianismo, cuando empezaron las primeras incursiones en la filosofía pagana, se dieron comentarios como el siguiente: "¿Qué de parecido tiene un filósofo y un cristiano, el discípulo de Grecia y el del Cielo?"; "¿Qué hay de común entre Atenas y Jerusalén, entre la Academia y la Iglesia, los herejes y los cristianos?"[11] Y entre los apologistas orientales, será el sectario Taciano quien escribirá un *Discurso contra los Griegos*, que brilla por su agresividad irracional: "¿Qué habéis producido que merezca respeto, con vuestra filosofía? ¿Quién de entre los que pasan por los más notables estuvo exento de arrogancia?"[12]

Hay que decir, no obstante, que al mismo tiempo, con mayor profusión y en mentes muy preparadas culturalmente, hubo entre los Padres Apostólicos y los escritores eclesiásticos del principio, quienes intentaron y defendieron la compatibilidad con el Cristianismo de algunos de los elementos conquistados por la Filosofía Griega. Con un profundo respeto por todo el misterio revelado, y sin la pretensión de comprender en su totalidad el misterio, acudieron a la filosofía para explicar su fe, motivados, más bien, por aquellos que contradecían con sus razones la fe cristiana.[13] El profundo conocimiento del *escánda-*

---

[11] Tertuliano, *El Apologético*, Apostolado Mariano, Sevilla, 1991, cap. XLVI, 18, 96.

[12] D. Ruiz Bueno, *Padres Apologistas Griegos*, B.A.C., Madrid, 1954, (116), p.574.

[13] "Sancti Patres propter instantiam eorum qui fidei contradicunt, coacti sunt et de hoc disserere, et de aliis quae spectant ad fidem, modeste tamen et reverenter absque comprehendendi praesumptione. Nec talis inquisitio est inutilis, cum per eam elevetur animus ad aliquid veritatis capiendum quod sufficiat ad excludendos errores." Cf. Santo Tomás de Aquino, *Quaestio Dispuatatae De Potentia*, 9, 5.

## 2.1 La Posición de la Autosuficiencia

*lo* que había significado para los cánones ético–religiosos de la antigüedad clásica el hecho de un *Dios crucificado* ni les impidió ni les enervó para recuperar del helenismo los destellos de luz y verdad que habían precedido a la Encarnación. Y a través de este proceso de discernimiento en el que, al principio, los conceptos no lograban expresar nítidamente las realidades a las que se referían, se fueron dando las bases para la existencia de una filosofía cristiana.[14] Es cierto que inmediatamente percibieron que era más lo que había que dejar que lo que había que tomar y que la tarea de depuración y selección no iba a ser fácil. Pero desde el principio comprendieron tanto la falsedad del 'todo es asumible' como de su opuesta, 'nada es asumible'. h. Moeller, resume así la postura de aquellos cristianos que acudieron a Grecia:

> "Si hubo, pues, en el helenismo presentimientos del cristianismo, forzoso es reconocer que hubo también cuestiones mal resueltas e incluso soluciones francamente opuestas a todo un aspecto del mensaje cristiano. Si hay en el cristianismo poderes que hacen de él el coronamiento del mundo antiguo, hay, asimismo, sobre todo, un mundo nuevo desconocido por los griegos y hasta en oposición al de ellos."[15]

En el *Diálogo con Trifón*, San Justino exhorta a todos los hombres a que se den a la filosofía, 'la ciencia del ser y del cono-

---

[14] "Los Santos Padres, partiendo de esa fe segura y cierta y con su ayuda, elaboraron un instrumento filosófico en armonía con ella, discerniendo con destreza lo que había de válido en el conocimiento sapiencial anterior o al margen de la Revelación. Y así dieron origen a la filosofía cristiana." Cf. C. Cardona, *Olvido y Memoria del Ser*, op. cit., p. 335.

[15] Ch. Moeller, *Sabiduría Griega y Paradoja Cristiana*, op. cit., págs. 21–211.

cimiento de la verdad', ya que ésta 'es en realidad el mayor de los bienes, y el más precioso ante Dios, al cual ella es la única que nos conduce y recomienda.'[16] Y la Escuela de Alejandría, con Panteno, San Clemente y Orígenes, se caracterizará cabalmente por su interés en la filosofía platónica y su aplicación a los contenidos de la fe cristiana. San Clemente, intentando atraer a los gentiles al cristianismo, llega incluso a afirmar la posibilidad de que la filosofía fuera dada a los griegos por Dios, autor de las causas buenas, como el Antiguo Testamento a los judíos.[17] Y Orígenes tendrá siempre, en el trasfondo de sus reflexiones sobre el alma y el cuerpo escritas en *Peri Arjon*, el pensamiento del fundador del neoplatonismo, Ammonio Saccas.[18] Por últi-

---

[16] D. Ruiz Bueno, *Padres Apologistas Griegos*, op. cit., págs. 302-303.

[17] J. Vives, *Los Padres de la Iglesia*, Herder, Barcelona, 1971. En esta antología de textos, aparece el siguiente sacado de los *Stromata* de San Clemente: "Antes de la venida del Señor, la filosofía era necesaria a los griegos para la justicia; ahora, en cambio es útil para conducir las almas al culto de Dios... La filosofía es una preparación que pone en camino al hombre que ha de recibir la perfección por medio de Cristo." p. 173. Y más adelante: "En cuanto a la filosofía, ha sido dada a los griegos como su propio testamento, constituyendo un fundamento para la filosofía cristiana..." p. 176. Cf. J. Pépin, *Idées Grecques sur l'Homme et sur Dieu*, op. cit., p. 22: "Nul n'est plus enclin que lui, ni plus avisé, à repérer dans le platonisme et dans l'Écriture les traits capables de s'accorder et de se renforcer mutuellement; on le verra par exemple associer le miroir de la I Ép. aux Corinthiens 13, 12 et le miroir de l' *Alcibiade*..."

[18] E. Moliné, *Los Padres de la Iglesia: una Guía Introductoria*, Palabra, Madrid, 1995, págs. 192-196. También los Gnósticos elaboraron una metafísica completa (posiblemente antes que los cristianos) de inspiración platónica que tuvo una grandísima importancia en todo el resurgir neoplatónico y en los mismos Padres de la Iglesia. Cf. F. García Bazán, "Tradición y Hermenéutica en el Platonismo, el Cristianismo Naciente y H. G. Gadamer", *Escritos de Filosofía*, Buenos Aires, 31 (1997). Cf. del mismo autor, *Plotino. Sobre la Trascendencia Divina: Sentido y Origen*, Mendoza, 1992. Por ello no es cierta

## 2.1 La Posición de la Autosuficiencia

mo, Gilson, hablando del cristiano Lactancio, dice que gustaba de acudir a los filósofos porque estaba persuadido de que tanto Sócrates, como Platón y Séneca, 'habían comprendido algunos fragmentos de la verdad y si estos fragmentos se reunieran, la verdad podría ser reconstituida en su totalidad: *particulatim veritas ab iis tota comprehensa est.*'[19]

A diferencia de los que incurren en el error del Olvido de la Tradición, este segundo, en su variante *fideísta*, sí que ha tenido representantes de su versión más radical, tanto en el cristianismo hasta la Edad Media, como, particularmente, en las filas del Protestantismo desde Lutero hasta nuestros dias.[20]

---

la afirmación de E. Moliné respecto de los Gnósticos cuando señala que "la influencia de la filosofía griega resulta ser un tanto superficial, y que alcanza a poco más que a la terminología." Cf. *Los Padres de la Iglesia: una Guía Introductoria*, op. cit., p. 142. El Simposio Internacional que se celebró en 1994 en el Instituto de Historia de la Teología de la Universidad de Navarra, trató ampliamente este tema: D. Ramos–Lissón, M. Merina y A. Viciano, *El Diálogo Fe–Cultura en la Antigüedad Cristiana*, Ediciones Eunate, Navarra, 1995. Una exposición magistral y seriamente documentada respecto de la relación entre el helenismo y el cristianismo incipiente es llevada a cabo por J. Daniélou, *Platonisme et Theologie Mystique: Doctrine Spirituelle de Saint Grégoire de Nysse*, Aubier, Paris, 1944.

[19] "*particulatim veritas ab iis tota comprehensa est.*" Cf. Étienne Gilson, *The Spirit of Mediaeval Philosophy*, op. cit., p. 31. La cita de Lactancio está en: *Institutiones*, VII, 7, 7.

[20] Aunque no es competencia de ese trabajo, conviene mencionar que, en concreto y en consonancia con Lutero, la teología protestante liberal elaborada hacia finales del s. XIX y principio del s. XX se caracterizó por eliminar esquizofrénicamente todo lo que sonara a 'helénico' en el mensaje neotestamentario. A. Ritschl, (1822–1899); J. W. Herrmann, (1846–1922); E. Troeltsch, (1865–1923); A. Harnack (1851–1930), no fueron sino los precursores del rechazo explícito de la razón para afrontar temas relativos a Dios que se dio en la obra de K. Barth (1886–1968): la *analogía entis* es

Y hasta tal punto ha tomado tanta fuerza esta posición, que ya no solo 'las más frívolas contradicciones en este sentido se encuentran entre los protestantes, sino también y cada vez más entre los católicos actuales.'[21]

En lo que concierne a nuestro tema sobre la inmortalidad del alma, firmemente adquirida por los Griegos como un logro de la razón, entra a formar parte de esta posición, la opinión del teólogo español J. L. Ruiz de la Peña al presentar lo conquistado por la razón en Grecia como incompatible con el dogma de la resurrección. Partiendo de una visión de la concepción

---

sustituida por la *analogía fidei*. Cf. C. Spicq, en su obra *Teología Moral del Nuevo Testamento*, vol. I, Eunsa, Pamplona, 1970, págs. 28-29, n. 83, afirma: "... denunciamos de una vez por todas la falaz concepción de un evangelio puramente judío al que una helenización posterior habría deformado, si no paganizado. Hoy todo el mundo admite que no hay antinomia alguna entre el judaísmo palestiniano y el helenístico." Y añade una bibliografía interesante.

[21] Han Urs von Balthasar, *Gloria, una Estética Teológica*, vol. IV, op. cit., p. 21. Y continúa así el autor: "Con gran ligereza se contraponen a veces 'las formas de pensamiento' griegas y judías, se habla continuamente de una perniciosa helenización del cristianismo (ya en San Pablo, peor en Alejandría, y funesta en la época de Constantino) y no digamos del neoplatonismo de San Agustín, o del aristotelismo de Santo Tomás. Se exige 'el abandono definitivo de los griegos y de la cultura mediterránea' para poder madurar en una cultura y misión universales. Cuanto más justa es la exigencia de una universalidad, tanto más es de temer que los propagadores de tales tópicos, que solo conocen de oídas lo que combaten, sustituyan la verdadera y fundamental universalidad (en las grandes filosofías occidentales) por otra más simple, a base de mítines y congresos, nivelándolo todo superficialmente, en lugar de superarlo con seriedad crítica." Sobre el problema de la influencia de la teología protestante en la católica, de forma detallada, véase M. Grabmmann, *Historia de la Teología Católica desde Fines de la Era Patrística hasta Nuestros Días*, Madrid, 1946.

## 2.1 La Posición de la Autosuficiencia

platónica del alma muy reducida e incompleta,[22] afirma en las reflexiones finales al capítulo III ("Consideraciones Teológicas") cuya primera sección lleva el significativo título de "Un Poco de Historia": "El *no* cristiano a estas doctrinas está ya preanunciado en el *no* a sus premisas ontológicas y éticas."[23] No obstante, 'el Desprestigio de la Razón' se manifiesta con todo rigor cuando, después de criticar aquellas concepciones actuales que reducen el hombre a pura materia por ser insostenibles con la existencia del libre albedrío, Ruiz de la Peña acepta, sin embargo, contra la lógica interna del principio de causalidad, la tesis rahneriana de la 'autotrascendencia activa' de la materia para dar cuenta de la génesis del alma.[24] Lo que con esta hipótesis se defende-

---

[22] "Según Platón, el alma, al ser ingénita, es incorruptible e inmortal." Cf. J. L. Ruiz de la Peña, *La Muerte, Destino Humano y Esperanza Cristiana*, Colegio Mayor Chaminade, Madrid, 1983, p. 49. Aunque no se ha de analizar directamente la visión de la filosofía antigua que tiene el autor y los prejuicios de los que parte, por lo menos adelantar dos cosas: primero, que en el *Timeo*, una de las obras que más influyeron en la Edad Media, escritas en el periodo final de la plena madurez intelectual de Platón, junto al *Sofista*, *Filebo* y *Las Leyes*, la acción del Demiurgo, creador y artífice de las almas de los hombres, impide que estas sean ingénitas. Y segundo, que para Platón el alma no es inmortal e incorruptible por ser ingénita, sino por la capacidad que tiene de adquirir el conocimiento de las Ideas, tal y como se manifiesta en el *Fedón*.

[23] "Un poco de historia". ¡Tan poco como que le dedica a la antropología platónica solamente dos páginas! J. L. Ruiz de la Peña, *La Muerte, Destino Humano y Esperanza Cristiana*, op. cit., p. 53.

[24] G. Gironés–Guillem, "Meditación sobre el Alma", *Anales Valentinos, Revista de Filosofía y Teología*, XV, 1989, n. 29, págs. 93-110. Comparando y criticando a la vez dos artículos aparecidos en la revista *Estudios Eclesiásticos (Fides quae per Caritatem operatur. Homenaje a Juan Alfaro)*, (1989), uno de J. L. Ruiz de la Peña, "Sobre el Alma: Introducción, Cuatro Tesis y Epílogo", págs. 377-399, y otro de J. A. Sayés, "La Autonomía de las Realidades Temporales y el Orden Sobrenatural", págs. 465-494, Gironés–Guillem afirma contra la tesis de Ruiz de la Peña: "En cuanto al problema del origen,

ría sería la fe en un conjunto de creencias —lo corpóreo por su propia fuerza, 'sin ayuda de nadie', hace surgir lo incorpóreo; la materia auto-genera su espíritu; y, la más general, *lo que no es*, tiene la virtud de causar *lo que es*— todas ellas absolutamente incompatibles con los primeros principios del entendimiento y de la ciencia.[25]

Y, por último, no deja de ser curioso en este autor el contraste, por un lado, entre la abierta y documentada exposición de las antropologías filosóficas actuales —M. Scheler, Existencialismo, Marxismo, M. Heidegger— para fundamentar la necesidad de una revisión de la escatología, con, por otro lado, la pobre y escasa descripción de lo ocurrido en Grecia en torno a las reflexiones sobre el hombre. El hecho de ser teólogo no justifica en absoluto ni las afirmaciones gratuitas acerca de lo que

---

no me parece válido que la tesis tradicional del alma creada por Dios e infundida en el organismo (en el momento de ser éste engendrado por los padres) se sustituya por la rahneriana tesis de la autotrascendencia activa... Pero aún creo que se ha quedado corto, porque ya va siendo hora de proclamar de una vez por todas (y contra ese larguísimo espejismo de emergentistas y evolucionistas) que el más simplemente no sale del menos: es el principio de causalidad quien veta que tal se diga, volviendo por sus fueros." p. 94.

[25] J. L. Ruiz de la Peña, "Sobre el Alma: Introducción, Cuatro Tesis y Epílogo", op. cit. También, *Las Nuevas Antropologías. Un Reto a la Teología*, Sal Terrae, Santander, 1983. Más radical que la tesis de la autotrascendencia activa, y por lo tanto opuesta a la lógica de los primeros principios, es la defensa que de la génesis de la mente humana hace el prof. Pinillos al hablar de un proceso de evolución cuyas características peculiares son debidas a elementos de tipo cultural y social, hasta el punto de afirmar: 'A grandes rasgos, lo ocurrido parece haber sido esto. Unas especies proceden de otras, y en esa procesión de 'filums' sucede que paradójicamente lo inferior es lo que origina lo superior: en alguna forma cabría afirmar, que contrariamente a lo mantenido por la escolástica, *natura dat quod non habet*'. J. L. Pinillos, *Principios de Psicología*, Alianza Editorial, Madrid, 1978, p. 56.

## 2.1 La Posición de la Autosuficiencia

dijeron los antiguos, ni la descalificación de éstos solamente por ser 'helénicos'.

Por esto, con toda seguridad, la obra más importante en la variante de este desprestigio de la razón, y como su más fiel representante, sería la del teólogo protestante A. Nygren, *Erôs et Agapè*,[26] al presentar la disolución de la *cuestión de derecho* en favor de la fe, junto a una interesante y rigurosa exposición de la filosofía platónica. La relevancia de esta obra de Nygren, para lo que aquí se viene desarrollando, está justificada por los siguientes motivos:

1. Por ser la obra de un teólogo que tiene al mismo tiempo un serio conocimiento de la filosofía antigua y, particularmente, de la platónica. El estudio dedicado al *Banquete*, en el primer volumen de su obra, manifiesta claramente tal seriedad.

2. Porque Nygren, en ella, fue uno de los pioneros en quejarse de que, pese al carácter central que la idea de *agape* tiene en el cristianismo, los teólogos o bien han dado por supuesto su comprensión, o bien la han marginado de los estudios dogmáticos, o, por último, la han incrustado dentro de la moral.

3. Por el objetivo de su obra, consistente en avanzar en el profundo misterio del Amor de Dios y del amor humano

---

[26] A. Nygren, *Erôs et Agapè. La Notion Chrétienne de l'Amour et ses Transformations*, op. cit., 3 vols.

o, con sus mismas palabras, lo que le interesa es 'la originalidad de la noción cristiana del amor.'[27]

4. Por elaborar una historia, documentada y seria, de las transformaciones que sufre la *agape* cristiana, desde el inicio hasta la Reforma de Lutero, al competir con otras concepciones del amor no–cristianas. Con ello trata precisamente tanto de ubicar qué pensador ha conseguido mantener inmune la idea de *agape* de todo contacto filosófico, como señalar quiénes la han transformado al mezclarla con consideraciones extrañas a su esencia, especialmente, con la doctrina griega del Eros.

5. Y por último, debido al eco producido por la controversia entre *Eros–Agape*, la cual gira en torno al problema del interés–desinterés del amor sobrenatural del hombre a Dios.[28] Controversia que ha generado toda una literatura en pro y en contra, desde el punto de vista bíblico como filosófico, tanto en el campo católico como en el protestante.[29]

---

[27] "En d'autres termes, ce qui nous intèresse ici, ce n'est pas tant *l'originalité des différentes époques*, que *l'originalité de la notion chrétienne de l'amour*." Cf. A. Nygren, *Erôs et Agapè*, op. cit., vol.I, p. 18.

[28] Robert G. Hazo, en su *The Idea of Love*, Frederick A. Praeger, New York, 1967, ha realizado una síntesis palmaria de esta controversia (págs 100–160). La diferencia entre las diversas posturas la resume así: "Where they differ is on the question of whether or not human *agape* is not also always accompanied by self-interest. *We find three answers to this question: Supernatural human love is (1) always accompanied by a self–interested motive, (2) sometimes accompanied by a self–interested motive, and (3) never accompanied by a self–interested motive.*" p. 101.

[29] Desde el punto de vista bíblico, las obras que se enfrentan directamente a la interpretación de Nygren, principalmente serían: C. Spicq, *Agape dans le*

## 2.1 La Posición de la Autosuficiencia

Por lo que se refiere al tema del amor, del alma y de su inmortalidad, lo más sorprendente de Nygren radica en el sincero reconocimiento de la *cuestión de hecho*. El estudio de la historia inmediatamente posterior al Nuevo Testamento manifiesta claramente cómo la dos realidades —*Eros* y *Agape*— se han dado fuertemente unidas hasta tal punto que intentar "trazar entre ellas una línea de demarcación nítida sería disociar arbitraria y violentamente lo que está unido por naturaleza."[30] Junto a esto, el hecho también de que la lengua haya traducido, con un mismo término —amor—, dos conceptos diferentes —*Eros* y *Agapé*— ha predeterminado con el tiempo la reducción a una idea común, expresada por aquel término.[31] Debido precisamente al condicionante histórico y al condicionante lingüístico,

---

*Nouveau Testament*, Du Cerf, París, 3 vols, 1958-1959; V. Warnach, *Agape. Die Liebe als Grumdmotiv der Neutestamentlichen Theologie*, Düsseldorf, 1951. Desde el punto de vista filosófico, J. Lotz, *Die Stufen der Liebe. Eros, Philia, Agape*, Frankfurt, 1971. Cf. E. Rivera, "Las Formas Fundamentales del Amor (Planteamiento Histórico–Sistemático)", *Naturaleza y Gracia*, XXXII/1, (1985), págs. 9-10, expone una bibliografía de breves estudios suyos sobre el 'Amor en San Agustín, San Buenaventura, Duns Escoto, el místico Fray Juan de los Angeles, en Platón y en Sófocles' dando respuesta a la obra de Nygren. La conclusión de Rivera sobre la obra de Nygren es que la ve 'en gran parte inconsistente'. Un estudio profundo del tema se encuentra también en J. M. Rist, "Some Interpretations of Agape and Eros", en AA. VV, *Platonism and its Christian Heritage*, Variorum Reprints, London, 1985, págs. 156-408.

[30] "Tracer entre elles une ligne de démarcation bien nette serait dissocier arbitrairement et violemment ce qui est lié par nature." Cf. A. Nygren, *Erôs et Agapè*, op. cit., vol. I, p. 20.

[31] "A ce point de vue, elles ne sont que les modifications d'une seule et même chose." Cf. A. Nygren, *Erôs et Agapè*, op. cit., vol. I, p. 21.

'resulta muy difícil sustraerse a la impresión de la legitimidad y la necesidad de esta unión.'[32]

También parece sincera la intención con la que quiere abordar el tema de la oposición entre *Eros* y *Agapé*. Nygren deja bien en claro, desde el principio, que a la hora de estudiar los dos 'móviles fundamentales' y su génesis histórica, 'todo juicio de valor es completamente extraño a esta obra.'[33] La comparación entre estos dos móviles no es la comparación entre lo justo y lo injusto, lo bueno y lo malo, lo verdadero y lo falso, sino lo cristiano y lo no cristiano, puesto que su intención es 'exponer la idea cristiana del amor y sus transformaciones.'[34]

Con todo, y a pesar de esta sinceridad en el reconocimiento de la *cuestión de hecho* y en la pretensión de no emitir juicios valorativos, Nygren 'disuelve' la *cuestión de derecho* sobre la legítima existencia de una 'Filosofía Cristiana' en el tema del amor. Desde luego, es totalmente cierto que los Griegos tuvieron una alta estima del valor divino del alma humana y que, a pesar de sus caídas y de recibir como castigo la cárcel del

---

[32] "Il est très difficile, par consèquent, de se soustraire à l'impression du bien-fondé et de la nécessité de cette union." Cf. A. Nygren, *Erôs et Agapè*, op. cit., vol. I, p. 21.

[33] A. Nygren, *Erôs et Agapè*, op. cit., vol. I, p. 29.

[34] "Nous voulons exposer l'idée chrétienne de l'amour et ses transformations. Si notre dessein avait été de décrire l'idée d'*éros* et ses transformations, nous aurions, naturellment, déplacé l'accent dans le sens correspondant et considéré surtour l'idée d'*agapè* au point de vue de l'action dissolvante qu'elle exerce sur l'*éros*. Ici encore, il ne s'agit pas d'un jugement de valeur." Cf. A. Nygren, *Erôs et Agapè*, op. cit., vol. I, p. 30.

## 2.1 La Posición de la Autosuficiencia

cuerpo, 'conserva su valor inalienable.'[35] Y ¿quien puede poner en duda la sinceridad de este reconocimiento? Pero no deja de ser una afirmación gratuita, por lo demás propia de la teología protestante, el afirmar que 'la Agape parte, por el contrario, de la convicción que la persona humana no tiene ningún valor.'[36] Si con el vocablo 'convicción' se está refiriendo a su creencia particular protestante sobre las consecuencias del pecado original en el hombre[37] nada habría que objetar excepto que está quebrantando el 'carácter imparcial de su estudio.'[38] Ahora bien, determinadas así las premisas —por un lado, el valor divino que los griegos le atribuyeron al alma y, por otro lado, la más absoluta privación de valor en ella, aportado por la fe protestante—, es lógico que entre una y otra no solo no se dé ningún modo de conexión, sino la 'lucha sin piedad' —*une lutte sans merci*— por erigirse una por encima de la otra.

Por lo tanto, es imposible que pueda haber una conexión entre 'lo revelado' y lo 'razonado', aunque de hecho así fuera, porque la teoría de la que parte Nygren es incompatible con la explícita manifestación del conjunto total de los hechos. Pero al acceder de esta forma a lo dado se cae en el peligro de man-

---

[35] "*L'Éros part de l'idée que l'âme a une origine et une valeur divines. Elle est une perle perdue et souillée, mais qui a conservé, néanmoins, sa valeur inaliénable.*" Cf. A. Nygren, *Erôs et Agapè*, op. cit., vol. I, p. 248.

[36] "*L'Agapè part, au contraire, de la conviction que la personne humaine est sans valeur aucune.*" Cf. A. Nygren, *Erôs et Agapè*, op. cit., vol. I, p. 249.

[37] "*L'homme qui se détourne de Dieu est absolument perdu et n'a plus aucune valeur.*" Cf. A. Nygren, *Erôs et Agapè*, op. cit., vol. I, p. 248.

[38] "*Nous pourrons ajouter que l'eros et l' agapè, forces toujours vivantes, nous obligent à prendre position personnellement. Mais c'est là une question qui reste absolument en dehors du cadre scientifique.*" Cf. A. Nygren, *Erôs et Agapè*, op. cit., p. 30.

tener la teoría por encima de la evidencia de los hechos. Por ello, el término 'conexión', que aquí se ha utilizado para referirnos a la relación fáctica, indeterminada por ahora, entre lo filosófico y lo teológico, es sustituido, en la edición francesa de la obra de Nygren, por el término 'concurrence', cuyo sentido es el de 'competencia',[39] 'oposición o rivalidad entre dos o más que aspiran a obtener la misma cosa':

> "Es una tentativa insegura la de querer expresar las relaciones de la piedad determinada por *Eros* y las del cristianismo con los términos: cuestión y respuesta, preparación y cumplimiento. Si se quiere presentar la piedad determinada por *Eros* como una preparación del cristianismo, hace falta ver con claridad, antes de nada, los peligros que la necesidad de esta unión conllevaría. En lugar de considerar la piedad determinada por *Eros* como la predecesora del cristianismo, convendría mejor llamarla su peligrosa competidora."[40]

Como corolario de esta posición de Nygren, y la razón por la que aquí se le ha colocado como el máximo exponente del

---

[39] El término francés se traduce por 'competencia' y el diccionario de traducción Francés–Español se preocupa muy bien de hacer la observación de que en español, 'concurrencia', significa algo muy distinto del francés. *Gran Diccionario Español–Francés, Francés–Español*, Larousse, España, 1992, voz 'Concurrence'.

[40] "C'est donc une tentative hasardée que vouloir exprimer les rapports de la piété déterminée par l'*éros* et du christianisme par les termes: question et réponse, préparation et accomplissement. Si l'on veut présenter la piété déterminée par l'*éros* comme une préparation au christianisme, il faut voir clairement, tout d'abord, les périls que la nécessité de cette union lui faisait courri. Au lieu de considérer la piété déterminée par l'*éros* comme la devancière du christianisme, il faudrait l'appeler sa dangereuse concurrente." Cf. A. Nygren, *Erôs et Agapè*, op. cit., vol. I, p. 175.

## 2.1 La Posición de la Autosuficiencia

'Desprestigio de la Razón', se sigue el hecho de que la inmortalidad del alma sea incluida en toda concepción regida por el móvil del *Eros*, así como la fe en la Resurrección de los muertos sea lo único específico del móvil de la *Agape*:

> "Se ha confundido constantemente, en el curso de la historia, la creencia en la inmortalidad del alma, con la fe en la Resurrección de los muertos, y sin embargo, ambos pertenecen a dos mundos éticos y religiosos opuestos. Cuando la inmortalidad del alma sea erigida en dogma religioso, se puede estar casi seguro de encontrarse en presencia del *Eros*. Cuando, por el contrario, lo que predomina es la *Agapé*, la idea de inmortalidad se traduce por la fe en la Resurrección de los muertos."[41]

Pero es el caso que, mientras que Nygren se puede permitir trasgredir su propia norma de imparcialidad, partiendo de la 'convicción' de la absoluta carencia de valor de la persona humana, injusta y arbitrariamente no le permite a Platón, pese a las pruebas racionales que ofrece en el *Fedón*, la 'suposición' de la inmortalidad del alma por su valor divino.[42]

---

[41] "On a constamment confondu, au cours de l'histoire, la *croyance à l'immortalité de l'âme, avec la foi à la résurrection des morts*; et pourtant elles appartiennent à deux mondes éthiques et religieux opposés. Lorsque l'immortalité naturelle de l'âme est érigée en dogme religieux, on peut être à peu près assuré de se trouver en présence de l'*éros*." Cf. A. Nygren, *Erôs et Agapè*, op. cit., vol. I, p. 251.

[42] "Quand Platon parle de l'âme, il suppose toujours l'idée qu'elle est immortelle." Cf. A. Nygren, *Erôs et Agapè*, op. cit., vol. I, p. 250.

## 2.2 El segundo trasfondo del *Banquete*

La breve consideración de esta segunda posición, en sus dos manifestaciones, ha sido pertinente al caso no tanto para ponderar lo que estuvo al alcance de la razón antes o después de Cristo en torno al alma, sino, particularmente, para resaltar dos precisiones muy importantes para este desarrollo.

La primera consistiría en que, sin extraer ninguna consecuencia teórica todavía, es un hecho patente que la filosofía griega crece, acompañada desde el inicio, junto a elementos religiosos profundamente arraigados en el Espíritu Griego, en una 'admirable concurrencia.'[43] Según Nygren, no se da en la conciencia antigua, una separación clara entre la religión y la filosofía.[44] Por supuesto, es innegable la existencia de críticas a determinados aspectos de la religión. El mismo Platón propone para su República la exclusión de los dioses presentados por Homero y la comedia, ya que les atribuyen las debilidades de los hombres; y solamente aceptará 'himnos a los dioses y apologías

---

[43] Es la religión la que hace de guía en los temas más profundos de la filosofía. Platón, *Banquete*, op. cit., 209e-210a: "Pero en los ritos finales y suprema revelación, por cuya causa existen aquéllas, si se procede correctamente, no sé si serías capaz de iniciarte. Por consiguiente, yo misma te los diré —afirmó— y no escatimaré ningún esfuerzo; intenta seguirme, si puedes." La ayuda divina se hace necesaria al hablar de la inmortalidad y de la naturaleza del alma en *Fedro*, op. cit., 264a: "Sobre la inmortalidad, baste ya con lo dicho. Pero sobre su idea hay que añadir lo siguiente: cómo es el alma, requeriría toda una larga y divina explicación; pero decir a qué se parece, es ya asunto humano, y por supuesto más breve."

[44] "Il n'existe pas, dans la conscience antique, de séparation bien nette entre la religion et la philosophie." Cf. A. Nygren, *Erôs et Agapè*, op. cit., p. 182. Y la razón que esgrime es que ambas querían indicar la vía de la redención, llevar el hombre a la vida verdadera y a la felicidad.

## 2.2 El segundo trasfondo del Banquete

de hombres excelentes.'[45] Heráclito solicita que 'Homero debería ser expulsado de los juegos a latigazos',[46] y hace la crítica de las oraciones ante las imágenes, 'como uno que hablara con casas, sin saber lo que son los dioses y lo que son los héroes.'[47] Jenófanes de Colofón ridiculiza los dioses antropomórficos de *La Iliada* y *La Odisea* al decir:

> "Si bueyes, caballos y leones tuvieran manos como los hombres, si pudieran pintar como éstos y crear obras de arte, pintarían los caballos dioses caballunos, bovinos los bueyes, y según la propia apariencia formarían las figuras de sus dioses."[48]

Pero todas estas críticas, en absoluto tuvieron como finalidad ni la disolución de la religión griega ni la eliminación de lo revelado por ella en aras de un pensamiento estrictamente racional como sostiene W. Nestle.[49] Más bien lo que se intentó fue

---

[45] Platón, *República*, op. cit., X, 607a.

[46] C. Eggers Lan, *Los Filósofos Presocráticos*, op. cit., vol. I, fr. 42

[47] C. Eggers Lan, *Los Filósofos Presocráticos*, op. cit., vol. I, fr. 5.

[48] C. Eggers Lan, *Los Filósofos Presocráticos*, op. cit., fr. 15. Hasta el mismo Epicuro se ve forzado, después de anular toda teología, a utilizar para sus seguidores los términos propios de una religión: "Les philosophes eux-mêmes qui, tel Épicure, rejettent cette parenté, définiront leur idéal moral par la ressemblance avec les dieux, et promettront à leur adepte: ζήση δὲ ὡς θεὸς ἐν ἀνθρώποις." J. Pépin, *Idées Grecques sur l'Homme et sur Dieu*, op. cit., p. 6.

[49] "No hay duda de que en ese período se nos ofrece el cuadro de una progresiva disolución de la religión popular y nacional; pero al paso con esa disolución tiene lugar un progreso hacia un conocimiento más exacto del mundo, hacia una comprensión más profunda de la vida humana y hacia más puras representaciones de la divinidad." Cf. W. Nestle, *Historia del Espíritu Griego*, op. cit., p. 24.

la purificación, por medio de la razón, de aquello que resultaba incompatible con el elevado concepto griego de lo divino y con el ideal de una vida ética, sin tener por ello mismo que eliminar todo lo creído ni reducirlo a mero instrumento pedagógico al servicio de la razón.[50] La crítica platónica en la *República* a la vida de los dioses, presentada en *La Iliada* y *La Odisea*, es hecha bajo el principio de que 'es imposible que nada malo provenga de los dioses.'[51] Y la censura a la obra homérica está justificada para que, de su lectura, no se 'engendre en nuestra juventud una gran inclinación al mal.'[52] El mismo Demócrito, 'pese a su materialismo',[53] no aniquila a los dioses, sino que los destierra del mundo de la naturaleza. Les exime de cualquier preocupación tanto por la vida como por la muerte de los hombres, al declarar que el Hades solo es fruto de la imaginación. Pero por este destierro, el precio a pagar es muy caro: la ética de Demócrito, orientada hacia la búsqueda de la felicidad del alma y no del cuerpo, no da respuesta a uno de los últimos interrogantes

---

[50] "Platón no mostrará falta de respeto ante creencias griegas profundamente enraizadas, a pesar de estar ocupado, como puso en evidencia en la *República*, en purificarlas de ciertas ordinarieces morales." Cf. W. K. C. Guthrie, *Historia de la Filosofía Griega*, vol. IV, Gredos, Madrid, 1990 p. 321, n. 191.

[51] Platón, *República*, op. cit., 391e. Se ve con claridad lo que aquí se quiere decir en la misma obra. Más adelante, hablando Platón de los trágicos, Esquilo, Eurípides y Píndaro, —sobre el suceso de Asclepio, el cual aparece como hijo de Apolo, ejerciendo la medicina para conseguir el dinero de un rico—, comenta Sócrates: "Nosotros, según lo dicho antes, no habremos de creer estas dos afirmaciones y replicaremos que 'si era hijo de un dios no pudo ser codicioso; o que si era codicioso, no pudo ser hijo de un dios'." 408c.

[52] Platón, *República*, op. cit., 392a.

[53] W. Nestle, *Historia del Espíritu Griego*, op. cit., p. 104.

## 2.2 El segundo trasfondo del Banquete

del acto moral. El fragmento 159 exige al alma humana que haga buen uso de su cuerpo, al mismo tiempo que la deja sumida en la angustia: "Si el cuerpo presentara una acusación contra el alma por todos los dolores y malos tratos que de ella ha padecido durante la vida, y él (Demócrito) fuera juez en la causa, decididamente sentenciaría en contra del alma, por haber dañado al cuerpo con sus descuidos y haberlo dejado suelto con sus embriagueces, y haberlo corrompido y destrozado con su amor a los placeres, como se pide cuentas a uno que ha hecho mal uso de un instrumento u objeto estropeado."[54] Habiendo liberado a los dioses de los cuidados del hombre, sin el Hades y el más allá, la única existencia posible de que se diera tal juicio es en la pura imaginación de Demócrito. Por lo tanto si en el año 399 a. C. hubiera sido juzgado por impiedad, nunca hubiera podido afrontar la muerte de forma tan digna como lo hizo Sócrates:

> "En efecto, yo —dijo—, Simmias y Cebes, si no creyera que voy a presentarme, en primer lugar, ante otros dioses sabios y buenos, y luego, ante personas ya fallecidas mejores que las de acá cometería una injusticia no irritándome de mi muerte. Pero sabed bien ahora que espero llegar junto a hombres buenos, y eso no lo aseguraría del todo; pero que llegaré junto a los dioses, amos muy excelentes, sabed que yo lo afirmaría por encima de cualquier otra cosa. De modo que por eso no me irrito en tal manera, sino que estoy bien esperanzado de que hay algo para los muertos y que es, como se dice desde antiguo, mucho mejor para los buenos que para los malos."[55]

---

[54] C. Eggers Lan, *Los Filósofos Presocráticos*, op. cit., vol I, fr. 159.

[55] Platón, *Fedón*, op. cit., 63b-d. La *Apología Socrática*, con un tono menos categórico, afirma lo mismo (40ce): "Reflexionemos también que hay gran esperanza de que esto sea un bien. La muerte es una de estas dos cosas: o

Que Sócrates y Platón eran conscientes de que la nueva ética propuesta a los atenienses quedaba infundada si la creencia en la pervivencia del alma y en la existencia de un más allá era marginada, queda manifiesto al hacerles ver, a Simmias y a Cebes, hacia el final de su demostración, que el alma es indestructible:

> "Pues si la muerte fuera la disolución de todo, sería para los malos una suerte verse libres del cuerpo y de su maldad a la par que del alma. Ahora, en cambio, al mostrarse que el alma es inmortal, ella no tendrá ningún otro escape de sus vicios ni otra salvación más que el hacerse mucho mejor y más sensata. Porque el alma se encamina al Hades sin llevar consigo nada más que su educación y crianza, lo que en verdad se dice que beneficia o perjudica al máximo a quien acaba de morir y comienza su viaje hacia allí."[56]

Sin llegar a dar una visión pormenorizada de la religiosidad de cada uno de los filósofos griegos, por lo menos sus más claros exponentes, Sócrates, Platón y Aristóteles, fueron hombres con una *fe* muy grande en la vida del más allá y en los seres divinos que allí les esperaban; y con una *razón* cada vez

---

bien el que está muerto no es nada ni tiene sensación de nada, o bien, según se dice, la muerte es precisamente una transformación, un cambio de morada para el alma de este lugar de aquí a otro lugar... Si, en efecto, la muerte es algo así, digo que es una ganancia, pues la totalidad del tiempo no resulta ser más que una noche. Si por otra parte, la muerte es como emigrar de aquí a otro lugar y es verdad, como se dice, que allí están todos los que han muerto, ¿qué bien habría mayor que éste, jueces?" Platón, *Diálogos*, vol. I: *Apología, Critón, Eutifrón, Ion, Lisis, Cármides, Hipias Menor, Hipias Mayor, Laques, Protágoras*, Gredos, Madrid, 1990.

[56] Platón, *Fedón*, op. cit., 106 cd.

## 2.2 El segundo trasfondo del Banquete

más poderosa capaz de descubrir y confirmar parte de lo que su fe les anunciaba.

Sócrates toma la cicuta no solamente porque Critón no haya sido capaz de ofrecerle alguna razón seria por la que pudiera salvar su vida, sino, principalmente, porque es el camino por el que le guía su dios;[57] y, aunque su razón aún no le ha dado pruebas convincentes de la inmortalidad del alma, no por ello se dedica a contradecir su creencia en ella.[58] En Sócrates se daba al mismo tiempo tanto un revolucionario interés por la verdad alcanzada por la razón como una conciencia clara de cómo la religión sobrepasa y sustenta los conocimientos racionales, hasta el punto de constituir una 'religiosidad más alta y más pura que la tradicional.'[59]

---

[57] "Ea pues, Critón, obremos en ese sentido, puesto que por ahí nos guía el dios". Cf. Platón, *Critón*, op. cit., 54d.

[58] Una exposición sintética del tema, R. Mondolfo, *Sócrates*, Eudeba, Buenos Aires, 1959, págs. 24-28. Para este autor, en consonancia con las investigaciones de Zeller y Jaeger, la honda religiosidad de Sócrates es una luz que 'puede esclarecer cada aspecto de su actividad y de su doctrina e iluminarlos y vincularlos a todos en conjunto en su unidad sistemática y orgánica...' p. 25.

[59] Frase extraída del breve pero importante estudio sobre el *Banquete* del prof. Jorge E. Rivera, quien comenta al respecto: "Sócrates es un hombre de la razón, un ilustrado... Sócrates es todo lo contrario de un reaccionario. Está al día, y acepta el reto de la razón autónoma. Pero, a la vez, comprende que la razón está sustentada y portada por un poder —en definitiva, religioso— que, si bien puede ser iluminado por la razón, está, sin embargo, más allá de ella, escapa a su control... Este poder superior a la razón es lo religioso de Sócrates, algo que lo pone en camino hacia una nueva forma de religiosidad, que es precisamente la que resplandece en el Symposion. Una religiosidad más alta y más pura que la tradicional." Cf. Jorge E. Rivera, *El Banquete, una vía hacia Dios*, op. cit., p. 10.

Platón,[60] seguro de que la vida de un filósofo es un continuo prepararse para la muerte, adquiere con la razón una prueba de la inmortalidad que siempre había poseído por la fe, hasta el punto de poder presentar la muerte de su maestro como la de un hombre feliz que 'al marchar al Hades, no se iba sin un destino divino, y que, al llegar allí, gozaría de dicha como ningún otro.'[61] Y, a pesar de la legitimidad de este razonamiento, la fe en la inmortalidad se ha de mantener por la limitación propia del entendimiento humano. Cuando Simmias, al término del razonamiento, sigue teniendo desconfianza, aunque no sabe sobre qué cosa, Sócrates le apacigua: "No solo en eso dices bien sino que también esos primeros supuestos, por más que os resulten fiables, sin embargo habría que someterlos con más precisión a examen. Y si los analizáis suficientemente, según pienso, proseguiréis el argumento en la *medida máxima que le es posible a una persona humana proseguirlo hasta la conclusión*."[62] Y el ascenso amoroso hacia la Belleza, el contacto directo con la Verdad, no tiene otra finalidad que unir con el poder de Eros, inserto en

---

[60] Una exposición breve y clara acerca de la influencia de la religión griega en Platón, en Michael L. Morgan, "Plato and Greek Religion", AA.VV., *The Cambridge Companion to Plato*, University Press, Cambridge, 1995, págs. 560. Cf. G. Fraile, "Teología de Platón", *La Ciencia Tomista*, 257 (1955) págs. 606-624; W. Jaeger, *Teología de los Primeros Filósofos Griegos*, Méjico, 1947.

[61] Platón, *Fedón*, op. cit., 58e. Platón era consciente que los argumentos que iba a emplear eran estrictamente racionales: "Ahora, yo quiero, daros a vosotros, mis jueces, la razón de por qué me resulta lógico que un hombre que de verdad ha dedicado su vida a la filosofía en trance de morir tenga valor y esté bien esperanzado de que allá va a obtener los mayores bienes, una vez que muerta. Cómo, pues, es esto así, Simmias y Cebes, yo intentaré explicároslo." 63e-64a.

[62] Platón, *Fedón*, op. cit., 107b. El énfasis es mío.

## 2.2 El segundo trasfondo del Banquete

cada alma, al filósofo con los dioses y así preparar el camino hacia una religión más personal entre dios y el alma:

> "Y al que ha engendrado y criado una virtud verdadera, ¿no crees que le es posible hacerse amigo de los dioses y llegar a ser, si algún otro hombre puede serlo, inmortal también él?"[63]

Resumiendo la postura de Platón respecto de la conexión con la religión griega, se puede afirmar que adoptó características de ella, adaptó otras y rechazó muchas de ellas, al mismo tiempo que su dimensión religiosa fue la que le mostró, en definitiva, la importancia de la filosofía.[64] Sciacca, en su análisis de la teoría platónica de la reminiscencia, llega a afirmar que los que reducen la inmortalidad del alma en Platón a una pura inferencia a partir de esta teoría, no hacen sino eliminar del pensamiento de Platón 'su innegable y esencial religiosidad.' Y concluye:

> "Decir que Platón se esfuerza en dar una explicación filosófica a la fe órfico–pitagórica, no es lo mismo que decir que Platón funda el dogma en principios filosóficos

---

[63] Platón, *Banquete*, op. cit., 212a. Respecto de esta obra de Platón afirma E. C. Tsirpanlis: "Symposium, furthermore, is full of myths, and a higher synthesis of imagination and reality, where in a parallel way the equal rights of ratio and revelation, of drunkenness and tranquility, of aesthetic and philosophical drunkenness, of critical clarity and divine madness, Ζεια μανια, the madness of Eros, are manifested." Cf. C. Tsirpanlis, "The Immortality of the Soul in Phaedo and Symposium", *Platon*, 17 (1965), p. 227.

[64] Michael L. Morgan, "Plato and Greek Religion", *op. cit.*, p. 244: "I have tried to show how Plato's thinking is immersed in the very complex, variegated phenomenon of Greek religion. He takes its existence for granted, adopts features of it, adapts others, and rejects much of it... It is this religious dimension that helps to show what makes philosophy so important to him."

y racionales. El fundamento es siempre la fe, y la filosofía únicamente la confirma."[65]

Y por último, respecto de Aristóteles, no es cierto que 'su concepto de la divinidad... no es propiamente más que un postulado de su física.'[66] Es incuestionable que la razón en Aristóteles empieza a abarcar problemas teológicos y, ya desde el principio, en los fragmentos encontrados de su obra de transición *De la Filosofía*, se contienen los pilares para un argumento de la demostración de la existencia de Dios.[67] También queda claro el ataque fuerte a la religiosidad mítica, o por utilizar las palabras de Nestle, 'la tensión entre el conocimiento filosófico y la fe tradicional.'[68] Pero esta tensión no es en Aristóteles un intento de disolver lo religioso en los moldes de la razón, y así producir una divinidad exclusivamente racional. Por el contrario, su intención, al igual que la de sus predecesores, fue dejar entrar a la razón en el terreno que le era permitido, no para minar su religión sino para depurarla y fortalecerla. Que Aristóteles llegara a Dios como Primer Motor no implica que Aristóteles redujera a Dios a ser solamente Primer Motor. De hecho, consideró como objeto de la Filosofía Primera al Ser Eterno, inmóvil y separado,

---

[65] M. F. Sciacca, *Platón*, Ed. Troquel, Buenos Aires, 1959, p.296. Uno de los que defienden la tesis de que la inmortalidad del alma en Platón se demuestra a partir de la reminiscencia es E. Grassi, *Il Problema della Metafisica Platonica*, págs. 112-119, citado por Sciacca, p. 296.

[66] W. Nestle, *Historia del Espíritu Griego*, op. cit., p. 198.

[67] W. Jaeger, *Aristóteles*, op. cit., cita el fragmento 16, el cual reaparecerá en la escolástica como el *argumentum ex gradibus*: "En general, siempre que hay algo mejor, hay también algo óptimo. Mas, puesto que entre las cosas que son, una es mejor que otra, hay también una cosa óptima, y esta sería la divina." p. 184.

[68] W. Nestle, *Historia del Espíritu Griego*, op. cit., p. 199.

## 2.2 El segundo trasfondo del Banquete

pasando a ser así la ciencia más divina, no solo por tener a Dios por objeto, sino por ser la misma ciencia que Dios tiene en su más alto grado.[69] A juicio del profesor J. Pépin, la crítica que Aristóteles hace a los teólogos tiene como base el hecho, innegable por lo demás, de que ellos habían caído en errores filosóficos —contra la razón—. Y así pone, como ejemplo, el reproche aristotélico a Hesíodo por hacer depender lo mortal de lo inmortal según hubieran degustado el nectar o la ambrosía.[70]

En definitiva, la revolución filosófica que propiciaron tanto Aristóteles como Sócrates y Platón de ningún modo fue para instaurar a la razón como diosa, sino para hacer de la religión algo más íntimo y más personal:

> "Quienes han sido iniciados no son requeridos a captar nada con el intelecto, sino a tener una cierta experiencia interna y colocarse así en un peculiar estado de espíritu, a base de la presunción de que son capaces en primer término de este estado."[71]

La segunda precisión consiste en observar, en esta conexión entre religión y filosofía en la antiguedad griega, la amplitud de

---

[69] Aristóteles, *Metafísica*, op. cit., A 2, 983a 5-11.

[70] "Cet éloge de la théologie contraste avec le peu d'estime qu'Aristote réserve aux Θεολόγοι ou Θεολογήσαντες; dans son langage en effet, ces mots désignent régulièrement les poètes archaiques qui ont dramatisé les origines de l'univers et son tombés dans des erreurs philosphiques et scientifiques grossières." Cf. J. Pépin, *Idées Grecques sur l'Homme et sur Dieu*, op. cit., p. 208.

[71] Fr. 15, W. Jaeger, *Aristóteles*, op. cit., p. 187. En esta misma obra se dice de Aristóteles: "Nadie en el mundo antiguo habló nunca más bella o más profundamente del lado personal y emocional de toda vida religiosa que Aristóteles durante los años en que fue la religión el problema central de su espíritu." p. 186.

miras y los horizontes nuevos que la fe cristiana le propondrá libremente a la filosofía griega en el campo de la ética (fin último del hombre), de la antropología (concepto de persona), y de la metafísica (acto de ser). Todo ello en un proceso en el que las dos líneas de acceso al alma, la del entendimiento y la del eros, descubiertas ya en *La Iliada* y *La Odisea* a modo de brote, unidas por primera vez, aunque frágilmente, en el discurso de Diotima en el *Banquete*, asumidas de nuevo en los libros IX y X de la *Ética a Nicómaco* y en el *De Anima* aristotélico, volverán a entrar en contacto repetidas veces en busca de una síntesis racional, más perfecta y depurada, en la gestación de la Filosofía Cristiana.

En este desarrollo, eliminada la ganga que venía en todo el material aportado por la razón, se irá viendo cómo se produce un acoplamiento, cada vez más acabado, entre la inmortalidad del alma y la resurrección de los cuerpos; entre la contemplación de la Verdad y la posesión amorosa de Dios; y entre el acto de ser constitutivo de los entes y el dogma de la creación *ex nihilo*, para concluir, en admirable armonía de la fe con la razón y de la teología con la filosofía, en lo que ha venido llamándose la Filosofía Cristiana.[72]

---

[72] J. Pieper, *El Ocio y la Vida Intelectual*, Rialp, Madrid, 1962, cap. "¿Qué Significa Filosofar?", p. 158. Cf. J. Pieper, *Weistum, Dichtung, Sakrament*, p. 304: "Si el concepto original 'filosofía' *per definitionem* incluye la apertura metodológica a la teología; si filosofar quiere decir necesariamente considerar una cosa en el horizonte de la totalidad de lo real y por tanto introducir en el juego a 'Dios y al mundo'; si *philo-sophia* es la amorosa búsqueda de una sabiduría, como exclusivamente Dios la posee de modo pleno (elementos todos éstos que no son solo característicos de la concepción cristiana de la filosofía sino también de la concepción *antigua* platónico–aristotélica, como también la idea de la sabiduría, la única que puede calmar por entero la inquietud del

Por lo tanto, la revelación cristiana del misterio de un Dios-Amor y la reflexión filosófica que surge de ella, proporcionará en este trabajo la existencia de un segundo trasfondo del *Banquete*, pese a ser anacrónico; trasfondo que, por ser *a posteriori*, será usado para comparar, contrastar y resaltar tanto la grandeza como también la indigencia de los discursos pronunciados en este diálogo; discursos, al fin y al cabo, hechos para honrar a un dios, Eros, que es hijo del Recurso (*Poros*)[73] y también de la Pobreza (*Penia*)[74].

## 2.3 La actualidad de la cuestión

En virtud de esta segunda precisión, adquiere una actualidad crucial lo mantenido por A. Gálvez en su reciente obra *Comentarios al Cantar de los Cantares*,[75] acerca del Amor —en y de Dios—, y del amor divino–humano. Tanto por apoyarse en el dato de la Revelación cristiana de una forma profunda, así como por la posibilidad de extraer de su contenido una teoría filosófica[76] que uniera los temas aquí debatidos —inmortalidad

---

hombre, jamás debería tener necesidad de una corrección esencial o de una adaptación 'al progreso' de los tiempos que corren); si nos hemos puesto de acuerdo de este modo sobre el concepto original de filosofía, entonces, en este nuestro mundo occidental, la 'Filosofía Cristiana' es la genuina, necesaria y natural forma de filosofía." La cita es tomada y traducida por B. Schumacher, "¿La Filosofía Como Amor del Saber o Saber Efectivo?", *Sapientia*, LI, (1996), 347-374. Cf. Étienne Gilson, *Christianisme et Philosophie*, Vrin, Paris, 1986, págs. 168.

[73] Cf. Platón, *Banquete*, op. cit., 203d.
[74] Cf. Platón, *Banquete*, op. cit., 203cd.
[75] A. Gálvez, *Comentarios al Cantar de los Cantares*, op. cit., vols I-II.
[76] "Este libro intenta esbozar una teoría sobre el amor, aunque de una manera asistemática." Y más adelante, después de hablar de la estructura

del alma, persona, fin último del hombre y amor—, ha venido a llenar un vacío y a satisfacer una necesidad en el campo, siempre abierto a toda verdad, de la Filosofía Cristiana.[77] Vacío, del que se quejaba Nygren, producido por la abundante consideración del tema del amor en el campo moral, insertada en el marco de las virtudes, frente a la pobreza de investigaciones metafísicas y teológicas sobre su esencia,[78] y que fue la causante de la diversidad de opiniones en torno al punto de vista des-

---

trinitaria de la divinidad, afirma: "Avanzando por este camino, quizás se consiga contribuir a un conocimiento más acabado de la esencia del amor humano." Cf. A. Gálvez, *Comentarios al Cantar de los Cantares*, op. cit., vol. I, págs. 15-16.

[77] El autor habla de forma mucho más general —del vacío y de la necesidad—, en la introducción, al hablar sobre las razones de su obra, refiriéndose a la particular situación contemporánea de los cristianos: "Por lo que se refiere a este escrito, la única razón que se puede aportar en favor suyo, en un tímido intento de justificación, es la de que el libro pretende colmar un cierto vacío y aliviar una necesidad... El vacío y la necesidad se refieren a la situación de carencia en la que se encuentra la gente que desea oír hablar de cosas como la vida de intimidad con Dios, o la oración, y, sobre todo, del verdadero amor, y de Aquél que es el Amor esencial y la fuente de todo amor." vol. I, p. 8. Y más adelante, sobre los sucedáneos del auténtico amor, y frente a la falta de claridad teológica de los movimientos carismáticos: "Una vez despojado el catolicismo del fuego del Espíritu... era absolutamente necesario llenar el vacío y satisfacer el hambre religiosa, cada vez más acuciante de una sociedad desacralizada." p. 154. Ahora bien, este 'hambre del verdadero amor' (p. 163), que siente el hombre moderno, hunde sus raíces en el giro antropológico que, a partir de Descartes, ha presidido el pensamiento moderno y contemporáneo. Por ello, el autor, en el desenvolvimiento del tema principal hecho a través de los dos volúmenes, junto al aspecto pastoral, entra de lleno en profundos problemas teológicos y metafísicos para paliar ese vacío y esa necesidad del hombre moderno.

[78] "La teología ha estudiado la virtud de la caridad, o la *apagé*, desde todos los puntos de vista, pero sin considerar nunca como objeto propio de su estudio el amor como tal (haciendo abstracción de su carácter de virtud)."

## 2.3 La actualidad de la cuestión

de el cual se debía abordar el tema del amor.[79] Y la necesidad imperiosa no era otra sino la de dar una respuesta, seria y meditada, de carácter teológico, compatible con lo filosófico, a la conclusión de Nygren sobre la total incompatibilidad entre el Eros platónico y la Agape revelada que tanto puso en vilo a los pensadores cristianos.[80] Si la obra de Nygren era un intento de exponer el sentido primigenio del amor neotestamentario y la lucha sin piedad entre la *agapé* cristiana y la idea platónica del eros,[81] en los *Comentarios*, por el contrario, buscando, al igual que aquél, profundizar en la novedad cristiana del concepto de *agapé*, se reconocen, incidentalmente, los logros que respecto del amor pudieron haber alcanzado los antiguos:

---

Cf. A. Gálvez, *Comentarios al Cantar de los Cantares*, op. cit., vol. I, págs. 15-16.

[79] "The literature on love would be easier to analyze if all authors presented theories of the subject in which love is described and discussed as some form of desire, wish, impulse, want, or inclination... The whole discussion and dispute would be carried on in one area of discourse. Such, however, is not the case. The majority of writers consider love tendential. But there are a few for whom it is scarcely tendential at all; there are also some for whom it is a complex of the tendential an the nontendential..." Cf. Robert G. Hazo, *The Idea of Love*, op. cit., p. 66.

[80] E. Rivera, "Las Formas Fundamentales del Amor (Planteamiento Histórico–Sistemático)", *op. cit.*, p. 8. La problemática levantada tras la publicación de la obra de Nygren en torno a la necesidad de una elaboración metafísica del amor, sus nociones y su esencia, ha sido puesta de manifiesto por R. G. Hazo, *The Idea of Love*, op. cit., p. 101: "Nowhere in the entire literature on love are the notions of self and other and the parallel notions of getting and giving more applicable or more crucial than in this dispute."

[81] "Plusieurs conceptions se sont opposées à l'idée chrétienne de l'amour, à l'idée d'*agapè*, et lui ont imposé une lutte sans merci ou terminée par des compromis; l'une d'elles occupe une place importante et trouve son expression achevée et classique dans l'idée platonicienne de l'*éros*." Cf. A. Nygren, *Eros et Agapè*, op. cit., p. 19.

"Los clásicos antiguos que trataron del tema, entre los que destaca Platón, a pesar de sus geniales intuiciones, no pudieron penetrar en lo más profundo de esta realidad, que es, sin duda alguna, la más apasionante de todas las realidades."[82]

Y aunque no es objetivo del autor hacer un estudio detallado del concepto de amor en Platón, o de lo que él mismo llama 'el amor puramente estético de la belleza' en virtud de la afinidad de objetos, a saber, la alegría de contemplar,[83] sin embargo, sí es un planteamiento esencial de su pensamiento la búsqueda de una reflexión serena en torno al concepto del amor humano en total conexión con sus consideraciones sobre el amor divino.

Junto a esto, frente a la *lutte sans merci* de 'Eros versus Agape' del pensador protestante, el autor de los *Comentarios* considera, por el contrario, que entre el amor dado en el seno de la Trinidad y los diversos grados de amor, que descienden según la escala de los seres hasta llegar al amor puramente humano, hay una analogía que va de lo perfecto a lo imperfecto. Analogía, llamada en la clasificación de la Escuela como *analogía de*

---

[82] A. Gálvez, *Comentarios al Cantar de los Cantares*, op. cit., vol. I, p. 15.

[83] "Suele decirse que el amor platónico tiene en común con el amor puramente estético de la belleza, que, a diferencia de lo que sucede con el amor carnal, el cual desea la posesión del objeto amado, aquéllos en cambio no pretenden otra cosa que la alegría de contemplar... Hay que tener en cuenta, que el amor puramente estético de la belleza no es la realidad de la que trata este libro, y que comúnmente se conoce con el nombre de amor." Cf. A. Gálvez, *Comentarios al Cantar de los Cantares*, op. cit., vol. I, págs. 71-72.

## 2.3 La actualidad de la cuestión

*atribución intrínseca*,[84] que permite poder utilizar los conceptos y las realidades del amor exclusivamente humano para hablar de una Realidad que de por sí se presenta como inefable:

> "En este sentido, el simple amor humano, por grandioso que sea, es siempre imperfecto. Teniendo siempre en cuenta —conviene repetirlo— que, así como el amor humano es un conglomerado de sentimientos profundos de emoción y de temblor, de ternura y de pasión, de sufrimiento y de gozo, los cuales son capaces de poner al hombre fuera de sí, haciéndole vivir aquella locura de la que hablaba Platón en el *Banquete* y en el *Fedón*, lo mismo ocurre también en el amor divino–humano, en el que se dan exactamente esos mismos sentimientos, si bien en un grado inmensamente mayor."[85]

Hasta el mismo lenguaje propio del amor humano, en virtud de esta analogía de atribución intrínseca que se da entre Dios y sus criaturas, ha de servir de instrumento, con las debilidades propias inherentes a él, para expresar de algún modo lo que sucede en aquella realidad que es todo Amor:

---

[84] "O según la intención y según el ser, y esto ocurre cuando no se igualan en la intención común ni en el ser, como el ente se dice de la sustancia y el accidente, y en estos casos es necesario que la naturaleza común tenga algún ser en cada uno de aquéllos a los que se aplica, pero diferente según la mayor o menor perfección." Cf. Santo Tomás de Aquino, *In I Sent.*, dist. 19, 5, 2, ad. 1. Un estudio sobre la analogía de Santo Tomás se encuentra en la obra de J. García López, *Estudios de Metafísica Tomista*, Pamplona, Eunsa, 1976, cap. 2, "La Analogía en General". También, O. Derisi, "Participación, Acto y Potencia y Analogía en Santo Tomás", *Rivista di Filosofia Neo-Scolastica*, 66, 1974, págs. 415-435.

[85] A. Gálvez, *Comentarios al Cantar de los Cantares*, op. cit., vol. I, p. 34. Más adelante, con inequívoca firmeza, expone: "No se puede saber lo que es el Amor divino —o simplemente el Amor—, y ni siquiera hablar de él, si no se pasa primero por el amor humano (I Jn. 4:20; 4:8; 4;16 etc.)." p. 45.

> "El sagrado autor de *El Cantar de los Cantares* emplea para decirlo las expresiones con las que el lenguaje humano habla del amor, poetizando para ello sobre la forma de amor humano en la que se hace más patente la entrega perfecta de los amantes: el amor del esposo y de la esposa."[86]

No obstante, es necesario hacer, a su vez, dos precisiones en torno a la obra del autor de los *Comentarios*. En primer lugar, es preciso dejar claro que los *Comentarios*, en absoluto son un *Contra Nygren*. El autor no se propone como objetivo principal ni secundario refutar las consideraciones que respecto de la *agape* se plantea el teólogo protestante, sino avanzar positivamente, a la luz del completo dato revelado, en la misteriosa y profunda realidad del Amor.[87] De hecho, la referencia explícita a la obra de Nygren se remite a una nota a pie de página a la hora de tratar el tema del interés–desinterés en el amor para destacar el sinsentido de la reflexión de Nygren.[88]

Y en segundo lugar, resaltar una verdad inmediata que se deriva de la naturaleza del libro. Los dos volúmenes de los

---

[86] A. Gálvez, *Comentarios al Cantar de los Cantares*, op. cit., vol. I, p. 45.

[87] "Lo único que se pretende es profundizar, hasta donde sea posible, en tales o cuales aspectos del misterio, abriendo a la vez cauces de investigación a medida que se descubren nuevas implicaciones del problema. Esta es la meta que se ha fijado este libro como objetivo primario." Cf. A. Gálvez, *Comentarios al Cantar de los Cantares*, op. cit., vol. I, p. 63-64. Véase también la n.2 de la p. 64.

[88] "La vieja discusión acerca del amor *desinteresado*, referido sobre todo al amor sobrenatural y en el que tanto énfasis puso el protestante Nygren, carece en realidad de sentido." Cf. A. Gálvez, *Comentarios al Cantar de los Cantares*, op. cit., vol. II, p. 280, n. 66.

## 2.3 La actualidad de la cuestión

*Comentarios* son una obra que pertenece prioritariamente al saber de la teología y no al saber de la metafísica, aunque esta afirmación general no impida el recurso a posiciones metafísicas propias de la Filosofía Cristiana; por lo tanto, el método y los principios de los que parte para el estudio del amor son de orden teológico y no filosófico. Por ello "es supuesto básico del libro que el conocimiento del Amor de Dios, participado por el hombre por obra de la gracia, es el camino indispensable —y único— que conduce al conocimiento del misterio del amor humano."[89] Y este método de investigación, que resulta ser analítico por partir de una introspección del Amor intratrinitario; deductivo, porque en el Amor divino se encuentra las perfecciones de los analogados secundarios; y descendente -de Dios a las criaturas-, se distingue del método que aquí va a ser utilizado. Puesto que el modo de abordar nuestro problema va a tener la nota de sintético, por elaborar una teoría del amor humano a partir del estudio de algunos de sus principales exponentes; inductivo, por extraer sus datos de las diversas formas de amor que la experiencia nos ofrece; y ascendente —de las criaturas a Dios— si la razón pudiera dar cuenta de una posible relación amorosa entre Dios y el hombre con independencia de la Revelación cristiana.[90] Solamente la comparación de los resultados

---

[89] A. Gálvez, *Comentarios al Cantar de los Cantares*, op. cit., vol. I, p. 64, n. 2. Más adelante, en la n. 22 de la p. 114, afirma: "El Amor increado debe servir como punto de referencia para explicar el amor creado, puesto que al fin y al cabo el segundo es una participación del primero."

[90] "Él (Santo Tomás de Aquino) ha distinguido muy bien la vía ascendente del filósofo, que no tiene acceso a la realidad sino a través de la experiencia y los sentidos, y el método descendente del teólogo, que guiado por la revelación escruta los misterios de Dios y las maravillas del mundo." Cf. A. Lobato, *El Pensamiento de Santo Tomás de Aquino para el Hombre de Hoy*, op. cit., vol. I, p. 102.

que con ambos métodos se obtengan, podrá dirimir la *cuestión de derecho* que al principio se planteaba en esta tesis.

Por lo tanto, estos *Comentarios al Cantar de los Cantares*, centrados primordialmente en la perspectiva de la Revelación, constituyen, sin embargo, el estudio con el que serán contrastadas no solo las reflexiones que del amor humano se hacen en el *Banquete* sino también con las que se harán en la parte final de la síntesis en relación al pensamiento de Santo Tomás de Aquino y de Platón. Que el autor es consciente de la estrecha conexión que puede existir entre las consideraciones teológicas sobre el Amor de Dios y la perspectiva metafísica del amor humano, queda claramente manifiesto en la introducción del libro, al exponer el marco general de sus *Comentarios*:

> "El estudio del amor en su fuente, que es Dios, puede facilitar el camino hacia un mayor conocimiento del misterio del amor humano. Un conocimiento profundo del fenómeno, como se ve con claridad *a posteriori*, no es posible sin la Revelación. El único camino para conocer acabadamente el amor humano es el que parte del amor divino. E igualmente, el hombre no puede conocer el amor divino si no es partiendo del amor humano, desde el momento en que no tiene medio alguno para remontarse al conocimiento del Amor increado si prescinde por completo del amor creado."[91]

Y no es óbice que el propósito preponderante del autor sea hablar sobre el amor divino-humano elevado por la gracia para

---

[91] A. Gálvez, *Comentarios al Cantar de los Cantares*, *op. cit.*, vol. I, págs. 16-17. Ante la dificultad que experimenta para utilizar el término 'amor' con mayúscula o minúscula, afirma: "Pero... lo que aquí se pretende ante todo es esbozar una consideración sobre el amor, para lo cual es necesario hablar de Dios como la infinitud y la primera fuente de esa realidad." p. 354, n. 18.

## 2.3 La actualidad de la cuestión

que, al hilo de su desarrollo, aparezcan abundantes reflexiones sobre la esencia del amor humano y sus formas fundamentales:

> "Una vez colocados en esa situación, los amantes gozan plenamente de los frutos de una relación que es, a la vez, amor de amistad, de hermandad, de paternidad–filiación, y, por supuesto, conyugal; o si se quiere decir de otro modo: del amor en todas sus formas y maneras, puesto que es una auténtica relación amorosa que se despliega en totalidad. De esto, y no de otra cosa, es de lo que trata este libro."[92]

Ahora bien, la justificación teórica —*cuestión de derecho*— de la legitimidad de esta particular conexión entre el Amor revelado en el Nuevo Testamento y el amor humano tiene el carácter de conclusión final, y tarea estrictamente metafísica por cuanto la teología está absuelta de ella. Por lo tanto, tal legitimación no podrá ser llevada a cabo hasta que se analicen estos dos elementos:

1. Algunos de los intentos —si hubiera sido posible, todos—, sus conquistas y sus defectos que, para lograr la síntesis entre ética, metafísica y antropología o, respectivamente, entre fin último del hombre, inmortalidad, muerte, persona y amor personal, se dieron en la historia hasta la Edad

---

[92] A. Gálvez, *Comentarios al Cantar de los Cantares*, op. cit., vol. I, p. 116.

Media.⁹³ Y el primero de todos ellos, la doctrina del Eros en Platón.

2. La exposición clara y precisa de una teoría del amor y de la persona humana, que englobe la inmortalidad personal y el fin último del hombre, derivada de los análisis que de estas realidades se contienen en los *Comentarios al Cantar de los Cantares*, en abierto diálogo con lo afirmado por aquellos filósofos que del amor y la inmortalidad han reflexionado. Y todo ello, en plena conexión con lo aportado por la Revelación Cristiana, logrando, en la medida en que fuera posible a la razón humana, un hilo conductor que uniera a la metafísica y la antropología con la ciencia que trata sobre la *Beatitudo hominis*, y los medios para alcanzarla. Para lo cual no hay que olvidar nunca lo que decía Cardona, que "—la historia de la filosofía occidental lo atestigua sobreabundantemente— los mejores logros, los más profundos y los de más alcance, de la razón natural se han producido cuando el pensamiento humano libremente se ha dejado fecundar por la Revelación que libremente Dios ha querido hacerle; encontrándose así dos libertades y un amor recíproco."⁹⁴ Por eso, "si se quiere profundizar seriamente en el misterio del amor hay que echar mano de la Teología. El Amor es una realidad que, en último término, se identifica con Dios (I Jn. 4:8), y el ámbito propio

---

⁹³ R. G. Hazo, en su obra *The Idea of Love*, op. cit., parte de una clara y precisa constatación de la *cuestión de hecho*: "We deal with subhuman and superhuman love only when a conception of human love cannot be understood fully without so doing. Human beings are said to love, not only themselves and other men, but also subhuman beings and superhuman beings." p. 5.

⁹⁴ C. Cardona, *Olvido y Memoria del Ser*, op. cit., p. 123.

## 2.3 La actualidad de la cuestión

de la metafísica es el de la razón natural. Sin acudir a la Revelación, no es probable que, utilizando solamente la metafísica, se pueda avanzar en este punto mucho más allá del umbral del misterio, aun admitiendo que los resultados a conseguir pueden ser considerables."[95] Además, si el fin último del hombre, y aquello para lo que ha sido creado, —como más adelante se propondrá— no es la felicidad, ni la contemplación de la Verdad, ni la apetición del Bien, ni siquiera el gozo producido por el sentimiento ante la presencia de la Belleza, sino el Amor dirigido a un Dios personal, como acto primordial y comprometedor de toda la persona humana, ¿por qué el filósofo no ha de acudir a la Revelación de un Dios que es Amor, y por ello mismo Trinidad de Personas, siquiera para fecundar los pocos, pero verdaderos conocimientos a los que puede llegar la razón humana en el trascendental tema del fin último del hombre? Hablando en el último capítulo de su primer volumen —"El Perfume del Esposo y la Pastoral Cristiana"— precisamente de esto, y de cómo, a partir de la Encarnación, el puro conocimiento de Dios por parte de la metafísica sin tener en cuenta los datos revelados sería verdaderamente insuficiente, el autor de los *Comentarios* afirma:

> "Lo cual, si bien no significa que tal especulación sea ilícita o inútil,[96] es sin embargo una advertencia

---

[95] A. Gálvez, *Comentarios al Cantar de los Cantares*, op. cit., vol. I, p. 63; cf. también, p. 416, n. 61.

[96] Entiéndase, la especulación proporcionada por la metafísica que opera mediante la analogía, y en el caso de Dios, principalmente, mediante la negación.

acerca de lo poco práctico que sería contentarse con un conocimiento de Dios, que, a fuer de meramente filosófico, no pretendiera seguir adelante y enriquecerse con los datos que aporta la revelación completa. Si el hombre ha sido creado para amar a Dios, ya desde esta vida..., resultaría algo embarazoso, por no decir imposible, contentarse con una idea de la persona amada que hubiera sido elaborada a base de negaciones, abstracciones y sustracciones."[97]

---

[97] A. Gálvez, *Comentarios al Cantar de los Cantares*, op. cit., vol. I, págs. 416-417.

# Parte II

# Platón

# 3
# LOS ORÍGENES FILOSÓFICOS DE LA INMORTALIDAD

## 3.1 El ambiente griego respecto del 'Más Allá'

El historiador griego Herodoto remonta hasta los egipcios la idea de la inmortalidad muy unida a la palingenesia: "Los egipcios fueron los primeros en sustentar esta doctrina; que el alma del hombre es inmortal, pero al corromperse el cuerpo penetra en otro animal entonces engendrado; y cuando haya concluido su ciclo a través de los animales terrestres, acuáticos y volátiles, vuelve a entrar en un cuerpo de hombre engendrado a la sazón; este ciclo dura tres mil años."[1] Según el fragmento 19 recogido en la obra de Diels, se atribuye a Heráclito el texto de que 'a los hombres les aguardan cuando mueren cosas que

---

[1] Herodoto, *Historias*, lib. II, párr. 123. Editorial Didot, París, 1870. Cf. L. R. Altuna, *La Inmortalidad del Alma a la Luz de los Filósofos*, op. cit., p. 20.

ni esperan ni imaginan.'² Y en los *Stromata* de San Clemente de Alejandría se atribuye a la poesía filosófica de Empédocles la afirmación de que nuestra alma puede llegar a compartir 'la morada de los inmortales, los que en la misma mesa se hallan, apartados de las aflicciones humanas, indestructibles.'³

Sea propio de Heráclito y de Empédocles, o no lo sea, lo cierto es que expresa una mentalidad general en la Grecia del s. VI y V a. C. acerca del sentido de la muerte del hombre; mentalidad que se manifestaba en la creencia, después de la muerte, bien sea en 'La Isla de los Bienaventurados',⁴ si es que habían sido famosos y pertenecían a la raza de los héroes, bien en el 'Hades', lugar frío y gélido, si es que habían pertenecido a la época de bronce, de hombres guerreros y de grandes batallas.⁵ Conforme pasaba el tiempo, iba apoderándose del hombre griego la idea de que el viaje después de la muerte hacia el Elíseo —

---

² C. Eggers Lan, *Los Filósofos Presocráticos*, vol. II, op. cit., fr. 19.

³ C. Eggers Lan, *Los Filósofos Presocráticos*, vol. II., p. 249 y 461.

⁴ Según el discurso de Fedro, Aquiles recibe la recompensa divina de poder ir a la Isla de los Bienaventurados "porque a pesar de saber por su madre que moriría si mataba a Héctor y que, si no lo hacía, volvería a su casa y moriría viejo, tuvo la osadía de preferir, al socorrer y vengar a su amante Patroclo, no solo morir por su causa, sino también morir una vez muerto ya éste." Cf. Platón, *Banquete*, op. cit., 179d.

⁵ Hesíodo, *Obras y Fragmentos: Teogonía, Trabajos y Días, Escudo, Fragmentos, Certamen*, Gredos, Madrid, 1978. En *Trabajos y Días*, p. 167, afirma: "A los otros el padre Zeus Crónida determinó concederles vida y residencia lejos de los hombres, hacia los confines de la tierra. Éstos viven con un corazón exento de dolores en las Islas de los Afortunados, junto al Océano de profundas corrientes, héroes felices a los que el campo fértil les produce frutos que germinan tres veces al año, dulces como la miel, lejos de los Inmortales; entre ellos reina Cronos."

## 3.1 El ambiente griego respecto del 'Más Allá'

otro nombre dado al bienestar del más allá[6]—, no solamente estaba reservado para los que eran como dioses o semidioses y héroes en las batallas, sino para aquéllos cuya vida había sido éticamente buena.[7] En los poemas homéricos, aunque Aquiles afirma que prefiere ser siervo de un hombre pobre a Rey entre los muertos, aparecía ya la concepción de una vida bienaventurada profetizada por el dios Proteo a Menelao después de su muerte:

> "Pero en cuanto a ti, Menelao, progenie de los dioses, no está dispuesto que mueras en Argos criadora de caballos, ni encuentres allí tu destino; sino que a la llanura Elísea y a los más remotos confines de la tierra te enviarán los inmortales, donde habita Radamante de hermosa cabellera, donde la vida es más fácil para el hombre. Allí no hay nieve, ni dura tormenta, ni aun lluvia, sino siempre Océano envía las brisas de claro hálito del Céfiro. Allí te enviarán porque tienes a Helena por esposa y eres a los ojos de los dioses yerno de Zeus."[8]

---

[6] "Debemos recordar que el Elíseo (o las Islas de los Bienaventurados: ambas expresiones se emplean a menudo indiferentemente) era el nombre de una única morada de los bienaventurados mucho antes de que se desarrollaran los dogmas órficos, más elaborados y en algunos aspectos altamente espirituales." Cf. W. K. C. Guthrie, *Orfeo y la Religión Griega. Estudios sobre el Movimiento Órfico*, Eudeba, Buenos Aires, 1966, p. 185.

[7] "Y estaba difundiéndose por toda Grecia, oscurecido un tiempo por el inmenso influjo de Homero pero resurgido ya en el siglo VI, el culto de los dioses ctonios. De algún modo (aunque bien puede ser que no hayamos alcanzado aún la verdadera razón de ello), la gente vinculaba con ese culto sus propias esperanzas de una vida póstuma más plena." Cf. W. K. C. Guthrie, *Orfeo y la Religión Griega. Estudios sobre el Movimiento Órfico* op. cit., p. 158.

[8] Homero, *La Odisea*, 4, versos 561 sgs. Bien es verdad que la tendencia dominante sobre la vida futura en los poemas homéricos es que la muerte es

Y es que la trayectoria religiosa que se produce en Grecia desde la escritura de *La Ilíada* y *La Odisea* hasta el s. VI viene marcada por el auge de la concepción que iba reservando el más allá para aquellos cuya vida había estado marcada por la honestidad, aquí en la tierra, o por haber sido iniciado en algún misterio, más que por ser pariente de Zeus. Según afirma Guthrie, el "orador ático Hipérides manifestaba cosas que encontrarían una respuesta instintiva en el corazón de su pueblo —o de otro cualquiera— cuando decía: 'Pero si hay vida consciente en el reino del Hades, y protección divina, entonces es razonable esperar que quienes han muerto defendiendo el honor de sus dioses patrios se encontrarán con la amorosa benevolencia del poder divino después de la muerte.' "[9] No era por tanto extraño a la mentalidad de un ateniense en el año 399 a. C. que Sócrates expresara lo mismo respecto de la muerte:

> "Pues si, llegado uno al Hades, libre ya de éstos que dicen que son jueces, va a encontrar a los verdaderos jueces, los que se dice que hacen justicia allí: Minos, Radamanto,

---

la privación de todas aquellas cosas que hacen digna la vida del hombre en la tierra, y por tanto más vale vivir como esclavo en la tierra que como rey en el Hades. Cf. G. M. A. Grube, *El Pensamiento de Platón*, Gredos, Madrid, 1984, p. 190: "No aparece insinuación alguna de que la psyche sea en ningún sentido la parte más elevada o más noble del hombre. Nada espiritual hay en las almas homéricas, y sus muertos volverían con gusto a la vida, aun en condiciones penosas." Cf. J. Ferrater Mora, en su *Diccionario de Filosofía*, vol. I, Editorial Sudamericana, Buenos Aires, 1971, voz 'Inmortalidad", págs. 963–966, afirma que lo que mantiene tanto la religión popular griega como la de Homero es que las almas de los hombres, entendidas como sus alientos o sombras, van a parar al reino de los muertos que es el reino de lo sombrío.

[9] W. K. C. Guthrie, *Orfeo y la Religión Griega. Estudios sobre el Movimiento Órfico*, op. cit., págs. 153-154.

## 3.1 El ambiente griego respecto del 'Más Allá'

Eaco y Triptólemo, y a cuantos semidioses fueron justos en sus vidas, ¿sería acaso malo el viaje?"[10]

Cuando el hombre griego empieza a dar sus primeros pasos por la filosofía ante el asombro suscitado por la naturaleza y en medio de un mundo lleno de religiosidad[11] y de creencias populares, dos de los elementos más necesitados de ser investigados por la razón humana vendrán a ser el acontecimiento de la muerte y la búsqueda de un principio absoluto que justifique el ideal ético del ciudadano griego. En este ambiente, y dentro del resurgir religioso del s. VI a. C., serán las doctrinas órficas extendidas por Grecia las que fueron creando la mentalidad de que, en el hombre, ese elemento que llamaban alma, era muy superior al cuerpo; que la parte principal del alma era la intelectiva[12] y que, por lo tanto, en esta vida había que dedicarse más bien al cuidado de lo mejor que preocuparse por los placeres del cuerpo. Todo esto iba unido también a la doble creencia religiosa de un pecado, cometido por el alma debido al cual había sido castigada por los dioses a la cárcel del cuerpo, y a la de las sucesivas reencarnaciones si, mientras vivía en el cuerpo, no se purificaba de él.

El conjunto de todo este credo órfico, más o menos difuso, junto a las primeras reflexiones de los presocráticos de Milesia

---

[10] Platón, *Apología de Sócrates*, op. cit., 41a.

[11] Tales de Mileto hablaba de que 'todo está lleno de dioses'. Cit. en L. R. Altuna, *La Inmortalidad del Alma a la Luz de los Filósofos*, op. cit., p. 20.

[12] "De ellos (de los órficos) debió provenir la concepción del intelecto como la parte más noble e inmortal del hombre y la idea de la salvación a través del conocimiento." Cf. G. M. A. Grube, *El Pensamiento de Platón*, op. cit., p. 191.

y Jonia, desembocó de forma directa en la mente de Pitágoras, fundador de una de las escuelas religioso-filosóficas más influyentes en Grecia. El sistema pitagórico, difícilmente separable de su origen órfico, aglutinará en torno a la concepción del alma la triple idea de la metempsícosis —las almas se reencarnan sucesivamente en diversos seres—, la metensomatis —encarcelamiento del alma en el cuerpo— y la catarsis —proyecto ético y redentor para purificar el alma en esta vida de su contacto con el cuerpo mediante el rito, la música o las matemáticas—[13]; ideas todas que habían llegado a constituir el ambiente común popular de Grecia,[14] y no solamente el de los sabios.

Dentro de esta escuela, una de las ideas más importante en lo que se refiere a la inmortalidad, fue la concepción, todavía no bien fundamentada, del carácter incorpóreo del alma[15] así como de ser principio de movimiento que se mueve a sí misma.

---

[13] L. R. Altuna, *La Inmortalidad del Alma a la Luz de los Filósofos*, op. cit., p. 22.

[14] "Que toda una corriente de ideas sobre la inmortalidad personal y las sanciones de ultratumba era, por lo menos desde fines del s. V, patrimonio común de las gentes de Atenas, y no solo doctrina esotérica de comunidades cerradas órficas o pitagóricas, se prueba tanto por los fragmentos de la *República* arriba aducidos como, sobre todo, por el hecho de que Aristófanes pudiese presentar en el a. 405 una comedia como *Las Ranas* en la que tales ideas se suponen del dominio de todos." Cf. J. Vives, *Génesis y Evolución de la Ética Platónica*, op. cit., p. 165.

[15] "El paso del concepto de 'incorpóreo', como realidad sutil y penetrante, al de 'espiritual' parece que se debe a las sectas pitagóricas, de las que lo tomó Platón, siendo probablemente fuente primitiva y común de ambos la doctrina de los órficos, a los que se remontan expresamente los neoplatónicos." Cf. C. Fabro, *Introducción al Problema del Hombre: la Realidad del Alma*, op. cit., p. 206.

## 3.1 El ambiente griego respecto del 'Más Allá'

Arquitas de Tarento,[16] Filolao de Tebas[17] y Alcmeón de Crotona -quien afirmó abiertamente el carácter inmortal del alma por su parecido a los seres inmortales-, fueron proporcionando el material, ya con cierta elaboración, para que la reflexión ética, gnoseológica y metafísica sobre el alma se diera en Sócrates y Platón. El resumen de toda esta etapa órfico-pitagórica acerca de la inmortalidad, que abarcaría el s. VI y el V a. C., lo podemos encontrar en las pinceladas históricas que sobre ellos hace Aristóteles en el libro I de su tratado *Acerca del Alma* y que vienen compendiadas en lo mantenido por Alcmeón, discípulo de Pitágoras:

> "Cercano a los anteriores (Demócrito, Anaxímenes, Diógenes, Tales y Heráclito) es también, a lo que parece, el punto de vista de Alcmeón acerca del alma: efectivamente, dice de ella que es inmortal en virtud de su semejanza con los seres inmortales, semejanza que le adviene por estar siempre en movimiento puesto que todos los seres divinos —la luna, el sol, los astros y el firmamento entero— se encuentran también siempre en movimiento continuo."[18]

---

[16] "El hombre es con mucho el más sabio de todos los animales, puesto que puede contemplar la verdad y conseguir la ciencia y la prudencia en todo. Por lo cual, algo divino grabó en su alma la facultad de hablar... El hombre ha sido engendrado y compuesto para contemplar la razón de la naturaleza de las cosas y de la sabiduría." Cf. L. R. Altuna, *La Inmortalidad del Alma a la Luz de los Filósofos*, op. cit., p. 24.

[17] "Atestiguan también los teólogos y vates antiguos que el alma, por ciertos castigos, está encadenada al cuerpo y enterrada en él como en una tumba, a la que igualmente se llama cárcel." Cf. L. R. Altuna, *La Inmortalidad del Alma a la Luz de los Filósofos*, op. cit., p. 25.

[18] Aristóteles, *De Anima*, op. cit., libr. I, 405a29-405b2.

## 3.2 Las consecuencias del origen religioso

Lo que se evidencia de las sectas órfico-pitagóricas así como de los fragmentos que se conservan de los presocráticos es, por un lado, que la inmortalidad que se pudiera alcanzar para aquéllos cuya vida fuese una constante catarsis de las pasiones y de los placeres del cuerpo, consistía en una inmortalidad más bien a creer que en una demostración racional de ella a partir de premisas ciertas; por otro lado, que la afirmada superioridad del alma con relación al cuerpo, y la relevancia que la actividad cognoscitiva iba tomando como la parte mas noble de ella,[19] no solamente no lograban satisfacer ni calmar a la razón griega, sino que la estimulaban a un ritmo vertiginoso a plantearse los principales problemas que toda ética, toda antropología y toda metafísica futura habían de responder: ¿Cual es el fin último del alma y su actividad reina?; ¿cuál es la naturaleza y el origen del alma?; y, si es inmortal ¿cuál es la causa de su inmortalidad?[20]

---

[19] Una prioridad que, consciente o inconscientemente, dejaba de lado, sin explicación, otras funciones propias del alma: "Alcmeón afirma que el hombre se distingue de los demás seres en que solo él piensa, mientras que los otros tienen sensación pero no piensan." Cf. L. R. Altuna, *La Inmortalidad del Alma a la Luz de los Filósofos*, op. cit., p. 25.

[20] Al establecer aquí que lo que se extendió en Grecia con el resurgir religioso fue la mentalidad general de una creencia en la inmortalidad del hombre, no excluye la existencia de algunas manifestaciones contrarias a esta mentalidad. Ya vimos el caso de Demócrito y cuál era la postura general respecto de la muerte en Homero. Y, en definitiva, durante todo el desarrollo de la civilización griega, aparecen expresiones negando la inmortalidad, como la que reza aquel epitafio encontrado en la tumba de un griego, y citado por W. K. C. Guthrie, *Orfeo y la Religión Griega. Estudios sobre el Movimiento Órfico*, op. cit., p. 153: "Yo no era: nací; y fui: ahora no soy. Esta es la suma. Si alguien dice otra cosa, miente. No seré."

## 3.2 Las consecuencias del origen religioso

Fijémonos que, estando en los orígenes de la filosofía, nos hallamos situados al mismo tiempo en uno de los momentos cumbres de ella. La dirección o las respuestas que a estas preguntas dieron los grandes maestros de Grecia marcarán profundamente el desarrollo posterior de la Filosofía Cristiana, cuyo objetivo será el de conseguir una síntesis cabal que unifique la ética, la antropología y la metafísica, y comunique recíprocamente la realidad del hombre y la realidad de Dios. Junto a esto, no se ha de olvidar que las primeras respuestas de carácter ético, gnoseológico y metafísico, nunca lograron independizarse, de forma radical, de aquel concreto núcleo órfico que había reducido la realidad del hombre a su alma, dejando al cuerpo, en el mejor de los casos, como elemento no constitutivo de su definición; y dejando a la actividad propia del alma orientada exclusivamente al conocimiento y a la sabiduría como catarsis de las pasiones. Debido a esto, las reflexiones filosóficas, junto al descubrimiento brillante de la naturaleza espiritual del alma, convertirán simultáneamente al cuerpo bien sea en el pariente inútil, pobre de la antropología; o bien en el enemigo molesto, de la ética y del conocimiento;[21] o incluso, llegarán a negar, junto con toda la materia, su carácter verdaderamente real en metafísica (οντως ον).[22]

---

[21] Sin que sea esta la intención de C. Fabro a la hora de escribir su "Historia del Problema del Alma", deja bien en claro la relevancia del pensamiento órfico–pitagórico para la posterior reflexión del alma: "Tienen una capital importancia para la formación de las doctrinas griegas sobre el alma las tradiciones órficas a que hemos aludido y que formaron con el tiempo un cuerpo único con las pitagóricas." C. Fabro, *Introducción al Problema del Hombre: la Realidad del Alma*, op. cit., p. 207.

[22] El análisis profundo realizado por Étienne Gilson, en el capítulo I y II de su obra *El Ser y los Filósofos*, op. cit., sobre el olvido explícito e implícito del individuo singular en la metafísica griega, está a la base de estas

Lo que con esto se quiere decir aquí es que la particular influencia religiosa en el punto de partida de la filosofía fue un factor esencial para el desarrollo ulterior de la misma y para

---

consideraciones. Hablando del ser de Parménides, afirma: "Cuando hizo este descubrimiento, Parménides de Elea llevó inmediatamente la especulación metafísica hasta lo que iba a quedar como uno de sus últimos límites; pero a la vez se metió en lo que todavía es para nosotros una de las peores dificultades metafísicas." (p. 29 y sgs.) Lo mismo piensa W. K. C. Guthrie, *Orfeo y la Religión Griega*, op. cit., hablando del influjo órfico en Platón en su teoría sobre el cuerpo como cárcel del alma: "Esta doctrina central de los órficos ejerció sobre Platón una fascinación tremenda y, está uno a veces tentado de decir, infortunada." p. 158. Y por citar una obra antigua y clásica, Th. Gomperz, en el vol. II de su obra *Pensadores Griegos*, (Editorial Guaranía, traducción del alemán de Pedro von Haselberg), 1952, afirma que en la filosofía de Platón "se extraen las últimas conclusiones de las premisas contenidas en la doctrina órfico–pitagórica. Llégase a expresar una forma de pensar y de sentir que ejerció profunda influencia en la antigüedad posterior y cuyo efecto duradero ha llegado a nuestros días." p. 423. Aunque no pertenece al tema central que estamos tratando, pero sí íntimamente unido a él, sería interesante analizar los paralelismos existentes entre aquellas doctrinas órfico-pitagóricas y una corriente importante de la mística cristiana, como acertadamente señala A. Gálvez, hablando de la consideración cristiana sobre las cosas creadas: "Éste es uno de los puntos neurálgicos de la moral neotestamentaria para el que la doctrina no siempre ha sabido encontrar el lugar. Se han entrecruzado aquí complejas corrientes de ideas no siempre acertadas: desde el maniqueísmo, que no entiende la bondad de las cosas creadas, y en particular de la materia, hasta las doctrinas que no saben valorar la realidad de la Humanidad de Jesucristo —y por lo tanto del misterio de la Encarnación—, pasando por las místicas de la negación total, o las que consideran el cuerpo humano como fardo molesto o carga insoportable de los que hay que desprenderse si se quiere llegar a la meta definitiva." Cf. A. Gálvez, *Comentarios al Cantar de los Cantares*, vol. II, op. cit., 20-21. Y más adelante con más claridad: "El pensamiento cristiano clásico, por lo que se refiere a la estructuración de su antropología, quizá haya insistido demasiado en la doctrina de la superioridad del alma con respecto al cuerpo." p. 33.

## 3.2 Las consecuencias del origen religioso

el planteamiento de sus cuestiones fundamentales. Al mantener esta tesis aquí no se pretende reavivar la polémica, surgida a fines del XIX y principios del XX, acerca de si los griegos descubrieron el mundo de lo espiritual en el hombre o fue exclusivo de la irrupción del cristianismo. Dejando explícitamente manifiesto que las preguntas anteriormente dichas estuvieron en el nacimiento de la filosofía griega y que, como tales preguntas, fueron asumidas también en la aurora de la Filosofía Cristiana, la posición de ciertos filósofos como la de Newmann, Loisy y, más en concreto, la de Laberthonnière, difiere radicalmente con lo que aquí se establece. Probablemente, por ciertos prejuicios idealistas o subjetivistas que subyacen en su pensamiento, Laberthonnière afirma que fue derecho de propiedad del cristianismo el hacerse las preguntas: '¿Quiénes somos? ¿De dónde venimos? ¿Adonde vamos?'[23] La lectura, entre otros, de los pasajes de la *República*, del *Timeo*, *Fedro*, y el *Fedón* sobre el alma; el conocimiento cada vez más exacto de los textos esparcidos de los presocráticos; el acceso a materiales que proporcionan una mejor clarificación de los credos religiosos griegos, concretamente órficos, y todo lo establecido anteriormente en la Posición del Olvido de la Tradición, nos hacen sostener que el carácter incorpóreo de nuestra alma fue ya descubierto por la razón griega y que las preguntas acerca del origen, naturaleza y fin del hombre fueron determinantes en la constitución

---

[23] Laberthonnière, *Le Réalisme Chrétien et l'Idéalisme Grec*, París, 1904, cap. II–III. Cf. Festugière, *L' Idéal Religieux des Grecs et l' Evangile*, afirma: "Con todo, el espiritualismo cristiano es por cierto el heredero de la sabiduría antigua, en particular de la filosofía platónica, cuyo coronamiento parece constituir." Citado por R. Mondolfo, *La Comprensión del Sujeto Humano en la Cultura Antigua*, op. cit., p. 40., cap. II: "La Incomprensión de la Subjetividad".

de los diversos sistemas filosóficos antiguos. Mondolfo, termina la exposición de esta polémica diciendo: "Podemos concluir, por lo tanto, sin multiplicar los ejemplos y las citas, que mientras quienes afirman la existencia de una oposición terminante entre el pretendido objetivismo antiguo y el subjetivismo cristiano–moderno, se encuentran obligados —a pesar suyo, como hemos visto— a reconocer parcialmente formas y corrientes de subjetivismo en la filosofía antigua; por otro lado los historiadores desvinculados de la tesis mencionada van poniendo de relieve aspectos importantes de tal conciencia de la interioridad, que se presentan en esa misma filosofía."[24]

Y es que el clima que se estaba creando en el Siglo de Oro Griego en torno al hombre dirigía casi irremediablemente las reflexiones filosóficas a investigar porfiadamente sobre esa realidad que, cada vez más, asombraba al filósofo. ¿Cómo era posible que el hombre fuera capaz de poseer el mundo de las ideas, que gozan de inmutabilidad, en un universo donde todo fluye? ¿Cómo había de ser ese principio humano, qué propiedades había de tener para que diera acogida a la Ciencia? Y si la religión griega se había adelantado a este descubrimiento, ¿acaso no era

---

[24] R. Mondolfo, *La Comprensión del Sujeto Humano en la Cultura Antigua*, op. cit., p. 62. Aclaramos que con el término 'subjetivismo' en este texto, no se hace referencia a la actitud filosófica que surge de Descartes, sino al descubrimiento de lo espiritual en el hombre. Una breve y concisa exposición de las diversas opiniones enfrentadas con respecto al descubrimiento griego del mundo incorpóreo aparece también en S. Castellote, "Actualidad del Problema Alma–Cuerpo. Análisis Histórico–Epistemológico", *Anales Valentinos*, XVII (1991), 34, págs. 345-426, en especial págs. 378-381. Conviene destacar que la propuesta final de Castellote después de su análisis histórico —la versión antropológica del *complementarismo*—, no es aquí, en absoluto, compartida.

necesario que la razón quisiera encontrar un camino de acceso a este conjunto de creencias?

Precisamente, esta *conexión* fáctica de lo religioso griego en el origen de la filosofía, podría ser la causa determinante de por qué el filósofo griego, cuando se preguntó acerca de la naturaleza del hombre, intencionadamente o no, sustituyó, en la formulación de la pregunta, el término 'hombre' por el de 'alma'; y cuando el oráculo de Delfos ordena conocerse a sí mismo, el filósofo griego no encuentra un mejor camino que el de la reflexión sobre el conocimiento; por último, la creencia en la inmortalidad o la esperanza de que después de la muerte pudiera haber una recompensa, obligaba al filósofo griego a preocuparse por el 'cuidado del alma' en esta vida más que por los placeres del cuerpo, es decir, la cuestión ética del obrar bien. Sócrates fue, en este sentido, verdadero hijo religioso de su tiempo.

## 3.3 La inmortalidad Socrática

A causa de la ausencia de obras escritas por Sócrates, resulta imposible determinar con absoluta certeza quién de los dos, él o Platón, fue primero en plantearse, desde el punto de vista de la razón, la naturaleza inmortal del alma y su incorporeidad. Lo que con toda seguridad se puede plantear a partir de los primeros diálogos platónicos es que, en el ambiente del relativismo de la sofística, que había convertido al hombre en la medida de todas las cosas, y contra la negación explícita de la inmortalidad en Demócrito[25] y Epicuro, que dejaban al

---

[25] Como antes se ha hecho mención, Demócrito, según los fragmentos a él atribuidos, creía en la existencia de los dioses, afirmaba la necesidad de una vida honesta pero no creía en la inmortalidad del alma por reducirla a

ciudadano griego sumido en la desesperanza, Sócrates está firmemente convencido de la existencia del alma y tiene, por lo menos, una grande creencia en el más allá, como uno de los puntos de apoyo para la vivencia de la virtud. Aceptando como opinión más compartida entre los *scholars* que la *Apología de Sócrates* es la primera obra escrita de Platón que conservamos[26] y que la narración hecha allí, respecto del juicio y de la defensa de Sócrates, es verídica,[27] la primera mención explícita sobre la necesidad de una indagación racional acerca de la inmortalidad del alma, la encontramos, precisamente, en las palabras de consolación que dirige, pronunciada la sentencia de muerte, a los que votaron por la absolución:

---

materia o átomos: "No pocos hombres, que no tienen idea de la disolución a la cual se halla sometida la naturaleza mortal, pero que tienen conciencia de las malas acciones que han cometido en su vida, se ven durante toda su existencia agitados por angustias y terrores, porque se forman en su mente falsos mitos acerca del tiempo posterior a la muerte." Cf. C. Eggers Lan, *Los Filósofos Presocráticos*, op. cit., fr. B, 297.

[26] Un estudio resumido y claro, junto con el problema de la historicidad, es el de W. K. C. Guthrie, *Historia de la Filosofía Griega*, vol. IV, op. cit., págs. 73-104, cuya postura al respecto es la siguiente: "Si los testimonios externos fueran convincentes, uno no querría oponerse a ellos por medio de conclusiones extraídas de las impresiones personales que tenemos de la obra misma. Pero no es ése el caso y estoy inclinado a conceder, por influencia de aquéllos, que es la primera obra de Platón, escrita no mucho después de lo acaecido. Sin embargo, la certeza es imposible." p. 78.

[27] "En cualquier caso lo que importa es que Platón nos está describiendo a Sócrates —lo que él vio en Sócrates, naturalmente, y sin lugar a dudas (como les gusta decir a algunos críticos)—, más que una fotografía, es el retrato de un artista, y por eso es por lo que refleja su personalidad con la mayor fidelidad. Esto, por lo menos, lo admitiría hoy día todo el mundo..." Cf. W. K. C. Guthrie, *Historia de la Filosofía Griega*, vol. IV, op. cit., p. 85.

## 3.3 La inmortalidad Socrática

"Reflexionemos también que hay gran esperanza de que esto sea un bien. La muerte es una de estas dos cosas: o bien el que está muerto no es nada ni tiene sensación de nada, o bien, según se dice, la muerte es precisamente una transformación, un cambio de morada para el alma de este lugar de aquí a otro lugar... Si, en efecto, la muerte es algo así, digo que es una ganancia, pues la totalidad del tiempo no resulta ser más que una noche. Si por otra parte, la muerte es como emigrar de aquí a otro lugar y es verdad, como se dice, que allí están todos los que han muerto, ¿qué bien habría mayor que éste, jueces?"[28]

En concreto, esta creencia es asumida por Sócrates como 'probabilísima esperanza' para aquellos que prefieren sufrir la injusticia antes que cometerla.[29] La ética nueva de Sócrates, enfrentada abiertamente contra la actitud sofista que colocaba la felicidad en la búsqueda del placer y hacía al hombre la 'medida de todas las cosas, de las que son en cuanto son y de las que no son en cuanto no son', no podía dejar de tener en cuenta, como consolación a una vida de sufrimiento, la probabilidad de una vida mejor después de la muerte.[30]

---

[28] Platón, *Apología de Sócrates*, vol. I, op. cit., 40ce.

[29] "En efecto, atenienses, temer la muerte no es otra cosa que creer ser sabio sin serlo, pues es creer que uno sabe lo que no sabe. Pues nadie conoce la muerte, ni siquiera si es, precisamente, el mayor de todos los bienes para el hombre..." Cf. Platón, *Apología de Sócrates*, op. cit., 29a. Cf. L. Robin, *Platon*, Presses Universitaires de France, París, 1968, p. 15: "Mais tout ce que dira Socrate à ce sujet, il le note soigneusement, ne vise qu'à la *probabilité*, à la vraisemblance."

[30] "¿Qué se podía contraponer a los sofistas, que defendían la felicidad y el poder del hombre sumamente injusto, y demostraban su afirmación con numerosos ejemplos de la vida cotidiana, sino que los justos no premiados

Además, lo que se patentiza en la defensa de Sócrates ante Meleto, Anito y Licón, al exponer su falta de miedo a la muerte, no es solamente la falsedad de la acusación de ateísmo e impiedad levantada contra él.[31] Ni solamente se desprende la acción moral de que, por grandes peligros que nos puedan esperar, incluso el de la muerte, no es lícito cometer una acción deshonrosa como la desobediencia al que es mejor. Hasta el propio Aquiles, rechazando el consejo de su madre diosa y vengando la muerte de su amigo Patroclo, 'desdeñó la muerte y el peligro, temiendo mucho más vivir siendo cobarde sin vengar a los amigos.'[32]

Lo que en el fondo se descubre en el triple discurso de su defensa, es la presencia, por un lado, de toda una concepción antropológica del hombre, propiamente socrática, que incluía, a su vez, una determinada ética para esta vida; junto a la intuición filosófica de que la muerte de aquél que vivía conforme a esa ética, se podía convertir en una ganancia para él. Y, por otro lado, que el principio absoluto, garante del recto obrar de Sócrates, por encima y más cierto que el de la esperanza en la inmortalidad, radicaba en la existencia de dioses —o de un solo dios—

---

por los hombre en vida, serían premiados por los dioses en la muerte?" Cf. M. F. Sciacca, *Platón*, Troquel, Buenos Aires, 1959, p. 285.

[31] El δαιμον que lo había acompañado hasta ahora no lo abandona en el momento más difícil de su vida hasta el punto de sucederle algo extraño: así como en otras ocasiones le retenía su discurso, en la apología, 'no se le ha opuesto en ningún momento ante ningún acto o palabra' lo cual era prueba de que le iba a ocurrir algo bueno. Además, los dioses estaban con él, o por lo menos, los hijos de los dioses, según el significado griego de δαιμον. La defensa socrática contra la acusación de impiedad y de ateísmo de Meleto se fundamenta en su creencia en el δαιμον que lo acompaña siempre. Platón, *Apología Socrática*, op. cit., 27de; 40bc.

[32] Platón, *Apología de Sócrates*, op. cit., 28cd.

## 3.3 La inmortalidad Socrática

que vivían preocupados por las almas de los griegos. El Sócrates que presenta Jenofonte es el de un hombre cuya creencia en un dios, suprema sabiduría, está asociada al cuidado amoroso que aquél recibía de éste.[33] Los dioses inmorales homéricos, que convertían la vida del hombre en diversión y entretenimiento de ellos, y los dioses del mundo de Demócrito, distantes, ensimismados en sus quehaceres, que abandonaban a los hombres hasta el punto de no querer saber nada de ellos, muy poco tienen que ver ya con esa especie de δαιμον, que acompañaba constantemente a Sócrates, y con ese dios que le ordenaba anunciar a los hombres el camino de la felicidad:

> "Haré esto con el que me encuentre, joven o viejo, forastero o ciudadano, y más con los ciudadanos por cuanto más próximos estáis a mí por origen. Pues, esto lo manda el dios, sabedlo bien, y yo creo que todavía no os ha surgido mayor bien en la ciudad que mi servicio al dios."[34]

### 3.3.1 La antropología socrática

En efecto, resulta evidente, tanto de los textos platónicos como del Sócrates que presenta Jenofonte, que la concepción socrática del hombre era la de ser un alma 'que usa de un cuerpo' como de su instrumento, y que la naturaleza de aquélla era de tal dignidad que exigía del ateniense prudente la preocupación por su salud más que la del cuerpo.[35] Hasta tal punto esta idea

---

[33] "The mentions of a god who is the supreme wisdom in the world, as our mind are in us, are associated with an insistence on his loving care for mankind." Cf. W. K. C. Guthrie, *Sócrates*, op. cit., p. 155.

[34] Platón, *Apología de Sócrates*, op. cit., 30a.

[35] "The living man is the psyche, and the body (which for the Homeric heroes and those still brought up on Homer took such decided preference

antropológica está incrustada en el pensamiento socrático que ni siquiera la amenaza de la muerte, el exilio de su amada Atenas y el amor al cuerpo, son capaces de derribarla. El mandato divino, la obediencia al dios, estaba por encima del cumplimiento de las leyes de los atenienses:

> "Yo, atenienses, os aprecio y os quiero, pero voy a obedecer al dios más que a vosotros y, mientras aliente y sea capaz, es seguro que no dejaré de filosofar, de exhortaros y de hacer manifestaciones al que de vosotros vaya encontrando."[36]

Cualquier hombre, sea 'joven o viejo, forastero o ciuadadano', podía ser adoctrinado en esta prioridad del alma sobre el cuerpo con tal que fuera capaz de aceptar el conocimiento de su propia ignorancia acerca de la virtud verdadera y de la felicidad del hombre. Y el carácter profético del que se siente revestido Sócrates le llevó a dedicarse, con exclusión de otras tareas y hasta el punto de quedarse sin dinero,[37] a la salvación de las almas griegas, increpándolas cariñosamente por su ceguera moral:

> "Mi buen amigo, siendo ateniense, de la ciudad más grande y más prestigiada en sabiduría y poder, ¿no te avergüenzas de preocuparte cómo tendrás las mayores riquezas y la mayor fama y los mayores honores, y, en

---

over it) is only the set of tools or instruments of which he makes use in order to live." Cf. W. K. C. Guthrie, *Socrates*, op. cit., p. 149.

[36] Platón, *Apología de Sócrates*, op. cit., 29d.

[37] "Por esta ocupación no he tenido tiempo de realizar ningún asunto de la ciudad digno de citar ni tampoco mío particular, sino que me encuentro en gran pobreza a causa del servicio del dios." Cf. Platón, *Apología de Sócrates*, op. cit., 23bc.

## 3.3 La inmortalidad Socrática

cambio no te preocupas ni interesas por la inteligencia, la verdad y por cómo tu alma va a ser lo mejor posible?"[38]

Siendo el cuidado del alma mejor que el del cuerpo y habiendo recibido el mensaje divino de la Pitia de Delfos de que no existía en Grecia alguien más sabio que Sócrates, había que buscar un camino ético, específico y propio, de la felicidad del alma. La búsqueda de la verdadera sabiduría, es decir, el ideal del filósofo, quedaba parcialmente satisfecho con el simple reconocimiento de que el sabio solo sabe que no sabe nada. Pero este principio moral de la indigencia que padecía el conocimiento humano y ese ideal de vivir buscando el verdadero saber sin encontrarlo nunca,[39] era capaz de fundamentar —no se sabe cómo— todo un cuadro de virtudes —más vividas por Sócrates que temáticamente definidas—, a tal extremo exigidas a sus oyentes que ninguno de los jóvenes que le escucharon durante tantos años podría levantarse en el juicio para hacerle responsable de una acción moralmente mala.[40] En ese catálogo de virtudes se podía encontrar, entre otras, el amor a la verdad; la humildad de reconocerse como ignorantes; la obediencia a los

---

[38] Platón, *Apología de Sócrates*, op. cit., 29de.

[39] W. K. C. Guthrie, hablando del diálogo *Cármides*, afirma: "(Sócrates) Nunca pudo afirmar positivamente que poseía este saber: solo se limitaba a exhortar a sus amigos para que se unieran a él en la búsqueda, como la cosa más valiosa de la vida." *Historia de la Filosofía Griega*, vol. IV, op. cit., p. 172.

[40] "Pero vais a encontrar todo lo contrario, atenienses, todos están dispuestos a ayudarme a mí, al que corrompe, al que hace mal a sus familiares, como dicen Meleto y Anito. Los propios corrompidos tendrían quizá motivo para ayudarme, pero los no corrompidos, hombres ya mayores, los parientes de éstos no tienen otra razón para ayudarme que la recta y la justa, a saber, que tienen conciencia de que Meleto miente y de que yo digo la verdad." Cf. Platón, *Apología de Sócrates*, op. cit., 34ab.

dioses, ya depurados de muchas de sus faltas; padecer la injusticia antes que cometerla; y la fidelidad a los principios morales por encima de la misma vida.[41] Y todo ello se compendiaba en la exhortación general de cuidar al alma por encima del cuidado del cuerpo, tal y como mandaban los dioses. Por ello toda la ironía de Platón al escribir la defensa de Sócrates contra Meleto se fundamenta en el hecho de que se quiere acusar de ateísmo e impiedad probablemente al ateniense más creyente y piadoso, o por lo menos, con una fe más grande que la de sus acusadores.[42] El absurdo de la acusación radica que nadie, por muy poca inteligencia que tenga, podrá ser persuadido para que, al mismo tiempo, 'crea que hay cosas relativas a las divinidades y a los dioses y, por otra parte, que esa persona no crea en divinidades, dioses ni héroes.'[43]

Por último, en el marco de esta antropología socrática, hay que destacar dos precisiones. La primera es que la diferencia que se establecía entre alma y cuerpo no llegaba a determinar los límites de cada uno de ellos. La misma analogía que se utilizaba para explicar el misterio de las dos realidades carecía de un marco formalmente metafísico. Es por eso por lo que no se

---

[41] "Sería indigno y realmente alguien podría con justicia traerme ante el Tribunal diciendo que no creo que hay dioses, por desobedecer al oráculo, temer la muerte y creerme sabio sin serlo." Cf. Platón, *Apología de Sócrates*, op. cit., 29a. Cf. W. K. C. Guthrie, *Sócrates*, op. cit., p. 153: "And the virtue of a complete man both as an individual and as a social being is knowledge of the moral and statesmanlike virtue —justice, courage and the rest— which all ambitious Athenian politicians carelessly claimed to understand, but of the nature of which it was Socrates's painful duty toping out that they (and himself no less)were so far ignorant."

[42] Platón, *Apología de Sócrates*, op. cit., 35d.

[43] Platón, *Apología de Sócrates*, op. cit., 27e-28a.

## 3.3 La inmortalidad Socrática

puede pretender buscar una definición socrática del constitutivo formal del alma o de su esencia. Pero ello no impedía la explícita manifestación de la existencia de dos realidades distintas, una muy superior a otra, que unidas, no se sabe cómo, entraban a formar parte de esa realidad que era el hombre.[44]

La segunda precisión consiste en darse cuenta de la existencia de un elemento importante que no siempre se ha valorizado, a saber, el hecho que el cuerpo para Sócrates no era el enemigo del alma, siempre y cuando aquél se dejara conducir por ésta. Lo que Sócrates intenta exhortar a los griegos es la superioridad ética del elemento espiritual y la inferioridad ética del elemento corporal en orden al gobierno de la realidad humana. Pero en absoluto se encuentra en él la tendencia radical a convertirlo en la cárcel del alma. El consejo sabio que oyó Sócrates del Rey–dios tracio Zalmoxis para la medicina del cuerpo es manifestativo de la diferencia ética entre la consideración del cuerpo como instrumento y el cuerpo como cárcel. Para poder tener sana nuestra cabeza y nuestros ojos, es prioritario empezar por tener sana nuestra alma, ya que 'todo lo bueno y lo malo del cuerpo y del hombre entero tiene su origen en el alma y brota de ella, al igual que ocurre con los ojos respecto de la cabeza. El alma debería ser, por tanto, nuestra primera y mayor preocupación, si es que la cabeza y el resto del cuerpo han de estar sanos.'[45] Y una vez que se hace caso del consejo de Zalmoxis, 'resulta fácil proporcionar salud a la cabeza y al

---

[44] "Por los días de Sócrates y Demócrito se estaba solo empezando a adquirir plena conciencia de las diferencias fundamentales entre 'materia' y 'espíritu', pero los límites entre uno y otro campo quedaban en muchos aspectos nebulosamente indiferenciados." Cf. J. Vives, *Génesis y Evolución de la Ética Platónica*, op. cit., p. 129.

[45] Platón, *Cármides*, op. cit., 156bd.

cuerpo.'⁴⁶ No existe en la filosofía de Sócrates, atendiendo a lo expuesto en la *Apología* platónica, indicios o señales ni de la *metensomatis* ni de la *catarsis* órfico-pitagórica. Por el contrario, la salud corporal únicamente se consigue mediante la salud del alma. El Sócrates histórico no estaba enemistado con su cuerpo, tal y como aparecerá en el diálogo *Fedón*.

No obstante hay que decir que, aunque en el plano ético la diferencia entre la concepción del cuerpo como instrumento y la concepción del cuerpo como cárcel era grande (diferencia entre Sócrates y Platón), no lo fue tanto en el plano antropológico. A fin de cuentas, instrumento o cárcel, el cuerpo iba a quedar desligado de la esencia del hombre en el instante en que el ideal socrático de una búsqueda sin término acerca de la virtud como saber, se transforme, por obra y gracia de Platón, en el ideal de una búsqueda en cuyo horizonte se empezaba a vislumbrar la Belleza de las Formas supramateriales.⁴⁷ Horizonte divino para el que solo estaban capacitados aquellos seres que en su naturaleza fueran semejante a los dioses y del que quedaban excluidos aquellos otros cuya esencia estuviera íntimamente ligada al mundo de lo corpóreo. El paso de la consideración del cuerpo como mero instrumento del alma a la consideración del cuerpo como instrumento inservible y defectuoso solamente requería tiempo.⁴⁸

---

⁴⁶ Platón, *Cármides*, op. cit., 156e.

⁴⁷ "Sin duda que el mismo Sócrates se habría sonreído ante la ironía de la historia si hubiera podido ver cómo sus preocupaciones por la acción habían de dar origen a una corriente racionalista e idealista que pondría su ideal en el *bios theoretikós*." Cf. J. Vives, *Génesis y Evolución de la Ética Platónica*, op. cit., p. 134.

⁴⁸ Por ello son justas las afirmaciones que hace J. Vives sobre la diferencia entre la antropología socrática y la platónica: "Esto podría sugerir —no

*3.3 La inmortalidad Socrática*                                    97

## 3.3.2  El principio constitutivo de la ética socrática.

Hemos señalado antes que la creencia en dioses preocupados por los asuntos humanos y compañeros de los hombres es la piedra fundamental de la ética socrática. La religión de Sócrates fundamenta la ética de Sócrates. Los textos son bien claros y la *Apología* da muestra de ello. Toda la vida del hombre, todas sus acciones y hasta la misma muerte, está en manos de los dioses. El fin del diálogo platónico preludia a lo lejos el sentido de la providencia y de la justicia cristiana:

> "Pero es ya hora de marcharnos, yo a morir y vosotros a vivir. Quién de nosotros se dirige a una situación mejor es algo oculto para todos excepto para el dios."[49]

La afirmación de este principio religioso, constitutivo de la ética socrática, plantea de inmediato el puesto que la inmortalidad jugaba en la vida de Sócrates.[50] Es justo decir que para

---

quiero afirmar más— que la concepción mística de las relaciones cuerpo–alma es una superestructura impuesta por Platón a una vieja idea socrática, bajo el influjo del pensamiento de la Magna Grecia." Cf. J. Vives, *Génesis y Evolución de la Ética Platónica*, op. cit., p. 135.

[49] Platón, *Apología de Sócrates*, op. cit., 42a. La lista de textos en donde aparece el δαιμον acompañando, guiando y aconsejando a Sócrates sería numerosa en los diálogos platónicos: *Eutidemo*, 273a; *Fedro*, 242b; *Eutifrón*, 3bc. etc. La interpretación de este δαιμον ha sido diversa: la voz de la conciencia, un recurso estilístico, algo mítico. La interpretación con la que aquí nos identificamos es la que hace R. Guardini, *La Muerte de Sócrates*, Emecé Editores, Buenos Aires, 1997, p. 99: "... el fenómeno tiene un inequívoco carácter específico que indica que se trata de una experiencia religiosa primaria."

[50] Una vez aceptado que la filosofía de la *Apología* es socrática, las opiniones respecto del tema de la inmortalidad en Sócrates han sido múltiples. Así dice Guthrie: "On no other subject it is true to say that everyone has his own Socrates. Some read into these passages agnosticism, others religious

la mentalidad filosófica que estaba naciendo, la noción de alma no exigía, como propiedad suya esencial, la inmortalidad. Grube[51] y Guthrie[52], entre otros, lo han puesto de manifiesto a la hora de estudiar el concepto de ψυχή griego para no caer en el anacronismo de atribuirle lo que la visión cristiana, y la filosofía que surge de ella, entiende por tal. Sócrates carecía del instrumento metafísico necesario para poder deducir de la naturaleza del alma su inmortalidad. En realidad, él era congruente con su ideal filosófico. El saber propio de su propia ignorancia abarcaba el tema de la naturaleza inmortal tanto para una respuesta afirmativa como para una respuesta negativa:

> "En efecto, atenienses, temer la muerte no es otra cosa que creer ser sabio sin serlo, pues es creer que uno sabe lo que no sabe. Pues nadie conoce la muerte, ni siquiera si es, precisamente, el mayor de todos los bienes para el hombre, pero la temen como si supieran con certeza que es el mayor de los males. Sin embargo ¿cómo no va a ser la más reprochable ignorancia la de creer saber lo que no se sabe?"[53]

Y pudiera ser incluso que durante su vida, al principio, la creencia en el dios que le acompañaba estuviera unida al pensamiento de la muerte como un grande mal, tal y como sucedía desde antiguo en los poemas homéricos. No resultaba imposible concebir una religión en cuyos dogmas no apareciera la inmortalidad. Por lo menos algo da a entender Platón cuando le hace

---

faith in a future life." W. K. C. Guthrie, *Sócrates*, Cambridge University Press, Londres, 1971, p. 158.

[51] G. M. A. Grube, *El Pensamiento de Platón*, op. cit., p. 189.
[52] W. K. C. Guthrie, *Sócrates*, op. cit., págs. 147-148.
[53] Platón, *Apología de Sócrates*, op. cit., 29ab.

## 3.3 La inmortalidad Socrática

decir a su maestro que las cosas que le habían estado sucediendo en su vida religiosa no las habían comprendido rectamente los que creían, y entre ellos Sócrates, que la muerte era un mal.[54]

Sin embargo, la certeza del δαιμον que le había acompañado desde niño se le presentaba, en el momento final de su vida, como la esperanza de que la muerte no iba a ser el último fin o un mal,[55] sino el principio de una vida inmortal junto a seres inmortales. En su mente, próximo ya a su muerte, plenamente lúcida y profundamente religiosa, nada impedía que, por otros caminos distintos al saber, pudiera asociarse una inmortalidad gozosa a aquella parte del hombre que se encargaba de regir el cuerpo con justicia. Por ello, en el dramático final de la *Apología*, una vez aceptada la condena a muerte, Sócrates sigue luchando por vivir el mismo ideal por el que había sido acusado, y se dedica a dialogar con sus amigos sobre lo acaecido y sobre cosas misteriosas en busca del saber sobre la muerte. Es precisamente en este instante —conciencia de la cercanía de la muerte— en donde la religión socrática, su ética y su filosofía, y toda su vida personal confluyen en lo más profundo de su alma para encontrar motivos de la bondad de la muerte y de la belleza de vivir conforme a lo que es justo. Era el momento de comenzar a soñar:

"Pues si, llegado uno al Hades, libre ya de éstos que dicen que son jueces, va a encontrar a los verdaderos jueces,

---

[54] Platón, *Apología de Sócrates*, op. cit., 40b.

[55] "Pero el que, como se dice en el tercer discurso, el demonio no le haya advertido cuando Sócrates pisara la sala del Tribunal; el que no le haya interrumpido cuando pensaba decir, en su defensa, cosas que empeorarían su situación, son índices de que la muerte debe ser algo bueno, puesto que cuando habla, de allí solo puede surgir algo bueno en el último sentido." Cf. R. Guardini, *La Muerte de Sócrates*, op. cit., p. 127.

los que se dice que hacen justicia allí: Minos, Radamanto, Eaco y Triptolemo, y a cuantos semidioses fueron justos en sus vidas, ¿sería acaso malo el viaje? Además, ¿cuánto daría alguno de vosotros por estar junto a Orfeo, Museo, Hesíodo y Homero?... Dialogar allí con ellos, estar en su compañía y examinarlos sería el colmo de la felicidad."[56]

Ante los jueces, Sócrates se muestra incapaz de dar razón de la inmortalidad, a diferencia de lo que luego aparecerá en el *Fedón*. Pero ante sus amigos 'nada impide conversar... mientras sea posible' y hacerles ver 'qué significa, realmente, lo que ha sucedido.'[57] ¿Por qué los dioses, que en otras ocasiones habían intervenido para evitar un error en Sócrates, no se habían opuesto en ningún momento de la defensa? ¿Acaso no habían estado velando siempre para procurar el bien a Sócrates? Y si ahora ellos le exigían actuar de tal forma que pudiera adelantar su propia muerte, ¿no es porque de la muerte pudiera derivarse, como es costumbre con los dioses, algún bien?[58] Toda la parte final de la *Apología* es un *in crescendo* que lleva al lector a no dudar de que Sócrates murió con la esperanza de que sus dioses iban a garantizar lo que la razón, sumida en el conocimiento de la ignorancia, no le había proporcionado: la inmortalidad. La única verdad que podía salir al encuentro de aquel condenado cuya sabiduría era poca o ninguna con relación a los dioses,[59] se basaba en la creencia de dioses preocupados de que no les

---

[56] Platón, *Apología de Sócrates*, op. cit., 41ac.

[57] Platón, *Apología de Sócrates*, op. cit., 39e40a.

[58] Platón, *Apología de Sócrates*, op. cit., 40c.

[59] "Es probable, atenienses, que el dios sea en realidad sabio y que, en este oráculo, diga que la sabiduría humana es digna de poco o nada. Y parece que éste habla de Sócrates -se sirve de mi nombre poniéndome como ejemplo, como si dijera: 'Es el más sabio, el que, de entre vosotros, hombres, conoce,

## 3.3 La inmortalidad Socrática

suceda nada malo a los hombres cuyo comportamiento había sido conforme a sus mandatos. Así les exhorta a sus amigos, los magistrados:

> "Es preciso que también vosotros, jueces, estéis llenos de esperanza con respecto a la muerte y tengáis en el ánimo esta sola verdad, que no existe mal alguno para el hombre bueno, ni cuando vive ni después de muerto, y que los dioses no se desentienden de sus dificultades."[60]

Por lo tanto, en la ética socrática, la fe en la inmortalidad del hombre vendría a ser el postulado que fundamenta el buen obrar o, entendiendo a Grube, 'un acicate suplementario.'[61] J. Vives da cuenta de la inestabilidad de la ética socrática al afirmar que Sócrates nunca alcanzó un principio objetivo y universal. Y esta afirmación es cierta por referirse, en realidad, a la inexistencia de un fundamento ético o metafísico.[62] Pero hay que insistir, por lo menos en cuanto hecho, que para Sócrates el obrar moral venía exigido por su credo religioso, el cual

---

como Sócrates, que en verdad es digno de nada respecto a la sabiduría'." Cf. Platón, *Apología de Sócrates*, op. cit., 23a.

[60] Platón, *Apología de Sócrates*, op. cit., 41c.

[61] G. M. A. Grube, *El Pensamiento de Platón*, op. cit., p. 194. La extensión que da Grube a esta expresión llega demasiado lejos, a nuestro parecer, para aplicarla a casi todos los diálogos, excepto a los últimos: "Al menos hasta que en sus últimos diálogos la inmortalidad fue deducida de premisas ya incorporadas por entonces a su filosofía, Platón prefería no tratar la creencia en ella como un argumento esencial a favor de la vida buena, sino solo como un acicate suplementario." p. 194.

[62] "Sin embargo, por ninguno de estos caminos acabó de encontrar Sócrates de manera plenamente satisfactoria el principio ético objetivo y universal que buscaba. Las categorías en las que inevitablemente se movía —utilitarismo, hedonismo, teleología técnica— resultaban inadecuadas." Cf. J. Vives, *Génesis y Evolución de la Ética Platónica*, op. cit. p. 205.

abarcaba desde un principio, —desde niño— la existencia de dioses diligentes, y al final de su vida, la creencia en algo bueno para los que mueren. Esta inmortalidad, de darse por acción de los dioses, estaría reservada exclusivamente para el elemento superior del hombre, al ser la muerte 'una transformación, un cambio de morada para el alma de este lugar de aquí para otro lugar.'[63] Lo cual, estaría en consonancia con la antropología del alma 'que usa y gobierna al cuerpo como su instrumento', claramente expuesta en la *Apología de Sócrates*.[64] Junto a esto, la inmortalidad en la que creía Sócrates, al igual que su antropología, excluiría las doctrinas órficas de la reencarnación y la transmigración que aparecen expuestas posteriormente en el pensamiento propio de Platón. Y, por último, aquéllos que atribuyen a Sócrates un agnosticismo en este tema, deberían considerar la inconsistencia de sostener la visión socrática de los dioses, preocupados por el hombre y la importancia del alma humana, con el hecho de 'mantener al mismo tiempo que la muerte física era el fin y que el alma perecía con el cuerpo.'[65]

---

[63] Platón, *Apología de Sócrates*, op. cit., 40c. Otros términos que utiliza son los de 'viaje', 'emigrar'.

[64] "A belief in the independence of the soul, and its indifference to the fate of the body, goes naturally with that sharp distinction between them which we find drawn not only in the *Alcibiades*, but in the *Apology* and elsewhere in the more indubitably Socratic parts of Plato." Cf. W. K. C. Guthrie, *Sócrates*, op. cit., p. 161.

[65] W. K. C. Guthrie, *Sócrates*, op. cit., págs. 160-161. La postura de Sciacca difiere, por lo tanto de lo aquí mantenido: "Las referencias, discretamente escépticas, a la inmortalidad del alma que se encuentran en la *Apología*, testimonian especialmente la posición socrática frente a este problema, que no es muy distinta de la creencia popular común." Cf. M. F. Sciacca, *Platón*, op. cit., p. 285.

## 3.4 La transición a la inmortalidad platónica

La creencia en los dioses solícitos, pieza fundamental del pensamiento socrático y del intelectualismo ético, y la esperanza en un más allá mejor para el alma después de la muerte, continúan presentes en los diálogos platónicos posteriores a la *Apología*. Nos referimos concretamente a los diálogos *Gorgias* y *Menón*. No existe una ruptura radical entre el pensamiento socrático y el pensamiento de su discípulo. En el breve diálogo *Critón*, escrito cercano en el tiempo a la *Apología*, ante la posibilidad que éste le ofrece a Sócrates para huir de la muerte, Platón expone con el mismo acento de la *Apología* que el vivir conforme a la ley justa y el preferir padecer la injusticia de parte de los hombres, será bien visto en el Hades. Así cree oír Sócrates, en boca de las justas e hipostasiadas Leyes atenienses que le piden aceptar su consejo y escapar del de Critón:

> "Más bien, Sócrates, danos crédito a nosotras, que te hemos formado, y no tengas en más ni a tus hijos ni a tu vida ni a ninguna otra cosa que a lo justo, para que, cuando llegues al Hades, expongas en tu favor todas estas razones ante los que gobiernan allí... Pues bien, si te vas ahora, te vas condenado injustamente no por nosotras, las leyes, sino por los hombres. Pero si te marchas tan torpemente, devolviendo injusticia por injusticia... nos irritaremos contigo mientras vivas, y allí, en el Hades, nuestras hermanas las leyes no te recibirán de buen ánimo, sabiendo que, en la medida de tus fuerzas has intentado destruirnos. Procura que Critón no te persuada más que nosotras a hacer lo que dice."[66]

---

[66] Platón, *Critón*, op. cit., 54bd. Son las mismas conclusiones que R. Guardini extrae de su comentario: "En la *Apología* irrumpe violentamente

*Los orígenes filosóficos de la inmortalidad*

Pero el contacto directo con el Orfismo y con las escuelas pitagóricas, en sus viajes por la Magna Grecia,[67] y el profundo impacto en su alma que le produjo la actitud de Sócrates ante su muerte,[68] van a ir creando un cambio en Platón de forma que, aquello que aparecía en su maestro como 'probabilísima esperanza' para los que habían sufrido la injusticia humana, se convierte en una firme creencia de la religión de Platón. El recurso al mito y a las historias de los sacerdotes, sazonadas con la imaginación platónica, comienzan a inundar los diálogos platónicos tanto con un fin pedagógico como religioso. La inmortalidad del alma entra a formar parte del credo religioso platónico perdiendo completamente su carácter de postulado. Si la falta de una formulación explícita en el pensamiento de

---

la conciencia socrática de estar atado y al mismo tiempo custodiado por lo válido... La misma vivencia de la conciencia se repite en el *Critón*, en forma más interior y más tranquila", R. Guardini, *La Muerte de Sócrates*, op. cit., p. 161.

[67] Sobre la fecha de composición de ambos diálogos, W. K. C. Guthrie, *Historia de la Filosofía Griega*, vol. IV, op. cit., p. 231: "Temas similares aparecen en el *Gorgias*, que la mayoría de los especialistas consideran próximo al *Menón*, pero anterior a éste." Respecto del *Menón*, afirma R. E. Allen, *Plato's 'Euthyphro' and the Earlier Theory of Forms*, Routledge, London, 1970, p. 160: "Because this is so (se refiere al uso de las doctrinas pitagóricas de la inmortalidad y de la Anamnesis), it has often been thought that the *Meno* was written after Plato's return to Athens from his first journey to Italy and Sicily in 387 b. C." Y respecto del *Gorgias*, W. K. C. Guthrie, *Historia de la Filosofía Griega*, vol. IV, op. cit., p. 277: "Muchos han pensado que estas alusiones apuntan a una fecha que habría que situar poco después del primer viaje de Platón a la Magna Grecia en el 387 y después de conocer a Arquitas." Estos son los dos diálogos más importante en orden a la transición respecto de la actitud ante la inmortalidad.

[68] "La muerte de Sócrates y la serenidad y la firmeza con las cuales el filósofo las afrontó debieron impresionar profundamente a Platón." Cf. M. F. Sciacca, *Platón*, op. cit., p. 285.

## 3.4 La transición a la inmortalidad platónica

Sócrates sobre la pervivencia del alma después de la muerte ha generado una polémica entre los *scholars*, la presencia de los mitos y la abierta declaración de que el alma es inmortal no da opción a la duda en los diálogos socráticos que se escribieron antes del *Banquete*.[69]

Sin entrar a discutir acerca de la autenticidad o no de la Carta VII,[70] en ella Platón afirma convincentemente y exhorta al mismo tiempo, 'en nombre de Zeus Salvador', a 'creer siempre y realmente en las tradicionales y sagradas doctrinas que nos enseñan que el alma es inmortal, que está sometida a jueces, y que sufre los máximos castigos cuando se separa del cuerpo; de aquí que se deba considerar el ser víctima de grandes delitos e injusticias, como mal menor, que cometerlos.'[71] Consejos que, según la Carta, Platón daba a Dionisio primero y después a Dión para que supieran gobernar rectamente Siracusa y que, según la cronología, formaban parte del pensamiento platónico en el tiempo en que escribió el *Gorgias*, *Menón* y el resto de los primeros Diálogos de la Academia que empiezan a tratar de la virtud frente a los sofistas. Por ello mismo, antes de que el alma del hombre pueda dialogar con Odiseo o Sísifo en el Hades, o

---

[69] "Es costumbre agregar a sus doctrinas metafísicas mitos poéticos. Casi todos los mitos platónicos tienen relación con el destino y la eternidad de las almas, porque ésta es la cuestión más oscura de la filosofía, y porque, de otra parte, estos mitos formaban el fondo de los misterios y tradiciones religiosas." Cf. A. Fouillée, *La Filosofía de Platón*, Ediciones Mayo, Buenos Aires, 1945, p. 306.

[70] Para un análisis sucinto de las Cartas, W. K. C. Guthrie, *Historia de la Filosofía Griega*, vol. IV, op. cit., págs. 71 y sgs. La mayoría de los *scholars* la tiene por auténtica.

[71] Platón, *Platón*, Instituto de Estudios Políticos, Madrid, 1970, "Carta VII", págs. 77-78.

estar junto a Orfeo, Museo, Hesíodo y Homero,[72] es necesario que ella asista a un juicio para poner al descubierto las acciones éticas que ha llevado mientras que vivía unida al cuerpo. Y esto requería la afirmación explícita de que el alma era inmortal.

La transición de Sócrates a Platón comienza a producirse, por un lado, cuando el discípulo tiene la intuición certísima de que la única garantía de vivir la virtud de la justicia, la piedad y todo el campo extenso de las virtudes socráticas, es la inmortalidad del alma, recurso último y definitivo para exhortar a la sofística que la ética y el fin del hombre no es la búsqueda del placer. Y por otro lado, el gran paso adelante sobre su maestro viene dado por el hecho, trascendental para la futura constitución de su Teoría de las Formas, de la posibilidad que tiene el conocimiento humano de descubrir y delimitar el objeto propio de las virtudes mediante el recuerdo interior. El Sócrates de los Diálogos posteriores a la *Apología* y al *Critón*, tiene una mayor confianza en el conocimiento del alma hasta el punto de que es viable utilizar el término de virtud —y sus concreciones, la justicia, la piedad, etc.— si y solo si se designa con ello a una única noción, concepto o forma, la misma para todos los usos del término virtud. Es la insistencia socrática ante sus interlocutores para que no reduzcan la definición a un listado, siempre incompleto, de los casos en los que aparece el concepto a definir. Cualquier ciencia, y sobre todo la ética como saber, se constituye sobre conceptos generales de validez universal cuya formulación se reduce siempre al mismo esquema: 'Lo pío en sí', 'lo justo en sí', etc., con independencia de sus manifestaciones.

---

[72] El sueño socrático escrito en Platón, *Apología de Sócrates*, op. cit., 41ac.

## 3.4 La transición a la inmortalidad platónica

Para ello recurre a la doctrina nueva de que conocer no es sino recordar lo que el alma ya conoció.

Por lo tanto, no solo la ética sino también la reflexión sobre el conocimiento exigían la afirmación de que el alma es inmortal. Esta podría ser la explicación al hecho de que los Diálogos más importantes de la transición, *Gorgias* y *Menón*, aborden el tema de la inmortalidad, el primero, desde el punto de vista de la ética, y el segundo, desde el punto de vista del conocimiento.[73] Puesto que el primero solo trata el tema de la inmortalidad al final como mito y el segundo, en cambio, asociado a una de las tesis fundamentales de la teoría del conocimiento platónica, nos detendremos un poco más con *Menón* que con *Gorgias* para exponer los detalles de la transición de Sócrates a Platón.

### 3.4.1 El mito del día del juicio en el *Gorgias*

En este diálogo, la inmortalidad del alma, aportada por los credos órficos e integrada en la construcción inicial del sistema platónico, comienza a ostentar el puesto de principio constitutivo de la ética, por encima del carácter diligente de los dioses socráticos. La triple discusión ética —la naturaleza de lo justo,[74] la preferencia de soportar la injusticia antes que cometerla,[75] y la búsqueda de la felicidad conforme a una vida justa,[76]— que Sócrates tiene, respectivamente, con Gorgias, Polo y Calicles,

---

[73] "Un elemento enteramente nuevo aparece en el *Menón* y en el *Gorgias*, con la introducción de la inmortalidad del alma." Cf. W. K. C. Guthrie, *Historia de la Filosofía Griega*, vol. IV, op. cit. p. 209.

[74] Platón, *Diálogos*, vol. I., *Gorgias*, op. cit., 447a–461b.

[75] Platón, *Gorgias*, op. cit., 461b–481b.

[76] Platón, *Gorgias*, op. cit., 481b–527c.

concluye con la primera exposición mítica del tema de la inmortalidad del alma y del juicio divino. Un elemento éste esencialmente platónico. Junto a una identificación clara de temas propiamente sócraticos,[77] aparece ya la orientación específica que Platón va a dar a la filosofía, y en definitiva, al fin último del hombre en esta vida.

En este mito escatológico del *Gorgias* aparecen los muertos desnudos delante de jueces desnudos para que, sin acompañamiento de amigos y parientes, reciban un juicio justo conforme a sus obras de tal manera que, "cuando se encuentran con el alma del gran rey o de otro soberano y príncipe, hallan que nada tiene de sano, sino que está enferma y llena de cicatrices que cada acto le ha impreso con los perjurios y la injusticia, que todo lo distorsionó con la mentira y la jactancia, y nada hay recto por haber sido educada sin verdad; la ve toda llena de licencia, de blandura, de jactancia, de incontinencia, de incoherencia en los actos, de deformidad. Una vez vista, la envía ignominiosamente a la cárcel, donde una vez llegada tendrá que sufrir los suplicios debidos";[78] mientras que a la que encuentran buena la dirigen hacia la Isla de los Bienaventurados.

Teniendo en cuenta la constante utilización griega de analogías para explicar la unión del alma y el cuerpo como la de un instrumento, se puede extraer a partir de esa desnudez propia de los muertos y de los jueces el intento de manifestar que la muerte es la separación del elemento anímico respecto del

---

[77] W. K. C. Guthrie, *Historia de la Filosofía Griega*, vol. IV, p. 288-289, expone entre otros: la afirmación de que la injusticia es mala y deshonrosa para el que la comete; la importancia del alma y su cuidado; y la analogía entre la salud del cuerpo y la del alma.

[78] Platón, *Gorgias*, op. cit., 524a-525a.

## 3.4 La transición a la inmortalidad platónica

cuerpo, ropaje del alma; y que éste queda sometido a la corrupción y aquél, 'despojado de todo el aparato que le rodeaba en la tierra'[79] viaja hacia la tierra de los dioses inmortales por ser semejante o tener la misma naturaleza que ellos.[80] La misma mención en el diálogo de la tesis del cuerpo como tumba del alma, oída a uno de los sabios, facilita tal interpretación del mito, que para Calicles era un puro cuento de viejas y para Sócrates, simplemente verdadero.

El final del diálogo viene a exponer de forma nítida el inicio de la separación entre Sócrates y Platón. La ética de Calicles y de toda la sofística nunca podía eliminar de ella el sentimiento de que no se podía ser feliz de forma radical si todo consistía en esta vida. La felicidad que proporcionaba la actitud sofista o hedonista se veía truncada por el hecho de la muerte del hombre. La ética de Sócrates, la única que se les oponía y la que aparece por todo el diálogo, tenía que acudir a la existencia de dioses, de los cuales se esperaba que cuidarían para que no sucediera ningún mal después de la muerte al que siempre

---

[79] Platón, *Gorgias*, op. cit., 523e.

[80] La intención del mito, como hemos dicho antes, consiste en expresar las ideas expuestas antes en el diálogo (fin pedagógico) y recurrir a la certeza que produce la religión (fin religioso). "En fin, leyendo los mitos más importantes, especialmente los del *Gorgias*, del *Fedón* y de la *República*, que se refieren a la vida futura, se tiene el sentimiento muy claro de que no constituyen para Platón una simple diversión," frase de Brochard recogida por L. R. Altuna, *La Inmortalidad del Alma a la Luz de los Filósofos*, op. cit., p. 40. Un estudio sobre este mito se halla en E. R. Dodds, *The Greek and the Irrational*, op. cit., p. 148, y en J. Vives, *Génesis y Evolución de la Ética Platónica*, op. cit., págs. 135-136. Cf. E. R. Dodds, *Plato, Gorgias*, Introducción, texto y comentarios. Oxford, 1959, p. 298; W. K. C. Guthrie, *The Greeks and their Gods*, Londres, 1950 y C. García Gual, *Mitos, Viajes, Héroes*, Madrid, 1981, págs. 43-60.

obró el bien.[81] Platón, por su parte, entra en escena cuando les propone, en boca de Sócrates, que la vida justa tiene como trasfondo la existencia del alma, su inmortalidad, y el juicio divino una vez separada de lo que en la tierra había sido su tumba. El recurso último, casi como amenaza a lo mantenido por Calicles, es que la ética socrática, más difícil de vivir y más sufrida que la de su contrincante, tendría su recompensa y su felicidad cuando, pasando las fronteras de la muerte, asistiera al juicio divino.[82] Sócrates, que murió condenado y sufriendo la injusticia, viajará hacia la Isla de los Bienaventurados, mientras que Arquelao, que era uno de los principales en este mundo, pasará a ser el último en el otro. ¡Cuán distinto, permaneciendo todavía la misma ética, es el tono de la exhortación final de Sócrates en el *Gorgias* frente a Calicles, en comparación con el que dirigió en la *Apología*, a sus amigos magistrados!:

> "Entre todos estos pensamientos sobresale uno *inquebrantable*, a saber, que se debe temer más cometer una injusticia que padecerla, y procurar, más que parecer bueno, serlo de verdad, en público y en privado; que si alguien faltare en algo, debe ser castigado y que, después del bien del ser justo, está el segundo de llegar a serlo sufriendo el castigo correspondiente; que es preciso huir de la lisonja de sí mismo como de la de los demás,

---

[81] "... en el *Gorgias*, con un talante airado, establece un contraste lo más marcado posible entre el ideal socrático y las ambiciones codiciosas, ilícitas y egoístas que prevalecían en Atenas..." Cf. W. K. C. Guthrie, *Historia de la Filosofía Griega*, vol. IV, op. cit., p. 296.

[82] M. F. Sciacca, *Platón*, op. cit., p. 286: "Aquí termina el diálogo: la fe en la inmortalidad del alma y en una justicia superior a la de los hombres obligan a callar las minúsculas observaciones que hubiera podido hacer un sofista, quien fundamenta toda la felicidad en el placer y en el amor de un día."

## 3.4 La transición a la inmortalidad platónica

pocos o muchos y que jamás se ha de usar de la retórica o de cualquier actividad, si no es con miras a la justicia. Ríndete, pues, ya a mis razones y sígueme por la ruta que te conducirá a la felicidad en esta vida y después de la muerte, como acaba de demostrarte este discurso."[83]

### 3.4.2 La *Anamnesis* en el *Menón*

En el *Menón*, la aplicación concreta de la doctrina de la reminiscencia[84] al caso del esclavo para descubrir en su interior la posesión de un conocimiento de geometría del que se consideraba ignorante, se apoya confiadamente en la preexistencia del alma así como en su inmortalidad hasta el punto de que 'ha venido a la vida repetidas veces y ha contemplado todo lo que existe aquí y en el Hades, y nada hay de lo que no haya tenido noticia.'[85] El problema que en este diálogo se plantea versa sobre la posibilidad de llegar a definir lo que es la virtud. Y ante la objeción por parte de Menón de que el conocimiento como búsqueda es imposible porque, si buscamos, todavía no conocemos, y como no conocemos, si encontramos algo, nunca vamos a conocer lo conocido[86] —la falacia erística—, Sócrates le propone

---

[83] Platón, *Gorgias*, op. cit., 527bc.

[84] Una doctrina esencialmente platónica, expuesta en el *Menón*, 80-86, pero que reaparecerá más elaborada y unida al cuerpo doctrinal completo y maduro de Platón, en *Fedón*, 72-77 y *Fedro*, 247-250. Por lo tanto muy "usada en la discusión siempre que la inmortalidad constituya el tema en cuestión", cf. Grube, *El Pensamiento de Platón*, op. cit., p. 195.

[85] Platón, *Menón*, op. cit., 81c.

[86] "La doctrina de la reminiscencia está enlazada con la refutación de esta proposición de los sofistas: que no se puede averiguar lo que no se sabe. La objeción es verdaderamente profunda. 'No es posible al hombre, decían los sofistas, averiguar ni lo que sabe ni lo que no sabe; porque no averiguará

fundamentar la adquisición del saber en la naturaleza específica de un alma cuyo modo de ser le capacita no solo para sobrepasar los límites de la muerte —'ha venido a la vida repetidas veces'— sino también para poder poseer, sin la cooperación de algún órgano corporal, los objetos propios del saber:

> "El alma es, por tanto, inmortal y ha venido a la vida repetidas veces. Ha contemplado todo lo que existe aquí y en el Hades, y nada hay de lo que no haya tenido noticia. No es, por tanto, de extrañar que posea un conocimiento previo acerca de lo demás. Puesto que el conjunto de la naturaleza es homogéneo y el alma lo ha aprendido todo, nada impide que, una vez recordada una cosa -a esto llaman los hombres aprender- sea capaz de descubrir todas las demás, si el hombre es valeroso y tenaz en su búsqueda. Pues investigar y aprender no es sino recordar."[87]

Aprender es recordar y el proceso de aprendizaje, largo y discursivo, termina en el recuerdo de un conocimiento que el alma poseía mediante visión intuitiva. Mientras que está atada en este mundo a un cuerpo, el único camino que posee el hombre para poder adquirir sabiduría es, de nuevo, el precepto del Oráculo de Delfos de conocerse a sí mismo. Pero el punto de llegada de Sócrates, la ignorancia conocida, es el punto de partida de su discípulo para un optimismo gnoseológico del alma. El camino infranqueable entre la ignorancia y la sabiduría

---

lo que sabe, puesto lo sabe, y no necesita de esa indagación; ni lo que no sabe, por la razón de que no sabe lo que debe averiguar.' (*Menón*, 80e)" Cf. A. Fouillée, *La Filosofía de Platón*, op. cit., p. 357. Cf. J. Moliné, "Meno's Paradox?", *Phronesis*, (1969), págs. 153-161.

[87] Platón, *Menón*, op. cit., 81c.

## 3.4 La transición a la inmortalidad platónica

divina podía enlazarse mediante el recuerdo, al contacto con las cosas, de lo vivido anteriormente.[88]

Una vez más, la religión estaba respaldando este nuevo impulso al alma griega para salir de la situación desesperada y proponerle el camino a la felicidad. Se exhortaba en cada caso concreto a ser justo, piadoso, valiente, etc.; para ello era necesario que la ética socrática se planteara cómo poder educar en las virtudes a los atenienses: ¿Acaso puede enseñarse la virtud? pregunta Menón a Sócrates. Sin embargo, para responder a estas preguntas se requería investigar primero aquello que hace que las acciones concretas sean justas, piadosas y valerosas. Es decir, ¿qué es lo justo, lo piadoso y el valor? Y en definitiva, ¿qué es la virtud? Solo aquel que conozca lo que es la justicia, el valor y la piedad, podrán educar transmitiéndola y, lo que es mejor, podrán practicarla. Pero conocer es conocer algo universal y abstracto, cuando, en realidad, lo que el mundo de los sentidos nos ofrecen, son casos particulares de lo justo, lo pío y lo valeroso y nunca lo justo universal, ni lo pío universal.

Por asociación de ideas, sucedía lo mismo que en el mundo de la geometría y las matemáticas. La línea dibujada o el triángulo edificado no eran en realidad los objetos del conocimiento matemático. La geometría simplemente los usaba, pero sus objetos estaban por encima de estos casos particulares. Sus objetos eran la línea, el triángulo, el cuadrado etc., con independencia de sus apariciones concretas. Si lo que se había demostrado

---

[88] "The paradox assumes a dichotomy between explicit knowledge and absolute ignorance. Suppose, however, that learning and inquiry are recollection; if that is so, then to inquire is to bring what is already implicitly known to explicit awareness." Cf. R. E. Allen, *Plato's 'Euthyphro' and the Earlier Theory of Forms*, op. cit., p. 162.

con el esclavo era la existencia en su memoria de conocimientos —por lo demás, imposibles de haber sido adquiridos con la participación del cuerpo: a saber, objetos matemáticos, similares a los objetos que podrían estar sustentando la justicia, o el valor, o en general, la virtud—, la pregunta que suscitaba tal logro discursivo era saber cómo habían llegado a tener ese *status* de 'poseídos' primero, luego 'olvidados' para, por último, ser 'recuperados' mediante el recuerdo y con ocasión del conocimiento sensible. La religión entraba en la filosofía de nuevo cuando la razón se veía superada.

La reencarnación órfico–pitagórica y la manera que tenía esta religión de entender la inmortalidad del alma, le daba la opción de pensar que si el alma había preexistido anteriormente, bien pudiera haber conocido aquellos objetos *more mathematicus*[89] que, como a la bondad, la justicia, el valor y la piedad, se les otorga 'el sello del ser absoluto.'[90] Sócrates, para decirle a Menón que el alma es inmortal, que en esa su inmortalidad ha tenido tiempo para aprender todo y que, por lo tanto, en la vida presente 'investigar y aprender no es sino recordar',[91] tiene que acudir a lo transmitido por 'los poetas y los sacerdotes.'[92] La tesis del innatismo, que a lo largo de la historia de la filosofía echará cada cierto tiempo sus brotes, hunde sus raíces en la religión platónica que se descubre en el *Menón*.[93] No obstante,

---

[89] "Pero Platón ha transformado sutilmente sus dogmas religiosos para respaldar su propia filosofía." Cf. W. K. C. Guthrie, *Historia de la Filosofía Griega*, vol. IV, op. cit., p. 244.

[90] Platón, *Menón*, op. cit., 76d.

[91] Platón, *Menón*, op. cit., 81c.

[92] Platón, *Menón*, op. cit., 81ab.

[93] "Sócrates, ante todo, antes de presentar la prueba de que conocer es recordar, establece como base de su discurso la inmortalidad del alma... Una

## 3.4 La transición a la inmortalidad platónica

la diferencia entre la *Anamnesis* y el innatismo es grande, la cual consiste en que en aquélla, por virtud de estar asociada a la creencia religiosa de la metempsicosis, los objetos de conocimiento no se dan en el alma sin la intervención de ésta para captarlos mediante un acto de conocer intuitivo. Por decirlo de alguna manera, hubo un tiempo en que el alma fue *tabula rasa*. Mientras que no se produce la rememoración, están en situación de 'latentes' por virtud de su encarnación. Los contenidos del conocimiento platónico o bien son fruto de un proceso dialéctico que las hace salir de su estado latente a su estado patente mediante la memoria, o bien de una contemplación inmediata antes de unión a un cuerpo. En cambio, en la doctrina del innatismo, las ideas con las que el hombre nace, se dan sin el concurso activo de un acto de conocer propio del alma.[94]

Resumiendo, en el *Menón*, junto a las doctrinas religiosas de la reencarnación y de la preexistencia del alma, de origen órfico–pitagórico, se intuye, con mas profundidad, que el problema de la inmortalidad del alma, para ser asumido por la razón e independizarse de la religión, debía investigar antes estas tres cuestiones gnoseológicas: la naturaleza propia del conocimiento, el estatus propio de los objetos conocidos y la esencia misma

---

vez puestos estos dogmas de fe, los demuestra *a posteriori* y habiendo la experiencia confirmado el principio, Sócrates vuelve otra vez sobre lo mismo." Cf. M. F. Sciacca, *Platón*, op. cit., p. 297.

[94] Se quebranta así uno de los axiomas fundamentales que toda Teoría del Conocimiento realista mantiene: recíprocamente, no hay objeto conocido sin acto de conocer. Son simultáneos. Cf. L. Polo, *Curso de Teoría del Conocimiento*, Eunsa, Navarra, vol. I. Sobre la diferencia específica entre Anamnesis e Innatismo, A. Fouillée, *La Filosofía de Platón*, op. cit., p. 356, n. 1: "No debemos confundir la *reminiscencia* de Platón con la *inneidad*, aunque las dos teorías llegan a conclusiones análogas."

del principio del conocer. Se había avanzado en la investigación de la presencia de la verdad en el alma, adquirida por el conocimiento, pero no se establecía todavía el nexo de unión entre esa presencia y el carácter inmortal de nuestra alma.[95] Las dos primeras cuestiones, en la mente de Platón, se van a ir constituyendo progresivamente, en un camino que va desde la tenue aparición de ellas en el *Eutifrón*, *Gorgias* y *Menón*, hasta la nítida y pletórica exposición de la Teoría de las Formas en el periodo de su madurez, núcleo central del pensamiento platónico, tal y como se presentan en los diálogos *República*, *Fedón*, *Banquete* y *Fedro*.[96] El hecho de que el alma al 'incorporarse'

---

[95] La asociación de estos dos extremos para concluir la inmortalidad del alma era intuida por Platón, pero le faltaba el hilo conductor: "..., de ahí si la verdad de las cosas está ínsita en nuestra alma, ésta debe ser inmortal." Platón, *Menón*, op. cit., 86b.

[96] La polémica en torno a la Teoría de las Formas, a su aparición en los diálogos, su mantenimiento por Platón o incluso su rechazo final, ha sido una de las que más tinta ha hecho derramar entre los *scholars*. Hay opiniones para todos los gustos. Desde aquéllos que afirman que la Teoría de las Formas solo surge en los diálogos de la madurez, sin haber tenido un clima preparatorio para su elaboración en los diálogos previos, hasta aquéllos otros que, más coherentes con el pensamiento platónico, ven un desarrollo inicial en las definiciones que de las virtudes se dan en los diálogos posteriores a la *Apología* etc. Variantes de la misma polémica, pero en torno a la datación del *Parménides* y del *Timeo*, produjeron una división entre los *scholars* del continente americano y los que defendían en Gran Bretaña los estudios de Oxford del profesor Owen. La determinación del puesto de los diálogos en la obra platónica, es decir, el problema de la datación y la cronología, variaban con cada interpretación. Cf. P. Shorey, *The Unity of Plato's Thought*, Chicago, 1903; G. Ryle, *Plato's Progress*, Cambridge, 1966; W. D. Ross, *Plato's Theory of Ideas*, Oxford, 1951; G. E. L. Owen, "The Place of the *Timaeus* in Plato's Dialogues", en *Studies in Plato's Metaphysics*, London, 1965; H. F. Cherniss, "The Relation of the *Timaeus* to Plato's Later Dialogues", en *Studies in Plato's Metaphysics*, op. cit.; R. A. H. Waterfield, "The Place of the

### 3.4 La transición a la inmortalidad platónica

o hacerse hombre[97] olvide los conocimientos adquiridos; la experiencia de una búsqueda difícil y tortuosa para rememorar lo olvidado; la participación que tienen la semejanza de las naturalezas de las cosas mientras que el alma vive en el cuerpo para motivar el recuerdo y la unidad del saber;[98] la recuperación de la amnesia anímica; la expresa distinción entre conocimiento cierto, opinión y creencia; y, por último, la imagen de un ascenso 'emprendedor y tenaz',[99] que nos desligue de lo material para quedarnos en la actividad contemplativa propia de nuestra alma; todo ello, unido y más elaborado, constituyen las bases de la filosofía platónica. Ésta es una de las razones por las que se ha descrito el *Menón* como 'un microcosmos de la serie completa de los diálogos platónicos.'[100]

Y la última cuestión, la naturaleza del alma, su ser propio, era exigencia inevitable del derrotero que iba tomando la antropología propiamente platónica. Había pequeños cambios

---

Philebus in Plato's Dialogues", *Phronesis*, vol. XXV, 3 (1980), 270–305; R. E. Allen, *Plato's 'Euthyphro' and the Earlier Theory of Forms*, op. cit., etc. Una visión sintética del problema entre *revisionism* y *unitarians*, al mismo tiempo que moderada entre los extremos, se da en William J. Prior, *Unity and Development in Plato's Metaphysics*, Open Court Publishing Company, La Salle, Illinois, 1985.

[97] Platón, *Menón*, op. cit., 86a, donde dice Sócrates que el esclavo ha logrado recordar aquellos conocimientos que aprendió 'cuando no era un hombre'.

[98] Platón, *Menón*, op. cit., 81cd: "Dado que toda la naturaleza es similar y, dado que el alma lo ha aprendido todo, no hay razón por la cual no podamos, al rememorar una cosa (o aprender como dicen los hombres) redescubrir todo el resto si somos capaces de perseverar."

[99] Platón, *Menón*, op. cit., 81d.

[100] W. K. C. Guthrie, *Historia de la Filosofía Griega*, vol. IV, op. cit., p. 236.

respecto de la postura socrática: el cuerpo como tumba, causa del olvido; la muerte como separación del alma respecto del cuerpo; el alma, principio activo y receptivo del obrar moral y del conocimiento; su naturaleza de tal manera que fuera capaz de recibir los conceptos universales en su estado inmaterial. El *Menón* no hacía sino empezar a construir.[101] En el horizonte se profetizaba la escritura del *Fedón* y del *Banquete*.

No obstante, todavía no aparecen las Formas ontológicamente establecidas, ni netamente separado el mundo ideal del mundo material. Tampoco se ve con claridad suficiente la razón del olvido al nacer el alma en el cuerpo, como más tarde aparecerá en el mito del agua del Leteo;[102] ni la exposición del cuerpo como cárcel, de manera que la filosofía tuviera como objetivo una constante preparación para la muerte. Ni la doctrina clara del papel de los sentidos en la captación de las Formas, ni el proceso de ascensión desde lo material hasta lo celestial.

Por todo ello, hay que destacar la preponderancia que el *Menón* tiene a la hora de ir perfilando el desarrollo del pensamiento propio de Platón. Fiel reflejo de la importancia de este diálogo en orden a la transición respecto de la inmortalidad, el siguiente comentario de Guthrie: 'Podría incluso albergarse la pretensión de descubrir el momento mismo en que Platón fue por primera vez deliberadamente más allá del Sócrates histórico, para suministrar a su doctrina unos fundamentos filosóficos propios. Sería en 81a, cuando Sócrates declara con inusitada so-

---

[101] "Los diálogos anteriores a éste son ostensiblemente negativos y destructivos, mientras que los posteriores son constructivos... Sócrates aparece dispuesto a establecer y probar una doctrina positiva..." Cf. W. K. C. Guthrie, *Historia de la Filosofía Griega*, vol. IV, op. cit., p. 236.

[102] Platón, *República*, op. cit., 621a.

## 3.4 La transición a la inmortalidad platónica

lemnidad que puede refutar la negativa erística de la posibilidad del aprendizaje apelando a creencias religiosas.'[103]

Para terminar este apartado, simplemente mencionar que las dificultades que el profesor Crombie encuentra en el *Menón* en relación al tema de la inmortalidad y de la reminiscencia, podrían venir dadas al tomar por *prueba de la inmortalidad*[104] lo que constituye una creencia religiosa en ese momento de la vida de Platón. El aprendizaje mediante el recuerdo y la inmortalidad que se ofrece en el *Menón* para el alma, no tienen entre sí ninguna conexión lógica sino religiosa. Es explicable, por esto, que el profesor Crombie la vea como una 'prueba muy extraña.' Y aún mucho más extraña si se tiene en cuenta que la Teoría de las Formas platónica, mediante la cuál se podría llegar a la naturaleza inmortal del alma, estaba empezando a gestarse. Pero algo intuía Platón al ver que la investigación hacia el descubrimiento racional de la naturaleza inmortal del alma debía de partir primero por el análisis de la presencia de la verdad en el entendimiento.[105]

---

[103] W. K. C. Guthrie, *Historia de la Filosofía Griega*, vol. IV, op. cit., p. 236.

[104] "Pero luego caemos en que se supone que en todo esto hay algún tipo de conexión con la inmortalidad; es incluso una prueba de la inmortalidad." Cf. I. M. Crombie, *Análisis de las Doctrinas de Platón*, vol. II, Teoría del Conocimiento y de la Naturaleza, Alianza Editorial, Madrid, 1963, p. 140. Y más adelante: "En ambos diálogos (se refiere al *Menón* y al *Fedón*) se supone que la *anamnesis* proporciona un argumento en favor de la inmortalidad...", p. 142.

[105] "..., de ahí, si la verdad de las cosas está ínsita en nuestra alma, ésta debe ser inmortal." Cf. Platón, *Menón*, op. cit., 86b.

# 4
# LA PRIMERA VÍA PLATÓNICA: EL CONOCIMIENTO

## 4.1 Introducción

Lo que aquí se está queriendo expresar, después del recorrido hecho a través del *Gorgias* y *Menón*, es la tesis de la necesidad imperiosa que para el pensamiento de Platón tuvo la redacción del *Fedón* y *Banquete*, junto al resto de los diálogos de la madurez. Había que hablar profundamente sobre el alma y extraer de esa meditación las consecuencias metafísicas pertinentes. Era una exigencia de la ética, de la teoría del conocimiento, de la antropología y, en definitiva, del propio modo de pensar de Platón. Urgía poder dar el salto de aquel deber ser inmortal, que le presagiaba la presencia de la verdad permanente en el alma, a la evidencia racional del ser inmortal. En esa misma etapa de la vida, la *República* presenta esta inquietud platónica de manera clara y distinta:

"¿Sabes, dije, que el alma es inmortal y que nunca se destruye? Y él me miró sorprendido y dijo: No por Zeus, ¿puedes acaso demostrarlo?"[1]

Al mismo tiempo se infiere también, en el desarrollo anterior de la transición de Sócrates a Platón, la afirmación de que las primeras reflexiones metafísicas acerca del constitutivo formal de esa realidad que superaba en esplendor y grandeza al cuerpo, junto al establecimiento de los caminos de acceso a su núcleo, se encuentran en la época de madurez de Platón y no antes. Por ello, igualmente, y con la misma necesidad lógica, urgía dar el salto del deber al ser propio del alma. El acceso a la naturaleza del alma debía dar respuesta de su inmortalidad. El *Fedón*, *Banquete*, *Fedro* y *República* están unidos estrechamente por la radicalidad metafísica.[2] Al igual que el texto de la *República* en torno a la inmortalidad, este otro ofrece la inquietud metafísica de Platón en torno a la naturaleza del alma que caracterizó su periodo de creación propia:

"—(Soc) Ahora bien, estamos hablando de lo visible y lo no visible para la naturaleza humana. ¿O crees que en referencia a alguna otra?
—(Cebes) A la naturaleza humana.
—(Soc) ¿Qué afirmamos, pues, acerca del alma?"[3]

---

[1] Platón, *República*, op. cit., vol. III, 608d.

[2] No entramos ahora en la discusión sobre la prioridad en que fueron redactados cada uno, o en aquella otra que se centra exclusivamente en la redacción por partes o completa de la *República*. Lo cierto es que los temas tratados en estos diálogos difieren de los anteriores por su profundidad metafísica. Para el tema, véase W. K. C. Guthrie, *Historia de la Filosofía Griega*, vol. IV, op. cit., págs 314-538.

[3] Platón, *Fedón*, op. cit., 79b.

## 4.1 Introducción

La profunda admiración y el respeto debido a quien había sido su maestro, 'el mejor hombre de los que entonces conocimos, y, en modo muy destacado, el más inteligente y más justo',[4] obligaba a Platón cariñosamente a utilizar el personaje de Sócrates, sus trascendentales sucesos históricos y, probablemente, sus modales, pero insertándole en su entendimiento un pensar platónico y una peculiar estructuración. La apología de Sócrates en el *Fedón* ya no es la del Sócrates de la *Apología*. Esto es lo que puede derivarse en la lectura del *Fedón*, al requerir ante sus discípulos la necesidad de una defensa más convincente que la que presentó ante los magistrados:

> "¡Vamos, pues! —dijo Sócrates—. Trataré de hacer mi apología ante vosotros más persuasivamente que ante los jueces."[5]

El objeto fundamental de este capítulo consistirá en tratar, de forma sucinta, los puntos fundamentales que sobre la inmortalidad se descubren en el *Fedón*. Lo que se patentizará en nuestro análisis sobre este diálogo, y en el posterior análisis sobre el *Banquete*, es que la cuestión sobre la inmortalidad no se podía determinar sin haber investigado la naturaleza propia de aquello que deseaba ser inmortal.[6] La naturaleza del alma, los senderos que descubren su intimidad metafísica y su inmor-

---

[4] Platón, *Fedón*, op. cit., 118c.

[5] Platón, *Fedón*, op. cit., 63b.

[6] Ejemplo claro de esta nueva actitud de Platón frente a la socrática, de investigar la naturaleza de algo antes que sus obras, aparece en el *Banquete* en relación al tema del amor: "En verdad, querido Agatón, me pareció que has introducido bien tu discurso cuando decías que había que exponer primero cuál era la naturaleza de Eros mismo y luego sus obras". Cf. Platón, *Banquete*, op. cit., 199a.

talidad, son las preguntas fundamentales que, en torno a la antropología, Platón se planteó en los diálogos de madurez.

## 4.2 El *Fedón*

La trascendencia de este diálogo para la exposición del sistema platónico viene dada por el hecho de que en él aparecen relacionados, unos con otros, con mayor o menor intensidad, los principales elementos, tanto filosóficos como religiosos, que constituyen el prístino pensamiento de Platón. La *anamnesis*; la doctrina de los contrarios de Heráclito; la vida filosófica; la contemplación como fin último; el desprestigio de los sentidos y los errores que nos proporcionan; la reducción de la antropología a la búsqueda de la esencia del alma; las notas constitutivas de ésta; su increíble y asombrosa capacidad de conocer y poseer la verdad; la débil pero explícita afirmación de la vida afectiva del alma con el impulso erótico hacia la sabiduría;[7] los primeros intentos racionales de la inmortalidad del alma;[8] la composición dualista de alma y cuerpo del hombre mediante una unión forzada y, por lo tanto, no esencial sino accidental;[9] la ética de la purificación con el fondo del cuerpo como cárcel; el mito, en su función doble de enseñanza y de exposición de los misterios reli-

---

[7] Platón, *Fedón*, op. cit., 66e.

[8] "¿Esta fe puede expresarse en términos racionales? Este es el deber que se impone Platón en armonía con los principios fundamentales de su filosofía, que utiliza para racionalizar, y hasta donde sea posible, hacer inteligibles los dogmas de la fe misteriosa." Cf. M. F. Sciacca, *Platón*, op. cit., p. 294.

[9] "Nos encontramos también, en forma más violenta y menos conciliadora que en cualquier otro diálogo de Platón, ante un dualismo excesivo, un divorcio radical entre alma y cuerpo." Cf. G. M. A. Grube, *El Pensamiento de Platón*, op. cit., págs. 195-196.

## 4.2 El Fedón

giosos; la bondad que respiran los dioses, 'amos muy excelentes'; la belleza de la muerte deseada pero no procurada; la distinción clara entre el mundo de la materia y el mundo celestial; y, por último, la transparente y abierta exposición de la Teoría de las Formas como realidades subsistentes, independientes del mundo de la materia y del alma humana, hacen de este diálogo un cuadro general para conocer el platonismo *sine glossa*.[10]

Su tema principal es la inmortalidad del alma.[11] El punto de partida para el diálogo era la posición de aquéllos que no creyendo en los dioses, necesitaban encontrar un sólido fundamento al obrar ético. ¿Podía Platón hacer abstracción momentáneamente del primer principio constitutivo socrático de talante religioso —a saber, la naturaleza diligente de los dioses con los hombres—, y, al mismo tiempo, otorgarle la primacía del fundamento ético al ser del alma humana? Si la ética socrática se fundamentaba en la excelencia de los dueños de los

---

[10] "En efecto, en ella (la obra del *Fedón*) se congregan todos los méritos de Platón, todo aquello que adorna sus obras restantes, sin ninguna de las exageraciones que desfiguran a muchas de ellas. El diálogo está en un punto de equilibrio del desarrollo platónico". Cf. Th. Gomperz, *Pensadores Griegos*, op. cit., vol. II, p. 446.

[11] Cf. M. F. Sciacca, *Platón*, op. cit., p. 294. W. K. C. Guthrie, *Historia de la Filosofía Griega*, vol. IV, op. cit., p. 351: "Diga la gente lo que diga, el *Fedón* trata de la inmortalidad del alma y la bienaventuranza futura de los sabios y los buenos." G. M. A. Grube, *El Pensamiento de Platón*, op. cit., p. 195: "Pero el primer diálogo que supone una verdadera aportación a nuestro tema es, como cabe esperar, el *Fedón*, donde Sócrates intenta demostrar la inmortalidad del alma precisamente el día de su muerte." Cf. G. Rodier, "L'Épreuve de l'Inmortalité de l'Âme d'après le Phédon", *Études de Philosophie Grecque*, París, 1926; cf. Martial Guéroult, "La Méditation de l'Âme sur l'Âme dans le Phédon", *Revue de Métaphysique et de Morale*, París, 1926.

hombres, los dioses, ¿qué ocurre con aquéllos que, en su soberbia, piensen más bien en la excelencia que el hombre tiene sobre sí mismo respecto de cualquier otro ser? De hecho, el aforismo de Protágoras —el hombre como medida de todas las cosas, de las que son en cuanto que son y de las que no son en cuanto que no son— se había erigido como principio rector de la doctrina de los sofistas. ¿Era posible fundamentar la ética en un pilar exclusivamente racional? ¿Podía ser aceptada la vida ética de Sócrates como el paradigma de cualquier ciudadano justo, que prefiere morir a cometer una injusticia, sin necesidad de recurrir a los dioses? Cebes y Simmias así se lo proponen al anciano Sócrates:

> "Pero me parece, Sócrates, también a mí que, por lo menos ahora, Cebes dice algo cierto. Pues ¿con qué intención tratarían de escapar hombres, de verdad sabios, de unos dueños mejores que ellos mismos y querrían apartarse sin más de éstos?"[12]

La grandeza de este momento filosófico resulta del objetivo que se proponía. Un filósofo, profundamente religioso,[13] quiere

---

[12] Platón, *Fedón*, op. cit., 63a.

[13] "No obstante, ese concepto de lo 'divino' difundido por todas las realidades del Universo, es causa de su profunda religiosidad, que se manifiesta desde los primeros Diálogos, y que va en aumento hasta alcanzar su expresión más viva en *Las Leyes*." Cf. G. Fraile, "Teología de Platón", *La Ciencia Tomista*, 257 (1955), p. 610. El intento platónico de llegar con la razón a la fe, sin cortar con la fe, está a años luz del que siglos más tarde, en el Renacimiento, se propondrá Descartes, y con él toda la 'Trayectoria de la Inmanencia': fundamentar todo con la razón desvinculándose de la fe. Cf. C. Cardona, *Metafísica de la Opción Intelectual*, Rialp, Madrid, 1973, quien ilustra la diferencia con el siguiente ejemplo: "Si, pendiente de un hilo que cuelga del techo, tengo un objeto pesado, puedo tratar de cambiar lo que

## 4.2 El Fedón

dar cuenta con la razón de lo que su fe le ofrecía con claridad.[14] ¿Es posible alcanzar con la razón la inmortalidad del alma? ¿Puede la Filosofía prepararme la buena muerte que me anunciaba la religión? Platón deseaba, en boca de Sócrates, comenzar a dar '*razón de por que le resulta lógico* que un hombre que de verdad ha dedicado su vida a la filosofía en trance de morir tenga valor y esté bien esperanzado de que allá va a obtener los mayores bienes, una vez que muera.'[15]

La filosofía estaba capacitada para tal empresa porque la vida del filósofo es una constante preparación para la muerte. Los que filosofan 'se ejercitan en morir, y el estar muertos es para estos individuos mínimamente temible.'[16] El cuidado del alma, huyendo de las preocupaciones del cuerpo, determina la distinción entre filósofo y no filósofo. La filosofía no era tanto una ciencia cuanto un actitud ante la vida: morir, si quieres vivir. Y Sócrates, mártir de esta vocación, debía ofrecer, antes de partir, las razones de esa 'gran esperanza'[17] para estimular a

---

lo sustenta, y empezar a construir un pedestal desde el suelo: mientras el pedestal no llega al objeto, el objeto está sostenido por el hilo; cuando el pedestal llega, en la medida en que llega, va sustituyendo la función del hilo, y llega a hacerla innecesaria: no ha sido necesario cortar previamente el hilo para construir el pedestal. Pero ¿qué hubiera ocurrido si lo llego a cortar?" p. 11.

[14] "Pero sabed bien ahora que espero llegar junto a hombres buenos, y eso no lo aseguraría del todo; pero que llegaré junto a los dioses, amos muy excelentes, sabed bien que yo lo afirmaría por encima de cualquier otra cosa." Cf. Platón, *Fedón*, op. cit., 63bc.

[15] Platón, *Fedón*, op. cit., 63e-64a.

[16] Platón, *Fedón*, op. cit., 67e.

[17] Platón, *Fedón*, op. cit., 67b. Pensamos que la concepción de la filosofía como un entrenamiento para la muerte es más bien propia de Platón que de Sócrates, como hemos destacado anteriormente.

aquéllos que querían seguir el camino de la filosofía —se sentían seducidos por ella— y no gozaban de la profunda fe religiosa de Platón. Cebes recoge así el sentimiento de todo aquel grupo de personas que admiraban a Sócrates por su valor al mismo tiempo que, faltos de fe, lloraban su muerte:[18]

> "Sócrates, en lo demás a mí me parece que dices bien, pero lo que dices acerca del alma les produce a la gente mucha desconfianza en que, una vez que queda separada del cuerpo, ya no exista en ningún lugar, sino que en aquél mismo día en que el hombre muere se destruya y se disuelva, apenas se separe del cuerpo, y saliendo de él como aire exhalado o humo se vaya disgregando, voladora, y que ya no exista en ninguna parte. Porque si, en efecto, existiera ella en sí misma, concentrada en algún lugar y apartada de esos males que hace un momento tú relatabas, habría una inmensa y bella esperanza, Sócrates, de que sea verdad lo que tú dices. Pero eso, tal vez, requiere de no pequeña persuasión y fe, lo de que el alma existe, muerto el ser humano, y que conserva alguna capacidad y entendimiento."[19]

---

[18] En este sentido, ese sentimiento extraño que inundó a Fedón y a todos los presentes en la cárcel, que ni era compasión ni tampoco placer, sino, 'a ratos riendo, a veces llorando' no es solamente un recurso estilístico sino la expresión de una actitud muy propia de la naturaleza humana. Cf. Platón, *Fedón*, op. cit., 59ab.

[19] Platón, *Fedón*, op. cit., 69e-70b. El texto es largo, pero era importante transcribirlo porque esta objeción de Cebes aparecerá una y otra vez a lo largo de la historia de la filosofía.

## 4.2 El Fedón

### 4.2.1 Los cuatro argumentos

Cuatro son las pruebas que de la inmortalidad del alma se presentan en el *Fedón*: primero, la prueba por la ley de los opuestos;[20] en segundo lugar, la prueba por la reminiscencia que ya habíamos conocido en el *Menón*;[21] tercero, la semejanza del alma con las Formas;[22] y, por último, el argumento derivado de la misma naturaleza que tienen las Formas subsistentes entre sí y en su relación con el mundo material.[23]

La presentación de este orden en el diálogo se basa en el hecho de que la primera argumentación exige la segunda, la cual requiere de la tercera y ésta, con cierta precisión, de la última. El argumento de la ley cósmica de los contrarios, cuyo reflejo religioso era la doctrina órfica de la reencarnación, terminaba con la pervivencia del alma que sobrevive a una serie infinita de muertes del cuerpo. De la muerte a la vida y de la vida a la muerte.[24] La certeza de que esto pudiera ser así, un alma inmortal, venía apoyada por el segundo argumento al afirmar que

---

[20] Platón, *Fedón*, 70c-72e. Según el profesor D. Bostock, *Plato's Phaedo*, Clarendon Press, Oxford, 1986, págs. 42-59: "The Cyclical Argument."

[21] Platón, *Fedón*, 72e-77e. D. Bostock, *op. cit.*, págs. 60-115: "The Recollection Argument."

[22] Platón, *Fedón*, 78b-84b. D. Bostock, *op. cit.*, págs. 116-121: "The Affinity Argument."

[23] Platón, *Fedón*, 95a-107a. D. Bostock, *op. cit.*, págs. 178-193: "The Final Argument."

[24] "Pues nada es más cierto, Cebes, según me parece a mí, y nosotros no reconocemos esto mismo engañándonos, sino que en realidad se da el revivir y los vivientes nacen de los muertos y las almas de los muertos perviven..." Cf. Platón, *Fedón*, op. cit., 72de. Hay que destacar que el proceso de vida y muerte no se hace sin la permanencia de un elemento estable que es la vida. Cf. M. F. Sciacca, *Platón*, op. cit., p. 295.

los objetos de conocimiento que encontramos en nuestra alma y que conforman la ciencia, no la opinión, han tenido que ser captados en algún momento en que el alma estuviera libre de su atadura corporal. Los sentidos solo nos presentan cosas iguales, bellas, semejantes, y no la Igualdad en sí, la Belleza en sí y la Semejanza en sí. Pero es el caso que en nuestra alma, fruto del recuerdo, tenemos conciencia de la existencia del conocimiento de lo Igual en sí, de la Belleza en sí, etc.; conocimiento que nos permite afirmar que esta piedra es igual a aquella otra, y que, en definitiva, permite la constitución de la ciencia frente a la opinión. Si el alma es consciente de su presencia y los sentidos carecen de la capacidad de poder ofrecer un conocimiento de esa índole, ¿cuando ha conquistado esas ideas sino en un tiempo en que estuviera, literalmente, sin sentido?[25] Por un lado la posesión de conocimientos cuyos objetos no se encuentran en el mundo material, y por otro lado, un principio subjetivo capaz de poseer tales conocimientos. Así concluye el argumento segundo y exige la elaboración del tercero, a saber, la naturaleza de ambos extremos:

> "Si existen las cosas de que siempre hablamos, lo bello y lo bueno y toda la realidad de esa clase, y a ella referimos todos los datos de nuestros sentidos, y hallamos que es una realidad nuestra subsistente de antes, y estas cosas las imaginamos de acuerdo con ella, es necesario que, así como esas cosas existen, también exista nuestra

---

[25] "Por consiguiente, antes de que empezáramos a ver, oír, y percibir todo lo demás, era necesario que hubiéramos obtenido captándolo en algún lugar el conocimiento de qué es lo igual en sí mismo, si es que a este punto íbamos a referir las igualdades aprehendidas por nuestros sentidos, y que todas ellas se esfuerzan por ser tales como aquello, pero le resultan inferiores." Cf. Platón, *Fedón*, op. cit., 75b.

## 4.2 El Fedón 131

alma antes de que nosotros estemos en vida. Pero si no existen, este razonamiento sería en vano. ¿Acaso es así, y hay una idéntica necesidad de que existan esas cosas y nuestras almas antes de que nosotros hayamos nacido, y si no existen las unas, tampoco las otras?"[26]

¿Cuáles son los atributos de los que gozan aquellas realidades que nos proporcionan los sentidos? Son siempre cambiantes, 'multiformes, irracionales, solubles, y que nunca están idénticos a sí mismo.'[27] Por el contrario, ¿cuáles son los atributos de las entidades halladas al indagar en la inteligencia? Invisibles, inmutables, idénticas siempre, no sometidas a lo mortal. Aquéllas requieren tan solo los sentidos, sin intervención de la inteligencia. Éstas exigen la presencia de la razón, sin intervención de los sentidos en el estado original del alma, separada del cuerpo;[28] pero requiern el concurso de los sentidos para ser conocidas por el alma en su estado de 'naturaleza caída' y encarcelada en el cuerpo.[29] La naturaleza propia del alma debe ser apropiada para la captación de aquellos objetos con tales propiedades. Es por

---

[26] Platón, *Fedón*, op. cit., 76de.

[27] Platón, *Fedón*, op. cit., 80b.

[28] "¿No es cierto que éstas puedes tocarlas y verlas y captarlas con los demás sentidos, mientras que a las que se mantienen idénticas no es posible captarlas jamás con ningún otro medio, sino con el razonamiento de la inteligencia, ya que tales entidades son invisibles y no son objetos de la mirada?" Cf. Platón, *Fedón*, op. cit., 79a.

[29] "Y si es que después de haberlos adquirido antes de nacer, pienso, al nacer los perdimos, y luego al utilizar nuestros sentidos respecto a esas mismas cosas recuperamos los conocimientos que en un tiempo anterior ya teníamos, ¿acaso lo que llamamos aprender no sería recuperar un conocimiento ya familiar?" Cf. Platón, *Fedón*, op. cit., 75e.

ello, 'lo más semejante a lo divino, inmortal, inteligible, uniforme, indisoluble y que está siempre idéntico consigo mismo.'[30]

La prueba de la inmortalidad por la razón llega a su punto culminante a través de la vía cognoscitiva. El entendimiento es capaz de llevar a cabo operaciones con absoluta independencia del cuerpo en el que se halla sometido. Esta independencia, pacíficamente tenida por el alma en su estado previo a la encarnación, se convierte en el ideal a conseguir a toda costa para los que quisieran vivir en la cárcel del cuerpo siendo verdaderos filósofos. Fruto de esta operación propia, el entendimiento posee conocimientos cuyos objetos no están al alcance de la mano en el mundo que han ofrecido los sentidos, y cuyas propiedades son diametralmente opuestas a las que tienen 'lo visto', 'lo oído', 'lo tocado', etc. El ojo, órgano corporal con capacidad de ver, capta éste o aquel color y lo recibido en aquél tiene naturaleza semejante al órgano corporal. Y así respecto de cualquier conocimiento que tenga el carácter de 'lo sentido'. De igual forma, la Belleza en sí, la Bondad en sí, la Igualdad en sí y todo el cuadro completo del mundo ideal, de naturaleza inmutable, invisible y divina, halladas en el entendimiento como garantía de los juicios comparativos, y vueltas a descubrir por él en la medida que se ejercita en la contemplación, exigen la semejanza de naturaleza al alma que las recibe.[31] Por consiguiente, la posesión de la verdad no revelaba primariamente que el alma es inmortal, como se había anunciado en el *Menón*, sino que el alma es de naturaleza

---

[30] Platón, *Fedón*, op. cit., 80ab.

[31] Una vez más la analogía para recurrir a la explicación del alma: "—¿A cuál, entonces, de las dos clases afirmamos que es más afín y familiar el cuerpo? —Para cualquiera resulta evidente esto; a la de lo visible. —¿Y qué el alma? ¿Es perceptible por la vista o invisible? —No es visible al menos para los hombres, Sócrates." Cf. Platón, *Fedón*, op. cit., 79b.

## 4.2 El Fedón

inmaterial.[32] El conocimiento no garantizaba directamente la inmortalidad del alma sino la inmutabilidad, la incorporeidad, y, por lo tanto, la simplicidad. Y por eso la objeción de Cebes de que fuera posible que el alma preexistiera pero que llegado un tiempo, después de haberse reencarnado varias veces, también ella feneciera, se soluciona con las mismas bases que hasta ahora se habían sostenido. La inmortalidad era un resultado de su simplicidad:

> "Te das cuenta que cuando muere una persona, su parte visible, el cuerpo, queda expuesto en un lugar visible, eso que llamamos el cadáver, a lo que le conviene disolverse, descomponerse y disiparse... Por lo tanto, el alma, lo invisible, lo que se marcha hacia un lugar distinto y de tal clase, noble, puro, e invisible, hacia el Hades en sentido auténtico... esta alma nuestra, que es así y lo es por naturaleza, al separarse del cuerpo ¿al punto se disolverá y quedará destruida, como dice la mayoría de la gente?"[33]

Pero ¿cuál es el punto de unión entre el tercer y el cuarto argumento? Aquel argumento concluía que existe un principio 'subjetivo' en la realidad humana de naturaleza opuesta al elemento material; y también en la presencia, dentro de este principio, de objetos de conocimiento cuyos referentes tenían un

---

[32] Camino para captar la naturaleza del alma que, como veremos, tanto Aristóteles como Santo Tomás, utilizarán constantemente. Cf. Santo Tomás de Aquino, *Quaestiones Disputatæ De Anima*, q. 1. ad 18: "Ad octavum decimum dicendum quod quamvis esse animae sit quodammodo corporis, non tamen corpus attingit ad esse animae participandum secundum totam suam nobilitatem et virtutem; et ideo est aliqua operatio animae in qua non commnicat corpu."

[33] Platón, *Fedón*, op. cit., 80d.

pálido y umbrío reflejo en las cosas del mundo sensible. Faltaba una explicación doble: aquélla que diera cuenta de las esencias difuminadas, captadas en la realidad material por los sentidos, y aquella otra que fundamentara el conocimiento 'científico' por la parte del objeto conocido. Es decir, la búsqueda de un referente que diera razón de la ontología y de la gnoseología. Una explicación del mundo sensible y del mundo inteligible.

El cuarto argumento y último, que se introduce con una biografía intelectual de Platón,[34] el cual desde joven estuvo 'asombrosamente ansioso de ese saber que ahora llaman investigación de la naturaleza',[35] presenta la Teoría de las Formas como explicación causal de los dos mundos.

Platón se introduce de lleno en las propiedades esenciales que tienen las Formas entre sí y su relación con el mundo de las copias. Las cosas bellas, son bellas, por la Belleza en sí, y las cosas buenas, son buenas, por la Bondad en sí. Desconoce todavía qué tipo de relación existe entre la copia y su modelo, pero está firmemente convencido de que las causas de las esencias del mundo corpóreo radica en la existencia de un mundo de Formas en sí mismas subsistentes. En uno de los textos trascendentales de la metafísica del *Fedón* afirma Platón lo siguiente:

"Por lo tanto yo no admito ni puedo reconocer las otras causas, esas tan sabias. Con que, si alguien afirma

---

[34] La nota a pie de página nº 82, de la traducción que estamos usando aquí sobre el *Fedón*, de C. García Gual, da la posibilidad de dudar de la última parte de esta biografía intelectual al pensar que el biografiado es el Sócrates histórico y no, como aquí se está interpretando, el Sócrates Platónico. Cf. Platón, *Fedón*, vol. III, p. 101, n. 82.

[35] Platón, *Fedón*, op. cit., 96a.

## 4.2 El Fedón

que cualquier cosa es bella, o porque tiene un color atractivo o una forma o cualquiera cosa de ese estilo, mando a paseo todas las explicaciones —pues me confundo con todas las demás— y me atengo sencilla, simple, y, quizás, ingenuamente a mi parecer: que no la hace bella ninguna otra cosa, sino la presencia o la comunicación o la presentación en ella en cualquier modo de aquello que es lo bello en sí. Eso ya no lo preciso con seguridad; pero sí lo de que todas las cosas bellas son bellas por la belleza."[36]

Se había presentado a la forma de la Belleza como fundamento de las cosas bellas y, en general, al mundo subsistente de las ideas como estando a la base del mundo de las sombras. Al mismo tiempo se conseguía, con la misma y única teoría, dar cuenta de los objetos que el recuerdo había encontrado en nuestro entendimiento. La gnoseología platónica y la ontología platónica quedaban pendientes del estatuto científico de la Teoría de las Ideas,[37] tema al que se dedicarán los diálogos trascendentales del *Sofista*, del *Parménides* y del *Timeo*. Mientras

---

[36] Platón, *Fedón*, op. cit., 100cd. Por lo demás, idéntica es la concepción metafísica del origen de las cosas en la *República*: "En todo caso, esto es lo que me parece; que en los confines del mundo inteligible, es la idea del bien lo último que con dificultad se percibe, pero una vez vista, hay que concluir que ella es la causa universal de todo lo recto y lo bello que hay en las cosas; y que en el mundo visible es ella quien pare la luz y el señor de aquél, y en el mundo inteligible es ella señora, dispensadora de verdad e inteligencia..." *República*, op. cit., 517a 8-c 5.

[37] H. F. Cherniss, "The Philosophical Economy of the Theory of Ideas", *American Journal of Philology*, 57 (1936), presenta la Teoría de las Ideas como hipótesis explicativa de la ética, la epistemología y la ontologia. Repecto de la epistemología: "The nature of the mental processes, then, can be explained only by the hypothesis of Ideas... The special faculty of knowledge, however, is characterized by direct contact of subject and object; since phenomena cannot enter into such a relationship with the subject, media-

tanto, hasta que estos 'primeros supuestos, por más que resulten fiables' no se sometan 'con más precisión a examen',[38] las pruebas de la inmortalidad, lógicamente encadenadas unas con otras, daban al final un sentimiento de que faltaba, todavía, algo más, como buenamente se lo hacen saber tanto Cebes como Simmias a Sócrates:

> "Pues bien tampoco yo sé en que punto desconfío de los argumentos expuestos. No obstante, por la importancia de aquello sobre lo que versa la conversación, y porque tengo en poca estima la debilidad humana, me veo obligado a conservar aún en mí una desconfianza acerca de lo dicho."[39]

La conclusión del cuarto argumento es que, a su vez, las Formas, cada una de ellas, excluye su contrario: la Belleza, la Fealdad; la Bondad, la Maldad; y así con el resto de las formas hasta llegar a la Forma de la Vida que excluye la de la Muerte.[40] Además, también 'parece que no solo los contrarios en sí no se

---

ting organs being required in their case, it is necessary that the objects of knowledge be real entities existing apart from the phenomenal world and that the mind have been affected by them before the mental processes dealing with phenomena occur." p. 23. Y de la ontología: "The data with which the investigation has to work are the constantly shifting phenomena of the physical world, and Plato accepts this unceasing flux as a characteristic of all phenomenal existence. This flux, however, is the datum which has to be explained, and his contention is simply that change itself is intelligible and possible only if there exist entities which are not themselves involved in the change." p. 24.

[38] Platón, *Fedón*, op. cit., 107b.
[39] Platón, *Fedón*, op. cit., 107ab.
[40] El *Parménides* planteará el problema de las relaciones entre las Formas y la participación en una Forma, a su vez, de otra Forma. Un problema serio a la que la Teoría clave de Platón, alegremente expuesta en el *Fedón*, tendrá

## 4.2 El Fedón

aceptan, sino que también las cosas que, siendo contrarias entre sí, albergan esos contrarios siempre, parece que tampoco éstas admiten la idea contraria a la que reside en ellas, sino que, cuando ésta sobreviene, o bien perecen o se retiran.'[41] Luego si el alma es inmortal, como ha quedado demostrado en la tercera prueba, lo es por acción de que en ella se da, no se sabe cómo, la Vida. Y la acción de esta Forma de Vida excluye su contraria, la Muerte, y por lo tanto, el alma, junto a ser inmortal, es también imperecedera, de tal forma que 'al sobrevenirle entonces al ser humano la muerte, según parece, lo mortal en él muere, pero lo inmortal se va y se aleja, salvo e indestructible, cediendo el lugar a la muerte.'[42]

El diálogo termina con el dramático final de la muerte de Sócrates tomando la cicuta y recordándole a Critón que se le debe pagar, sin descuidar, un gallo a Asclepio.[43] El problema de la inmortalidad del alma había quedado unido al de su naturaleza, y ésta había sido alcanzada por la reflexión sobre sus actos cognoscitivos. Más todavía, se tendía a identificar alma y mente como sinónimos, expresando al máximo todo el contenido del precepto délfico. No obstante, teniendo en cuenta la limitación de la naturaleza humana en torno a las argumentaciones, la fe en la inmortalidad había que mantenerla y de ahí el recurso final al mito del viaje al Hades.

---

que enfrentarse. La división de los *scholars* sobre la datación del *Timeo* antes o después del *Parménides* tiene su origen en esta discusión. Cf. F. M. Cornford, *Platón y Parménides*, Visor Dis, Madrid, 1989.

[41] Platón, *Fedón*, op. cit., 104b.
[42] Platón, *Fedón*, op. cit., 106e.
[43] Platón, *Fedón*, op. cit., 118b.

## 4.3 Conclusión

El *Fedón*, a su manera, presenta una prueba de la inmortalidad del alma enlazada con todos los elementos éticos, gnoseológicos, metafísicos y religiosos que conforman el pensamiento de Platón. Era el primer ascenso filosófico, por el camino del conocimiento, para intentar determinar qué propiedades poseía aquella realidad invisible en mí que me permitía ser copartícipe de la verdad inmutable y cuyo resplandor, como el sol, me impedía la evidencia inmediata de su esencia. En cuanto ascenso, podía ser sometido al análisis en cuatro etapas distintas. Pero, en su conjunto, mediante la síntesis, era una demostración unitaria. Además, el pilar fundamental del argumento descansaba sobre la existencia de unos entes, las Formas, que, por primera vez, habían garantizado no solo la posibilidad del conocimiento científico frente a la actitud sofista, sino también el desarrollo de la metafísica, anclada hasta Platón en las irreductibles posiciones del 'todo fluye' de Heráclito y del 'Ser' de Parménides. Estas Formas, fundamento de la posibilidad de la ciencia, no podían ser conocidas mientras que el alma estuviera sujeta a la veleidad que le proporcionaba su unión con el cuerpo. Era necesario demostrar que la muerte del hombre fuera tan solo la separación del alma respecto de su cuerpo, para que el conocimiento de las Formas por el alma purificada se hiciera realidad y otorgara la verdadera ciencia al filósofo.

Llegados a este punto, conviene aclarar dos extremos. Por un lado que, aunque hablar del concepto filosófico de persona en la filosofía griega es prematuro y sería aplicarle un límite definido de la realidad que no se dio en en el pensamiento helénico, sin embargo la naturaleza del alma que se describe en el *Fedón*, así como las pruebas de la inmortalidad que de esa realidad se

## 4.3 Conclusión

elaboran, están lejos de ser referidas a un alma universal; por el contrario, se muestra de forma muy clara que la intención de Platón es describir y descubrir ese núcleo del ser en el que descansaba el yo individual de Sócrates y cuyo fin principal era la contemplación de las Formas. Y, por otro lado, que pese a los problemas que pueda plantear la creencia en la reencarnación mantenida por Platón en el diálogo para la continuidad del yo individual en los diversos cuerpos, también está lejos de la intención de Platón la interpretación de que la muerte significa el desvanecimiento del alma de Sócrates en un alma cósmica con la disolución de su propio yo individual.[44] Es cierto que solo los que se han ejercitado en el morir al cuerpo, a saber, los filósofos, alcanzarán ese estado de separación radical respecto del cuerpo después de la muerte y que a los demás les espera la triste noticia de que han de vivir de nuevo encarnados en cárceles, de peor calidad que la primera, hasta que queden purificados. Pero tanto aquéllos como éstos, en su alma individual, traspasan el umbral de la muerte para una nueva vida:

> "De modo que por eso no me irrito en tal manera, sino que estoy bien esperanzado de que hay algo para los muertos y que es, como se dice desde antiguo, mucho mejor para los buenos que para los malos."[45]

---

[44] El tema es abordado concisamente por D. Bostock, *Plato's Phaedo*, op. cit., págs. 35-41. En concreto, afirma: "Of course Plato speaks, throughout the *Phaedo*, in terms of personal survival. Socrates says 'Cheer up! This is not the end of *me. I* am going from here to a better place.' It would surely be less comforting if he had said 'This is, after all, the end of me, but some bits of me will still survive: my bones will last for a little while yet, and my reasoning capacity will be disporting itself elsewhere.' But although it is clearly a personal survival that Plato envisages, we can only say that he has not really seen the problems that this involves." p. 39.

[45] Platón, *Fedón*, op. cit., 63c.

Y las actividades que realiza el alma del filósofo junto a sus amigos los dioses son las específicas de un yo individual: será feliz, gozará de la presencia de los dioses y probablemente de otros hombres.⁴⁶ Al fin y al cabo, tras la muerte, el filósofo sigue siendo un φιλό-σοφος y un ἐρασται φρόνησεως.⁴⁷ La inmortalidad individual de cada filósofo y el desarrollo de una actividad propia en el nuevo lugar que habita el alma, sin la esclavitud del cuerpo, queda explícitamente descrita en este texto del *Fedón*:

> "Por lo tanto, el alma, lo invisible, lo que se marcha hacia un lugar distinto y de tal clase, noble, puro, e invisible, hacia el Hades en sentido auténtico, a la compañía de la divinidad buena y sabia, adonde, si dios quiere, muy pronto ha de irse también el alma mía, esta alma nuestra, que es así y lo es por naturaleza, al separarse del cuerpo, ¿al punto se disolverá y quedará destruida, como dice la mayoría de la gente? De ningún modo, queridos Cebes y Simmias... Por lo tanto, ¿estando en tal condición se va hacia lo que es semejante a ella, lo invisible, lo divino, inmortal y sabio, y al llegar allí está a su alcance ser feliz, apartada de errores..."⁴⁸

La historia de la filosofía, una y otra vez, elaborando una teoría del conocimiento y una antropología más pura y con un instrumental metafísico más profundo, intentará por este camino llegar más allá de la conquista de Platón hacia ese 'mar

---

⁴⁶ D. Bostock, *Plato's Phaedo*, op. cit., p. 27. Aunque el autor habla de que la única actividad en el Hades será la racional, desapareciendo del nuevo estado del alma del filósofo las percepciones, las emociones y los deseos, sin embargo enumera después otro tipo de actividades que sobrepasan el estricto ámbito del conocimiento.

⁴⁷ Platón, *Fedón*, op. cit., 66e.

⁴⁸ Platón, *Fedón*, op. cit., 80d-81a.

## 4.3 Conclusión

de lo bello'[49] que presidía siempre el obrar humano. Y en ese desarrollo histórico de la conquista del ser del alma por la razón, siempre quedará en la mente del filósofo el sentimiento de que la esencia del alma, lo nuclear, no iba a ser alcanzado nunca por ella, y de ahí la necesidad o el requerimiento de 'toda una larga y *divina* explicación.'[50]

### 4.3.1  Diversas interpretaciones del *Fedón*

Difiere esta interpretación nuestra con lo mantenido por otros *scholars*. En efecto, Hackforth, en su comentario al *Fedón*, afirma que el objetivo del diálogo 'no es, por supuesto, probar que el alma humana es inmortal... ni exponer y propagar una doctrina metafísica'.[51] De igual forma se aleja de la opinión del profesor Archer–Hind por afirmar éste que 'la demostración de la inmortalidad no es el objetivo expreso, ni el resultado filosófico más importante'.[52] Y *sensu stricto*, del estudio del *Fedón* hecho por J. P. Anton, al decir éste que el tema último del diá-

---

[49] Platón, *Banquete*, op. cit., 210d. La metáfora del 'mar de lo bello', aplicada en nuestro trabajo al alma y en Platón al mundo de la Idea, fue utilizada posteriormente para hablar de la esencia infinita de Dios. Cf. P. Colaclidès, "Variations sur une Métaphore de Platon", *C. and M.*, 27 (1966), 116-117.

[50] Platón, *Fedro*, op. cit., 246a. "Cognoscere quid sit anima, difficillimum est.' Cf. Santo Tomás de Aquino, *De Veritate*, q.10, a.8 ad.8.

[51] R. Hackforth, *Plato's Phaedo*, Introducción, traducción y comentarios, Cambridge, 1955, p. 3.

[52] R. D. Archer–Hind, *The Phaedo of Plato*, introducción, texto, notas y apéndices, Londres, 1894.

logo es 'la demostración existencial del ideal platónico de la vida buena.'[53]

Además, nuestro estudio también difiere en parte de las conclusiones que extrae Sciacca hacia el final de su interpretación sobre la inmortalidad platónica en el *Fedón*. Bien es verdad que el 'problema de la persona, como esta persona determinada, en Platón carece de significado.'[54] Y no solo en Platón sino en toda la filosofía griega hasta la irrupción del Cristianismo.[55] El concepto de persona tarda en entrar en la metafísica. Pero como más adelante veremos, hasta la misma filosofía de Santo Tomás de Aquino niega el estatuto de persona al alma separada del cuerpo. Rescatando a Platón, hay que decir en contra de Sciacca, que la demostración de la inmortalidad del alma alcanzada en el *Fedón* no es otra sino la que le compete a su 'yo', o a lo que constituye su núcleo esencial. El alma de Sócrates es bien particular, suya propia, y en absoluto es el cuerpo el que le otorga, como así afirma Sciacca, su personalidad.[56] Que fruto de la metempsicosis pueda derivarse como consecuencia la existencia de un número limitado de almas humanas constantemente encarnándose, no exige la conclusión de Sciacca. Y no hace falta tampoco esperar a la redacción del *Timeo* en el que por acción del Demiurgo las almas son creadas, para establecer la individualidad propia de cada alma. En un texto muy importante del final del *Fedón* habla Sócrates de su cercana muerte y

---

[53] J. P. Anton, "The Ultimate Theme of the *Phaedo*", *Arethusa*, 1968, 94–102.

[54] M. F. Sciacca, *Platón*, op. cit., p. 307.

[55] "El concepto de la inmortalidad del alma personal, de mi alma, es una conquista del Cristianismo." Cf. M. F. Sciacca, *Platón*, op. cit., p. 307.

[56] M. F. Sciacca, *Platón*, op. cit., p. 307.

## 4.3 Conclusión

de la pronta pérdida del cuerpo como algo que no le afecta a la propia intimidad —su alma—, la cual, con toda seguridad, no acompañará al cortejo fúnebre del entierro:

> "Vosotros, por tanto, sedme fiadores de que no me quedaré después que haya muerto, sino que me iré abandonándoos, para que Critón lo soporte más fácilmente, y al ver que mi cuerpo es enterrado o quemado no se irrite por mí como si yo sufriera cosas terribles, ni diga en mi funeral que expone o que lleva a la tumba o que está enterrando a Sócrates. Pues has de saber bien, querido Critón —dijo él—, que el no expresarse bien no solo es algo en sí mismo defectuoso, sino que, además, produce daño en las almas. Así que es preciso tener valor y afirmar que sepultas mi cuerpo, y sepúltarlo del modo que a ti te sea grato y como te parezca que es lo más normal."[57]

En cambio, lo mantenido por el profesor Crombie, en el análisis que hace de este diálogo, viene en apoyo de la tesis que aquí se está defendiendo. El tema del diálogo es 'la justificación de Sócrates de su confianza en cómo es la muerte... y con su opinión de que pueden darse bases racionales para confiar en la inmortalidad en el más allá.'[58] Pero se aleja de la interpretación de esta tesis en tanto en cuanto Crombie cree que la apología del *Fedón* respeta el pensamiento original de Sócrates quien no quiso mostrar sus creencias abiertamente delante de los magistrados y prefirió presentarse como agnóstico en la *Apología* ante

---

[57] Platón, *Fedón*, op. cit., 115e-116a.
[58] I. M. Crombie, *Análisis de las Doctrinas de Platón. El Hombre y la Sociedad*, vol. I, Alianza Editorial, Madrid, 1979, versión española por A. Torán y J. C. Armero, p. 316.

un 'público hostil.'⁵⁹ Sin darle mayor importancia a un tema que pertenece de lleno a lo específico de Sócrates y lo prístino de Platón, hay que decir en contra de Crombie que, oída la sentencia en la *Apología*, Sócrates entabló una conversación acerca de lo que significaba la muerte, con aquéllos que habían votado por la absolución, y por tanto, de ninguna forma era un 'público hostil.'

En el capítulo que dedica al Fedón en su obra *The Platonic Conception of Immortality and its Connection with the Theory of Ideas*,⁶⁰ el platonista R. K. Gaye acude al criterio de la inmortalidad para datar los diálogos del *Banquete*, la *República*, *Fedro* y *Fedón* en el mismo orden que aquí acaban de exponerse. La debilidad de las pruebas de la inmortalidad presentadas en los tres primeros diálogos contrasta con la fuerza argumentativa del último. En su opinión, 'la prueba de la inmortalidad del alma en el *Fedón* está orientada a corregir y reemplazar con más fuerza las pruebas del *Fedro* y de la *República*, las cuales, por esta época, habían sido contempladas por Platón como inadecuadas.'⁶¹ Además, el autor viene en apoyo de lo mantenido aquí al afirmar que el objetivo principal del diálogo es la demostración de la inmortalidad del alma como garantía del conocimiento de las

---

⁵⁹ I. M. Crombie, *Análisis de las Doctrinas de Platón. El Hombre y la Sociedad*, op. cit., vol. I, p. 312.

⁶⁰ R. K. Gaye, *The Platonic Conception of Immortality and its Connection with the Theory of Ideas*, Cambridge University Press, London, 1904.

⁶¹ "In my view, the proof of the immortality of the soul in the *Phaedo* is intended to correct and supersede the proofs in the *Phaedrus* and the *Republic*, which must by this time have been regarded by Plato as inadequate." Cf. R. K. Gaye, *The Platonic Conception of Immortality and its Connection with the Theory of Ideas*, op. cit., p. 78.

## 4.3 Conclusión

Formas en orden a fortalecer el núcleo de su sistema principal.[62] Sin embargo, la afirmación de que la intención de Platón es demostrar aquella inmortalidad que le compete al alma en cuanto individual no es firmemente mantenida por el profesor Gaye, distanciándose así de la conclusión de nuestro comentario.[63]

Y por último, al determinar que el objetivo del *Fedón* es la demostración de la inmortalidad del alma, y que tal demostración está íntimamente unida a la explícita exposición de la Teoría de las Formas, nuestro comentario coincide abiertamente con la tesis defendida por R. L. Patterson.[64] Destaca además el autor el carácter ya obsoleto de la opinión de Burnet y Taylor sobre un Platón puramente reportero de la Teoría de las Formas formulada por su maestro Sócrates; al mismo tiempo mantiene el carácter histórico del diálogo del *Fedón*.[65] Pero, con toda se-

---

[62] "This being so the proof of his theory that the soul is immortal alone remains to him as a means of preserving the full usefulness of a system of philosophy which nothing will persuade him to abandon." Cf. R. K. Gaye, *The Platonic Conception of Immortality and its Connection with the Theory of Ideas*, op. cit., págs. 86-87.

[63] "Nevertheless it must be admitted that none of the arguments used go very far towards proving that individual souls as such are immortal. This point also is made clear by Mr. Archer-Hind, and there is nothing for me to add to what he says on the subject. The most that can be said is that a certain probability is given to the doctrine of individual immortality: it certainly is not proved even on Platonic principles." Cf. R. K. Gaye, *The Platonic Conception of Immortality and its Connection with the Theory of Ideas*, op. cit., p. 87.

[64] R. L. Patterson, *Plato on Immortality*, The Pennsylvania State University Press, Pennsylvania, 1965.

[65] "That Plato meant to give us a lifelike portrait of the real Socrates, and that he has done so with marvellous success, may without inconsistency be admitted by those who hold that this was not his sole motive in writing the

guridad, hay dos tesis del estudio sobre el *Fedón* en la obra de Patterson que son de radical importancia para nuestro estudio. La primera de ellas es el descubrimiento de un hilo conductor a través de las diversas pruebas presentadas de manera que logra reducir los cuatro argumentos a uno solo, siendo su punto culminante la participación en la estructura del alma del modo de ser propio de las Formas en sí.[66] Y la segunda tesis expone abiertamente, frente a la opinión contraria, su convicción de que la inmortalidad conquistada por Platón en el diálogo es la que le compete al alma individual de cada hombre, en este caso, la inmortalidad de Sócrates puesto que 'toda la discusión comienza con la cuestión del destino del alma de Sócrates, y a través de todo el debate es indudablemente obvio que todos los oyentes están preocupados también con el destino de sus almas individuales.'[67] Por todo esto, pareciera que aquellos comentadores que hablan de un alma impersonal o de un alma universal

---

dialogue, that he had also a teaching of his own to set forth and arguments of his own wherewith to support it." Cf. R. L. Patterson, *Plato on Immortality*, op. cit., p. 11.

[66] "Now life is an essential quality of soul, and its opposite is death. Any soul, then, is by its very nature alive and, therefore, cannot participate in death; hence every soul is naturally immortal. Here we have the culmination of the entire process of argumentation in the *Phaedo*." Cf. R. L. Patterson, *Plato on Immortality*, op. cit., p. 107.

[67] "For the whole discussion begins with the question of the fate of Socrates'soul, and throughout the entire debate it is blatantly obvious that all the speakers are concerned with the destiny of their individual souls as well." Cf. R. L. Patterson, *Plato on Immortality*, op. cit., p. 108.

## 4.3 Conclusión

como referente del tema principal del diálogo no han acertado en su cabal comprensión del diálogo.[68]

Concluyendo, se había partido de una antropología deficitaria por fundarse en el credo órfico para quien el cuerpo era el principal enemigo del alma. Se había identificado alma y entendimiento. Y, por ello mismo, se redujo el fin último del hombre al de la contemplación.[69] Con todo, la inmortalidad del alma no era ya un asunto de 'pura fe'. El oráculo délfico había abierto una vía, la más utilizada posteriormente, para proporcionar al hombre una 'bella esperanza' ante la muerte y para investigar esa realidad que se mostraba opuesta al cuerpo. Era la vía del conocimiento reflexionando sobre su propia actividad, convirtiéndola en objeto a conocer. [70]

Pero pudiera ser que, al igual que existían diversos ríos que llegaban al abismo del Tártaro,[71] también se dieran, en la investigación filosófica sobre el alma, otras vías de acceso al

---

[68] "But it seems to me perfectly plain that such a view is the result of a complete misunderstanding of the dialogue." Cf. R. L. Patterson, *Plato on Immortality*, op. cit., p. 108.

[69] "Existen poderosos motivos para considerar las enseñanzas del *Fedón*, por más que sean espléndidas, como un intelectualismo puro, que se divorcia de la vida y tiene como objetivo supremo la conservación eterna del alma en el frigorífico de las Formas absolutas, eternamente congeladas." Cf. G. M. A. Grube, *El Pensamiento de Platón*, op. cit., p. 202.

[70] Como nota curiosa frente a esta legitimidad de la razón, la opinión de Russell tras su lectura del *Fedón*, refleja su prejuicio antimetafísico y positivista: "As a man we may believe him admitted to the communion of saints; but as a philosopher he needs a long residence in a scientific purgatory." B. Russell, *A History of Western Philosophy*, Routledge, Londres, 1946 págs. 142-143.

[71] Platón, *Fedón*, op. cit., 107d-114c.

corazón de ella. No todo en el alma iba a ser conocimiento. El *Banquete*, fue un intento, y solo un intento, serio de ello. La filosofía, en su historia, tendrá simpatía por el camino abierto en el *Fedón*, y gustará, menos, de volver a sentarse junto a Agatón y Sócrates para 'celebrar dignamente a Eros'[72] en un Simposio.

---

[72] Platón, *Banquete*, op. cit., 177c.

# 5
# LA MELODÍA PRINCIPAL

Para abordar la segunda vía platónica —*eros* o el amor— de acceso al alma de manera congruente con el propio pensamiento de Platón, es necesario recabar, previamente, las reflexiones que en torno a esta vía se desarrollan en los primeros diálogos. El tema del amor y de la amistad aparecen, sucesivamente, en un proceso de maduración intelectual, en la reflexión platónica. Es de sobra conocido actualmente cómo en la mentalidad griega el amor era canalizado en la pasión por la belleza física hacia los jóvenes, y secundariamente, en la relación de amistad que surgía entre el hombre y la mujer. Las múltiples referencias a este ambiente griego que aparecen en los diálogos platónicos, sin embargo, no nos deben desorientar: la reflexión platónica sobre este tema no apunta a desarrollar la indagación sobre el amor de hombres por hombres, sino, primordialmente al estudio de la esencia del amor y la amistad. Y entre los diálogos primeros, los llamados socráticos, el *Lisis*, es esencial para lo que aquí se quiere proponer.

## 5.1   Sócrates y Platón

De nuevo, debido a la total ausencia de obras escritas por Sócrates,[1] es difícil precisar con un grado alto de certeza cuáles eran los límites de los elementos constitutivos de su pensamiento sobre el amor y la amistad.[2] ¿Dónde terminaba lo propio de Sócrates y dónde comenzaba lo específico de Platón?; ¿en qué momento del desarrollo del pensamiento expuesto en los diálogos se manifiesta la separación entre el discípulo y el maestro? Además, pese a que fueron relegadas al olvido, por desmedidas, las opiniones de quienes pensaron que Sócrates fue una invención de la fantasía,[3] o, si existió, no fue un pensador de tal clase que pudiera estar en la historia de la filosofía,[4] todavía se sigue discutiendo acerca de la veracidad histórica de alguno de los

---

[1] "Two of the reasonably certain facts about Socrates are that he was executed by the state in 399 b.C. at the age of the seventy and that he did not write anything." Cf. A. R. Lacey, "Our Knowledge of Socrates", *The Philosophy of Socrates. A Collection of Critical Essays*, editado por Gregory Vlastos, University of Notre Dame Press, Indiana, 1980, p. 23. Rodolfo Mondolfo adjuntó dos datos históricos más, por aparecer no solo en la *Apología Socrática* sino en obras extrañas a la literatura socrática: la oposición de Sócrates a la democracia surgida después de la Dictadura de los Cuatrocientos, al querer condenar a los generales victoriosos de la batalla naval de las Arginusas sin derecho a defensa, y su repulsa a los Treinta que le pedían participar en la captura de León de Salamina. R. Mondolfo, *Sócrates*, op. cit., p. 9. Cf. E. De Strycker, "Les Témoignages Historiques sur Socrate", *Mélanges H. Grégoire*, vol. II, Bruselas, 1950.

[2] Una exposición detallada de la situación actual sobre el tema, W. K. C. Guthrie, *Historia de la Filosofía Griega*, vol III, Gredos, Madrid, 1990.

[3] E. Dupréel, *La Légende Socratique et les Sources de Platon*, Bruselas, 1922.

[4] O. Gigon, *Sokrates, sein Bild in Dichtung und Geschichte*, Berna, 1947. Cf. R. Mondolfo, *Sócrates*, op. cit., p. 9.

## 5.1 Sócrates y Platón

datos que de su vida y pensamiento nos han legado Platón, Jenofonte, Aristófanes y Aristóteles. Pero la gran mayoría piensa que el testimonio más fidedigno, casi con toda seguridad, es el de Platón en sus primeros diálogos. Y ello no tanto porque en muchos de sus detalles coincida con el de Jenofonte, sino porque en su *Apología Socrática* se presenta un test que garantiza la veracidad y la historicidad de lo narrado por Sócrates en este diálogo: Platón no podía describir lo sucedido en el juicio que culpó de impiedad y dio la sentencia de muerte a su maestro, faltando a la verdad, porque sus primeros lectores tenían muy presente cómo se había desarrollado tal proceso judicial.[5] Por ello, muy pocas objeciones se podrían poner a la afirmación de que las reflexiones socráticas relativas al alma y a la amistad, se hallan contenidas dentro de aquéllas que Platón le hace decir en los primeros diálogos, como la *Apología Socrática, Critón, Eutifrón, Laques, Lisis, Cármides, Hipias Mayor, Hipias Menor, Ion*, etc. No obstante, pensar en un puro Sócrates, sin ningún elemento platónico, es tan imposible como pensar un Platón puro sin ningún elemento socrático y, hasta tal punto esto es así que, respecto de dónde o cuándo termina el primero y dónde o

---

[5] "But we do have a check. Plato's *Apology* has for its *mise en scène* an all-too-public occasion. The jury alone numbered 501 Athenians. And since the town was so gregarious and Socrates a notorious public character, there would have been many more in the audience. So when Plato was writing the *Apology*, he knew that hundreds of those who might read the speech he puts into the mouth of Socrates had heard the historic original... This is my chief reason for accepting the *Apology* as a reliable recreation of the thought and character of the man Plato knew so well." Cf. G. Vlastos, "The Paradox of Socrates", *The Philosophy of Socrates. A Collection of Critical Essays*, ed. por G. Vlastos, University of Notre Dame Press, Indiana, 1971, p. 3.

cuándo comienza el segundo, se podría decir que es una cuestión que ni siquiera el mismo Platón podría responderla.⁶

Conviene volver a recordar que es lugar común atribuir al Sócrates histórico una constante preocupación por dos intereses fundamentales: el primero, definir los conceptos claves de la nueva ética que quiere proponer a los atenienses; y el segundo, la búsqueda de la virtud y del bien del alma:

> "Oh hombre extraordinario, ciudadano de Atenas, la mayor ciudad y la más esclarecida por su sabiduría y por su poder, ¿no te avergüenzas de andar preocupado por aumentar lo más posible tu dinero, tu fama y tu posición, y en cambio ni te preocupas, ni siquiera piensas en la sabiduría y en la verdad y en tu alma, a fin de mantenerla en la mejor disposición posible?"⁷

De igual modo es cierto que la reflexión de Sócrates presente en los primeros diálogos está tan excesivamente orientada a los aspectos cognoscitivos de su ética, —hasta el punto de ser considerado fundador de todo intelectualismo ético—, como pobre de una elaboración metafísica de la realidad del alma. Se podría afirmar que el paso de la investigación ética y gnoseológica a la investigación metafísica, constituye el progreso correlativo del Sócrates histórico al pensamiento propio de Platón. Bambrough resume así lo mantenido por Ryle acerca de la evolución del pensamiento platónico:

---

⁶ Probablemente la mejor explicación de este problema sea la siguiente: "La filosofía socrática se transforma gradualmente en platonismo." Cf. W. K. C. Guthrie, *Historia de la Filosofía Griega*, op. cit., vol. IV, p. 74. Cf. T. Penner, "Socrates and the Early Dialogues", *The Cambridge Companion to Plato*, Cambridge University Press, Cambridge, 1992, págs. 121-169.

⁷ Platón, *Apología Socrática*, op. cit., 30ab.

## 5.1 Sócrates y Platón

> "El histórico estaba interesado en la búsqueda de las definiciones, pero no ofrecía doctrina metafísica alguna sobre el 'status' de los objetos o materias de la definición. En los primeros diálogos aporéticos, Platón hace un relato biográficamente fidedigno de Sócrates, al que presenta ocupado en conversaciones informales sobre los conceptos morales."[8]

Y en su importante y esclarecedor artículo acerca de la Teoría de las Ideas como hipótesis explicativa de todos los problemas éticos, gnoseológicos y ontológicos, Cherniss deja bien en claro que el punto de partida de las reflexiones socráticas giró en torno a los problemas éticos.[9] En definitiva, la ética llamaba a la investigación gnoseológica, y la investigación gnoseología a la metafísica del alma.[10]

---

[8] La obra de G. Ryle, *Plato's Progress*, Cambridge, 1966. La cita es de J. R. Dambrough, "The Disunity of Plato's Thought, or What Plato did not Say", *Philosophy*, (1972), p. 302. Cf. W. K. C. Guthrie, *Historia de la Filosofía Griega*, vol. IV, p. 73, n. 1.

[9] "The interests of Socrates, the subject-matter of the early dialogues, the 'practical' tone of Plato's writings throughout make it highly probable that he took his start from the ethical problems of his day." Cf. H. F. Cherniss, "The Philosophical Economy of The Theory of Ideas", *American Journal of Philology*, 57, (1936), p. 446.

[10] "The physical phenomena, then, considered in themselves and not as objects of sensation or cognition still can be saved only by the hypothesis of separate, substantive Ideas. That the necessary and sufficient hypothesis for this sphere turns out to be the very one needed for ethics and epistemology makes it possible to consider the three spheres of existence, cognition, and value as phases of a single unified cosmos." Cf. H. F. Cherniss, "The Philosophical Economy of The Theory of Ideas", *op. cit.*, p. 456.

## 5.2  La aporía del *Lisis*

Esta genérica diferencia entre discípulo y maestro sobre la prioridad ética, gnoseológica y ontológica explicaría no solo la ausencia de una prueba racional de la inmortalidad del alma en los primeros escritos platónicos —pruebas como las que luego se propondrán en el *Fedón* o en *La República*—, sino también, y por lo que respecta a lo que aquí se debate, el carácter inconcluso del *Lisis*, primer diálogo que Platón escribe acerca del amor y de la búsqueda de una definición de lo que es la φίλια. O, más concretamente, ¿qué significa tener un amigo? [11] En esta obra del periodo socrático de Platón ('diálogo tardío del periodo inicial'[12]), Sócrates comienza su mayéutica con Menexeno de forma habitual al quedar manifiesta la ignorancia acerca de lo que es la amistad (212 a); y, al término del diálogo, tras varios intentos de definición, admite que, después de todo, 'no hemos sido todavía capaces de descubrir lo que un amigo es.'[13] En el análisis que hace del *Lisis*, Robin, en base al carácter aporético del final del diálogo, concluye la necesidad de abordar el tema de la amistad desde otra perspectiva:

> "Ha sido, pues, imposible definir la amistad y, sin duda, será necesario investigar en otra parte, o de otro modo, si se quiere descubrir esta definición y estar en

---

[11] A. W. Price, *Love and Friendship in Plato and Aristotle*, Clarendon Press, Oxford, 1988, p. 1.

[12] W. K. C. Guthrie, *Historia de la Filosofía Griega*, vol. IV, Gredos, Madrid, 1990, p. 136. Cf. G. Vlastos, "The Individual as an Object of Love in Plato", *Platonic Studies*, University Press, Princeton, 1981, p. 6: "I start with the *Lisis* —one of those earlier dialogues where Plato's thought still moves within the ambit of his Socratic heritage."

[13] Platón, *Lisis*, op. cit., 223b.

## 5.2 La aporía del Lisis

condiciones de decir cuál es el verdadero principio de la φιλία."[14]

Muchas han sido las interpretaciones de los *scholars* sobre la aporía de la amistad en el *Lisis*. Para algunos, el grupo menos numeroso, lo tratado en el *Lisis* como amistad no tiene nada que ver con lo que luego será expuesto en el *Banquete*.[15] Otros piensan que es 'una broma intelectual' de Platón, quien, conociendo la respuesta, prefiere poner los elementos para que el lector saque sus conclusiones.[16] Guthrie se atiene a la suya propia, 'la cual es, sencillamente, que no lo considera muy afortunado',[17] debido a que presenta a Sócrates haciendo distinciones con el lenguaje de forma muy incorrecta. La conclusión que Guthrie hace de su estudio sobre el *Lisis* manifiesta la comprensión que tiene del mismo:

> "Incluso en el caso de que tengan razón los que adoptan una posición más amable al juzgar las intenciones y método de Platón en el diálogo, sigue siendo verdad que cualquier elemento de importancia que pueda haber

---

[14] "Il a donc été impossible de définir l'amitié et sans doute il faudra chercher ailleurs, ou autrement, si l'on veut découvrir cette définition et être en état de dire quel est le véritable principe de la φιλία (22b-223b)." Cf. L. Robin, *La Théorie Platonicienne de l'Amour*, Presses Universitaires de France, Paris, 1964, p. 7.

[15] Una exposición de las diversas interpretaciones aparece en R. G. Hoerber, "Plato's Lysis", *Phronesis*, 1958, págs. 95-107.

[16] I. M. Crombie, *Análisis de las Doctrinas de Platón*, op. cit., vol. I, p. 20.

[17] W. K. C. Guthrie, *Historia de la Filosofía Griega*, op. cit., vol. IV, p. 144.

en él puede encontrarse en otros diálogos, donde no 'se necesitará un buceador de Delos para alcanzarlo'."[18]

Pero, para la gran mayoría, bien sea que les parezca confuso y titubeante, bien que lo contemplen como la mejor manifestación del método socrático, este diálogo no es sino la obertura que prepara el gran tema del amor en el *Banquete* y *Fedro*. Friedländer afirma: "El *Lisis* muestra el *Eros* filosófico en el nivel de las primeras obras de Platón."[19] Idénticas son las exposiciones de Grube —*Lisis* prepara el tema de la amistad[20]— y Price, quien pese a reconocer el fracaso socrático de la definición de φιλία en el diálogo, piensa, sin embargo, que triunfa al establecer los cauces por los que, en el *Banquete*, se llegará a una perfecta comprensión de la amistad.[21] Por su parte, Gomperz, equivocadamente, insta a no preocuparse por el *Lisis*, pero la razón que da se fundamenta en que el *Banquete* expondrá 'lo mismo' de forma más rica y contundente.[22] Y, por último, Robin afirma que existe una continuidad temática de menor a mayor

---

[18] W. K. C. Guthrie, *Historia de la Filosofía Griega*, op. cit., vol. IV, p. 146.

[19] P. Friedländer, *Plato*, vol. II, *The Dialogues, First Period*, Londres, 1964, p. 102.

[20] "Preparados ya con todo esto (se refiere al tema de la amistad en el *Lisis*) podemos continuar con el estudio de las dos supremas exposiciones platónicas del amor, *Banquete* y el *Fedro*." Cf. G. M. A. Grube, *El Pensamiento de Platón*, op. cit., p. 154.

[21] "Despite its failure either to define or to explain friendship, the *Lysis* succeeds in setting the scene for a genuine understanding... In this way, of all Plato's investigations into love and friendship it is the *Lysis* that is the least dispensable." Cf. A. W. Price, *Love and Friendship in Plato and Aristotle*, op. cit., p. 14.

[22] "El tema de este diálogo no tiene por qué preocuparnos; lo encontraremos desarrollado con mayor riqueza y madurez en la brillante luminaria de

profundización entre *Lisis*, *Banquete* y *Fedro* en orden a una teoría del amor, cosa ostensible en los cinco primeros discursos del *Banquete*, cada uno de los cuales contiene las huellas de lo mantenido por Sócrates en el *Lisis* y el anticipo de lo que se expondrá en el *Fedro*.[23]

## 5.3  El aparente fracaso del *Lisis*

Una explicación plausible que diera cuenta de la mayor parte de los datos del problema podría ser la siguiente. En clara armonía con los primeros diálogos, a la hora de redactar *Lisis*, Platón sigue sumergido en la idea de buscar definiciones de aquellas virtudes destinadas al bien del alma, como fiel discípulo de Sócrates, más preocupado por los aspectos cognoscitivos-éticos del alma que por los metafísicos. Ya hemos señalado anteriormente un texto de la *Apología Socrática* que reflejaba muy bien el interés ético de Sócrates en la ciudad de Atenas. En el *Laques*, escrito con anterioridad al *Lisis*, pero no mucho antes, cuyo tema principal es la virtud del valor, se detecta claramente lo que se ha convenido en llamar 'intelectualismo ético', en donde las virtudes se poseen en el momento en que se conoce su definición:

---

la que es un modesto satélite." Cf. Th. Gomperz, *Greek Thinkers: A History of Ancient Philosophy*, 4 vols, Londres, 1964. Vol. II, p. 382.

[23] "La doctrine exposée dans le *Banquet* dépasse celle du *Lysis*, mais, semble-t-il, en s'appuyant sur elle et même en s'y réfèrent expressément. Les cinq discours qui, dans le *Banquet*, précèdent le discours de Socrate paraissent bien, en effet, suivant la juste remarque de Schleiermacher, être destinés à rappeler, en attribuant chacune d'elles à un des personnages du dialogue, les diverses thèses examinées dans le *Lysis*." Cf. L. Robin, *La Théorie Platonicienne de l' Amour*, op. cit., p. 40.

> "¿Te parece, buen amigo, que le faltaría algo de la virtud a la persona que conociera los bienes en su totalidad y completamente y cómo suceden, sucederán y han sucedido, y lo mismo, los males? ¿Y crees tú que estaría falto de cordura o de justicia o de piedad ese individuo al que precisamente le incumbe precaverse ante los dioses y ante los hombres de las cosas temibles y las no temibles, y procurarse las buenas, si sabe tratarlos correctamente?"[24]

De igual forma, el *Eutifrón*, tratando de discernir 'si acaso todo lo justo es pío o bien todo lo pío es justo',[25] Platón, o Sócrates, llega a la conclusión de que la piedad es una forma que sobrepasa los límites de las acciones concretas, y cuya definición reviste los caracteres propios del conocimiento:

> "¿Es que lo pío en sí mismo no es una sola cosa en sí en toda acción, y por su parte lo impío no es todo lo contrario de lo pío, pero igual a sí mismo, y tiene un solo carácter conforme a la impiedad, todo lo que vaya a ser impío?"[26]

Y respecto del diálogo *Cármides*, —diálogo que trata sobre el saber que tiene el individuo acerca de lo bueno y lo malo en cada caso concreto, es decir, de la virtud de la prudencia, término que no abarca todos los sentidos que en griego tenía el término σωφροσύνη—, afirma el prof. Vives:

> "Está aquí implícito (en la dialéctica de preguntas y respuestas), aunque no se diga expresamente, el intelectualismo ético tan característico de Sócrates: éste supone

---

[24] Platón, *Laques*, op. cit., 199de.
[25] Platón, *Eutifrón*, op. cit., 12a.
[26] Platón, *Eutifrón*, op. cit., 5d.

## 5.3 El aparente fracaso del Lisis

que la mera clarificación y delimitación de conceptos éticos mediante la dialéctica es ya el bien del alma."[27]

Ahora bien, cuando Sócrates, en el *Lisis*, se declara vencido por no haber podido responder a la pregunta acerca de lo que un amigo es y en qué consiste la amistad, Platón no solamente está siguiendo la tónica general de los primeros diálogos, a saber, el final aporético,[28] sino que está mostrando al mismo tiempo, —no importa al principio si consciente o inconscientemente—, tres horizontes de gran importancia para la futura madurez de su pensamiento, que hacen de este diálogo no solo uno de los primeros destellos en los que el discípulo comienza a distanciarse del maestro, sino también que se atribuya específicamente a Platón el uso de la aporía en los primeros diálogos, como un elemento propio suyo frente a la filosofía de su maestro. Las tres perspectivas mencionadas son:

1. En primer lugar, se imponía, cada vez con mayor claridad, a la reflexión de Platón, la imposibilidad de tratar dicho tema (y la virtud en general) hasta que no se elaborara una metafísica del alma, es decir, de aquella realidad poseedora de las virtudes, y cuyo fin último, la felicidad,

---

[27] Vives, *Génesis y Evolución de la Ética Platónica*, op. cit., p. 131. Cf. Platón, *Cármides*, op. cit., 174bc: "Rato ha que me estás obligando a dar vueltas, ocultándome que no es el vivir con conocimiento lo que hace obrar bien y ser feliz, ni todos los otros saberes juntos, sino solo esa peculiar ciencia del bien y del mal."

[28] En el diálogo que lleva su nombre, Eutifrón, abandona a Sócrates por un compromiso urgente cuando éste, ante la conclusión disyuntiva, le dice que hay que volver a empezar de nuevo la argumentación. Así termina el diálogo. Y en el *Laques*, cuyo tema versa sobre el valor (ἀνδρεία), la discusión de Sócrates con los dos generales se cierra con las proposiciones incompatibles entre sí: el valor es una virtud general y es una virtud particular.

era buscado ansiosamente. ¿Cómo podía resolverse el tema del bien del alma, su destino, el extenso cuadro de las virtudes, su adquisición y su jerarquía, si todavía, la naturaleza ontológica del alma estaba por determinar de una forma racional, clara y distinta?; ¿acaso no resultaba ser una exigencia para el pensamiento del discípulo, después de haber andado infructuosamente con su maestro por las calles de Atenas en busca de definiciones, la de retirarse, más bien, con unos pocos y fundar una Academia para que, en el silencio, se pudiera buscar la esencia ontológica del alma —tarea de la que su maestro nunca se había preocupado directamente—? Guthrie, apoyándose en la opinión de Aristóteles, recuerda al lector ese peculiar modo de indagar sobre la virtud con el hombre normal de la calle:

> "El interés de Sócrates en estas formas era ético, porque pretendía una reforma de la conducta. Su interés no estaba en la ontología, sino que había centrado toda su atención en las formas *morales*, como la justicia, la piedad, el valor y otras semejantes. Su innovación radicaba en parar a la gente en el camino y preguntarles por el significado del término que estaba empleando en ese momento, tal y como lo emplea todo el mundo a diario."[29]

Por lo tanto, el carácter exotérico de la enseñanza de Sócrates se vuelve esotérico en Platón en virtud de una necesidad, aquélla producida por la insatisfacción o confusión

---

[29] W. K. C. Guthrie, *Historia de la Filosofía Griega*, op. cit., vol. IV, p. 119.

## 5.3 El aparente fracaso del Lisis

derivada de las respuestas éticas y gnoseológicas de los atenienses —*yo opino, yo pienso, yo creo...*—, junto con la urgencia de reducir y seleccionar el número de interlocutores en tanto en cuanto la investigación iba tomando el cariz metafísico.[30] Ya no se trataba de preguntar socráticamente qué era el valor, o qué es la piedad, o en qué consiste la prudencia, preguntas que cualquier ciudadano respondía enumerando los sucesivos casos en los que se presenta el valor, la piedad o la prudencia. Lo que Platón trataba de obtener ahora era una cabal respuesta a las cuestiones principales que se derivan de las preguntas socráticas, tales como ¿qué es el alma?, ¿qué son las ideas?, ¿qué es el amor? etc., las cuales, por su índole metafísica, sencillamente, no podían ser planteadas a cualquier ateniense. Platón se distanció respetuosamente de su maestro al percibir que la filosofía solamente tenía que ser para unos pocos, porque, 'como dicen los iniciados, *muchos son los portadores de tirso, pero pocos los bacantes.* Y éstos son, en mi opinión, no otros sino los que han filosofado rectamente.'[31] Y por ello, para tratar de la inmortalidad del alma, no ya en cuanto creencia, sino como descubri-

---

[30] "But although Plato was eventually to disagree with some of the views of his teacher, the greatest contrast between them, as I have been emphasizing, lies in the different scope of their intellectual interests: Socrates does not conduct investigations into matters outside of ethics, whereas Plato explores in detail a much wider range of issues." Cf. R. Kraut, "Introduction to the Study of Plato", *The Cambridge Companion to Plato*, op. cit., p. 6.

[31] Platón, *Fedón*, op. cit., 69cd. Cf. T. Penner, "Socrates and the Early Dialogues", *op. cit.*, p. 149, n.11: "The attitudes to the masses and to the military in Plato's totalitarian political theory reflects Plato's despair about reaching any but a few via rational discussion —and then only after long training."

miento de la razón, Platón, revestido de Sócraes, advierte a Simmias y Cebes que 'tal vez no encontréis fácilmente quienes sean capaces de hacerlo más que vosotros',[32] y que, si no consigue persuadirles acerca de la paz que el filósofo debe tener ante la muerte, nunca podrá hacerlo a las demás personas:

> "¡Bobadas, Simmias! Pues sí que me será difícil persuadir a las demás personas de que no considero una desdicha el trance actual, cuando ni siquiera a vosotros puedo persuadiros..."[33]

2. En segundo lugar, el tema del amor y la amistad resultaba tan profundo y tan misterioso, o, como se dice en el encomio que Erixímaco hace en honor de Eros, '¡tan múltiple y grande es la fuerza..., la omnipotencia que tiene todo Eros en general!,'[34] que desbordaba o era inaprensible a las categorías propias del intelectualismo socrático.[35] Platón comenzaba a intuir que no se podía poner a la misma altura la amistad con el resto de las virtudes tratadas o

---

[32] Platón, *Fedón*, op. cit., 78a.

[33] Platón, *Fedón*, op. cit., 84de.

[34] Platón, *Banquete*, op. cit., 188d.

[35] "In *Phaedo* and *Symposium* we meet a different 'Sokrates', different from the 'Sokrates' of the early Platonic dialogues. He is presented here as a symbol -a symbol of the ideal philosopher, of the ideal man. And through the mouth of this idealized person if is not the real Socrates who speaks, even though his historical physiognomy is retained in its great and main lines in the early Platonic dialogues, but Plato himself, who now feels himself somehow mature to confront the great problems of man and life and who realizes that after he had worked hard on these problems it is worthwhile to risk finding their solution." Cf. E. C. Tsirpanlis, "The Immortality of the Soul in 'Phaedo' and 'Symposium' ", *op. cit.*, p. 225.

## 5.3 El aparente fracaso del Lisis

que aquélla era irreductible a una consideración puramente ética. La piedad, la justicia, la valentía, la prudencia..., virtudes particulares del nuevo sistema ético propuesto a los atenienses, quedaban justamente encuadradas en el marco de lo que era una virtud. Sus límites no excedían los límites de esta noción. Pero la amistad, el tener un amigo, la distinción relativa entre amante y amado, el deseo de lo semejante o la atracción de los opuestos, el problema de la correspondencia en el amor, presagiaban que la consideración de estos problemas en los límites impuestos por la noción ética de virtud no proporcionaría, como así sucedió, ninguna solución. Por ello, al término del *Lisis*, el real y reconocido fracaso socrático a la hora de dar una definición de la amistad se convierte, simultáneamente, en el acierto platónico de que el amor, y los problemas por él planteados, escapaban, o sobrepasaban su tratamiento como virtud. La grandeza de éste diálogo y su importancia para el desarrollo de una teoría filosófica del amor, quedaría suficientemente avalada con la afirmación de que no era la ética la ciencia destinada a descubrir el misterio de la amistad y que, humildemente, debería dejar paso a la futura investigación metafísica para su desvelamiento. Con ello, probablemente, se podría afirmar del *Lisis*, que pertenece a aquellos diálogos de transición entre el pensamiento de Sócrates y el de Platón.

3. Y, por último, se desprendía de la aporía final del *Lisis* la determinación, a su vez, de que el conocimiento de lo que cada virtud era exigía la necesidad de investigar sobre la naturaleza de los objetos conocidos. Esta es probablemente la más importante conclusión para la futura

constitución de la Teoría de las Ideas. Es decir, para que pudiera haber un conocimiento de la prudencia, de la justicia, de la piedad, y de todo el cuadro de las virtudes éticas propuestas por su maestro, se requería la existencia de tales objetos como reales, pues nuestro entendimiento no podría poseer la idea de la justicia o la idea de la piedad, si no existiera en calidad de real la justicia en sí y la piedad en sí. En definitiva, se estaba produciendo la génesis de aquélla teoría que ha venido a caracterizar de modo exclusivo el platonismo en la historia.

Por estas razones, no parece que sean justas las consideraciones que del *Lisis* hace Guthrie al principio de su comentario:

"Sócrates no solo da una visión poco atractiva de la amistad, sino que se muestra completamente a merced de las ambigüedades que tiene esta palabra en griego. ¿Por qué tiene que ser él mismo la víctima de estas ambigüedades, en lugar de ser otro el que las diga (como en otros momentos) —haciendo incluso que caiga en la trampa de decirlas—, para hacerle tomar conciencia de ellas y asistirle, por tanto, mayeúticamente? ¿O por qué tiene que complacerse en esos argumentos sofísticos y falaces (o ser víctima de ellos) sin indicio alguno de la verdadera solución?"[36]

Pero, frente a lo que Guthrie dice respecto del *Lisis*, lo cierto es que ni a Sócrates, y menos aún a Platón, le interesaban dar 'visiones atractivas' de los problemas, sino 'reales y verdaderas', aunque esto supusiera, desde el principio, la exposición clara de la complejidad de los problemas y el hecho de

---

[36] W. K. C. Guthrie, *Historia de la Filosofía Griega*, op. cit., vol. IV, p. 144.

## 5.3 El aparente fracaso del Lisis

postergar la solución hasta encontrar bases más sólidas. La misma queja irónica que Sócrates tiene contra los primeros cinco oradores en el *Banquete*, podría dirigirse a lo mantenido aquí por Guthrie:

> "Llevado por mi ingenuidad, creía, en efecto, que se debía decir la verdad sobre cada aspecto del objeto encomiado y que esto debía constituir la base... Pero, según parece, no era éste el método correcto..., sino que, más bien, consiste en atribuir al objeto elogiado el mayor número posible de cualidades y las más bellas, sean o no así realmente."[37]

Era natural que Platón, en boca de Sócrates, y todavía seducido por su maestro, se planteara los difíciles problemas que el tema del amor y la amistad conllevaban, como punto de partida serio para su futura resolución. Y que en el *Lisis*, lo único que se intenta es la descripción de tales problemas, y que esta descripción ha de ser el punto de partida de cualquier teoría filosófica que como tal quiera presentarse,[38] vendrá reafirmado, también, no solo ya por el hecho de que esté a la base de la teoría del amor expuesta en el *Banquete*, sino por la evidente consideración de que Aristóteles, al tratar el tema del amigo y de la esencia de la amistad, retomó las descripciones proporcionadas por este diálogo como punto de partida de sus propias reflexiones.[39]

---

[37] Platón, *Banquete*, op. cit., 198de.

[38] "The dialogue finally ends without any explicit conclusion, but this does not necessarily mean that Plato fails to suggest or point the way to an answer." Cf. R. G. Hazo, *The Idea of Love*, op. cit., p. 197.

[39] "In his two surviving treatments, in the *Nicomachean* and *Eudemian Ethics*, Aristotle effectively takes the *Lysis* as his starting–point; with no ot-

El comentario que Grube hace del *Lisis* en parte coincide con la solución que aquí se ha sostenido y en parte difiere. Por afirmar que en este diálogo se exponen tan solo los problemas con los que una teoría del amor debería enfrentarse, y por afirmar también que en la exposición de ellos ya se vislumbran las soluciones dadas en el *Banquete* y el *Fedro*, estaría en plena armonía con lo sostenido aquí. Pero se distanciaría de nuestra interpretación al expresar Grube, al final de su comentario, que 'a partir de todo esto comienza a emerger la *concepción socrática del amor mutuo* como un medio de buscar en compañía la verdad suprema.'[40] Pues, en la interpretación que aquí se ha propuesto, no hay cabida para pensar que emerge de la aporía del *Lisis* la 'concepción socrática del amor mutuo.' Si fuera el caso de que Sócrates tuvo alguna concepción clara y explícita de lo que es el amor, tal concepción no podría ser sino aquélla constituida por el conjunto de todas las objeciones que en el diálogo con Hipólates, Lisis y Menexeno salen a relucir; por lo demás, un conjunto bastante confuso y, algunos de sus enunciados, contradictorios entre sí. Lo que, en realidad, emerge del *Lisis*, y lo que, latente, se descubre de su aporía, será la necesidad de acudir a unas bases más profundas que puedan dar explicación de las aparentes contradicciones que surgen de la concepción socrática, y que constituirá, en el pensamiento maduro de Platón, la concepción platónica del amor.

Por esta razón, algunas y solo algunas, de las consideraciones que del *Lisis* hace Gadamer son de gran apoyo para nuestro

---

her platonic dialogue does he show such a detailed, yet implicit, familiarity." Cf. A. W. Price, *Love and Friendship in Plato and Aristotle*, op. cit., p. 1.

[40] G. M. A. Grube, *El Pensamiento de Platón*, op. cit., p. 154.

## 5.3 El aparente fracaso del Lisis

comentario a la aporía. Aunque la investigación de Gadamer[41] se dedica al descubrimiento de la relación entre 'palabra' y 'hecho', sin embargo, en el desarrollo de su exposición hay dos ideas que, con alguna variante, sintonizan con lo que aquí se ha expuesto sobre el *Lisis*. La primera de ellas se refiere al hecho de la necesidad de tratar el tema de la amistad, no con cualquier ateniense, sino con un público más reducido, y especialmente, con una audiencia madura tanto en años como en inteligencia.[42] Y la segunda idea radica en la necesidad de investigar de un modo más profundo en el conocimiento de lo que la amistad es.[43] Pero Gadamer no afirma con suficiente claridad que este conocimiento de la amistad haya de hacerse en el terreno de lo ontológico, algo que esencialmente pertenece a nuestra interpretación de la aporía del *Lisis*. Más bien da a entender en su estudio que el tratamiento de la amistad ha de quedar reducido a los límites de la ética o del mundo sociopolítico.[44]

Que la explicación de la aporía del *Lisis* que aquí estamos defendiendo puede ser cierta, lo manifiesta el hecho de que ex-

---

[41] H. G. Gadamer, "*Logos* and *Ergon* in Plato's Lysis", *Dialogue and Dialectic: Eight Hermeneutical Studies on Plato*, Yale University Press, New Haven and London, 1980, págs. 1–20.

[42] "This ending too is one of those interruptions which requires one to think beyond what has been said expressly. What friendship is can indeed be asked only of those who are older." Cf. H. G. Gadamer, "*Logos* and *Ergon* in Plato's Lysis", *op. cit.*, p. 8.

[43] "The discussion which Socrates has conducted with the boys and which he would have liked to continue with someone 'older' ultimately points beyond itself to a growth of actual friendship and to a knowledge of what being a friend is." Cf. H. G. Gadamer, "*Logos* and *Ergon* in Plato's Lysis", *op. cit.*, p. 20.

[44] "One suspects that ultimately friendship belongs to the realm of 'virtues', to the sociopolitical world..." Cf. H. G. Gadamer, *op. cit.*, p. 8.

plica una serie de problemas anejos a la cuestión socrática y a la cuestión platónica. Pues, en primer lugar, da cabida al progresivo distanciamiento entre Platón y Sócrates, patentemente descubierto en el *Gorgias, Menón* y, formalmente establecido en los grandes diálogos del *Fedón, Banquete, Fedro* y *República*, considerados como expresiones claras del pensamiento propio de Platón. En segundo lugar, es congruente con el hecho de que dos de los diálogos más importantes del periodo medio de Platón, a saber, *Banquete* y *Fedro*, traten primordialmente del tema de la amistad y el amor en consonancia con el *Lisis*, mientras que las otras virtudes no constituyen el tema central de ningún diálogo posterior a la época socrática. Y, en tercer lugar, da cabida, a su vez, y justifica el hecho de que el *Banquete*, con su alegría, tratando sobre la vida y Eros, y el *Fedón*, con la tristeza que se respira por la muerte 'que tuvo nuestro amigo, el mejor hombre de los que entonces conocimos, y, en modo muy destacado, el más inteligente y justo',[45] sin embargo, hayan sido la mayor parte de las veces agrupados juntos en razón de la visión metafísica de sus análisis, muy superior a la explícita visión ética y gnoseológica de los diálogos aporéticos.[46]

Se une a todos estos argumentos que vienen en apoyo de nuestro comentario al *Lisis*, el que nuestra explicación justi-

---

[45] Platón, *Fedón*, op. cit., 118c.

[46] Esta extrañeza aparece reflejada en la opinión de W. K. C. Guthrie, *Historia de la Filosofía Griega*, op. cit., vol. IV, p. 314: "El *Fedón* y el *Banquete*, por su parte, no podrían ser de talante más diverso, puesto que uno muestra a Sócrates tratando de la inmortalidad con amigos íntimos en sus últimas y escasas horas de vida sobre la tierra, mientras que, en el otro, lo vemos unos diecisiete años más joven, acicalado de un modo antisocrático, en una cena de celebración en la que abundan el humor chispeante y la conversación sobre cuestiones filosóficas y no filosóficas."

## 5.3 El aparente fracaso del Lisis

ficaría el estado de ánimo de Platón, —el de un hombre que habiendo dedicado toda la vida a la filosofía, mantiene en el momento final 'una gran esperanza'[47]— al escribir la profunda meditación metafísica que en el *Fedón* se hace sobre el alma, precisamente en un momento en el que, de modo plenamente consciente, despierta del sueño ético de su maestro para emprender la tarea ontológica.[48] Era imposible fundar una ética intelectual del alma como pretendía Sócrates, ni descubrir el fin último al que debe conducir la ética, sin establecer la naturaleza ontológica del alma. Y ¿qué mejor acontecimiento para esperar y trascender legítimamente los umbrales de una ética, así concebida por Sócrates, a una consideración metafísica sobre el alma, que el día de la muerte del maestro que la había defendido?[49] Junto a todas estas consideraciones, la interpretación que hemos propuesto para el *Lisis*, atenuaría la perspectiva prioritariamente intelectual que se adopta en el *Fedón*, y que ha llevado a algunos a considerar sus enseñanzas 'como un intelectualismo

---

[47] "Por lo tanto —dijo Sócrates—, si eso es verdad, compañero, hay una gran esperanza, para quien llega adonde yo me encamino, de que allí de manera suficiente, más que en ningún otro lugar adquirirá eso que nos ha procurado la mayor preocupación en la vida pasada." Cf. Platón, *Fedón*, op. cit., 67b.

[48] "El abrir nuevo camino en esta dirección había de ser obra de la metafísica de Platón. Lo más característico de la actitud de Platón, y aquello por lo que superó definitivamente a su maestro Sócrates, fue el haber ligado el problema ético a lo que podríamos llamar el problema cósmico y metafísico." Cf. J. Vives, *Génesis y Evolución de la Ética Platónica*, op. cit., p. 205.

[49] Metafóricamente esta interpretación podría venir apoyada por el interés apasionado que Equécrates tiene de conocer las últimas palabras de Sócrates: "¿Qué es, entonces, lo que dijo el hombre antes de su muerte? ¿Y cómo murió? Que me gustaría mucho escuchártelo." Cf. Platón, *Fedón*, op. cit., 57a. Y, una vez conocidas, 'reflexionar que Sócrates estaba a punto de morir', (ibidem 59a).

puro, que se divorcia de la vida y tiene como objetivo supremo la conservación eterna del alma en el frigorífico de las Formas Absolutas, eternamente congeladas.'[50] Esto, con ciertas reservas, podría ser una acusación verdadera de no haberse escrito el *Banquete*. Incluso, en el mismo diálogo *Fedón* se encuentran algunas reflexiones sobre lo que Grube llama la parte emotiva del hombre. Y por último, nuestra interpretación integraría en su explicación cómo el *Fedro*, que retoma la cuestión de la amistad, escrito según la mayoría de los *scholars* después del *Banquete*,[51] no cae ya en ambigüedades o dificultades acerca de una teoría del amor, ni tiene un final socrático como el *Lysis*, sino que elabora todo un discurso sobre el amor, como deseo y locura por la posesión divina de la Belleza, junto a una proclamación de la inmortalidad del alma y de su naturaleza metafísica, cuyo éxito le lleva a concluir el diálogo con una plegaria al dios Pan pidiéndole lo estrictamente necesario para amar:

> "Oh querido Pan, y todos los otros dioses que aquí habitéis, concédeme que llegue a ser bello por dentro, y todo lo que tengo por fuera se enlace en amistad con lo de dentro; que considere rico al sabio; que todo el dinero que tenga solo sea el que puede llevar y transportar consigo un hombre sensato, y no otro. ¿Necesitamos alguna otra cosa, Fedro? A mi me basta con lo que he pedido."[52]

---

[50] G. M. A. Grube, *El Pensamiento de Platón*, op. cit., p. 202.

[51] "En résumé, en ce qui concerne le développement de la théorie de l'Amour, l'ordre des dialogues me paraît bien être décidément: *Lysis, Banquet, Phèdre*." Cf. L. Robin, *La Théorie Platonicienne de l'Amour*, op. cit., p. 99.

[52] Platón, *Fedro*, op. cit., 279bc. Es curioso observar como este diálogo comienza con una referencia a Lisias, ausente en todo el diálogo, del cual se recuerda un discurso que compuso sobre el amor diciendo "que hay que

## 5.4 La recuperación teórica de la línea emotiva

Siendo esto así, en el *Banquete*, Platón, preocupado por las cuestiones metafísicas del alma, intentará recoger todo lo transmitido por aquella línea de investigación, que partiendo, ya desde Homero, y paralela a la cognoscitiva, al contemplar las emociones y los apetitos en los hombres, iba formando un concepto más o menos confuso de un 'algo' incorpóreo, que hacía de fuente, impulso o deseo. Una vez recibida esta línea de investigación, el *Banquete* no hace sino reelaborar todos los datos de la tradición para incrustarlos en el mismo núcleo ontológico del alma cuya naturaleza espiritual e inmortal había sido desvelada en el *Fedón*. Las emociones, los apetitos, las pasiones, que 'Alcestis hubiera muerto por Admeto o que Aquiles hubiera seguido en su muerte a Patroclo o que vuestro Codro se hubiera adelantado a morir por el reinado de sus hijos',[53] todo ello no tiene otro origen y fundamento, según Diotima, la sacerdotisa de Mantinea, que el eros, el deseo inscrito en la naturaleza inmaterial de nuestra alma por parte de los dioses:

> "(Diotima) Pues te lo diré más claramente. Impulso creador, Sócrates, tienen, en efecto, todos los hombres no solo según el cuerpo, sino también según el alma..."[54]

Todo sucedía de igual modo que en el *Fedón*, donde Platón, habiendo recogido todo el material que la vía cognoscitiva había aportado, describe la naturaleza del alma, su ser espiritual y su inmortalidad, a partir del hecho del conocimiento de

---

complacer a quien no ama, más que a quien ama." Cf. Platón, *Fedro*, op. cit., 227c.

[53] Platón, *Banquete*, op. cit., 208d.
[54] Platón, *Banquete*, op. cit., 206c.

lo que es en sí, de la Igualdad en sí, de la Belleza en sí, y de todo el conjunto de las Ideas que configuran el universo platónico de las Formas; conocimiento al que llega el filósofo mediante el recuerdo de lo que contempló el alma 'antes de existir en forma humana',[55] y que de modo muy imperfecto reflejan las cosas sensibles. Así también en el *Banquete*, Platón descubre en lo más profundo de nuestra alma, en su estatuto ontológico, un anhelo, un deseo, que dirigido por el recto camino, llevará al alma hasta el amor y la contemplación de la ciencia de la Belleza. Una ascensión cuyos peldaños pasan desde el enamoramiento de un solo cuerpo bello, al amor de la belleza corporal, 'calmando ese fuerte arrebato por uno solo, despreciándolo y considerándolo insignificante';[56] a continuación, tendrá por más bella la belleza de las almas que la de los cuerpos, proporcionándole un nuevo escalón para ascender a la contemplación de la belleza de las normas de conducta y de las leyes y 'a reconocer que todo lo bello está emparentado consigo mismo';[57] una vez en este estado llegará al amor de la belleza expresada en las ciencias, contemplando que 'ese mar de lo bello engendre muchos bellos y magníficos discursos y pensamientos en ilimitado amor por la sabiduría, hasta que fortalecido entonces y crecido, descubra una única ciencia cual es la ciencia de una belleza.'[58] Visto así el trasfondo de ambos diálogos, la conclusión evidente vendría dada al afirmar que entre el *Fedón* y el *Banquete*, no solo no se dan relaciones de oposición, sino que, lo que existe entre ellos

---

[55] Platón, *Fedón*, op. cit., 76c.
[56] Platón, *Banquete*, op. cit., 210ab.
[57] Platón, *Banquete*, op. cit., 210c.
[58] Platón, *Banquete*, op. cit., 210de.

## 5.4 La recuperación teórica de la línea emotiva 173

es la complementariedad de dos líneas de investigación de la misma y única realidad.[59]

Precisamente, al haber trascendido las fronteras de la dimensión ética del problema amoroso y llegar, como nadie antes lo había hecho, hasta lo constitutivo y más profundo de nuestra realidad espiritual, convierte el diálogo *Banquete*, no solo en uno de los diálogos más originales por su forma[60] y contenido,[61]

---

[59] "Nuestro diálogo se transforma así en un efectivo complemento del *Fedón*, con el que compone un extraordinario conjunto. El *Banquete* proporciona la vena lúdica y pone a Dionisio dirigiendo, al menos por esta vez, los coros de la filosofía." Cf. O. Velásquez, *Apuntes sobre el Banquete*, Curso dictado en 1997 en la Pontificia Universidad Católica de Chile, inédito, p. 7. Grube, habiendo destacado la diversidad de ambos planteamientos al decir que 'la intensidad emocional del *Banquete* marca algo así como una reacción violenta contra la negación prácticamente absoluta de lo emocional que caracteriza al *Fedón*', comete el error de aplicar conceptos freudianos a lo sucedido en estos diálogos: "Pero las diferencias de planteamiento, de acento y de actitud general son claras e inequívocas; se trata, en definitiva, de la diferencia entre represión y sublimación." Cf. G. M. A. Grube, *El Pensamiento de Platón*, op. cit., p. 203.

[60] El *Banquete* es una de las obras maestras de Platón, y, según el parecer de W. Jaeger, "ninguna prosa humana podría atreverse a hacer honor, con los medios del análisis científico o de una paráfrasis cuidadosamente calculada sobre el original, a la perfección suma del arte platónico tal como se nos revela en esta obra." Cf. W. Jaeger, *Paideia: the Ideals of Greek Culture*, vol.III, Oxford, 1945, p. 567.

[61] El contenido del diálogo se presenta como drásticamente original no porque antes no se hubieran producido himnos a Eros, que sí que los hubo, como las odas de Sófocles en *Antígona*, 781-801 y Eurípides, en *Hipólito Coronado*, 625-664, sino por la profundidad misma con la que ahora iba a ser tratado. Platón, *Banquete*, op. cit., 177ab: "¿No es extraño, Erixímaco, que, mientras algunos otros dioses tienen himnos y peanes compuestos por los poetas, a Eros, en cambio, que es un dios tan antiguo y tan importante,

sino también, y mucho más importante, en uno de los momentos cumbres de la metafísica platónica.[62]

En definitiva, el gran tema del *Banquete*, o la melodía principal[63] que suena desde el principio hasta el fin del diálogo, no consiste en otra cosa sino en ir descubriendo 'las cosas del amor en cuyo misterio también tú, Sócrates, tal vez podrías iniciarte';[64] y, todo ello, al compás de otros temas metafísicos implicados, como son la Teoría de las Ideas reflejada en la Suma Belleza, la ascensión hasta lo divino y la inmortalidad de alma. Y no hemos de olvidar, por lo demás, que Platón presenta una teoría del amor desde el punto de vista del amante y en absoluto del amado,[65] en tanto surge a partir del anhelo o del deseo,

---

ni siquiera uno solo de tantos poetas que han existido le haya compuesto jamás encomio alguno?"

[62] "En cambio en el Simposio, particularmente en el discurso que Sócrates atribuye a Diotima acerca de la naturaleza del amor, las cuestiones éticas y metafísicas se abordan directamente y con una profundidad hasta entonces desusada. Se puede decir que por primera vez en el pensamiento occidental el discurso de Diotima trata de establecer un sistema ético absoluto fundado sobre bases metafísicas; estas bases son el *Eros* como principio subjetivo de moralidad o de tendencia al bien más elevado, y la *Suma Belleza* como valor objetivo absoluto." Cf. J. Vives, *Génesis y Evolución de la Ética Platónica*, op. cit., p. 206.

[63] "... difícilmente admite una interpretación que no sea la de una composición musical." Cf. B. Jowett, *The Dialogues of Plato translated into English with Analysis and Introductions*, trad. de D. J. Allan y H. E. Dale, vol. I, Oxford, 1953, p. 488.

[64] Platón, *Banquete*, op. cit., 209e. Apolodoro se manifiesta en el proemio del diálogo como el más idóneo para informar de los 'discursos sobre el amor.' Ibidem 17ab.

[65] "Tu creíste —dice Diotima a Sócrates— según me parece deducirlo de lo que dices, que Eros era lo amado y no lo que ama." Cf. Platón, *Banquete*, op. cit., 204b.

## 5.4 La recuperación teórica de la línea emotiva

impuesto por los dioses a la naturaleza humana,[66] y que capacita a los hombres, por 'ser común a todos ellos'[67] desde su origen, para alcanzar la posesión de la Belleza:

> "Esto, Fedro y demás amigos, dijo Diotima y yo quedé convencido; y convencido intento también persuadir a los demás de que para adquirir esta posesión difícilmente podría uno tomar un colaborador de la naturaleza humana mejor que Eros."[68]

---

[66] Eros es fruto de los dioses, Poros y Penia, engendrado con ocasión de la fiesta del nacimiento de Afrodita, según cuenta Diotima a Sócrates. Cf. Platón, *Banquete*, op. cit., 203bc.

[67] Platón, *Banquete*, op. cit., 205a.

[68] Platón, *Banquete*, op. cit., 212b.

# 6

# LA SEGUNDA VÍA PLATÓNICA: EROS

## 6.1 El *Banquete*

El *Banquete* no es un diálogo que tenga por objeto disertar acerca de la inmortalidad del alma. Probablemente sea uno de los escritos en el que Platón, con mayor claridad, exponga el tema central del diálogo. Después de llegar a común acuerdo entre los comensales que no se debía beber hasta embriagarse, 'sino simplemente, bebiendo al gusto de cada uno',[1] Erixímaco, haciéndose eco de la inquietud de Fedro, propone al anfitrión y a los huéspedes, elaborar 'un discurso, de izquierda a derecha, lo más hermoso que puedan, como elogio de Eros y que empiece primero Fedro, ya que también está situado el primero y es, a la vez, el padre de la idea.'[2] El tema principal consiste en un

---

[1] Platón, *Banquete*, op. cit., 176e.
[2] Platón, *Banquete*, op. cit., 177d.

certamen sobre el concepto griego de Eros, certamen en el que intervienen representantes de la medicina, la poesía, la comedia, la tragedia y la filosofía.[3] La segunda vía de acceso al alma a través del mundo de las emociones, de los sentimientos y del deseo, sustentada en una tradición que ofrecía una gran disparidad de elementos sin conexión alguna entre ellos, anticipada en el *Lisis*, es el tema fundamental del diálogo *Banquete*. Y, tal vez, la consideración que hace Platón de este tema sobrepasa los límites de la experiencia para discurrir por los senderos de la metafísica.

Sin embargo, aunque su objeto no es la inmortalidad, tema que tanta importancia había tenido en el *Fedón*, en la exposición que Sócrates hace de Eros, en boca de la sacerdotisa Diotima, se contienen, varias veces utilizados, tanto el término ἀθανασίας —inmortalidad—, como el neutro ἀθάνατος —inmortal—. El uso de estos términos en la doctrina del amor de Diotima, la cercanía en el tiempo con la redacción del *Fedón*,[4] y la clara conciencia de que también el *Banquete* expresa el platonismo *sine glossa*[5] pese

---

[3] Respectivamente, discurso de Erixímaco (185e-188c), de Fedro y Pausanias (178a-185c), de Aristófanes (189c-193d), Agatón (194e-197e) y Sócrates (199c-212b).

[4] La referencia a un acontecimiento histórico, lo sucedido en Mantinea en el año 385; la comparación con el *Banquete*, de Jenofonte; y el problema de la inmortalidad, han sido, entre otros, los criterios usados para afirmar la redacción anterior y posterior de uno u otro diálogo. Cf. K. J. Dover, "The Date of Plato's *Symposium*," *Phronesis*, X, (1968), págs. 2-20. Cf. J. S. Morrison, "Four Notes on Plato's *Symposium*", *Classical Quarterly*, (1964), págs. 42-55. Cf. H. B. Mattingley, "The Date of Plato's *Symposium*," *Phronesis*, (1958), págs. 31-38.

[5] La única doctrina claramente platónica que no aparece en este diálogo en relación al listado anterior que se hizo sobre el *Fedón*, es la de la anamnesis.

## 6.1 El Banquete

a la aparente oposición de sus puntos de vista,[6] ha originado una polémica reciente en torno a la doctrina de la inmortalidad del alma en el *Banquete*.

Además, el discurso de Sócrates, a diferencia del resto de los expositores, pretende hacer un elogio de Eros que busque la verdad objetiva en primer lugar, y después, 'seleccionar de estos mismos aspectos las cosas más hermosas y presentarlas de la manera más atractiva posible.'[7] Todo parece indicar que, con este recurso dramático de Platón, la distinción entre los cinco primeros discursos sobre Eros y el de Sócrates es la distinción entre hacer un encomio que, buscando tan solo la belleza de las palabras, no se atiene plenamente a la realidad, y otro cuyo fin fuera la investigación metafísica de un problema que había que desvelar con urgencia. Si lo que se intenta es la búsqueda de la verdad, ¿qué postura refleja el diálogo en torno a la inmortalidad del alma desde la perspectiva de eros?; además, si la inmortalidad fue una difícil conquista del *Fedón*, intentada mediante cuatro discursos racionales, ¿es posible que en el *Banquete*, este logro de la razón, apenas tenga relevancia?

### 6.1.1 Los textos fundamentales

El planteamiento de este problema exige, como requisito indispensable, atenerse en primer lugar a los textos concretos del *Banquete* sobre la inmortalidad para poder después elaborar una interpretación, en consonancia con el discurso completo

---

[6] "In *Symposium* Socrates confronts life, in *Phaedo*, he confronts death." Cf. E. C. Tsirpanlis, "The Immortality of the Soul in 'Phaedo' and 'Symposium' ", *op. cit.*, p. 224.

[7] Platón, *Banquete*, op. cit., 198d.

de Diotima, que dé respuesta a la siguiente pregunta: en el pensamiento de Platón, al redactar el *Banquete*, ¿había algún punto de contacto entre la doctrina del Eros y el tema concreto que aquí se está estudiando, —la inmortalidad del alma— o, más bien, la vía amorosa de acceso al alma había hecho estremecer la paz, la serenidad y 'el silencio ritual' que se respiraba en el final del *Fedón*, y que Sócrates exigía a sus discípulos?[8]

Dejando a un lado aquellos pasajes en los que los vocablos ἀθανασίας y ἀθάνατος están referidos de manera directa y clara al modo de ser propio de los dioses platónicos,[9] o al modo metafórico de inmortalidad que posee la procreación material de los individuos,[10] o a la inmortalidad conseguida por la fama y las obras de arte y las leyes,[11] dos son los textos que fundamentan la discusión sobre la inmortalidad del alma.

El primer texto, según las palabras de Diotima, introduce la nota de inmortalidad al intentar esclarecer cuál es el fin perseguido por el impulso de Eros.[12] El contexto previo para llegar a tal conclusión versaba sobre la causa más profunda que mueve al amante hacia el objeto amado, o si se quiere empezar a utilizar esta expresión, la causa del deseo en general. Ahora bien, al igual que sucede con la idea de creación, que aun aplicándose a toda causa que consiga sacar el ser del no ser, sin embargo se

---

[8] "¿Qué hacéis, sorprendentes amigos? Ciertamente por ese motivo despedí a las mujeres, para que no desentonaran. Porque he oído que hay que morir en un silencio ritual. Conque tened valor y mantened la calma." Cf. Platón, *Fedón*, op. cit., 117d.

[9] Platón, *Banquete*, op. cit., 202d y 203d.

[10] Platón, *Banquete*, op. cit., 206c.

[11] Platón, *Banquete*, op. cit., 208c–209e.

[12] Platón, *Banquete*, op. cit., 207cd y 208ab.

dice con propiedad solamente de los músicos y de los poetas; de la misma manera la idea de 'deseo', extensible a muchas realidades, se predica certeramente de los que buscan 'poseer siempre el bien.'[13] Al abordar así el tema, Diotima excluye del campo de los objetos amables todos aquéllos cuya posesión sea accidental y cuya naturaleza sea perecible. Al mismo tiempo excluye todos aquellos sujetos amantes cuya capacidad de poseer se reduzca a la simple posesión material y cuya naturaleza sea, también, perecible. E, intuitivamente, enlaza el bien, la acción de poseer y la inmortalidad en la definición del impulso de Eros al amor.[14] Es por ello por lo que el concepto de Eros se predica primordialmente de los hombres que 'se afanan según una sola especie... y de ellos se dice que están enamorados y se les llama amantes.'[15] Lo que restaba a Platón era establecer qué tipo de obrar podía unir el concepto de amor y el concepto de la inmortalidad, o cómo podían participar de la inmortalidad realidades tales como el cuerpo y el alma.[16] Aquél, dejando en su lugar, mediante la procreación en la belleza, un ser semejante a sí mismo. Es el caso de los animales, terrestres y los alados, y es el caso de la unión del hombre y la mujer. Y el alma, de otra manera.[17]

---

[13] Platón, *Banquete*, op. cit., 206b.

[14] "Y es necesario, según lo acordado, desear la inmortalidad junto con el bien, si realmente el amor tiene por objeto la perpetua posesión del bien." Cf. Platón, *Banquete*, op. cit., 206e-207a.

[15] Platón, *Banquete*, op. cit., 205d.

[16] "Esta acción especial es, efectivamente, una procreación en la belleza, tanto según el cuerpo como según el alma." Cf. Platón, *Banquete*, op. cit., 207b.

[17] Platón, *Banquete*, op. cit., 208ab.

"Pues bien, —dijo—, si crees que el amor es por naturaleza amor de lo que repetidamente hemos convenido, no te extrañes, ya que en este caso, y por la misma razón que en el anterior, la naturaleza mortal busca, en la medida de lo posible, existir siempre y ser inmortal... De esta manera, en efecto, se salva todo lo mortal, no por ser siempre completamente lo mismo, como lo divino, sino porque lo que se marcha y está ya envejecido deja en su lugar otra cosa como era él mismo. Por este procedimiento, Sócrates, —dijo—, lo mortal participa de inmortalidad, tanto en el cuerpo como todo lo demás; lo inmortal, en cambio, participa de otra manera."

La fama, los honores, y hasta los mismos hijos, entran dentro del deseo de inmortalidad que caracteriza a todo lo mortal. Pero por ser de naturaleza perecible el sujeto del deseo, la inmortalidad adquirida tiene el rango de sucedánea o inmortalidad en sentido vicario. Lo mismo le sucede a los que teniendo una naturaleza divina, la del alma, centran su procreación en lo que es bello, no por naturaleza sino por participación. Las obras de arte, las leyes, aún superando a la inmortalidad anterior de la fama y los honores, no superan el límite de lo estrictamente vicario por la naturaleza perecible del objeto deseado: un ser semejante sucede a otro que deja de ser.

En oposición a esto, el segundo pasaje, 'la suprema revelación,'[18] el anhelo final del Eros purificado, establece la inmortalidad que se genera al procrear el alma en contacto con la Belleza en sí. Sujeto amante y objeto amado gozan de la misma jerarquía ontológica, una vez que el ascenso, mediante la inteligencia en la vida del filósofo, alcanza sin distracción alguna de

---

[18] Platón, *Banquete*, op. cit., 209e.

## 6.1 El Banquete

los sentidos, a contemplar la idea de Belleza. La posesión del conocimiento de la virtud es señal del amor de los dioses y de su semejanza en la inmortalidad:[19]

> "¿Acaso crees —dijo— que se vuelve vana la vida de un hombre que mira hacia allí, que contempla esa belleza con lo que es necesario y vive en su compañía? ¿O no crees —dijo— que solo entonces, cuando vea la belleza con lo que es visible, le será posible engendrar, no ya simulacros de virtud, puesto que no está en contacto con una imagen, sino frente a lo real, con la que él ha tomado contacto en lo verdadero? Y al que ha engendrado y criado una virtud verdadera, ¿no crees que le es posible hacerse amado de la divinidad y llegar a ser, si a algún otro hombre le es posible hacerse, inmortal también él?"

Se llegaba así a esa sola especie de amor que recibe el nombre del todo y que teniendo su génesis en el alma humana, se concretaba en la posesión producida tanto por la acción contemplativa y como por estar siempre en compañía de la 'divina Belleza en sí, específicamente única.'[20] Dos textos, en definitiva, que relacionan a Eros con el concepto de inmortalidad, el primero de los cuáles, divide las realidades mortales de las inmortales en torno al deseo de perpetuarse, y el segundo, apela a la inmortalidad en virtud de la posesión contemplativa de la Belleza en sí. Sin lugar a dudas, la discusión sobre si la inmortalidad del alma está claramente expresada aquí o no, iba a derramar mucha tinta entre los *scholars*.

---

[19] Platón, *Banquete*, op. cit., 212a.
[20] Platón, *Banquete*, op. cit., 211e.

## 6.2  La polémica sobre la inmortalidad

### 6.2.1  R. Hackforth y el escepticismo temporal de Platón.

En un breve artículo aparecido en 1950, el platonista R. Hackforth,[21] originaba un nuevo debate entre los *scholars* al interpretar los textos anteriores del *Banquete* de forma peculiar. La cuestión de explicar la diferencia que existe entre el *Fedón* y el *Banquete* en torno a la inmortalidad del alma había sido planteada con anterioridad a la publicación de este artículo. Pero la mayoría de los comentaristas[22] daban por supuesto la tesis de que, en el *Banquete*, se sobrentendía la inmortalidad del *Fedón*.[23] Con distinguida claridad, Grube, comentado el primero de los textos aquí destacados, resume todo este periodo, previo a la publicación del polémico artículo de Hackforth, de esta manera:

> "No hay ni una sola palabra que indique que las almas individuales son inmortales. Con el *Fedón* en la mano podemos, sin duda, decir que Platón no incluye el intelecto inmortal dentro de lo θνητή que únicamente puede alcanzar la inmortalidad reproduciéndose... Lo importante para nosotros en este caso es que omite toda alusión a ella y que para hacer compatible totalmente este pasaje

---

[21] R. Hackforth, "Immortality in Plato's *Symposium*", *Classical Review*, LXIV, (1950), págs. 43-45.

[22] L. Robin, *La Théorie Platonocienne de l'Amour*, París, 1933; U. von Wilamowitz–Moellendorf, *Platon*, 2 vols., Berlín, 1920; P. Shorey, *What Plato Said*, Chicago, 1933; R. G. Bury, *The Symposium of Plato*, 2 ed. Introducción, texto y comentarios, Cambridge, 1932; Th. Gomperz, *Greek Thinkers: A History of Ancient Philosophy*, vol II, Asunción del Paraguay, 1952.

[23] W. K. C. Gutrhie, *Historia de la Filosofía Griega*, op. cit., vol. IV, p. 374, n. 165.

## 6.2 La polémica sobre la inmortalidad

con el *Fedón* debemos incluir al intelecto dentro de lo ἀθάνατον que es inmortal ἄλλῃ. Es cierto, sin embargo, que nadie que no tenga el resto de los diálogos ante su mirada supondría que esto pueda referirse a otra cosa que a los dioses. ¡Qué diferencia respecto del *Fedón*, en el cual se mantiene explícitamente la inmortalidad del alma a lo largo de toda la obra!"[24]

La originalidad de la interpretación de Hackforth radicaba en la afirmación de que Platón, en el *Banquete*, reflejaba 'un relapso en un escepticismo temporal'[25] en relación a la naturaleza imperecedera del alma, doctrina que en el *Fedón* se había presentado con elaborada claridad.[26] Es necesario detenerse un momento para analizar los términos de la singular proposición de Hackforth. Al usar el vocablo inglés 'relapse'[27] quiere expresar la vuelta en Platón a una situación anterior al pensamiento del *Fedón*, y que, por ser la del escepticismo, habría que retrocederla hasta la *Apología de Sócrates*. Platón, en el *Banquete*, según Hackforth, volvería a sentir la angustia producida por la ignorancia de lo que le espera al alma después de la muerte. A

---

[24] G. M. A. Grube, *El Pensamiento de Platón*, op. cit., p. 231.

[25] "The *Symposium* shows us a relapse into temporary scepticism." Cf. R. Hackforth, "Immortality in Plato's *Symposium*", *op. cit.*, p. 45.

[26] "The doctrine of the *Phaedo* is clear: the individual man, composite of body and soul, is mortal, but the individual soul, conceived as a divine substance which is like the eternal Ideas and apprehends them, is separable from body, ungenerated, and imperishable." Cf. R. Hackforth, "Immortality in Plato's *Symposium*", *op. cit.*, p. 43.

[27] Igual que el castellano 'relapso', del latín 'relapsus', participio de 'relabor': Retroceder, volver hacia atrás, recaer etc. Se aplica al que reincide en un pecado del que ya ha hecho penitencia, o en una herejía de la que había abjurado. M. Moliner, *Diccionario del Uso del Español*, Gredos, Madrid, 1996, voz 'relapso'.

su vez, al afirmar que este escepticismo es solamente de carácter 'temporal', indica con ello la posterior elaboración de nuevas pruebas de la inmortalidad en los diálogos siguientes al *Banquete*, a saber, *Fedro*, *República* y *Leyes*,[28] diferentes de aquéllas que expuso a Simmias y a Cebes en el *Fedón*. Pruebas de la razón, por lo tanto, más convincentes y capaces de extraer toda incertidumbre sobre la naturaleza inmortal del alma humana en la mente de Platón, incertidumbres que le habían dejado sumido en el escepticismo mientras redactaba el *Banquete*. Y por último, al calificar esa situación temporal del pensamiento de Platón como la de un 'escepticismo', da a entender con ello el carácter inconcluso o inválido de las pruebas racionales que se expusieron en el *Fedón*.

El fundamento de esta controvertida interpretación[29] recae sobre tres afirmaciones que, al hilo de la lectura del discurso de Diotima, extrae Hackforth. La primera consiste en pensar que tal discurso sobre la naturaleza de *eros* y sus obras, hablando de la inmortalidad, debería contener, por lo menos implícitamente, la doctrina que sobre este tema expone el *Fedón*.[30] Y, según Hackforth, tal cosa no sucede. La segunda afirmación consiste en excluir por completo de este diálogo cualquier comprensión

---

[28] "That he should have done so is perhaps a fair inference from the fact that later works, *Rep.* X, *Phaedrus*, and *Laws* X, adduce other arguments." Cf. R. Hackforth, "Immortality in Plato's *Symposium*", *op. cit.*, p. 45.

[29] El mismo Hackforth es consciente de ello: "I am well aware that the solution of the problem here offered will seem unacceptable to many scholars." Cf. R. Hackforth, "Immortality in Plato's *Symposium*", *op. cit.*, p. 45.

[30] "... since Diotima's speech has much to say about immortality one would expect to find the same doctrine, if not openly expressed, al least implied there." Cf. R. Hackforth, "Immortality in Plato's *Symposium*", *op. cit.*, p. 43.

## 6.2 La polémica sobre la inmortalidad

del término 'inmortalidad', que no sea la del sentido 'vicario' del mismo.[31] La única forma que tiene el hombre de ser inmortal es la que le compete por la procreación de lo bello en la generación de la prole, en el arte, en las virtudes y en las leyes. La huella que deja en otros sobrevive a la muerte del hombre. El *Banquete* no ofrece, más allá de ésta, otra posibilidad para rebasar los umbrales de la muerte. Y la tercera establece, por un lado, que el concepto de 'naturaleza mortal', utilizado en el *Banquete*, comprende la realidad humana formada por el compuesto de alma y cuerpo, y por otro lado, que el concepto de 'naturaleza inmortal' solo se refiere exclusivamente a los dioses. En este sentido, el final del primer texto del Banquete arriba transcrito, —ἀθάνατον δὲ ἄλλη—, no tiene ningún alcance ni aplicación a la la realidad del alma humana.

Por lo demás, la postura de A. E. Taylor para defender la inmortalidad del alma en el *Banquete*, en virtud de la cual no existe una palabra en el *Symposio* que afirme que el alma es perecible, es rebatida por Hackforth al afirmar la tesis contraria en el artículo que estamos comentando: tampoco hay una palabra que explícitamente atribuya al alma la inmortalidad.[32]

Inmediatamente después, el prof. R. Hackforth ofrece gentilmente algunas de los intentos (erróneos) que se han dado

---

[31] "In none of the commentaries known to me is it clearly pointed out that the immortality here promised does not spring directly from the apprehension of αὐτὸ τὸ καλόν, but from the begetting of true virtue (sc. in another's soul); and that consequently the philosopher can no more than the ordinary man become immortal (note γενέσθαι) save by vicarious self-perpetuation..." Cf. R. Hackforth, "Immortality in Plato's *Symposium*", op. cit., p. 44.

[32] Cf. A. E. Taylor, *Plato, the Man and his Work*, Londres, 1960. p. 228 n. 1; cf. R. Hackforth, "Immortality in Plato's *Symposium*", op. cit., p. 44.

para explicar la diferencia entre los dos diálogos en torno a la inmortalidad, al mismo tiempo que expone su refutación por presentarse tales soluciones con el carácter de complicadas. Es más lo que se derrumba del sistema platónico al aceptarlas que lo que se consigue. En el trasfondo de tales refutaciones, Hackforth manifiesta los peligros que conlleva una nueva hipótesis explicativa de los problemas relativos a la filosofía platónica. La complicación de tales intentos deriva del hecho de que su defensa conllevaría la elaboración de nuevas teorías explicativas de los movimientos que se producen en los principales pilares del sistema platónico, tanto por la datación de los escritos como por el auge o caída de esos mismos pilares. La empresa es arriesgada y supone, a veces, el derrumbe de la estructura lógica. Por eso si se propone una interpretación, se ha de prever siempre, en la medida de lo posible, la congruencia del nuevo sitio que ocupan las piezas principales de la filosofía de Platón con la interpretación que se ha propuesto.

Entre estas soluciones complicadas, una de ellas, que de un modo más extenso se desarrollará en la siguiente sección, podría darse por el camino de la datación: que Platón hubiera escrito el *Banquete* antes incluso que el *Gorgias* y el *Menón*, casi cercano a la *Apología*, con lo cual la doctrina de la inmortalidad no plantearía ningún problema de incompatibilidad con lo expuesto en el *Fedón*. Pero al hacerlo así, la hipótesis propuesta ha de enfrentarse a la explicación de un problema más serio todavía que se bifurca en dos preguntas complementarias: ¿por qué, siendo tan cercano a la *Apología*, la metafísica del *Banquete* es del mismo nivel que la de los diálogos del periodo de madu-

## 6.2 La polémica sobre la inmortalidad

rez?[33] Y, segunda, ¿por qué el *Gorgias* y *Menón* adolecen de un contenido tan profundo como el que aparece en el *Banquete* y que es tan específico de lo genuinamente platónico?

Otros intentos, criticados de un modo sumario por Hackforth en su artículo, vendrían por el tortuoso camino, y difícil de defender en el conjunto del sistema platónico, de pensar que el discurso de Diotima no expresa el genuino pensamiento de Platón;[34] o aquel otro, mucho más fácil de armonizar, que el prof. Bury sostenía en su edición del *Banquete*, al afirmar por un lado que sería perverso separar la doctrina del *Symposium* de aquellas otras con las que se identifica, como son la teoría de las Ideas y el impedimento de los sentidos para alcanzar la contemplación final, y por otro lado, al afirmar que es conveniente comprender que el discurso de Diotima no es una completa exposición del tema de la inmortalidad platónica.[35]

### 6.2.2   J. S. Morrison y la nueva datación del *Banquete*.

Lo curioso de la solución que vimos líneas arribas, plausible pero bastante complicada a su vez, de retroceder la escritura del *Banquete* al periodo inicial de Platón, es que, posterior al artículo de Hackforth, fue defendida por otro platonista. En 1964, J. S. Morrison publicaba el artículo titulado "Cuatro notas sobre

---

[33] "The dialogue pretty clearly belongs to the period of Plato's maturity, and the metaphysics implied in Diotima's discourse seems to be far advanced than that of the *Meno*." Cf. R. Hackforth, "Immortality in Plato's *Symposium*", op. cit., p. 44.

[34] R Hackforth, "Immortality in Plato's *Symposium*", op. cit., p. 45.

[35] R. G. Bury, *The Symposium of Plato*, introducción, texto y comentarios, Cambridge, 1932. Cf. R. Hackforth, "Immortality in Plato's *Symposium*", op. cit., p. 44.

el *Symposio* de Platón."³⁶ La primera nota es la única de interés para nosotros. En ella, Morrison propone una nueva datación del *Banquete* en atención al criterio de la inmortalidad. Aceptando, por un lado, la tesis de Hackforth acerca de que este diálogo no mantiene la inmortalidad del alma,³⁷ y rechazando su solución como insatisfactoria,³⁸ Morrison afirma que la razón de la oposición en los diálogos se debe a la ausencia, todavía, de la influencia pitagórica que el contacto con las escuelas de Grecia iba a producir en el pensamiento de Platón. Elementos fundamentales del pitagorismo griego eran tanto la inmaterialidad del alma como su inmortalidad. *Menón* y *Gorgias* son fruto ya de esa influencia y *Fedón*, lo mismo pero mucho más elaborado. El *Banquete*, sin embargo, tiene que haber sido escrito con anterioridad a esta influencia del pitagorismo griego, y por lo tanto, contra el sentir general de los *scholars* que lo datan después de la primera visita a Italia.³⁹

---

³⁶ J. S. Morrison, "Four Notes on Plato's *Symposium*", *op. cit.*, págs. 42-55.

³⁷ "Hackforth pointed out the striking divergence in this respect of the *Symposium* from earlier and later dialogues. He notices how all editors have shirked the issue and have tried somehow or other to read the *Phaedo's* doctrine of the soul's immortality into the *Symposium*." Cf. J. S. Morrison, "Four Notes on Plato's *Symposium*", *op. cit.*, p. 43.

³⁸ "The solution which Hackforth gives to the difficulty is in any case highly unsatisfactory." Cf. J. S. Morrison, "Four Notes on Plato's *Symposium*", *op. cit.*, p. 46.

³⁹ "Faced with these considerations I find it very difficult not to conclude that the dating must be wrong, and that the *Symposium* must have been written before Plato began to be affected by those influences which we find so strong in the *Meno, Gorgias, Phaedo, Republic*, and *Phaedrus*." Cf. J. S. Morrison, "Four Notes on Plato's *Symposium*", *op. cit.*, págs. 43-44.

## 6.2 La polémica sobre la inmortalidad

La posición de Morrison se apoya en un aspecto doctrinal que, a su vez, demanda de él la explicación de otro relativo a la referencia externa. El aspecto doctrinal viene dado por el hecho de que la inmortalidad pitagórica, propia de las escuelas griegas, aquélla que establecía al alma como imperecible y no afectada por la corrupción del cuerpo en la muerte, no se respira en este diálogo, y es causa, por ello, del traslado a una fecha anterior la escritura del *Banquete*. A consecuencia de esto, se ha de enfrentar con un criterio de referencia a un suceso exterior, a saber, la dispersión de los mantineos por Esparta en el 385, que, según la interpretación tradicional, colocaba la redacción del *Banquete* en la misma época que el *Fedón*. Si la referencia del diálogo alude a lo sucedido en el año 385 a. C., la hipótesis explicativa de Morrison cae por tierra y el *Banquete* ha de permanecer al lado del *Fedón* y *Fedro*. Y para Morrison, siendo ésta la única objeción seria a su posición,[40] apoyándose en las tesis de Wilamowitz[41] y de Mattingley,[42] el pasaje en cuestión recibe también su corolario explicativo: más que al año 385, Aristófanes, en su discurso, se refiere a lo sucedido en el año 418 a. C., también entre Esparta y Arcadia.[43]

---

[40] "It seems clear that the only serious objection to such a dating is the alleged reference to the Spartan action against Mantinea in *Symposium* 193a." Cf. J. S. Morrison, "Four Notes on Plato's *Symposium*", *op. cit.*, p. 44.

[41] U. von Wilamowitz–Moellendorff, *Platon*, op. cit., p. 115.

[42] H. B. Mattingley, "The Date of Plato's Symposium", *op. cit.*, págs. 31-39.

[43] Una exposición y refutación de este criterio de referencia externa en K. J. Dover, "The Date of Plato's *Symposium*", *op. cit.*, págs. 1-16. Su posición final: "This suggests the following chronology: 385-4: Dissolution of Mantineia. After 385-4 but before 378: Plato's *Symposium*. 378: Creation of the Sacred Band. After 378: Xenophon's *Symposium*." p. 15. Cf. O. Velásquez, *Platón, "El Banquete"*, inédito, 1997, establece nuevos aportes para su

Por último, ha de enfrentarse con otro problema doctrinal, que, a nuestro parecer, se presenta como la objeción más seria a la postura de Morrison y, sin embargo, es abordado con parquedad de palabras. El discurso de Diotima presenta un contenido metafísico muy superior a los diálogos que, según Morrison, fueron escritos bajo la influencia pitagórica griega, y al mismo nivel que los argumentos del *Fedón* y del *Fedro*. Elementos importantes de la filosofía platónica madura han sido extraídos precisamente de su exposición en el *Banquete*. Sin embargo, y aún reconociendo este hecho, Morrison piensa que tal diferencia no debería cegarnos para leer el *Banquete* como preludio de los argumentos expuestos en el *Menon* sobre la *anamnesis* y la inmortalidad del alma,[44] en definitiva, las piezas claves del

---

datación en el periodo de madurez: "Algunos datos internos del mismo diálogo han servido para guiar a los estudiosos en la proposición de su probable ubicación cronológica entre las obras de Platón. Un pasaje del discurso de Pausanias (182b6 ss), que alude a los jonios y a otros muchos lugares, según dice, se refiere a ellos como sometidos al yugo de los bárbaros. Esto podría significar que se habla de una situación posterior a la paz de Antálcidas —año 387-6 a. C—, que reconoció la presencia del poder persa en Jonia y Asia Menor. Luego, en el discurso de Aristófanes (193a2), se alude a la dispersión sufrida por los arcadios en Mantinea, a manos de los espartanos, un hecho que tuvo lugar en el año 385. Lo dicho por Fedro (178e-179b) acerca de un ejército de amantes y amados constituye otra señal, pues se relaciona esta afirmación con el batallón sagrado de Tebas, creado por Gorgias alrededor del 378 y que, comandado por Pelópidas, triunfó sobre los espartanos en Tegira (375) y Leuctra (371). Dejando aparte este último dato histórico, cuyas fechas son ligeramente posteriores, podemos suponer que la composición del *Banquete* se sitúa entre el 384 y el 379 a. C., más cerca de la primera fecha que de la segunda." p. 3.

[44] "It is true that metaphysically speaking the *Symposium* is pitched in a much higher key than the *Meno*, but this elevation of tone should not blind us to the fact that in the *Meno*, with the doctrine of *anamnesis* and the soul's immortality, Plato has achieved the metaphysical break-through

*6.2 La polémica sobre la inmortalidad* 193

gran avance metafísico de Platón sobre sus predecesores. La objeción concreta a lo mantenido por Morrison en torno a este criterio doctrinal podría ser formulada de la siguiente manera: si en el *Fedón* la hipótesis de la *anamnesis* sirve para apuntalar en parte tanto el conocimiento verdadero como la existencia de un universo de ideas existentes por sí, así como la inmortalidad del alma, ¿cómo es posible que en el *Banquete*, se expongan las propiedades de la Idea de Belleza de una forma incluso superior al *Fedón*, si todavía el *Menón* no se había escrito? O desde el punto de vista del *Fedón*: si la idea de Belleza podía ser conocida por el alma partiendo solamente de la belleza de un cuerpo para ir ascendiendo hasta llegar a ese *mar de lo bello*[45], ¿qué necesidad tenía Sócrates en el *Fedón* de recurrir a la reminiscencia para explicar el conocimiento de ella, si el *Banquete* le había garantizado un camino más corto?

### 6.2.3  J. V. Luce y su inmediata respuesta a Hackforth

La respuesta directa y más acertada a la interpretación del 'escepticismo temporal' de Platón en el *Banquete* aparecería inmediatamente después de la publicación del artículo de Hackforth. Según el platonista Luce, tal acusación de un escepticismo, por temporal que fuese, es lo más extraño a la mentalidad de Platón.[46] La crítica elaborada en este artículo a la posición sostenida por Hackforth, mediante la cual se restituye de nuevo

---

for which, in many ways, the *Symposium* prepares the ground." Cf. J. S. Morrison, "Four Notes on Plato's *Symposium*", *op. cit.*, p. 46.

[45] Proceso dialéctico que será afirmado posteriormente en la teoría del conocimiento de Aristóteles.

[46] "Plato the Fascist, Plato the Communist, and now Plato the Sceptic!... Having always considered that the temper of Plato's mind was alien to scepticism in any form, I felt impelled to make a critical examination of

la ubicación pacífica del *Banquete* entre los diálogos de madurez, junto al *Fedón* y *Fedro*, se lleva a cabo sobre tres puntos importantes.

En primer lugar, Luce defiende una interpretación del *Fedón* que se identifica con la que aquí se ha mantenido. Platón, en este diálogo, no presenta las pruebas de la inmortalidad del alma, llevadas a cabo por la razón, con tal certeza que pudieran substituir radicalmente a aquella otra certeza que, por otro camino, le proporcionaba la fe en la misma.[47] Y esto, según Luce, se confirma con 'el enfático εἴπερ ἡ ψυχὴ ἀθάνατος con el que se introduce el mito escatológico, y por la nota de ἐλπίς con el que concluye.'[48] En virtud de esto, Luce se enfrenta directamente con lo afirmado por Hackforth sobre la absoluta garantía racional del último argumento de Sócrates en el *Fedón* como demostrado 'más allá de toda cuestión.'[49] En definitiva, dada la identidad en Platón de vida, comportamiento ético y filosofía,

---

the arguments adduced in support of this novel contention." Cf. J. V. Luce, "Inmortality in Plato's *Symposium*", *Classical Review*, LXIV, (1950), págs. 137–141.

[47] "Is it not rather the case that all its arguments except the last one are but a series of considerations telling more and more strongly in favor of the reasoned faith of 'Socrates'. And as for the final argument, does not 'Socrates' himself state that it is hypothetical and depends entirely on the acceptance of an initial postulate, viz. the Theory of Ideas?" Cf. J. V. Luce, "Inmortality in Plato's *Symposium*", *op. cit.*, p. 138.

[48] Cf. J. V. Luce, "Inmortality in Plato's *Symposium*", *op. cit.*, p. 138. Cf. Platón, *Fedón*, op. cit. 107d: "Pero entonces, amigos —dijo—, es justo que reflexionemos esto, que, *si realmente nuestra alma es inmortal...*"; y 114c, "Pues es bella la competición y la *esperanza* grande."

[49] "... we are justified in saying -whatever be our own qualms- that Plato regards his doctrine as proved beyond all question." Cf. R. Hackforth, "Immortality in Plato's *Symposium*", *op. cit.*, p. 43.

## 6.2 La polémica sobre la inmortalidad

el carácter racional de las pruebas de la inmortalidad, pese a su grado de certeza, no proporcionaban el consuelo suficiente que el alma socrática necesitaba para enfrentarse con la cicuta. La fe era necesaria todavía en este campo hasta tal punto que Platón 'nunca dudó del hecho de la inmortalidad del alma; únicamente estaba disconforme con la demostración de ella.'[50]

En segundo lugar, Luce propone que, para superar la aparente contradicción entre el *Banquete* y el *Fedón* en torno a la pervivencia del alma después de la muerte, es necesario llevar a cabo un análisis del significado del término ψυχή. Desde este punto de vista, dos son los sentidos —uno primario y más general, y otro desarrollado y más específico— que tal concepto, en la época de Platón, incluía. El sentido más general de ψυχή, su significado primigenio, connotaba exclusivamente la idea de 'vida' y, por lo tanto, siempre que se hacía uso de este significado, la palabra connotaba también el hecho de ser una realidad afectada por el acontecimiento de la muerte. El sentido más específico, en su aspecto evolucionado, comprendía una serie de notas entre las que se encontraba la de la inmortalidad. La lengua griega, 'con sus dos palabras para vida, βίος y ζωή estaba bien preparada para hacer esta distinción',[51] pues con el primer término se quería indicar la vida sometida a la muerte y con el segundo, la vida que es capaz de continuar más allá de la disolución del cuerpo. Derivadamente, el concepto de inmortalidad variaba de sentido y alcance según se atribuye-

---

[50] "He never doubted the fact of the soul's immortality; he was merely dissatisfied with his demonstration of it." Cf. J. V. Luce, "Inmortality in Plato's *Symposium*", *op. cit.*, p. 138.

[51] J. V. Luce, "Inmortality in Plato's *Symposium*", *op. cit.*, p. 139.

ra a βίος, —inmortalidad vicaria o '*inmortality in time*'[52]—, o bien a ζωή, —inmortalidad para la vida eterna o '*inmortality in eternity*'[53]—. La conclusión de Luce era de esperar:

> "A la luz de esta distinción, la diferencia entre el *Fedón* y el *Simposio*, puede ser puesta como sigue: el primero trata con la ζωή τῆς ψυχῆς, y el segundo con la βίος τῆς ψυχῆς. Naturalmente, por esta razón, los dos diálogos adoptan diferentes aproximaciones al problema de la inmortalidad. Pero sus perspectivas no son inconsistentes; tienen diferentes tipos de inmortalidad en mente y entienden ψυχή en diferentes sentidos."[54]

Y en tercer lugar, Luce se dedica a lo que él considera el argumento más fuerte. El *Fedón* y el *Banquete*, pese a sus diferentes maneras de abordar el tema de la inmortalidad, están unidos por el ideal de la vida filosófica de llegar a la contemplación del mundo de las Ideas, constituyendo éstas tanto la 'espina dorsal del *Symposio* como la del *Fedón*.'[55] El ascenso, hecho en el discurso de Diotima, desde la belleza de un cuerpo hasta la Belleza en sí no es nada diferente de la actividad filosófica que

---

[52] J. V. Luce, "Inmortality in Plato's *Symposium*", op. cit., p. 139. Este problema está muy unido a otra discusión en torno al concepto de eternidad e inmortalidad de las Formas que ha levantado otra de las tantas polémicas entre los *scholars* de Platón. Para una idea del problema, J. Whittaker, "The 'Eternity' of the Platonic Forms", *Phronesis*, 13, (1968), 131–143; T. M. Robinson, "The Argument of Tim. 27d ff", *Phronesis*, 24, (1979), 105–109.

[53] J. V. Luce, "Inmortality in Plato's *Symposium*", op. cit., p. 139.

[54] J. V. Luce, "Inmortality in Plato's *Symposium*", op. cit., p. 139.

[55] "The Theory of Ideas forms the metaphysical backbone of the *Symposium* non less than the *Phaedo*." Cf. J. V. Luce, "Inmortality in Plato's *Symposium*", op. cit., p. 140.

*6.2 La polémica sobre la inmortalidad* 197

Sócrates propone a Simias y Cebes para vencer el temor de la muerte y convertirse, ellos también, en ερασται φρονεσεος.

La conclusión que Luce extrae de su crítica a la posición de Hackforth consiste en mantener que, en el *Symposio*, la concepción del alma inmortal, como aquella realidad del hombre que supera la frontera de la disolución del cuerpo, más allá del reducido margen del sentido vicario que Hackforth le atribuye, permanece latente en la lectura de todo el diálogo, especialmente en los textos en los que se habla de 'lo inmortal' y que antes han quedado reseñados en este capítulo. Recupera así, con su estudio, la solución que, con anterioridad, había expuesto el profesor Bury.[56]

El único comentario que aquí se quiere hacer a la defensa de Luce contra Hackforth atañe al análisis del término 'alma' propuesto en el segundo punto. Parece difícil imaginar que, en tan corto periodo de tiempo como el que transcurre entre la redacción de un diálogo y otro, *Fedón* y *Banquete*, la mente de Platón, en plena época de lucidez intelectual, utilice primero un sentido desarrollado del concepto ψυχή, incluyendo la nota de inmortalidad, tan difícilmente adquirida en el *Fedón*, e inmediatamente después, este mismo significado tenga solo, en el trasfondo de la escritura del *Banquete*, un papel activo. Es cierto que el análisis de tal concepto es necesario para dirimir entre uno y otro lado de la polémica, y a ello se han dedicado algunos platonistas en sus estudios sobre la naturaleza del alma.[57] Pero,

---

[56] Cf. J. V. Luce, "Inmortality in Plato's *Symposium*", *op. cit.*, p. 140.

[57] Cf. I. M. Crombie, *Análisis de las Doctrinas de Platón*, op. cit., vol. I, p. 312: "Una nueva dificultad para la concepción de la ψυχή proviene de la historia de la propia palabra." G. M. A. Grube, *El Pensamiento de Platón*, op. cit., p. 189.

en realidad, frente a la posición de Luce, hay que decir que la conclusión que goza de mayor probabilidad fruto de este análisis semántico, si se quieren mantener unidos el *Banquete* y el *Fedón* como 'hermanos gemelos en la familia espiritual del mundo platónico,'[58] estriba en que, entre ambos diálogos, no solo existe una fundamental unidad de creencia, sino también una unidad de conceptos, entre los cuales destacarían el de alma y el de inmortal.

## 6.3 Conclusión

En consonancia con lo que aquí se está defendiendo, la efectiva diferencia entre el diálogo *Fedón* y el *Banquete* no radica, en su origen, ni en el tema de la inmortalidad del alma, claramente expuesta en el primero, y obscuramente expresada en el segundo; ni tampoco en el obrar ético del filósofo respecto del mundo sensible y de su cuerpo, enemigo siempre a combatir en el primero, cooperador inicial del ascenso a la Belleza en el segundo.[59] Reducir la polémica suscitada por el artículo de Hackforth a estos dos campos implicaría una cadena de posiciones en pro y en contra parecida a la discusión que en su tiempo protagonizó el artículo de Owen sobre la datación del *Timeo*. Máxime cuando en ambos diálogos, con mayor o menor preci-

---

[58] E. C. Tsirpanlis, "The Immortality of the Soul in 'Phaedo', and 'Symposium' ", *op. cit.*, págs. 224–233.

[59] "Some observed an inconsistency between Symposium and Phaedo in connection with their moral teaching and find in Phaedo a morality that is strangely ascetic. But there is no real inconsistency: the contrast is phenomenological only lying in the difference of standpoint from which the two dialogues are written." Cf. E. C. Tsirpanlis, "The Immortality of the Soul in 'Phaedo' and 'Symposium' ", *op. cit.*, p. 225.

## 6.3 Conclusión

sión y abundancia, se pueden encontrar textos que apoyen los dos extremos de la aparente diferencia de los diálogos, a saber, el *Fedón* intelectualista y negativo en relación al papel de los sentidos, y el *Banquete*, emocional y positivo en cuanto a los sentidos. Un lector atento del *Fedón* podría refugiarse en el pasaje en donde concluye lo que se ha llamado la biografía intelectual de Platón para acortar grandemente la diferencia con el *Banquete*. Y el mismo lector, reduciría distancias desde el *Banquete* hacia el *Fedón*, si extrajera las consecuencias más evidentes del final del discurso de Diotima, aquel pasaje en el que se alaba la vida filosófica cuando el alma llega a contemplar la 'Belleza en sí, pura, limpia, sin mezcla, y no infectada de carnes humanas, ni de colores ni, en suma, de otras muchas fruslerías mortales, y pudiera contemplar la divina belleza en sí, específicamente única.'[60]

Llegados a este punto, cabría preguntarse si, tal vez, la pretendida diferencia en los diálogos se constituyera a nivel de las conclusiones y en absoluto a nivel de los principios. En efecto, es necesario insistir una vez más que Platón, en el *Fedón*, aborda directamente y desde el punto de vista del conocimiento, el tema de la inmortalidad del alma; mientras que en el *Banquete*, habiéndose propuesto hablar del amor, la inmortalidad es algo intuitivamente anexo y, por ahora, racionalmente inconexo al tema principal. En aquel diálogo, el peso de la tradición cognoscitiva y el material aportado por toda la reflexión socrática y presocrática, daba opción al establecimiento progresivo de diversas pruebas sobre la inmortalidad del alma, cada una de ellas con un mayor grado de certeza racional. En cambio, en el *Banquete*, la tenue reflexión sobre la naturaleza ontológica que

---

[60] Platón, *Banquete*, op. cit., 211e.

respecto del amor la tradición había aportado, y la falta de una línea argumentativa que uniera las reflexiones sobre Eros con la constitución ontológica del alma,[61] —la segunda vía—, solo permitía al discurso platónico vislumbrar de alguna manera la necesidad ética de romper la barrera del tiempo para que fuera posible la felicidad del alma mientras está unida al cuerpo, y pudiera poseer siempre el bien.[62] Eros únicamente se presentaba 'como un colaborador de la naturaleza humana'[63] orientando al alma purificada hacia la consecución del bien perpetuamente poseído, y por lo tanto, a la inmortalidad:

> "Y es necesario, según lo acordado, desear la inmortalidad junto con el bien, si realmente el amor tiene por objeto la perpetua posesión del bien. Así, pues, según se desprende de este razonamiento, necesariamente el amor es también amor de la inmortalidad."[64]

Y hay que señalar, como elemento fundamental del análisis realizado en ambos diálogos, que el argumento final para descubrir la presencia de la inmortalidad en el alma está íntimamente unido a la Teoría de las Formas, pacíficamente establecida en el periodo de madurez de Platón.[65] Ya hemos visto su desarrollo

---

[61] "¡Qué se haya puesto tanto afán en semejantes cosas y que ningún hombre se haya atrevido hasta el día de hoy a celebrar dignamente a Eros! ¡Tan descuidado ha estado tan importante dios!" Cf. Platón, *Banquete*, op. cit., 177c.

[62] "Entonces, —dijo—, el amor es, en resumen, el deseo de poseer siempre el bien." Cf. Platón, *Banquete*, op. cit., 206b.

[63] Platón, *Banquete*, op. cit., 212b.

[64] Platón, *Banquete*, op. cit., 207a.

[65] E C. Tsirpanlis, "The Immortality of the Soul in 'Phaedo' and 'Symposium' ", op. cit., p. 229: "And in both dialogues the intrinsic merit and

## 6.3 Conclusión

en el *Fedón* a partir de la vía del conocimiento. Y en el *Banquete*, siguiendo la vía alternativa de Eros, la contemplación de la Belleza en sí por parte del filósofo y la posesión de ella como acción primordialmente amorosa, hacen presagiar, de un modo intuitivo más que racional, el destino inmortal del hombre 'que contempla esa belleza y vive en su compañia.'[66] Habiendo definido Diotima que *Eros*, en el hombre, es el deseo de poseer siempre el bien, el logro del *Banquete*, y lo que, al mismo tiempo, hace de este diálogo una obra maestra de filosofía, es que cualquier entidad, que estuviera sujeta al paso del tiempo, y se presentara como asumiendo para sí aquel bien, al que el alma aspira para poseerlo siempre, dejaría al hombre sumido en una gran desesperanza. En el mundo material el alma solo encuentra imágenes, participaciones muy débiles, transitorias y cambiantes de ese mundo ideal, más real que el material, que goza de la eternidad y cuya posesión garantiza la presencia del bien en el alma sin la limitación del tiempo.

Esto explicaría la parte final del *Banquete*, con la entrada de Alcibiades y el elogio hecho por éste a Sócrates y su fracaso amoroso. Lo que Platón quería confirmar al final de su diálogo era no dejar ninguna duda del hecho que Sócrates fue un hombre que no redujo el objeto de Eros a la posesión de un placer material y que 'no se puede adquirir lo que es verdaderamente

---

validity of the proofs of the immortality of the soul depends on the existence of the Forms."

[66] Platón, *Banquete*, op. cit., 212a. Cf. E. C. Tsirpanlis, "The Immortality of the Soul in 'Phaedo' and 'Symposium' ", *op. cit.*, p. 229: "And in both dialogues the intrinsic merit and validity of the proofs of the immortality of the soul depends on the existence of the Forms. Especially the argument from affinity in Phaedo as well as the doctrine of immortality by participation in the late part of Diotima's exposition is entirely based upon the Forms."

bello a cambio de lo que es solo en apariencia, e... intercambiar oro por bronce',[67] y que su propio pensamiento filosófico, el de Platón, sobre la naturaleza del deseo se presentaba tan original y novedoso como lo era la misma personalidad de Sócrates:

> "Pero como es este hombre, aquí presente, en originalidad, tanto él personalmente como sus discursos, ni siquiera remotamente se encontrará alguno, por más que se le busque, ni entre los de ahora, ni entre los antiguos, a menos tal vez que se le compare, a él y a sus discursos, con los que he dicho: no con ningún hombre, sino con los silenos y sátiros."[68]

Por el contrario, solamente la existencia de una entidad imperecedera, independiente del tiempo, capaz de ser contemplada y poseída, podría garantizar en el hombre, como una *bella esperanza*, la posibilidad de 'hacerse amigo de los dioses y llegar a ser, si algún otro hombre puede serlo, inmortal también él.'[69] El substrato metafísico, la ética, la concepción del alma humana en los dos diálogos son los mismos.[70] Variaba únicamente el peso de la tradición en cada una de las vías utilizadas para acceder al alma, más amplia y más desarrollada, con mejor material en el *Fedón*, y débil, necesitada de un instrumento más preciso y de una reflexión más profunda, en el *Banquete*.

---

[67] Platón, *Banquete*, op. cit., 218e.
[68] Platón, *Banquete*, op. cit., 221d.
[69] Platón, *Banquete*, op. cit., 212a.
[70] "In conclusion, I think that there is basically an identical conception of the immortality of the soul in Plato's thought, at least in Phaedo and Symposium: a 'per se' immortality of soul, that is to say." Cf. E. C. Tsirpanlis, "The Immortality of the Soul in 'Phaedo' and 'Symposium' ", *op. cit.*, p. 231.

## 6.3 Conclusión

En este sentido, el estudio realizado por el profesor Gaye sobre el tema de la inmortalidad platónica en el *Banquete*, refrenda la conclusión aquí mantenida. Y aunque la datación que hace de los diálogos en cuestión ubica al *Banquete* anterior al *Fedón*, no obsta esto para que en el desarrollo de su comentario sostenga tres tesis importantes. La primera de ellas se expresaría al establecer que en el *Banquete*, junto a la concepción tradicional griega de la inmortalidad 'sucedánea', la que ocurre por la procreación en la especie, la fama y las obras de arte, se destaca otra cuyas premisas han de fundamentarse en el Eros intrínseco al alma, en su capacidad de conocer más allá de los sentidos, y en la existencia de unas entidades inmateriales cuya posesión por parte del alma la hace parecerse a los dioses.[71] La segunda tesis que viene en apoyo de lo que aquí hemos mantenido, queda reflejada al afirmar que esta nueva posición de la inmortalidad está todavía débilmente elaborada en el *Banquete*, sin una forma demostrativa clara y por pasos, como la que se descubre en el *Fedón*. Bien es verdad que las razones que se dan sobre esta debilidad demostrativa difieren de nuestra posición, al mantenerse aquí la conexión de esa debilidad con una tradición pobre acerca del tema de Eros, mientras que el profesor Gaye la atribuye, en consonancia con el objetivo general de su libro, a la todavía débil exposición de la Teoría de las Ideas.[72] Y la

---

[71] "In the *Symposium* he breaks away from old traditions and gives a faint indication of a new system of philosophy to be developed later. In the speech of Diotima which we have been considering we can see the dawn of the Theory of Ideas, and along with it the dawn of the Theory of Immortality." Cf. R. K. Gaye, *The Platonic Conception of Immortality and its Connection with the Theory of Ideas*, op. cit., p. 31.

[72] "Neither theory has as yet taken definite shape; but the most important and interesting fact to notice so far is that from the first the two are intimately connected." Cf. R. K. Gaye, *The Platonic Conception of Immor-*

tercera afirmación radica en la íntima conexión que existe entre la determinación de la naturaleza espiritual del alma, purificada por Platón de todo contenido material, y el descubrimiento de no ser afectada por el acontecimiento de la muerte.[73]

---

*tality and its Connection with the Theory of Ideas*, op. cit., p. 31. Y por ello, según Gaye, el *Fedón* fue escrito posteriormente al *Banquete*.

[73] "Plato on the other hand sets about to spiritualize the conception of ψυχή and at the same time to indicate to some extent its nature; consequently he is the first philosopher to have any real appreciation of how much is implied in the assertion that the *soul* is immortal, the soul which not only lives but *thinks* (φρονει)." Cf. R. K. Gaye, *The Platonic Conception of Immortality and its Connection with the Theory of Ideas*, op. cit., p. 30.

# 7

# LAS REFLEXIONES ULTERIORES DE PLATÓN

## 7.1 El acceso al alma en los diálogos posteriores

Puesto que el tema de la espiritualidad del alma, y de su distinción respecto de todo lo que pertenece al mundo material, nunca desaparece de la reflexión platónica de los diálogos posteriores al *Fedón* y *Banquete*, nuevas pruebas de la inmortalidad se ofrecen en algunos de ellos.[1] En la *República* habla precisamente de la variedad de argumentos expuestos en sus obras:

---

[1] "It would seem that when once the theory had begun to take shape in his mind it was never long absent from his thoughts, and he could not bring himself to leave the subject until he had made the doctrine thoroughly his own." Cf. R. K. Gaye, *The Platonic Conception of Immortality and its Connection with the Theory of Ideas*, op. cit., págs. 2-3.

"Así, pues, el que el alma sea algo inmortal, nos lo impone nuestro reciente argumento y los demás que se dan."[2]

Sin embargo, excepción hecha del *Fedro* y del *Timeo*, obras que contienen abundantes consideraciones sobre el alma, el resto de los diálogos aborda este tema junto con otros de vital importancia, como sucede en el caso de la *República*, donde aparecen las reflexiones sobre el alma y la inmortalidad al lado de las consideraciones sobre la justicia y el estado; o bien de modo indirecto o tangencial al tema principal del diálogo. El *Teeteto*, por ejemplo, al hablar del proceso del conocimiento y de la distinción entre la ciencia y la recta opinión, tiene como telón de fondo la aptitud natural del alma para recibir conocimientos de carácter universal, así como para ser la sede de la opinión y de la ignorancia. Además, frente al relativismo antropológico de Protágoras —el hombre como un conjunto de percepciones y sensaciones sin vínculo—, mantiene la existencia del alma como principio unificador en el hombre. La *República* y *Las Leyes* son tratados éticos–políticos sobre el Estado y sobre el individuo en relación con el Estado; en su desarrollo, sin embargo, *La República*, se plantea el importante y discutido problema de la naturaleza tripartita del alma y una nueva prueba de la inmortalidad; y en *Las Leyes*, Platón reflexiona sobre el origen divino y el carácter imperecedero del alma como antídoto contra la impiedad. Los diálogos *Parménides*, *Sofista*, *Político* y *Filebo*, son tratados lógicos, cosmológicos y metafísicos, destinados principalmente a la revisión de su Teoría de las Ideas, a la noción parmenídea del Ser y de lo Uno y a la preparación del

---

[2] Platón, *República*, op. cit., 611b.

## 7.1 El acceso al alma en los diálogos posteriores

tema del Alma del mundo.[3] La aparición de éste último tema —*Anima Mundi*— en las reflexiones del *Político* y del *Filebo*, está íntimamente relacionada con la concepción del alma como principio de movimiento, según se expone en el *Fedro*. Pero, a modo de síntesis, en todos ellos sigue manteniéndose como conceptos claves de la antropología platónica, la espiritualidad del alma y su distinción respecto del cuerpo.

Por ello, con mayor o menor fuerza argumentativa, varios son los nuevos intentos de acceder a la inmortalidad del alma y a la superación del problema de la muerte que se descubren en los Diálogos posteriores al *Banquete*. Bastaría, para lo que aquí se ha propuesto como objetivo, la simple enumeración de ellos junto a una breve descripción, a fin de poder extraer nuevos conceptos y tener un instrumento más depurado para la elaboración final de una metafísica del alma. Sobre todo buscando en los mismos el hilo argumentativo, el punto de vista del que parten, y las posibles consecuencias que se derivan para el desarrollo integral de la antropología, la ética y la metafísica. Y es necesario recordar que una nueva prueba de la inmortalidad implica el descubrimiento previo de algún aspecto trascendental de la esencia del alma.

---

[3] Hay que destacar la presencia del mito del *Político* que presenta al mundo dotado de vida, y su posterior aparición en el *Filebo*, concluyendo ambos en la clara exposición del *Anima Mundi* del *Timeo*. Cf. O. Velásquez, *Anima Mundi. El Alma del Mundo en Platón*, Ediciones Universidad Católica de Chile, Santiago, 1982.

## 7.2 El alma como principio de movimiento

Tres ideas fundamentales y novedosas hacen su aparición en la antropología platónica de los diálogos posteriores al *Fedón* y *Banquete*. La primera, la trascendental e influyente idea según la cual se atribuye al alma la fuente y el origen incesante de toda vida y movimiento. La segunda, lógicamente derivada de la primera, el análisis introspectivo de la misma por el que se le atribuye, junto a la indiscutida actividad intelectual, todo un conjunto de pasiones y deseos que ponen en entredicho la conquistada simplicidad del alma en el *Fedón*. Y por último, la 'creación' de las almas individuales, utilizando este concepto en sentido muy amplio, y no en el estricto sentido que la religión cristiana le da como 'creatio ex nihilo', queriendo significar, más bien, lo expresado por conceptos como el de formación, 'emanación',[4] o producción a partir de unos elementos.

### 7.2.1 El diálogo *Fedro*

Tratando el doble tema de la retórica y de Eros como fondo, el *Fedro*, antes de describir la naturaleza del alma con el bello mito de los caballos alados y el auriga, accede a su inmortalidad por el camino del análisis del movimiento, entendido éste como la manifestación más clara de la existencia de un principio de vida.[5]

---

[4] De hecho, A. Fouillée, en su estudio, *La Filosofía de Platón*, op. cit., p. 269, opta por la utilización de este término.

[5] Platón, *Fedro*, op. cit., 245c-246a. La interpretación acerca de este pasaje del *Fedro*, en relación al término original de Platón -αὐτοχίνητον o ἀεικίνητον- ha dado lugar a una controversia para defender uno de los dos términos. Cf. J. C. Vollgraff, "Conjectanea in Platonis *Phaedrum*", *Mne-*

## 7.2 El alma como principio de movimiento

Ese deseo innato en el alma humana, que conducía a los que se dejaban guiar por la filosofía hacia la contemplación de la Belleza en sí, descrito en el *Banquete*, quedaba ahora, en el *Fedro*, metafísicamente incrustado como elemento esencial de la 'naturaleza divina y humana del alma.'[6] Tesis platónica que convierte a Eros en origen del movimiento, y que recibirá Aristóteles en su *Metafísica* para explicar la atracción que el Primer Motor, Inmóvil, produce en la escala de los seres para aspirar hacia él.[7] El alma es inmortal porque tiene la capacidad de moverse siempre a sí misma, causando a su vez el movimiento del cuerpo que le corresponde tras su caída, así como también el movimiento producido en el mundo exterior. Pero ella, para el ejercicio de sus funciones, no es movida por nadie. Por tener la fuente del movimiento en sí mismo, es *animada*, y por ser el origen de todo movimiento exterior, es indestructible, 'porque si el principio pereciese, ni él mismo se originaría de nada, ni ninguna otra cosa de él; pues todo tiene que originarse de él.'[8] Tal es, en esencia, la prueba que, de la inmortalidad del alma, presenta el *Fedro*.

---

*mosyne*, 37, (1909), págs. 433-455; cf. G. J. de Vries, *A Commentary on the Phaedrus of Plato*, Amsterdam, 1969, págs. 121-122.

[6] Platón, *Fedro*, op. cit., 245c.

[7] Según Aristóteles, lo Absolutamente Inmóvil es principio de todo movimiento mediante la acción de eros: κινει ὡς ἐρώμενον. Aristóteles, *Metafísica*, op. cit., 1072 b 3. Cf. W. K. C. Guthrie, *Historia de la Filosofía Griega*, op. cit., vol. IV, p. 404: "Aunque la teoría Aristotélica del movimiento excluía la idea de un ser que se mueva a sí mismo, la de un Motor Inmóvil, que es su Causa Primera, debía a Platón más de lo que indica su crítica en la *Metafísica*."

[8] Platón, *Fedro*, op. cit., 245 d.

La afirmación de que la tesis del alma como principio de movimiento es la primera de los tres principales avances antropológicos de Platón en esta época, viene avalada por el carácter sintético que, respecto de la filosofía anterior, contiene. En efecto, la apertura de una nueva vía de acceso a la esencia del alma a través de la aplicación del concepto griego de ἀρχή, ofrecía a Platón la recuperación del principal problema de la filosofía presocrática, a saber, la búsqueda de un principio unificador de lo real y causa de todo. Un tema que ya había planteado en el *Fedón* al proponer su descubrimiento de la realidad ontológica de las Ideas como las verdaderas causas del mundo material en abierta oposición a las reflexiones de sus predecesores.[9]

Así, con esta nueva definición de la realidad del alma, intenta acercar el ser rígido de Parménides a la doctrina del flujo constante de Heráclito. Toda la causa y el origen del movimiento radica, como en su fundamento, en un ἀρχή, cuya naturaleza reviste las condiciones contrarias al mundo material. Lo que para Platón mueve al incesante mundo de Heráclito no es la existencia del llamado panteísmo de Parménides, sino un alma, siempre en movimiento, causa de su propio movimiento y del movimiento general del universo.[10] Pero los atributos otorgados a esta realidad, derivados de forma inmediata de lo que

---

[9] Platón, *Fedón*, op. cit., 96e-100e, en donde expone lo absurdo de la reflexión anterior a él.

[10] "Interpreted in this way Eleaticism leaves us no better off than Heracliteanism. Plato perceived this, and the task which he set himself was to reconcile all that was essential in these two seemingly irreconcilable systems, the πάντα ῥεῖ of Heraclitus and the ἓν ὂν πᾶν of Parmenides, either of which taken by itself was found to be insufficient for the purpose of giving a satisfactory explanation of the universe. The key to this reconciliation he found, as Mr. Archer-Hind points out, in νοῦς, the abstract causative principle of

## 7.2 El alma como principio de movimiento

en la tradición filosófica griega se entendía por ἀρχή, permanecen idénticos a los del ser de Parménides. El esfuerzo sintético por conciliar la estabilidad del ser de Parménides con el mundo siempre en movimiento de Heráclito queda patentemente manifiesto en esta argumentación del *Fedro*. En pocas palabras, el genio intelectual de Platón hace avanzar el discurso de la razón sobrepasando el límite al que habían llegado los presocráticos. Frente a la negación del ser estable decretada por Heráclito, Platón se levanta con la afirmación de un principio 'que no puede perecer ni originarse, o, de lo contrario, todo el cielo y toda generación, viniéndose abajo, se inmovilizarían, y no habría nada que, al originarse de nuevo, fuera el punto de arranque del movimiento.'[11] Frente a la negación del ser en movimiento de Parménides, y de que no hay otra alternativa a al ser sino el no ser de ninguna manera, Platón establece para el ser estable, su propio movimiento, puesto que 'nunca deja de moverse'; y para las otras cosas que se mueven, se constituye en 'la fuente y el origen del movimiento.'[12]

---

Anaxagoras." Cf. R. K. Gaye, *The Platonic Conception of Immortality and its Connection with the Theory of Ideas*, op. cit., págs. 105-106.

[11] Platón, *Fedro*, op. cit., 246de. Véase una traducción buena al castellano del poema de Parménides, Montero Moliner, *Parménides*, Madrid, Gredos, 1960, págs. 7-11.

[12] Platón, *Fedro*, op. cit., 246c. Étienne Gilson dice al respecto de la síntesis de Platón: "La primera característica reconocible del ser de Platón es que aparecerá siempre, a través de sus diversas modificaciones históricas, como una variable. La postura de Parménides había sido muy sencilla y casi cruda: aquello que es, es y aquello que no es, no es. No así la de Platón, cuyo principal esfuerzo especulativo se dirigió al problema de dar cuenta del hecho de que ciertas cosas son, aunque no del todo, o si preferimos decirlo de otra manera, que no del todo son. En lugar de yuxtaponer ser y no ser, esto es, realidad y apariencia, Platón intentó mostrar que, incluso en la apariencia,

Al mismo tiempo, por reducir la noción abstracta de 'principio' a la concreta de 'alma', entronca con la tradición del concepto presocrático de νους, establecido por Anaxágoras,[13] hasta el punto de que, refiriéndose a la definición de alma como principio de movimiento, Platón sostendrá que 'nadie tendría reparos en afirmar que esto mismo es lo que constituye el ser del alma y su propio concepto.'[14] El alma se había convertido en ese principio de ordenación de las cosas que tanto había extrañado en aquel libro de Anaxágoras, y que le había defraudado, según nos cuenta Platón, al atribuir el orden del mundo a las realidades materiales:

> "Pero de mi estupenda esperanza, amigo mío, salí defraudado, cuando al avanzar y leer veo que el hombre no recurre para nada a la inteligencia ni le atribuye ninguna causalidad en la ordenación de las cosas, sino que aduce como causas aires, éteres, aguas y otras muchas cosas absurdas."[15]

Y es que para Anaxágoras, siendo la Inteligencia un principio inmóvil de movimiento, que conoce todo lo que es mixto, lo que está distinguido y lo que está separado, y ordenando todo lo que es, presidiendo el curso del sol y el movimiento de los astros, sin embargo no logra, de hecho, poner la determinación al mundo de la materia, porque en ella se encuentra todo confundido —las homeomerías—, de forma infinita. Que el papel de la

---

había algo de realidad." Étienne Gilson, *El Ser y los Filósofos*, op. cit., págs. 41-42.

[13] "Antes de Anaxágoras, la Inteligencia no había sido considerada sino como un simple atributo; Anaxágoras hizo de ella un principio." Cf. A. Fouillée, *La Filosofía de Platón*, op. cit., p. 473.

[14] Platón, *Fedro*, op. cit., 245e.

[15] Platón, *Fedón*, op. cit., 98bc.

## 7.2 El alma como principio de movimiento

Inteligencia en el orden del mundo es así lo manifiesta el pensamiento de que, teniendo la Inteligencia como principio, atribuye los fenómenos a causas materiales, distintas de aquella primera causa motriz. La confusión inicial del mundo de Anaxágoras permanece pese a la intervención de la Inteligencia.[16]

Por último, el diálogo *Timeo*, en el que Platón nos presenta la visión final de su filosofía sobre el cosmos y el origen del mundo, confrontará el descubrimiento de este 'principio', el alma, con aquellos cuatro elementos de los primeros filósofos de la naturaleza:

> "En efecto, hay que afirmar que el alma es el único ser al que le corresponde tener inteligencia —pues ésta es invisible, mientras que el fuego, el agua, la tierra y el aire son todos cuerpos visibles— y el que ama el espíritu y la ciencia debe investigar primero las causas de la naturaleza inteligente y, en segundo lugar, las que pertenecen a los seres que son movidos por otros y a su vez mueven necesariamente a otros."[17]

En definitiva, lo que Platón defiende en el *Fedro*, consiste en afirmar que los cuerpos que son movidos por una acción

---

[16] Una doctrina, por lo demás, en parte parecida a la del *Timeo* y en parte diferente. La noción de finalidad carece de sentido en Anaxágoras, por lo menos a partir de los textos que de él conocemos, mientras que en Platón por la triple acción del Demiurgo, de la Idea de Bien, y de la presencia de las almas, la finalidad forma parte de su propio sistema cosmológico.

[17] Platón, *Diálogos: Filebo, Timeo, Critias*, Madrid, Gredos, 1987, 46d. No olvidemos que la filosofía griega es un lento proceso en desarrollo y que aquellos primeros principios sensibles van desmaterializándose hasta llegar a Platón. Cf. A. Fouillée, *La Filosofía de Platón*, op. cit., págs. 466-467: "A medida que la escuela de Mileto debía profundizar la idea de la materia para reducirla cada vez más a la simple virtualidad, debía también precisarse la noción de una inteligencia activa y motora."

externa, son carentes de alma propia, cuerpos inanimados, mientras que, por el contrario, los que, desde sí mismos se mueven, se les llama animados:

> "Una vez, pues, que aparece como inmortal lo que, por sí mismo, se mueve, nadie tendría reparos en afirmar que esto mismo es lo que constituye el ser del alma y su propio concepto. Porque todo cuerpo, al que le viene de fuera el movimiento, es inanimado; mientras que al que le viene de dentro, desde sí mismo y para sí mismo, es animado. Si esto es así, y si lo que se mueve a sí mismo no es otra cosa que el alma, necesariamente el alma tendrá que ser ingénita e inmortal."[18]

En este conjunto de cuerpos poseedores de un principio de vida ha de encontrarse tanto el propio de las almas humanas, destinadas a alentar ese trozo de materia —ἔμψυχος—, como cualquier otro cuerpo con capacidad de moverse a sí mismo. Podría tener así explicación la controversia levantada en torno a la frase inicial de Platón en su discurso sobre la inmortalidad: ψυχὴ πασα ἀθάνατος. La expresión platónica abrazaba cualquier principio, sea cósmico o sea referido a todas las almas humanas, cuya esencia consistiera en ser origen de movimiento.[19]

---

[18] Platón, *Fedro*, op. cit., 245e-246a.

[19] La discusión se centra sobre si ψυχὴ πασα significa 'toda alma', o 'todas y cada una de las almas'; o bien, si está hablando del alma cósmica del *Timeo*, o de las almas individuales de los hombres. Cf. T. M. Robinson, "The Argument for Immortality in Plato's *Phaedro*", *Essays in Ancient Greek Philosophy*, op. cit., págs. 345-353. En este artículo demuestra Robinson que la referencia de este texto son las almas individuales. La bibliografía en W. K. C. Guthrie, *Historia de la Filosofía Griega*, op. cit., vol. IV, p. 402, n. 229.

## 7.2 El alma como principio de movimiento 215

Junto a esta novedad, el *Fedro* se caracteriza también por el hecho de insertar la prueba en el momento en que comienza a hablar del cuarto tipo de locura, la más excelsa que se puede apoderar del hombre, y como principio de la demostración de la existencia de esa misma locura.[20] Los dioses envían la *manía* o locura del amor 'para nuestra mayor fortuna',[21] a fin de convertir al hombre en amante de la Belleza. El filósofo es el que da perfecto cumplimiento y realiza en sí lo inscrito por los dioses en el alma humana. Por ello, el ascenso hacia la contemplación de la Belleza que Diotima propone a Sócrates en el *Banquete*, recibe su fundamento, su causa última, en el previo descenso de un elemento divino para la constitución del hombre, con el propósito de que los seres mortales pudieran llegar a ser, en la medida en que es posible, partícipes de los dioses. Y el bello mito que sigue a esta demostración de la inmortalidad, en el que se intenta explicar mediante un símil el porqué de la composición de los seres que se llaman mortales, se refiere precisamente a la estancia de las almas en las alturas, a su caída, y al camino para recuperar (rememorar) su estatuto primigenio.[22]

---

[20] Platón, *Fedro*, op. cit., 245c. Cf. M. F. Sciacca, *Platón*, op. cit., p. 290: "Pero, mientras que en el *Banquete* la inmortalidad del alma es una consecuencia del amor, en *Fedro* al contrario es la premisa necesaria para demostrar la divinidad del amor."

[21] Platón, *Fedro*, op. cit., 245c.

[22] "Todo lo que es alma tiene a su cargo lo inanimado, y recorre el cielo entero, tomando unas veces una forma y otras otra. Si es perfecta y alada, surca las alturas, y gobierna todo el Cosmos. Pero el que ha perdido sus alas va a la deriva, hasta que se agarra a algo sólido, donde se asienta y se hace con un cuerpo terrestre que parece moverse a sí mismo en virtud de la fuerza de aquélla. Este compuesto, cristalización de alma y cuerpo, se llama ser vivo, y recibe el sobrenombre de mortal." Cf. Platón, *Fedro*, op. cit., 246bc. El recuerdo y el contacto con la belleza mortal es el inicio para el ascenso

Y por último, el conocido mito platónico del auriga y de los caballos alados, —uno bueno y hermoso, hecho de estos mismos elementos, y el otro, de todo lo contrario[23]—, aparte de introducir el debatido tema de las tres partes del alma, del que hablaremos a continuación, coincide con el *Banquete* en la ascensión del alma, una vez caída, a través de la contemplación de la belleza de este mundo, hacia 'la Llanura de la Verdad';[24] y a las almas que actúan con tal *entusiasmo*, se les llama con propiedad enamorados:

> "Y aquí es, precisamente, a donde viene a parar todo ese discurso sobre la cuarta forma de locura, aquélla que se da cuando alguien contempla la belleza de este mundo, y, recordando la verdadera, le salen alas y, así alado, le entran deseos de alzar el vuelo, y no lográndolo, mira hacia arriba como si fuera un pájaro, olvidado de las de aquí abajo, y dando ocasión a que se le tenga por loco. Así que, de todas las formas de entusiasmo, es ésta la mejor de las mejores, tanto para el que la tiene, como para el que con ella se comunica; y al partícipe de esta manía, al amante de los bellos, se le llama enamorado."[25]

Un mito que, como sucede muchas veces en Platón, intenta ser ilustrativo y pedagógico de una idea difícil de expresar, o de una creencia para la cual la razón no ha encontrado todavía el camino de la demostración. La naturaleza del alma 'requeriría

---

al dios: "Y una vez que se han enlazado con él por el recuerdo, y en pleno entusiasmo, toman de él hábitos y maneras de vivir, en la medida en que es posible a un hombre participar del dios." Ibidem, 251a.

[23] Platón, *Fedro*, op. cit., 246b.
[24] Platón, *Fedro*, op. cit., 248b.
[25] Platón, *Fedro*, op. cit., 249de.

## 7.2 El alma como principio de movimiento

toda una larga y divina explicación; pero decir a qué se parece, es ya asunto humano, por supuesto, más breve.'[26]

Como conclusión a la exposición que del alma hace Platón en el *Fedro*, y a pesar de los supuestos no demostrados que subyacen a la prueba presentada en el diálogo, como el de que todo lo que está siempre en movimiento es inmortal y el de la duración eterna del universo,[27] se puede afirmar que la definición de alma como principio de movimiento fue otra de las grandes conquistas del pensamiento platónico, que se mantendrá, con inquebrantable firmeza, en las diversas corrientes filosóficas que confluyen para formar el pensamiento cristiano en la Edad Media en torno al alma. Así, por ejemplo, Santo Tomás de Aquino comienza a elaborar su respuesta a la pregunta de si el alma es cuerpo o no es cuerpo de la siguiente manera:

> "Respondo diciendo que para investigar la naturaleza del alma, es necesario presuponer que se dice que el alma es el primer principio vital en aquellas cosas animadas que viven junto a nosotros pues decimos animados a los vivientes, e cosas inanimadas a los que carecen de vida. La vida se manifiesta principalmente en una doble acción, a saber, la del conocimiento y la del movimiento. Y el principio de estas acciones fue colocado por los antiguos

---

[26] Platón, *Fedro*, op. cit., 246a.

[27] "Plato makes two assumptions; first, that τὸ ἀεικίνητον is ἀθάνατον, and secondly, that the duration of the universe is everlasting. He cannot conceive of a world in which the sum of things is not constant, or which can at one time exist and at another not exist. This position he never abandons throughout the course of his doctrinal development; under varying forms it represents the groundwork of his metaphysical system." Cf. R. K. Gaye, *The Platonic Conception of Immortality and its Connection with the Theory of Ideas*, op. cit., págs. 35-36.

filósofos, que eran incapaces de trascender la imaginación, en algún cuerpo; pues decían que solo los cuerpos eran la realidad y lo que no es cuerpo no es nada."[28]

Por lo demás, el origen divino de la naturaleza del alma y su único destino inmortal por el camino de la locura de amor estructuran la esencia del alma en el diálogo. Eros sigue siendo la fuerza interna del alma. El *Fedro*, complementa y completa lo mantenido en el *Banquete*.[29] Y es por eso por lo que, al igual que en el *Banquete*, solamente el filósofo hace efectiva el ansia de inmortalidad, al haber vencido en una de las tres competiciones verdaderamente olímpicas:

"De esta manera, si vence la parte mejor de la mente, que conduce a una vida ordenada y a la filosofía, transcurre la existencia en felicidad y concordia, dueños de sí mismos, llenos de mesura, subyugando lo que engendra la maldad en el alma, y dejando en libertad a aquello en lo

---

[28] "Respondeo dicendum quod ab inquirendo de natura animae, oportet praesupponere quod anima dicitur esse primum principium vitae in his quae apud nos vivunt animata enim viventia dicimus, res vero inanimatas vita carentes. Vita autem maxime manifestatur duplici opere, scilicet cognitionis et motus. Horum autem principium antiqui philosophi, imaginationem trascendere non valentes, aliquod corpus ponebant; sola corpora res esse dicentes, et quod non est corpus, nihil esse." Cf. Santo Tomás de Aquino, *Summa Theologiæ*, I, q. 75, a. 1, resp.

[29] "My view, then, is that the *Phaedrus*, substantially following along the line of thought sketched in the *Symposium*, marks a distinct advance upon the conclusions of that Dialogue." Cf. R. K. Gaye, *The Platonic Conception of Immortality and its Connection with the Theory of Ideas*, op. cit., p. 47. Puesto que el autor coloca la redacción del *Fedón* posterior al diálogo que estamos comentando, es lógico que afirme que en el *Fedro* 'tenemos por primera vez una demostración categórica del hecho de que el alma es inmortal.' P. 47.

## 7.2 El alma como principio de movimiento

que lo excelente habita. Y así pues, al final de sus vidas, alados e ingrávidos, habrán vencido en una de las tres competiciones verdaderamente olímpicas, y ni la humana sensatez, ni la divina locura pueden otorgar al hombre un mayor bien."[30]

### 7.2.2 *Las Leyes*

Siendo el último diálogo escrito por Platón, *Las Leyes* presenta una demostración de la inmortalidad del alma afín a la del *Fedro*. En el periodo que va de un diálogo a otro, suelen discutir los *scholars* si Platón mantiene una unidad de pensamiento en torno a la Teoría de las Ideas, o si se produjo una revisión que le podía haber llevado incluso hasta el abandono de lo más representativo del platonismo. El profesor Gaye, revisionista moderado, —cuya tesis central, en su estudio de la inmortalidad según Platón, es la de demostrar que la Teoría de las Ideas, la inmortalidad del alma y la reflexión sobre la naturaleza de la misma, están íntimamente unidas, y que los cambios en la primera provocan cambios en las otras dos—, afirma que *Las Leyes* no contribuyen a aumentar mucho nuestra información sobre la inmortalidad con relación a lo dicho anteriormente.[31] Sin embargo, es necesario elaborar un estudio de este diálogo para conocer la opinión que respecto del alma tenía Platón en su etapa final.

---

[30] Platón, *Fedro*, op. cit., 256ac.

[31] "It must be confessed that the *Laws* does not contribute very much that tends to increase our information on this point." Cf. R. K. Gaye, *The Platonic Conception of Immortality and its Connection with the Theory of Ideas*, op. cit., p. 176.

El argumento del diálogo es principalmente ético.[32] El capítulo X, que se dedica a la naturaleza del alma, intenta demostrar, en primer lugar, la locura de aquéllos que no creen en la existencia de dioses buenos y los caminos más seductores que se pueden seguir para lograr que los ateos crean en los dioses:

> "Reclamamos, por lo tanto, de unos legisladores que no hacen profesión de dureza, sino de benignidad, que usen con nosotros de la persuasión; hablando, si no mucho mejor que los demás respecto a la existencia de los dioses, a lo menos con mayor verdad; y acaso, nos rindiéramos a vosotros. Tratad, pues, si está en razón lo que pedimos, de decir aquello a que os estamos exhortandoos."[33]

Además, hay una estrecha relación entre la creencia religiosa y la vida ética del individuo, por lo demás propia de la reflexión de un anciano que ve llegar la hora de su muerte. Toda una vida filosófica buscando alcanzar la inmortalidad del alma mediante la razón, sin poder prescindir por ello, como si fuera algo más seguro, en la creencia religiosa de los dioses y del más allá. La felicidad del hombre en la tierra se consigue imitando, en las virtudes, a los dioses de tal forma y manera que quienquiera 'ser grato a Dios debe hacer todo lo que esté a su alcance para parecerse a él.'[34] La muerte es la separación del alma y del

---

[32] "On the other hand the philosophy of the *Laws* is in its general character not metaphysical but ethical, and even in this sphere the *Laws* is not a strictly philosophical treatise, but a treatise on popular and practical ethcis." Cf. R. K. Gaye, *The Platonic Conception of Immortality and its Connection with the Theory of Ideas*, op. cit., p. 192.

[33] Platón, *Las Leyes*, edición bilingüe. Traducción notas y estudio preliminar de J. M. Pabón y M. Fernández-Galiano, Centro de Estudios Constitucionales, Madrid, 1983, vol. II, 885de.

[34] Platón, *Las Leyes*, op. cit. 716cd.

## 7.2 El alma como principio de movimiento

cuerpo, y el cuerpo sin vida es como un fantasma —εἴδωλον[35]—, mientras que el verdadero hombre, el alma, dirige sus pasos hacia el juicio de los dioses.

Así establecido el debate del capítulo X, no solo la contemplación de la belleza que posee el universo, el cielo y las estrellas, sino aún más, la prueba de que existe un principio, anterior y opuesto al cuerpo y a lo material, que lo gobierna y rige, cuyas funciones y efectos —leyes, arte, virtudes, etc.— también han de ser anteriores al mundo de la materia, son el medio más conveniente para que el ateo se vuelva creyente en los dioses y salga de su impiedad.[36] Este principio, el alma, se define esencialmente como 'el movimiento que puede moverse a sí mismo'[37] y el movimiento que mueve a las cosas materiales. Que este alma sea el alma del mundo, o el alma de los astros, o el alma del cuerpo del hombre, es independiente para su definición genérica, cuya propiedad común es la de ser principio de movimiento que se mueve a sí mismo. Y como tal, a ella le corresponde la bondad o la maldad de sus acciones, propias por lo demás, de los temperamentos, caracteres, voliciones y razo-

---

[35] Platón, *Las Leyes*, op. cit., 959b.

[36] "AT. -Al que hasta ahora no creía en los dioses, ¡oh Megilo y Clinias!, impongámosle unas condiciones y dejémosle sin más. CL.-¿Cuáles? AT. -Que, o nos demuestre que no tenemos razón al suponer que el alma es el primer origen de todas las cosas, ni tampoco en todo lo demás que dijimos como consecuencia de ello, o bien que, si no puede explicarse mejor que nosotros, nos haga caso y viva creyendo en los dioses durante el resto de su vida." Cf. Platón, *Las Leyes*, op. cit., 899cd.

[37] Platón, *Las Leyes*, op. cit., 896a.

namientos, hasta tal punto que se convierte en la dueña de su propio destino:[38]

"Y, en consecuencia, ¿no será necesario reconocer que el alma es la causa de los bienes y de los males, de lo hermoso y de lo feo, de lo justo y de lo injusto y de la totalidad de los contrarios, pues la hemos puesto como causa de todo?"[39]

En su último diálogo, Platón sigue manteniendo las doctrinas que configuran su filosofía: la preponderancia del alma sobre el cuerpo, su parentesco con lo divino, su función vivificante, principio de movimiento, causa de todo movimiento material, agregándole la capacidad que tiene de hacerse semejante a los dioses mediante el recto uso de su inteligencia y la búsqueda de las virtudes, o de alejarse de ellos tras la búsqueda de los placeres perecederos. Además, destaca con mayor insistencia esa preocupación o cuidado de los dioses por las cosas de los hombres en orden al bien objetivo. Y por tener una intención edificante y moralizadora, es por lo que, a juicio del profesor Gaye, las doctrinas de *Las Leyes* son las mismas que se exponen en los diálogos anteriores, pero en un lenguaje más popular.[40]

---

[38] "¿Cuál pues de las dos especies de alma diremos que resulta dueña de cielo y tierra, y del ciclo entero del universo?" Cf. Platón, *Las Leyes*, op. cit., 897bc.

[39] Platón, *Las Leyes*, op. cit., 896c.

[40] "On reading the tenth book we cannot help feeling that there is all the time a metaphysical system in the background, and that this metaphysical system is that which has been elaborated in the *Timaeus*. In certain passages it is not difficult to discover a restatement in a new and more popular form of some of the old doctrines contained in that Dialogue." Cf. R. K. Gaye, *The Platonic Conception of Immortality and its Connection with the Theory of Ideas*, op. cit., págs. 192-193.

Y en este sentido, y no en otro, se ha de entender la afirmación un tanto fuerte de Wilamowitz:

> "En verdad, todo aquél que busque, en calidad de filósofo, la filosofía de Platón, puede ahorrarse a sí mismo el esfuerzo que guarda para el lector esta difícil obra."[41]

## 7.3 La división tripartita del alma

La segunda aportación importante de la antropología platónica en los diálogos posteriores al *Fedón* y al *Banquete* radica en la división, que en el seno del alma, introduce, división que ha hecho llover una abundante literatura para clarificar el prístino pensamiento de Platón. La controversia tiene su fundamento en la imposibilidad de sostener al mismo tiempo la simplicidad del alma defendida abiertamente en el *Fedón*, con la composición de la misma realidad en partes, tal y como se expone en el análisis hecho en la *República*, y cuya solución repercute inmediatamente en el problema de la inmortalidad del alma. Si el carácter de no verse afectada por el acontecimiento de la muerte lo poseía el alma por su simplicidad, la división en ella quebrantaba dicha inmunidad. Y se justifica tal polémica por la ausencia de una elaborada sistematización de esta posible división interna.[42] Una prueba de ello es la falta en Platón de uniformidad para expresar la estructura interna de esa división, pues en la *República* hace uso tanto del artículo con oración de relativo —τὸ ω

---

[41] U. von Wilamowitz-Moellendorff, *Platón*, op. cit., vol. I, p. 655. Cf. W. K. C. Guthrie, *Historia de la Filosofía Griega*, op. cit., vol. V, p. 392.

[42] "La doctrina psicológica de Platón no es, pues, un cuerpo sistemáticamente elaborado a base de coherentes afirmaciones 'dogmáticas'." Cf. F. Copleston, *Historia de la Filosofía*, vol. I, Ariel, Barcelona, 1974, p. 221.

λογιξεται— como de un adjetivo en neutro, o de los términos griegos —γενη y ἔιδη—, que significan clase o variedad, como también del término griego μερη, que significa parte.[43]

En efecto, abordando a Platón desde el conjunto completo de sus diálogos, se ha querido ver, no sin razón, en la metáfora del alma dirigida por un auriga y dos corceles que aparece en el mito del *Fedro*, el origen de una novedosa estructura interna en ese principio simple que era el alma humana, tal y como el *Fedón* nos la había presentado. División que, de forma más clara y más elaborada, aparecerá posteriormente en la *República* y en el *Timeo*.[44]

### 7.3.1 La tripartición del alma en la *República*

En consonancia con lo escrito por Platón en estos diálogos, resulta evidente descubrir acciones que se originan en el alma como en su fuente, y que en el *Fedón*, pertenecían a las

---

[43] Cf. R. D. Archer-Hind, "On Some difficulties in the Platonic Psychology", *Journal of Philology*, 1881, 120-131, citado por W. K. C. Guthrie, *Historia de la Filosofía Griega*, op. cit., vol. IV, p. 405, n. 237. Un estudio más actualizado del problema, F. M. Cornford, "The Division of the Soul", *Hibbert Journal*, 1930, págs. 206-219.

[44] Algunos platonistas defienden la posterioridad del *Fedro* sobre la *República*, y tienen más facilidad para aplicar la metáfora a lo ya analizado en la *República*. Según W. K. C. Guthrie, el historiador H. von Arnim, en *Platos Jugenddialoge und die Entstehungszeit des Phaidros*, Leipzig-Berlín, 1914, afirmaba que la imagen del *Fedro* sería incomprensible sin la previa exposición de la *República*. No obstante, L. Robin, a pesar de situarlo cerca del *Timeo*, rechaza que la descripción del mito corresponda al análisis tripartito de la *República*. L. Robin, *La Théorie Platonicienne de l'Amour*, op. cit., págs. 62-120. La razón que da es que, si la aplicación es correcta, los dioses también estarían divididos en su ser.

## 7.3 La división tripartita del alma

consideración de las actividades del cuerpo. En el *Fedón*, Platón había mantenido que el cuerpo era el causante de nuestra incapacidad de meditar en la verdad puesto que 'nos colma de amores y deseos, de miedos y de fantasmas de todo tipo, y de una enorme trivialidad',[45] y el alboroto y la confusión que nos produce el estar unidos a un cuerpo es tan preponderante que solo la muerte, la separación de él, proporcionaría al filósofo la adquisición limpia del saber y la paz a su alma. El cuerpo era apasionado.

En cambio, en la *República*, el análisis empírico de tales acciones conduce a Platón a atribuirlas a la sede del alma, como fuente y origen de estos movimientos; además, ese mismo análisis dirige las reflexiones que se hacen sobre el alma a la consideración de tres tipos de elementos en el interior de ella. Era lógico que así se hiciera tras haber afirmado en el *Fedro*, que el alma era principio de movimiento, y ninguna acción del hombre, tanto en su cuerpo como en su alma, podía desligarse de este principio. Por lo tanto, en el interior del alma, como principio de acción, se establecían tres tipos de actividades: νους, la fuerza por la que el alma entraba en posesión del conocimiento; θυμος, la fuerza que, guiada por la razón, lleva al alma a controlar las exigencias del cuerpo; y ἐπιθυμης, la fuerza que arrastra al alma, olvidando la razón, a seguir los dictados del cuerpo; surgen todas ellas del alma y la comprometen irrevocablemente. La exposición de Platón establece la triple distinción en razón de las acciones:

> "Pero es difícil decidir si todas las cosas que hacemos provienen de la misma parte o si hay tres partes en nosotros que se encargan cada una de su función respectiva,

---

[45] Platón, *Fedón*, op. cit., 66c.

es decir, si una de esas partes que hay en nosotros nos induce a aprender, la otra a encolerizarnos y la tercera a desear los placeres de la comida, de la reproducción de la especie y otros similares a éstos, o si el alma toda entera interviene en cada una de estas cosas, cuando nos sentimos inclinados a llevarla a a cabo."[46]

Mientras que en el *Fedón* quedaba claro que lo que hoy día denominamos con el nombre de *pasiones* eran fruto exclusivo de la actividad del cuerpo y éste se presentaba como poseyendo una fuerza contraria a la del alma, cuya única función propia era la del νους, sin embargo, en el *Fedro*, en forma de mito, y en la *República* y el *Timeo*, en lenguaje filosófico, esas mismas pasiones entra dentro de las reflexiones que sobre el alma se hacen.[47]

Algunos *scholars* han sostenido, en nuestro juicio, acertadamente, la simplicidad como nota constitutiva del alma platónica incluso en los diálogos donde se presenta la división tripartita del alma. Si la prueba presentada en el *Fedón* sobre la inmortalidad incluía en su desarrollo el carácter no compuesto de la estructura del alma, tal afirmación se sigue manteniendo hasta el final de los diálogos como un elemento esencial de la

---

[46] Platón, *República*, op. cit., 436ab.

[47] "El único cambio vino después del *Fedón*, donde se atribuían la pasión y el apetito al cuerpo, no al alma encarnada." Cf. W. K. C. Guthrie, *Historia de la Filosofía Griega* op. cit., vol. IV, p. 459. Cf. T. M. Morrison, "Soul and Immortality in Republic X", *Phronesis*, vol. 12, 1967, p. 149: "This soul was seen as exhausting the plenitude of psychic activity in pursuing and loving phronesis: passions and emotions were confined to the body, and moral conflict was considered to be a dispute between soul and body. In the *Republic* conflict within the mind itself is admitted, and passions and emotions are promoted to the status of psychic activities."

## 7.3 La división tripartita del alma

antropología propia de Platón. De entre ellos, unos mantienen la simplicidad al afirmar que de estas tres fuerzas del alma, solo la parte más elevada, el νοῦς, es la suceptible de gozar de la inmortalidad.[48]

Es muy posible que, en el fondo, estén todos asumiendo como partes lo que más bien parecen ser funciones propias del alma, —lo que constituirán las futuras reflexiones sobre las facultades—, en el ejercicio tanto de su actividad propia como de las actividades relacinodas fruto de su unión con el cuerpo. Probablemente sea más bien todo un problema de una falta de clarificación conceptual. Que el alma tenga distintas acciones, no signfica que el alma esté compuesta de tres partes. Además, los dioses en el mito, siendo simples, son presentados bajo la misma metáfora, aunque sin la maldad propia de uno de los caballos,[49] y no por ello se habla de partes en los dioses inmortales. El mismo Platón, en el diálogo de la *República*, hablando con más claridad sobre este tema, mantiene, en el Libro X, la simplicidad del alma y su falta de composición, cuando la razón se dedica al estudio de su auténtica naturaleza:

---

[48] Cf. J. Adam, *The Republic of Plato*. Texto, notas y apéndices, 2 vols. Cambridge, 1963, edición revisada por D. A. Rees; A. E. Taylor, *A Commentary on Plato's Timaeus*, Oxford, 1928; R. C. Cross y A. D. Woozley, *Plato's Republic: a Philosophical Commentary*, Londres, 1964. Otros, la mayoría por cierto, interpretan este mito y su explicación posterior en la *República*, como no afectando a la simplicidad del alma. Cf. R., D. Archer-Hind, , "On Some Difficulties in the Platonic Psychology", *Journal of Philology*, 1881, págs. 120-131; F. M. Cornford, "The Division of the Soul", *op. cit.*, págs. 206-219; W. K. C. Guthrie, *Historia de la Filosofía Griega*, op. cit., vol. IV, págs. 405-408.

[49] "Pues bien, los caballos y los aurigas de los dioses son todos ellos buenos, y buena su casta, la de los otros es mezclada." Cf. Platón, *Fedro*, op. cit., 246ab.

> "Pero no podemos permitir eso, porque la razón no lo permite, como tampoco que el alma, en su verdadera naturaleza sea algo que rebose diversidad, desigualdad y diferencia en relación consigo mismo."[50]

Y la causa fundamental de que la fuerza de Eros, que recorre toda el alma, fluya hacia aquellas dos partes del alma que no son la racional, proviene precisamente de esa desgraciada unión con el cuerpo, el cual impide ver al alma en su pureza original y la dirige hacia los bienes puramente materiales.[51]

### 7.3.2 Las partes del alma en el *Timeo*

No podemos dejar de lado una breve nota sobre las consideraciones que Platón hace, en su diálogo *Timeo*, acerca de la naturaleza del alma y su constitución tripartita, principalmente por el hecho de que éste diálogo, junto con el *Fedón*, serán los dos más conocidos e influyentes en la Edad Media.

Con toda claridad, aunque en un lenguaje un tanto tortuoso, el *Timeo* expresa la doctrina tripartita del alma, siguiendo los mismos contenidos expuestos en la *República*. No obstante el mismo Platón es consciente que el discurso que va a elaborar, intentando investigar tanto las causas materiales como las divinas, entra dentro del discurso probable:

> "En lo que concierne al alma, cuánto tiene de mortal y cuánto de divino, de qué manera fue creada y en

---

[50] Platón, *República*, op. cit., 611ab.

[51] "Pero para saber cómo sea ella en verdad hay que contemplarla no degradada por su comunidad con el cuerpo y por otros males, como la vemos ahora, sino que hay que percibirla adecuadamente con el raciocinio, tal como es ella al quedar en su pureza..." Cf. Platón, *República*, op. cit., 611c.

## 7.3 La división tripartita del alma

qué órganos habita y por qué causas lo hacen partes separadas, solo afirmaríamos que así como está expuesto es verdadero, si un dios lo aprobara. Sin embargo, tanto ahora como después de una consideración más detallada hemos de arriesgarnos a sostener que hemos expuesto al menos lo más probable."[52]

El Demiurgo, según la cosmología del *Timeo*, es el encargado de producir la parte inmortal y divina del alma humana, procurando después que los dioses secundarios pudieran infundirla sobre las partes mortales de la misma e incrustarla en los cuerpos de forma que entretejieran 'lo mortal con lo inmortal.'[53] Para la formación de la primera parte, de la divina e inmortal, hizo uso de los mismos ingredientes que utilizó en la construcción del alma del mundo, pero la mezcla fue menos perfecta puesto que los restos que quedaban 'poseían una pureza de segundo y de tercer orden.'[54] Estas almas, una vez creadas, fueron transferidas, cada una de ellas, a una estrella, haciéndolas poseedoras del conocimiento de las leyes del universo y de su destino. Una vez adquiridas estas ciencias, necesariamente serían implantadas en los cuerpos de hombres en donde deberían vivir con justicia para poder regresar a donde salieron, o caerían a cuerpos más degradados si se dejaban llevar por el vicio. Bien se preocupó el Demiurgo de otorgar a la parte divina y racional lo suficiente para gobernar el cuerpo mortal que iba a serle atribuido.

Por último, los dioses que recibieron la misión del Demiurgo de entretejer la parte inmortal del alma humana con la parte

---

[52] Platón, *Timeo*, op. cit., 72d.
[53] Platón, *Timeo*, op. cit., 41d.
[54] Platón, *Timeo*, op. cit., 41d.

mortal en un cuerpo, tuvieron a bien situar cada una de ellas en una zona específica del cuerpo. Y así, en la cabeza, donde están los sentidos de la visión y del oído, colocaron el alma racional; la parte mortal del alma que es superior a la otra mortal, la situaron entre el diafragma y el cuello, en el órgano del corazón, 'para que escuche a la razón y junto con ella coaccione violentamente la parte apetitiva, cuando ésta no se encuentre en absoluto dispuesta a cumplir voluntariamente la orden y la palabra proveniente de la acrópolis';[55] y la última parte, la apetitiva, la que siente hambre y sed y requiere la satisfacción de las necesidades corporales, la ubicaron en el hígado, lejos de la razón, de modo que 'cause el menor ruido y alboroto y permita reflexionar al elemento superior con tranquilidad acerca de lo que conviene a todas las partes.'[56] Y la unión de las tres partes entre sí se producía gracias a la médula espinal.

Aunque la labor del Demiurgo produciendo el alma dista años luz de la acción creadora del Dios cristiano, no deja de ser un paso pequeño en el marco de la filosofía griega para preparar el camino al descubrimiento de la dependencia en el ser que tiene el alma respecto del Ser Creador, como más adelante veremos. Esta fue una de la razón de porqué este diálogo fue tan conocido en el Edad Media.

---

[55] Platón, *Timeo*, op. cit., 70a.
[56] Platón, *Timeo*, op. cit., 71a.

### 7.3.3 La inmortalidad en la *República*.

En el Libro X del diálogo *República*, cuyo tema principal versa sobre la virtud de la justicia en el individuo,[57] y la relación ideal entre el Estado y el individuo, Platón presenta una original prueba de la inmortalidad del alma. Para una gran mayoría de *scholars*, este último libro es un apéndice a la obra general y, además, parece estar incompleto.[58] Con ello se quiere mantener, con mayor o menor acierto, que su exclusión del conjunto total del diálogo dejaría intacto el desarrollo fundamental del tema debatido. Y bajo este juicio entraría también la crítica que, al principio del libro X, se hace de la poesía imitativa por ser un arte que corrompe el pensamiento.[59] Para otros, en cambio, la redacción de este último libro, particularmente por lo que se refiere a la doctrina de la inmortalidad del alma y al mito de Er, es una exigencia del proyecto platónico sobre el tema principal de *República*.[60]

---

[57] "Nosotros pensamos que, si intentamos ver la justicia en algo más grande, percibiríamos más fácilmente su naturaleza en el hombre individual." Cf. Platón, *La República*, op. cit., 434d.

[58] R. L. Nettleship, *Lectures on the Republic of Plato*, editado por G. R. Benson, 1898, y reimpreso en 1963, Londres, p. 355; I. M. Crombie, *An Examination of Plato's Doctrines*, op. cit., p. 125.

[59] Platón, *República*, op. cit., 595b.

[60] L. Farré, en su introducción al diálogo, afirma: "Insistimos en que aquí nos encontramos en la zona de la fe platónica. Quien pida claridades irrebatibles, ignora lo que es la fe. La antítesis entre lo material y espiritual, base de su doctrina, se hace más evidente y abierta. El libro X de la República es, como dijimos, la exigida culminación de su doctrina, a pesar de que se adentra como nunca en la región de los misterios." Platón, *República*, traducción directa de A. Camarero. Estudio preliminar y notas de L. Farré, Eudeba, Buenos Aires, 1958, p. 105.

Indudablemente, la prueba no se establece como un fundamento de la necesidad de la vida ética y justa, sino como la mejor recompensa para aquél que practica la vida justa. Todo el contenido de la *República* estaba particularmente dirigido a defender cómo vivir justamente es mejor que realizar la injusticia y cómo aquél era el bien específico del alma y ésta era su mal específico. Por eso, mientras el alma está unida al cuerpo, la práctica de la justicia es mejor que la injusticia y, de igual forma, en su verdadera naturaleza, libre del cuerpo, la vida justa es mejor que la injusta. Por ello se sigue manteniendo que la elección de la vida justa, independiente de las recompensas y castigos, está íntimamente ligada a la naturaleza del alma, cualquiera que sea el estado en que se encuentre. Ahora bien, para el hombre, la consideración de que el alma es inmortal sirve para apoyar la afirmación de que es preferible poseer la virtud de la justicia al vicio de la injusticia.[61]

En realidad, como prueba de la inmortalidad, carece de las conexiones lógicas propias entre las premisas y la conclusión de un razonamiento.[62] Pero lo destacable en ella radica no solo en esta deficiencia lógica, sino en lo acertado de unas nociones,

---

[61] "Y sin embargo, no hemos tratado aún de las más grandes recompensas de la virtud, de los premios que le están preparados." Platón, *República*, op. cit., 608c.

[62] El profesor R. K. Gaye, en consonancia con la datación de los diálogos que propone, a saber, el *Fedón* posterior a la *República*, atenúa esta insuficiencia lógica en espera de su exposición sobre la inmortalidad del *Fedón*: "It will be convenient to defer any consideration of its merits as constituting a proof of immortality until we come to the *Phaedo*." Cf. R. K. Gaye, *The Platonic Conception of Immortality and its Connection with the Theory of Ideas*, op. cit., p. 57: Por el contrario, W. K. C. Guthrie, enjuicia la falta de lógica de este argumento con términos taxativos: "A menos que yo lo haya malinterpretado, la falta de lógica de la argumentación, aparte de sus premi-

## 7.3 La división tripartita del alma

todavía no bien precisadas, que utiliza para la demostración de la inmortalidad del alma. En esto, como en muchos elementos de la filosofía platónica, la intuición no iba acompañada de un buen razonamiento. Dice Sócrates a Glaucón que todas las cosas que padecen destrucción tienen su causa en un mal específico, determinado a su vez éste por la presencia del bien que le corresponde según la naturaleza de cada cosa. Al cuerpo, cuyo bien es la salud, le corresponde el mal específico de la enfermedad, que origina al fin su propia muerte, y al ojo, destinado a la visión, se le destruye con la oftalmia. El bien propio de una naturaleza determina su mal específico y de las propiedades que éste último tenga depende la destrucción o no de esa determinada naturaleza. Del contenido del diálogo se deriva que el bien específico conforme a la naturaleza del alma es la vida justa, entendiendo por tal la vida de aquel hombre que posee el conocimiento verdadero de todas la virtudes. Y el mal específico relativo a ese bien, la injusticia, no tiene la fuerza necesaria o la capacidad para destruir el alma. Así pues, mientras que el cuerpo es derribado por el mal específico de la enfermedad y le produce su destrucción, el alma, por el contrario, resiste la fuerza de la maldad propia a su naturaleza. Tal es en esencia la prueba presentada por Sócrates a Glaucón en los pasajes que van desde el 608c al 611b del diálogo *República*.

Y se afirmaba antes que lo destacable en esta prueba era la intuición de que el alma no tenía un mal capaz de poder corromperla, contrario al propio bien específico de la naturaleza de su alma, porque, de modo más sofisticado y con una metafísica bien procesada, siglos más tarde reaparecerá con toda su

---

sas asombrosas, es patente." Cf. W. K. C. Guthrie, *Historia de la Filosofía Griega*, op. cit., vol. IV., p. 532.

fuerza en la filosofía de Santo Tomás de Aquino este mismo argumento para probar la incorruptibilidad del alma.[63] El cambio que, con el paso del tiempo, se produce desde la demostración de Platón hasta la de Santo Tomás, consiste en conducir lo argumentado del nivel ético de la justicia al nivel metafísico del ser del alma. En efecto, en el artículo 6 de la cuestión 75 de la Primera Parte de la *Summa Theologiæ*, se pregunta el Doctor Angélico si el alma goza de la propiedad de no verse sometida a la corrupción. Y para demostrar esto acude precisamente a la imposibilidad, que se deriva de la naturaleza propia del alma, sustancia subsistente, de que tenga un principio contrario a ella que la lleve a la corrupción. Por su marcada importancia, es necesario exponerlo con las mismas palabras de Santo Tomás:

> "Es necesario afirmar que el alma humana, al que llamamos principio intelectivo, es incorruptible. Algo puede corromperse de dos maneras: una, sustancial; otra, accidental. Es imposible que algo subsistente se genere o se corrompa accidentalmente, esto es, por algo generado o corrompido. Pues a algo le corresponde ser engendrado o corromperse como le corresponde el ser, que se adquiere por generación y se pierde por corrupción. Por eso, lo que sustancialmente tiene ser, no puede generarse o corromperse más que sustancialmente... Quedó demostrado anteriormente que solo el alma humana es subsistente, no las almas de los irracionales. Por eso las almas de los

---

[63] En realidad, el argumento platónico intenta demostrar, no la continuidad de la existencia del alma después de la muerte, sino su indestructibilidad: "Another point to notice is that what the argument proves, if it proves anything at all, is not the continued existence of the individual soul as a conscious personality, but simply the indestructibility of the soul in general." Cf. R. K. Gaye, *The Platonic Conception of Immortality and its Connection with the Theory of Ideas*, op. cit., p. 58.

## 7.3 La división tripartita del alma

> irracionales se corrompen al corromperse los cuerpos. En cambio, el alma humana no puede corromperse a no ser que se corrompiera sustancialmente... Ya que es evidente que lo que le corresponde a alguien sustancialmente, le es inseparable. El ser corresponde sustancialmente a la forma, que es acto. De ahí que la materia adquiera el ser en acto en cuanto adquiere la forma. Se corromperá cuando la forma desaparezca. Pero es imposible que la forma se separe de sí misma. De ahí que sea imposible también que la forma subsistente deje de ser. Incluso suponiendo, como dicen algunos, que el alma estuviese compuesta a partir de la materia y de la forma, habría que decir que es incorruptible. No hay corrupción más que allí donde hay contrariedad, pues las generaciones y corrupciones surgen de contrarios y se dan en contrarios... Por su parte, en el alma intelectiva no puede haber ninguna contrariedad. Pues lo que recibe lo recibe según su modo de ser."

Por lo demás, para Santo Tomás, la aplicación de este argumento en el nivel estrictamente ético, más que una demostración de la incorruptibilidad del alma, es un signo de ella:

> "Puede ser señal de esto el que cada ser por naturaleza desea ser como debe ser. En los seres que pueden conocer, el deseo sigue al conocimiento. En cambio, el sentido no conoce el ser más que sometido al aquí y ahora, mientras que el entendimiento aprehende el ser absolutamente y siempre. Por eso, todo lo que tiene entendimiento por naturaleza desea existir siempre. Un deseo propio de la naturaleza no puede ser un deseo vacío. Así pues, toda sustancia intelectual es incorruptible."[64]

---

[64] "Respondeo dicendum quod necesse est dicere animam humanam, quam dicimus intellectivum principium, esse incorruptibilem. Dupliciter

En este sentido, la conclusión final del estudio dedicado a la *República* por el profesor Gaye en parte coincide y en parte difiere con la importancia dada aquí a la original prueba del diálogo. Se distancia por la afirmación de que lo expuesto en la *República*, en torno a la inmortalidad, nada o muy poco contribuye a las consideraciones que Platón hace sobre el alma; y se identifica precisamente al destacar que la prueba se mueve en

---

enim aliquid corrumpitur, uno modo, per se; alio modo, per accidens. Impossibile est autem aliquid subsistens generari aut corrumpi per accidens, idest aliquo generato vel corrupto. Sic enim competit alicui generari et corrumpi, sicut et esse, quod per generationem acquiritur et per corruptionem amittitur. Unde quod per se habet esse, non potest generari vel corrumpi nisi per se... Ostensum est autem supra quod animae brutorum non sunt per se subsistentes, sed sola anima humana. Unde animae brutorum corrumpuntur, corruptis corporibus, anima autem non posset corrumpi, nisi per se corrumperetur... Manifestum est enim id quod secundum se convenit alicui, est inseparabile ab ipso. Esse autem per se convenit formae, quae est actus. Unde materia secundum hoc acquirit esse in actu, quod acquirit formam, secundum hoc autem accidit in ea corruptio, quod separatur forma ab ea. Impossibile est autem quod forma separetur a seipsa. Unde impossibile est quod forma subsistens desinat esse. Dato etiam quod anima esset ex materia et forma composita, ut quidam dicunt, adhuc oporteret ponere eam incorruptibilem. Non enim invenitur corruptio nisi ubi invenitur contrarietas, generationes enim et corruptiones ex contrariis et in contraria sunt...In anima autem intellectiva non potest esse aliqua contrarietas. Recipit enim secundum modum sui esse, ea vero quae in ipsa recipiuntur, sunt absque contrarietate... Potest etiam huius rei accipi signum ex hoc, quod ununquodque naturaliter suo modo esse desiderat. Desiderium autem in rebus cognoscentibus sequitur cognitionem. Sensus autem non cognoscit esse nisi sub hic et nunc, sed intellectus aprehendit esse absolute, et secundum omne tempus. Unde omne habens intellectum naturaliter desiderat esse semper. Naturale autem desiderium non potest esse inanae. Omnis igitur intellectualis substantia est incorruptibilis." Cf. Santo Tomás de Aquino, *Summa Theologicae*, I, q. 75, a. 6.

el campo de la ética, careciendo de un substrato metafísico que la hiciera válida para argumentar.⁶⁵

Por último, la afirmación de que la naturaleza tripartita del alma no afecta a su simplicidad, es verdadera en Platón si se considera que con esa expresión se hace referencia a las diversas actividades que realiza el alma humana. El alma, limitada por el cuerpo, vuelca la fuerza de Eros hacia aquellas actividades que no quieren someterse a la razón, prefiriendo los placeres del cuerpo a los del alma. Pero el filósofo, no en esta vida, sino después sin el cuerpo, conducirá la fuerza de Eros para que las acciones del alma estén noblemente jerarquizadas y puedan dedicarse a la contemplación del Bien.⁶⁶

## 7.4 El Demiurgo y el alma en el *Timeo*

La tercera idea novedosa en la antropología platónica de los diálogos posteriores al *Fedón* y *Banquete* se encuentra en el *Timeo*, obra extremadamente significativa en el pensamiento de Platón. No importa que en el desarrollo del diálogo, y en las argumentaciones que Timeo hace, se haga mención de que lo dicho pertenece al discurso más probable, y solamente un dios podría decir algo más cierto.⁶⁷ Es un recurso platónico para

---

⁶⁵ "It must be confessed that it does not contribute very much to our knowledge of Plato's views on the subject...The *Republic*... does not profess to give conclusive answers to the various metaphysical and psychological questions..." Cf. R. K. Gaye, *The Platonic Conception of Immortality and its Connection with the Theory of Ideas*, op. cit., págs. 65-66.

⁶⁶ Cf. T. M. Robinson, "Soul and Immortality in *Republic* X", *op. cit.*, p. 149.

⁶⁷ "Por tanto, Sócrates, si en muchos temas, los dioses y la generación del universo, no llegamos a ser eventualmente capaces de ofrecer un discurso que

dar introducción a un mito y para expresar lo que, a pesar de ser de alguna manera intuido, sin embargo la razón no podía alcanzar. Por eso la tesis sostenida por K. M. Sayre acerca de este diálogo, —'solo una diversión o pasatiempo'[68]—, resulta un tanto extraña, sobre todo teniendo en cuenta la importancia que tuvo el *Timeo* en toda la filosofía antigua y medieval.

Dejando a un lado el problema de su ubicación en la obra platónica,[69] aborda el tema del hombre y el cosmos no solo por sus causas materiales sino por aquellas otras, más elevadas, que pertenecen al orden de la inteligencia y, por lo tanto, al orden de los fines.[70] Lo que con terminología de la filosofía aristotélica se

---

sea totalmente coherente en todos sus aspectos y exacto, no te admires. Pero si lo hacemos tan verosímil como cualquier otro, será necesario alegrarse, ya que hemos de tener presente que yo, el que habla , y vosotros, los jueces, tenemos una naturaleza humana, de modo que acerca de esto conviene que aceptemos el relato probable, y no busquemos más allá." Cf. Platón, *Timeo*, op. cit., 29c.

[68] "... only a diversion or pastime." Cf. K. M. Sayre, *Plato's Late Ontology: A Riddle Resolved*, Princeton, 1983, p. 240.

[69] El foco de la discusión sobre este problema se centra en si fue escrito posterior o anterior al *Parménides*, y el estudio que detonó una inagotable bibliografía que dividió a los platonistas fue el de G. E. L. Owen, "The Place ot the *Timaeus* in Plato's Dialogues", op. cit., y que situaba al *Timeo* y su metafísica previo al *Parménides*. La respuesta a este controversial estudio fue dada inmediatamente, en 1957, por H. Cherniss, "The Relation of the 'Timaeus' to Plato's Later Dialogues", op. cit., y restaura de nuevo la posición del *Timeo* entre los últimos diálogos escritos por Platón.

[70] "... y el que ama el espíritu y la ciencia debe investigar primero las causas de la naturaleza inteligente y, en segundo lugar, las que pertenecen a los seres que son movidos por otros y a su vez mueven necesariamente a otros." Cf. Platón, *Timeo*, op. cit., 46de.

## 7.4 El Demiurgo y el alma en el Timeo

podría llamar el estudio del mundo y del hombre por su causa eficiente y su causa final.[71]

En el conjunto del diálogo, la formación del cosmos y del hombre quedan evidentemente explicados por la intervención de tres principios: un mundo de ideas, a saber, las Formas; un Artífice o Demiurgo,[72] terminología que ya había aparecido en la *República*, pero que cobra vida en este diálogo; y una materia informe, que sirve de base para la formación de los distintos seres y del orden del mundo.

El proceso en general se desarrolla de la siguiente manera: el Demiurgo pone belleza, bondad y orden en el cosmos al implantar en la materia informe y caótica las Ideas que le sirven de modelo. De este modo el filósofo, a partir de la contemplación de la naturaleza y del mundo sensible, es decir, del mundo que siempre se genera y cambia, puede ascender hacia el conocimiento de lo que existe siempre y es eterno. Tal es su capacidad que, incluso a nivel de los sentidos, la misma visión fue otorgada al hombre por los dioses para llegar, mediante la contemplación 'del día, la noche, los meses, los períodos anuales, los equinoc-

---

[71] "The Timaeus, which is Plato's only sustained effort at providing a cosmology and a cosmogony, discusses the formation by the Demiurge of the World Soul and nous, the divine part of the human soul." Cf. J. V. Robinson, "The Tripartite Soul in the Timaeus", *Phronesis*, vol. XXXV, 1990, p. 103.

[72] La discusión acerca de si el Demiurgo coincide con al idea de Bien de la *República*, la cual daba existencia a las demás formas, así como el problema de la relación del Demiurgo con las Formas que le sirven de modelo, pese a ser un tema apasionante para el posterior debate de las ideas ejemplares en la Edad Media, no entra en nuestro objetivo de modo directo. La bibliografía es verdaderamente extensa. Cf. J. Moreau, "The Platonic Idea and its Threefold Function: a Synthesis", *International Philosophical Quarterly*, 1969, págs. 477-517.

cios y los giros astrales', a la investigación del universo, 'de lo que nos preocupamos los filósofos.'[73] Aunque da la impresión de que al leer el *Timeo*, la doctrina que allí se expone, se encuentra a una distancia enorme con relación a lo que se decía sobre el mismo tema de la formación del mundo sensible en el *Fedón*, hay que sostener, sin embargo, que es una teoría que se empezó a vislumbrar, ya en el mismo *Fedón*, con cierto temor, y que fue adquiriendo un sólido fundamento en el *Fedro* y en el *Banquete*, hasta llegar a la plena formulación en el *Timeo*. Es una de las bases que ayudan a sostener la datación del *Timeo* como uno de los últimos diálogos redactados por Platón. El cosmos ha sido edificado conforme a la contemplación de las Formas eternas por el Demiurgo, Padre y Hacedor, y a causa de ello manifiesta belleza y bondad, y refleja la semejanza de su Artífice:

> "Digamos ahora por qué causa el hacedor hizo el devenir y este universo. Es bueno y el bueno nunca anida ninguna mezquindad acerca de nada. Al carecer de ésta, quería que todo llegara ser lo más semejante posible a él mismo. Haríamos muy bien en aceptar de hombres inteligentes este principio importantísimo del devenir y del mundo."[74]

Por lo tanto, este universo, constituido entre sus integrantes por dioses, astros, un alma cósmica, almas inmortales humanas, y todo el cuadro de seres vivientes mortales, junto con la materia, a causa de la acción benefactora del Demiurgo, se

---

[73] Platón, *Timeo*, op. cit., 47ab. La visión, los ojos, constituyen un gran bien y el máximo don que los dioses nos han entregado: "Al género humano nunca llegó ni llegará un don divino mejor que éste. Por tal afirmo que éste es el mayor bien de los ojos." ibidem, 47b.

[74] Platón, *Timeo*, op. cit., 29de.

## 7.4 El Demiurgo y el alma en el Timeo

convierte en 'imagen sensible del dios inteligible, llegando a ser el mayor y mejor, el más bello y perfecto, porque este universo es uno y único.'[75]

El avance en profundidad sobre lo mantenido en el *Fedón* y sobre el *Banquete* es sustantivo. Pues en el primero se mantenía que las cosas materiales eran bellas porque participaban de la Idea de Belleza, aunque Sócrates manifestaba desconocer el cómo de esa participación. En el *Banquete*, el ascenso escalonado de la belleza particular de los cuerpos hasta la Idea de Belleza se expresaba claramente, sin mayores explicaciones relativas a las causas eficientes y finales. En cambio, en el *Timeo*, Platón ofrece, aunque en un discurso probable, una explicación por la acción del Demiurgo que copia del modelo y lo imprime en la materia caótica, llegando a establecer que aquéllas son las causas inteligentes de la formación del cosmos, del alma del mundo y del alma inmortal del hombre a las que habría que unir las causas pertenecientes al orden de la necesidad para alcanzar una completa comprensión de la naturaleza del universo:

> "La descripción anterior, salvo unos pocos detalles, constituye la demostración de lo que ha sido creado por la inteligencia. Debemos adjuntarle también lo que es producto de la necesidad. El universo nació, efectivamente, por la combinación de necesidad e inteligencia."[76]

Por lo que se refiere a nuestro específico tema, la naturaleza del alma humana, se revela en este diálogo que es semejante a la de los dioses intermedios y a la del alma del cosmos, pero elaborada o producida de un modo menos perfecta. De los

---

[75] Platón, *Timeo*, op. cit., 92c.
[76] Platón, *Timeo*, op. cit., 47e.

elementos sobrantes para la formación del alma del mundo, a saber, la Esencia, la Igualdad y la Diferencia, deteriorados ya un poco en su perfección, el Demiurgo hace una mezcla, y forma la parte inmortal del alma humana, cediendo a los dioses intermedios la elaboración de las otras partes y la unión a su cuerpo. Esta unión supone de por sí, para la parte inmortal, una cierta imperfección fruto de la necesidad que proviene de la materia y, al mismo tiempo, desde su encarnación, el cuerpo y sus partes, se convierte en el medio por donde ha de transcurrir la acción del alma humana para regresar de nuevo a su estado primigenio. El destino final del alma humana no es sino alcanzar la inmortalidad propia del filósofo, gobernando sobre los sentimientos y las emociones:

> "Así como dijimos a menudo que en nosotros habitan tres especies del alma en tres lugares, cada una con sus movimientos propios, de la misma manera... debemos pensar que dios nos otorgó a cada uno la especie más importante en nosotros como algo divino, y sostenemos con absoluta corrección que aquello de lo que decimos que habita en la cúspide de nuestro cuerpo nos eleva hacia la familia celeste desde la tierra... Para el que se aplica al aprendizaje y a los pensamientos verdaderos y ejercita especialmente este aspecto en él, es de toda necesidad, creo yo, que piense lo inmortal y divino y, si realmente entra en contacto con la verdad, que lo logre, en tanto es posible a la naturaleza humana participar de la inmortalidad."[77]

Desde un punto de vista metafísico, una de las conclusiones que se derivan de la lectura del *Timeo*, es que la doctrina que

---

[77] Platón, *Timeo*, op. cit., 89e-90c.

## 7.4 El Demiurgo y el alma en el Timeo

sobre el alma se elabora en este diálogo cosmológico, —el tema de su naturaleza y su unión con el cuerpo, así como su destino— permanece dentro de las mismas coordenadas de lo que en el *Fedro* y la *República* se había alcanzado, aunque logrando una mayor sofisticación en virtud de la intervención de las causas eficientes y finales.

Y en relación a la inmortalidad, aunque queda con claridad expuesta en el diálogo por lo que se refiere a la parte inmortal o *nous*, las discusiones se han centrado especialmente sobre si la inmortalidad es algo que le conviene al alma entera con todas sus partes, o si, por el contrario, la inmortalidad es algo exclusivo de aquella parte que directamente fue creada por el Demiurgo. Ambas posturas aparecieron reflejadas en dos artículos de la revista *Phronesis*. En el primero de ellos, del platonista J. V. Robinson, se defiende la tesis de que el alma tripartita, según se manifiesta en el *Timeo*, dura siempre, es eterna y entra dentro del ciclo de las sucesivas reencarnaciones permaneciendo de alguna manera siempre encarnada, *embodied*, mientras que se predica la inmortalidad, únicamente, de la parte racional.[78] Y el fundamento de esta interpretación radica en que, para Platón, puede existir algo que dure siempre sin ser inmortal.[79] Por lo tanto, cuando Platón afirma que el alma es inmortal, en reali-

---

[78] "The *Timaeus*, discusses the formation of the World Soul and nous, the divine part of the human soul. The other parts of the human soul were fashioned by the lesser gods and, unlike nous, are mortal. Since we are explicitly told that nous is the only immortal part of the soul, scholars have assumed that nous alone will escape the cycle of rebirth." Cf. J. V. Robinson, "The Tripartite Soul in the *Timaeus*", *op. cit.*, p. 103.

[79] "Since for Plato something can last forever without being immortal, the concept of an everlasting tripartite souls is at least possible." Cf. J. V. Robinson, "The Tripartite Soul in the *Timaeus*", *op. cit.*, p. 104.

dad lo que está queriendo decir con ello es que el alma humana contiene algo divino, 'algo que le concede afinidad con los dioses y que capacita al alma para mejorarse ella misma.'[80]

Frente a esta postura, como suele suceder en las discusiones de los *scholars*, que cada vez más se centran sobre aspectos muy concretos y sobre determinadas frases de Platón, se alza la posición del profesor A. S. Mason, en respuesta a la peculiar interpretación de Robinson. En efecto, se mantiene aquí dos tesis, por lo demás, de muy común apreciación entre los mismos platonistas. En primer lugar que, de ningún modo, la parte inmortal del alma permanecerá siempre unida a un cuerpo sino que está deseando escapar de esa unión al cuerpo para alcanzar el propósito divino que rige a la parte inmortal:

> "El alma ha recibido de Dios un fin en la tierra; su descenso ha de ser visto no como una caída, sino como un acto voluntario de obediencia a la voluntad divina."[81]

Y en segundo lugar, se afirma también que la posición de Platón acerca de la naturaleza tripartita del alma es solo respecto del tiempo que dura su unión con el cuerpo, pero una vez conquistado su destino divino no tiene necesidad de sus partes irracionales:

---

[80] "The claim that only nous is immortal establishes that the human soul contains something divine, something that gives it kinship with the gods and which enables the soul to improve itself." Cf. J. V. Robinson, "The Tripartite Soul in the *Timaeus*", op. cit., p. 104.

[81] "The soul has a divinely given purpose on earth; its descent needs not be seen as a fall, but as a willing act of obedience to the divine will." Cf. A. S. Mason, "Immortality in the *Timaeus*", *Phronesis*, vol. XXXIX, 1994, p. 96.

## 7.4 El Demiurgo y el alma en el Timeo

"En su estado celestial no tiene necesidad ni del cuerpo ni del alma irracional, y puede ser considerada tanto desencarnada como enteramente racional."[82]

Hay que señalar que, más allá de los límites de esta polémica, se alza una idea claramente transmitida en el *Timeo*, en orden a la demostración de la inmortalidad del alma, que reaparecerá en los futuros desarrollos de la filosofía cristiana; idea que no se le ha concedido la debida importancia en los estudios sobre la influencia platónica en la formación de la filosofía medieval. Una vez terminada la exposición de cómo es la naturaleza de los dioses visibles, dice Platón, por boca de Timeo, que el Demiurgo, artífice de este universo, les dirigió un discurso a los 'dioses hijos de dioses', manifestándoles que permanecerían en la existencia y no serían destruidos, en virtud de un acto de su voluntad. Por su radical importancia, es necesario reproducir las mismas palabras de Platón:

"Dioses, hijos de dioses, las obras de las que soy artesano y padre, por haberlas yo generado, no se destruyen si yo no lo quiero. Por cierto, todo lo atado puede ser desatado, pero es propio del malvado el querer desatar lo que está construido de manera armónicamente bella y se encuentra en buen estado. No sois en absoluto ni inmortales ni indisolubles porque habéis nacido y por las causas que os han dado nacimiento; sin embargo, no seréis destruidos ni tendréis un destino mortal, porque habéis obtenido en suerte el vínculo de mi decisión, aún mayor

---

[82] "In this heavenly state it has no need either of the body or of the irrational soul, and may be seen as discarnate and as wholly rational." Cf. A. S. Mason, "Immortality in the *Timaeus*", op. cit., p. 97.

y más poderoso que aquellos con los que fuisteis atados cuando nacisteis."[83]

Por supuesto, lejos estamos todavía de aquella doctrina filosófica, extraída de la revelación cristiana de un universo creado *ex nihilo*, doctrina que se consolidó con la metafísica del *actus essendi* de Santo Tomás, y la participación en el Acto de Ser Increado de este acto de ser constitutivo de los entes creados. Tan lejos está la creación cristiana de la cosmología del *Timeo* como lo está el Demiurgo platónico del Dios cristiano y su providencia. Y el Dios cristiano, Creador, se distingue del Demiurgo formador en la misma medida en que el Ser se distingue de los seres. Con toda razón, More ha sostenido que la creación no puede ser para un filósofo griego lo que es para un filósofo cristiano, puesto que incluso para Platón, que fue el más cercano de los griegos a este planteamiento cristiano, el pensamiento de un creador y de una criatura implicaba necesariamente la presencia de una sustancia a partir de la cual la criatura fuera formada.[84] Y no se bautiza el *Timeo* por el hecho de que, al traducir dicho diálogo, se emplee el vocablo 'creación', ya que, de modo claro, la acción del Demiurgo no es absolutamente *ex nihilo*.[85] Además, existe una gran distancia porque en el acto

---

[83] Platón, *Timeo*, op. cit., 41ab.

[84] P. E. More, *The Religion of Plato*, Princeton, 1921, p. 124.

[85] A. E. Taylor, en su obra *Plato, the Man and his Work*, op. cit., págs. 442-444, afirma que el Demiurgo es un 'creador en el sentido pleno del término', pero no concluye Taylor que esta acción creadora sea en sentido cristiano, sino más bien quiere indicar, frente a Aristóteles, que el cosmos platónico tiene un inicio en el tiempo. Por su parte, B. Jowett, en *The Dialogues of Plato Translated into English with Analysis and Introductions*, op. cit., emplea el vocablo 'creación' pero deja bien en claro que este término está usado en sentido lato. El tema en torno a Aristóteles sobre el concepto

## 7.4 El Demiurgo y el alma en el Timeo

originario formador del Demiurgo, pese a tener como fin la difusión del bien, difícilmente se puede encontrar la maravillosa revelación cristiana de una decisión, libre y amorosa de Dios, al principio de la creación, hacia la obra de sus manos.[86] Y en el Dios cristiano, la creación es un acto libre de un Amor infinito que por Amor hace participar a la creación de su Ser sin perder absolutamente nada.

Pero, por lejos que estén, nada impide en filosofía rastrear aquellos niveles básicos a los que pudo llegar la filosofía griega en sus más altas expresiones. Son de particular importancia para este tema las consideraciones que Gilson dedica a la 'Providencia Cristiana' en su trascendental estudio *El Espíritu de la Filosofía Medieval*.[87] Porque, aunque se muestra un tanto severo con Platón en algunos temas, —con la misma severidad con la que Santo Tomás trató también al Filósofo griego,[88]— expone con mucha claridad no solo los límites que alcanzó la razón antes de ser fecundada por la Revelación Cristiana en el tema

---

de 'creación', en R. Jolivet, "Aristote et la Notion de Création", *Revue des Sciences Philosophiques et Théologiques*, XIX, 1930, p. 218.

[86] "La pensée grecque a bien reconnu qu'en Dieu il n'y a pas de jalousie, que Dieu est bon, qu'il est le Bien. Mais l'idée d'une création par agapê n'a pas été atteinte pour la pensée païenne. C'est, peut-on dire, le secret de la tradition juive et chrétienne." Cf. C. Tresmontant, *La Métaphysique du Christianisme et la Naissance de la Philosophie Chrétienne*, Éditions du Seuil, París, 1961, p. 320.

[87] Étienne Gilson, *El Espíritu de la Filosofía Medieval*, op. cit., págs. 157-176.

[88] Étienne Gilson, *El Espíritu de la Filosofía Medieval*, op. cit., p. 167, n. 33: "Santo Tomás se muestra aquí más severo que de costumbre hacia Platón."

de la creación, sino también la superioridad de Platón sobre Aristóteles acerca del concepto griego de providencia.[89]

De nuevo, como en la anterior argumentación de la *República*, Santo Tomás elaborará la demostración correcta por este camino con premisas y conceptos metafísicos de una exquisita pureza. Respondiendo a aquella objeción según la cual lo creado, por provenir de la nada, tiene la potencia de volver a la nada, afirma Santo Tomás de Aquino:

> "Así como poder ser creado se predica de algo no en cuanto potencia pasiva, sino solo por la potencia activa del que crea, el cual puede producir algo de la nada; de igual manera cuando se dice de algo que puede volver a la nada, no se introduce la potencia para no ser en la criatura, sino la potencia en el Creador, para que no infunda el ser. Y se dice corruptible por aquello de que está en él la potencia para no ser."[90]

---

[89] Étienne Gilson, *El Espíritu de la Filosofía Medieval*, op. cit., p. 161, n. 15, donde trata el tema de si es posible extraer de los textos de la *Metafísica*, ideas que apoyen la creación y la providencia, y concluye Gilson afirmando: "Pero Aristóteles no ha pensado en la creación, y por eso jamás afirmó que Dios conoce el Universo."

[90] "Ad secundum dicendum quod, sicut posse creari dicitur aliquid non per potentiam passivam, sed solum per potentiam activam creantis, qui ex nihilo potest aliquid producere; ita cum dicitur aliquid vertible in nihil, non importatur in creatura potentia ad non esse, sed in creatore potentia ad hoc quod esse non influat. Dicitur autem corruptibile per hoc, quod inest ei potentia ad non esse." Cf. Santo Tomás de Aquino, *Summa Theologiæ*, I, q. 75, a. 6, ad. 2.

## 7.5 Conclusión.

El desarrollo de la filosofía de la Platón en torno al alma, su naturaleza, propiedades, la relación que tiene con el cuerpo, y el modo de enfrentarse con el acontecimiento de la muerte, gozan de una permanente unidad a lo largo de su exposición en los diálogos. Unidad que no impide al vigoroso pensamiento de Platón expandirse, de un modo asistemático, para adquirir conocimientos nuevos en plena conexión con lo alcanzado con los otros pilares fundamentales de su Filosofía, a saber, la teoría de las Ideas, la teoría del conocimiento y de la ciencia, y la política juntamente con la ética. Acertada o no, la unidad que así estableció resultó indispensable para comprender en adelante el estatuto ontológico que el alma obtiene después de la muerte. Las reflexiones platónicas fundamentales, como son la naturaleza espiritual del alma, la fuerza de Eros, insertada ésta por los dioses en su núcleo más profundo, su vitalidad, que la convierte en fuente y principio de movimiento, su indestructibilidad ante acontecimiento tan drástico como es la muerte, y el fin último de la vida del alma en la contemplación, constituyeron, todos ellos, la herencia que Platón transmitió a sus discípulos y, en general, a toda la filosofía. El alcance y la trascendencia de esta herencia dependerá, en gran medida, de las reflexiones que elabore sobre la ética, la antropología y la metafísica, cada filósofo, sea discípulo suyo o no lo sea, y de la síntesis que se intuya entre los conocimientos aportados por estas tres ciencias. Al estudio de esta síntesis, en Platón, Santo Tomás de Aquino y A. Gálvez, es a lo que se dedicará la última parte del presente trabajo.

# Parte III

# Ética, Antropología y Metafísica

# 8
# PRENOTANDOS A LA PARTE SISTEMÁTICA

La precisión y la rigurosidad que requiere el hecho de tratar el difícil tema del estatuto ontológico del alma después de la muerte exige, a su vez, una serie de planteamientos previos, ya no de índole histórica, como los desarrollados hasta ahora en la primera y segunda parte en relación a Platón, sino de índole sistemática. De tal modo que, en virtud de esas mismas consideraciones históricas como sistemáticas, se pueda obtener una idea clara y distinta del marco conceptual en donde ha de ubicarse la dilucidación de este específico tema de la Filosofía Cristiana.

Por ello, el desarrollo de este primer capítulo de la parte final, ha de habérselas con una serie de consideraciones, —prenotandos—, en el orden siguiente: en primer lugar, qué se quiere expresar con el concepto filosófico de síntesis; en segundo lugar, una clarificación de los objetos propios de la metafísica, la ética y la antropología, desde el punto de vista de la Filosofía Cristiana, como quiera que la síntesis que aquí se ha de llevar a cabo es la propia de esos tres elementos integrantes en el seno de una filosofía esencialmente calificada como cristiana; en tercer lugar, por la importancia que el tema del alma humana tiene en la antropología, es necesario establecer cuáles son los conceptos fundamentales de esta disciplina del saber filosófico cristiano, alcanzados por la razón, sobre los cuales giran todas las reflexiones; conceptos que den garantía de que la antropología elaborada es integral y completa en sus fundamentos, es decir, den una cabal explicación del ente creado de naturaleza humana; y por último, lo que se elaborará en el siguiente capítulo, el análisis de dos actividades, a saber, el amar y el morir, asumidas de una manera consciente por el hombre en el ejercicio de su actividad reflexiva, que determinan en su comprensión el éxito o fracaso de la síntesis realizada.

## 8.1 El concepto de síntesis

Con el concepto de síntesis se ha querido expresar aquí la idea fundamental en la actividad filosófica de una unidad coherente, entre las afirmaciones de un pensamiento dado, aprehendida en un acto de conocimiento que pertenece al orden de la intuición intelectual. El *Diccionario de la Real Academia Española*[1] recoge tres definiciones de este vocablo, dos de las cuales, ayudan un poco a delimitar lo que en este contexto va a querer expresarse con el término 'síntesis', y la tercera, en cambio, nos proporciona una elevada imagen sobre qué tipo de unidad coherente, entre varias afirmaciones, es la que se está investigando.

---

[1] *Diccionario de la Lengua Española*, DRAE, Vigésima Primera Edición, tomo II, 1992.

## 8.1 El concepto de síntesis

La primera acepción del vocablo es aquella que lo define como la 'composición de un todo por la reunión de sus partes.' Y aunque para realizar la tarea de síntesis de un pensamiento dado, es necesario el conocimiento y la reunión de sus partes mediante un orden, sin embargo no es suficiente para el éxito de la tarea sintética el hecho de la simple reunión de los elementos. La segunda acepción del vocablo lo define como 'la suma y compendio de una materia o cosa', entendiendo por 'suma y compendio', lo más sustancial de una materia o lo más fundamental de una cosa. Bien es verdad que para adquirir la síntesis de un pensamiento es necesario llegar al conocimiento de lo nuclear y de sus principios fundamentales; pero tampoco esto es suficiente pues el resultado de la síntesis de un pensamiento ha de incluir tanto las premisas derivadas, como los principios fundamentales que rigen un pensamiento. Paradójicamente, la tercera y última definición, aunque pertenece al campo de la química, ayuda en gran manera a comprender el término en el sentido en que aquí va a ser utilizado. En efecto, en su última acepción, se entiende por síntesis el proceso químico que permite obtener sustancias, que por lo general se dan también en la naturaleza, partiendo de sus componentes. Lo que esta definición dona al concepto de síntesis que aquí se quiere establecer consiste precisamente en la novedad que se produce, una sustancia, al combinar los elementos de los que dicha sustancia se compone.

Ferrater Mora, en su *Diccionario de Filosofía*, destaca con todo acierto esta última acepción del vocablo síntesis al afirmar que, 'como el resultado de una unión, integración, etc. es más complejo que cualquiera de los elementos unidos, integrados, etc., puede decirse que en general la síntesis es la acción o el efecto, o ambos a un tiempo de pasar de lo más simple a lo más complejo."² Y aunque no es compartida aquí la peculiar manera que Kant tiene para elaborar su teoría del conocimiento, en ese esfuerzo sintético que posibilita el conocimiento humano, ayuda al esclarecimiento de la idea de 'síntesis' que aquí va a ser utilizada, la definición que propone de este concepto, en su *Crítica de la Razón Pura*, antes de su análisis sobre la sensibilidad, el entendimiento y la razón: "Por síntesis, en su sentido más general, entiendo el acto de reunir las diferentes representaciones unas con otras, y de aprehender lo diverso de ellas en un solo acto de conocer."³ Si sustituimos en esta definición el concepto kantiano de 'representaciones' por el de 'conocimientos adquiridos en las diversas ciencias' y nos detenemos en esa última afirmación, 'aprehender lo diverso de ellas en un solo acto de conocer', obtendríamos, aunque fuera de una manera intuitiva, qué se está queriendo decir aquí al hablar de síntesis final. Esta pertenece al orden de lo intuido intelectualmente.

La manera de entender la intuición intelectual que se requiere aquí para la elaboración de una síntesis, queda determinada, con todo rigor, en la distinción que Santo Tomás de Aquino hace al explicar lo que es el conocimiento discursivo y lo que es el conocimiento intuitivo. Aquél supone siempre un movimiento, por el que nuestro entendimiento llega al conocimiento de una cosa *a partir de* otra cosa ya conocida, mientras que el conocimiento intuitivo es aquel acto de nuestra facultad intelectiva por el que se conoce una cosa *en* otra cosa, antes conocida, inmediatamente presente en el mismo acto de conocer.

---

[2] J. Ferrater Mora, *Diccionario de Filosofía*, vol. II, op. cit., voz 'Síntesis', p. 685.

[3] Kant, *Crítica de la Razón Pura*, A. 77, B. 103. Cf. J. Ferrater Mora, *op. cit.*, voz 'Síntesis'.

## 8.1 El concepto de síntesis

En la cuestión octava del *De Veritate* expone, con su concisión habitual, esta doctrina de la distinción entre la intuición y el discurso racional:

> "Discurrir es propiamente llegar al conocimiento de una cosa a partir del conocimiento de otra. Y adviértase que no es lo mismo conocer una cosa en otra que conocerla a partir de otra, pues cuando se conoce una cosa en otra, el que conoce es llevado hacia las dos con un solo movimiento, como aparece claro cuando una cosa se conoce en otra como en su especie cognoscible, y tal conocimiento no es discursivo... En cambio, se dice que una cosa es conocida a partir de otra cuando no hay un solo movimiento hacia las dos, sino que primero el entendimiento se mueve hacia una, y a partir de ella, se mueve hacia la otra; de donde hay aquí cierto discurso, como aparece en las demostraciones en las que el entendimiento es llevado, primero hacia los principios, y después, por los principios, hacia las conclusiones."[4]

Tres ejemplos pueden venir en nuestra ayuda para comprender mejor esta esencial actividad cognoscitiva que conlleva realizar una síntesis. El primero viene del lado mismo de la antropología. Los principios constitutivos del hombre, a saber, el alma y el cuerpo, son dos elementos cuya unión en la persona constituye una sustancia que desborda los límites de cada uno de sus constituyentes. Esta síntesis humana en la persona repercute a su vez en la comprensión de cada uno de sus elementos. Santo Tomás, para expresar esta síntesis que se producía entre alma y cuerpo en la persona y queriendo destacar una intuición que escapaba a los límites del lenguaje, hablaba de una

---

[4] Santo Tomás de Aquino, *De Veritate*, q. 8, a. 15, c.

admirable conexión. El ser humano individual no es la simple reunión de sus elementos, alma y cuerpo, y tampoco es lo más fundamental o el compendio de lo que es el alma y el cuerpo, sino la unidad que proporciona la unión de alma y cuerpo en la persona humana. Un segundo ejemplo puede ser proporcionado por la actividad de crítica artística. El crítico de arte observa todos los elementos que componen una obra de arte, y elabora un veredicto artístico acerca de la ausencia o presencia de 'arte' en la obra contemplada, mediante una tarea sintética que incluye todos los elementos que componen el análisis de una obra artística. De nuevo, no es la simple reunión de sus elementos, ni tampoco lo más fundamental o el compendio, aunque ambas cosas sean necesarias, sino la afirmación de un juicio artístico que, aunque traspasa los límites de todos y cada uno de los elementos individuales de la obra, descubre, sin embargo, en cada uno de ellos la presencia de lo que la constituye como 'obra artística.' Y un tercer ejemplo de lo que aquí se quiere expresar con el concepto de síntesis, altamente intuitivo para los que sean entendidos en teología cristiana, proviene del campo de la revelación neotestamentaria, y precisamente por ser un ejemplo nada habría que objetarle para que aparezca en un estudio filosófico. En el capítulo 22 del Evangelio de San Mateo,[5] ante el requerimiento malintencionado de un doctor de la ley sobre cuál era el mandamiento principal, Cristo responde afirmando los dos primeros mandamientos del amor, hacia Dios *con todo tu corazón, con toda tu alma y con toda tu mente* y hacia *tu prójimo*

---

[5] Mt. 22, 34-40. Este pasaje aparece en los otros dos sinópticos, de diverso modo hasta el punto de incluir el Evangelio de San Lucas la parábola del Buen Samaritano. Sin embargo, la expresión que aquí va a ser utilizada como ejemplo para la clarificación del concepto de síntesis, aparece exclusivamente en la narración del Evangelio de San Mateo.

## 8.1 El concepto de síntesis

*como a ti mismo*, y culmina 'sintetizando' toda la Sabiduría que preside la revelación cristiana: 'In his duobus mandatis universa Lex pendet et Prophetae.' La presidencia que tiene el tema del Amor en la revelación no se obtiene a partir de la simple reunión de todos los elementos revelados en ella, ni es tampoco el compendio o lo más fundamental de la revelación, sino que es la melodía ininterrumpida que explica y da vida a todos y cada uno de los elementos que componen la Palabra de Dios. Y así como Platón decía en *Las Leyes* que todo está lleno de dioses, de igual modo se puede decir que toda la Revelación está llena del Amor divino.[6]

En conclusión, la síntesis tendrá por objeto un conocimiento nuevo, captado en la actividad de una intuición intelectual,[7] integrador de los diversos juicios y conceptos aportados por las distintas disciplinas filosóficas, cuya formulación era imposible desde el particular campo de cada una de ellas; y, una vez adquirido, proporciona luz, orden y armonía a cada una de los elementos integradores de la síntesis, descubriendo la presencia de ese juicio sintético en todos los conocimientos adquiridos por la razón. Y la posesión de este conocimiento es lo que podría

---

[6] "El autor de la primera carta de Juan sintetizó a fines del siglo I el mensaje cristiano elaborado en el transcurso de esa centuria en la expresión, ciertamente magnífica, *Theós agápe estín*, Dios es Amor. Desde entonces la teología cristiana ha sido una prolongada meditación sobre la naturaleza del amor, una minuciosa reflexión en torno al amor." Cf. D. Gracia, "Persona y Comunidad. De Boecio a Santo Tomás de Aquino", *Cuadernos Salmantinos de Filosofía*, XI (1984), p. 63.

[7] Un estudio sobre la intuición, tanto desde el punto de vista histórico como sistemático, aparece en J. García López, *El Valor de la Verdad y otros Estudios*, Gredos, Madrid, 1964, particularmente el cap. "La Intuición Humana a la Luz de la Doctrina Tomista del Conocimiento", págs. 65-166.

llamarse específicamente *Sabiduría Humana*. De este modo, el asombro y la admiración que están a la génesis del inicio de la actividad filosófica en el hombre,[8] llegan a su plenitud máxima en esa intuición intelectual en la que se canaliza la actividad sintética. Es lo que se intenta realizar principalmente con las disciplinas filosóficas de la ética, la antropología y la metafísica desde el punto de vista de la Filosofía Cristiana. Y este punto de vista, aquí adoptado, de la Filosofía Cristiana, y la Sabiduría que de ella se deriva, queda mucho más resaltado, no solo al aceptar, sin ningún recelo, la existencia de una Filosofía Pagana y su consiguiente Sabiduría Pagana,[9] sino también al contrastar, en una enjundiosa labor del pensamiento, la Sabiduría Pagana con la Sabiduría Cristiana.

Por último, aunque forzosamente y por razones que luego diremos, hemos decidido dejar al margen de nuestro trabajo el pensamiento de Aristóteles, sin embargo, en relación a la síntesis como intuición intelectual, es pedagógico e instructivo destacar lo mantenido por el prof. Vial Larraín en su estudio sobre el Filósofo de Estagira. Porque, en líneas generales, lo mantenido aquí sobre la intuición y sobre la síntesis entre ética, antropo-

---

[8] De nuevo, primero fue Platón en el diálogo *Teeteto*, op. cit., 155cd, quien pone el inicio de la Filosofía en la admiración del hombre filósofo ante el espectáculo del ser: "Es muy propio de un filósofo este sentimiento: maravillarse. La filosofía no tiene otro principio, y aquél que hizo de Iris la hija de Tauma no hizo una mala genealogía"; después, Aristóteles en su *Metafísica*, op. cit., I, 2, 928 b12-12, aunque su frase ha sido más conocida en la historia que la de su maestro: "Los hombres comienzan y comenzaron siempre a filosofar movidos por la admiración."

[9] Con el calificativo de Pagana no se está queriendo desprestigiar al saber alcanzado por los griegos sino que se está refiriendo al saber adquirido por la razón griega en el ambiente de una religión politeísta y sin la presencia de la revelación cristiana.

## 8.1 El concepto de síntesis

logía y metafísica, coincide con la tarea llevada a cabo en los dilatados estudios del prof. Vial Larraín sobre la obra aristotélica. En el capítulo VII, y final, de su estudio *Una Ciencia del Ser*, en virtud de esa intuición intelectual en la que radica la síntesis de un pensamiento dado, propone, para la filosofía de Aristóteles, lo que él denomina una *teoría de la inteligencia*.[10] Con ello quiere decir que lo que subyace a toda la reflexión metafísica, ética y antropológica es la figura y la actividad de la inteligencia, contemplada siempre como actividad divina.[11] Y esta *teoría de la inteligencia* como algo divino en el hombre, aunque no se identifica con el descubrimiento fundamental de la metafísica aristotélica, o con su idea fundamental, a saber, 'la del acto como principio de ser y, en consecuencia, de la anterioridad, prioridad y primacía del acto', sin embargo está implícita en cada libro de la *Metafísica* y constituye la clave de la ontología.[12] De igual modo, en plena armonía con el concepto de

---

[10] "Toda la ontología de Aristóteles tiene este carácter. Ahora bien, la veta de esta intuición es la inteligencia: la metafísica de Aristóteles comienza como una teoría del saber pero culmina como una teoría de la inteligencia, clave final de la ontología, en donde es posible reconocer en concreto la relación *kinesis-energeia*, la primacía del acto y la experiencia de lo que un acto puro puede ser." Cf. J. de D. Vial Larraín, *Una ciencia del Ser*, Ediciones Universidad Católica de Chile, Santiago, 1987, p. 125.

[11] J. de Dios Vial Larraín, *Una Ciencia del Ser*, op. cit. p. 126.

[12] "Esta intuición de lo divino está viva en el texto inicial de la *Metafísica* que fuera una exhortación a la filosofía cuyo eco conmovió el alma de San Agustín. Allí la teoría está propuesta como un saber centrado en su mismidad y que busca su propia razón de ser. La idea se propaga a lo largo de todos los textos de la *Metafísica*. Reaparece en la ciencia libre de la que habla el libro I (983 a.5), en la hipótesis del Libro VI acerca de un lugar de lo divino (1026 a. 20), en el contrapunto constante del Libro VII con otra sustancia fuera de las sensibles (1028 b.33) y, finalmente, en la transposición de la teoría de la *energeia* del Libro IX a la concepción de un motor que es inmóvil de la

síntesis aquí propuesto, esta misma *teoría de la inteligencia* se hace presente en las páginas de la *Ética a Nicómaco*, a juicio del prof. Vial Larraín:

> "La contemplación intelectual no es algo ajeno, desligado, ni mucho menos opuesto a la ordinaria vida práctica y a las virtudes que en ella se ejerzan bajo el comando de la *phronesis*. Esta sabiduría práctica ordena la red de distribución de las virtudes cuya central generadora, es la operación de la inteligencia en sí misma, que es una acción contemplativa: en última instancia la contemplación de lo más alto, de lo más perfecto, de lo divino."[13]

El mismo intento de sintetizar el pensamiento de Aristóteles en torno a la ética, la antropología y la metafísica es el objetivo de uno de los trabajos del prof. C. Trottmann.[14] Según la hipótesis que se presenta en este estudio, el pensamiento aristotélico es un intento de unificar mediante la metafísica y la política los dos fines propios del hombre, tanto para su alma como para su cuerpo: en primer lugar, el fin de la vida contemplativa propio del alma; en segundo lugar, el fin del bien común y de la satisfacción de las necesidades en la ciudad democrática.[15]

---

teología del Libro XII." Cf. J. de Dios Vial Larraín, *Una Ciencia del Ser*, op. cit., p. 126.

[13] J. de Dios Vial Larraín, *Breve Tratado de Filosofía Moral*, Universidad de los Andes, Santiago de Chile, 1992, p. 64.

[14] C. Trottmann, "Le Noeud de l'Anthropologie Aristotélicienne, ses Conséquences Théologiques et Politiques", *Revue Thomiste*, XCVI, (1996), págs. 312-326.

[15] "La philosophie comporte donc bien pour Aristote deux sciencees architectoniques: l'une théorétique, l'autre pratique. De même, l'homme possède

## 8.2 Ética, Antropología y Metafísica

La filosofía como ciencia nace con Platón, aunque la filosofía en Platón no fue una ciencia ni una actividad más de su quehacer científico o profesional, sino la actividad eminente a la que se entregó por entero. Emanaba esta actividad de la misma naturaleza de su alma intelectiva y comprometía toda la vida de lo que él llamaba el hombre filósofo.[16] El alma ha sido dotada por los dioses de una 'mania',[17] de una locura, la de Eros, que, bien guiada, la impulsa a la conquista y posesión de aquellas realidades que Platón llamó Formas, mediante su actividad cognoscitiva, y así colma el ansia de felicidad del hombre. El filósofo era aquél que amaba la Sabiduría. En realidad, el verdadero filósofo realizaba con toda justicia lo que estaba inscrito en la naturaleza del alma, y aquéllos que tomaban la decisión de dedicarse a la verdadera filosofía y la ejercitaban, se constituían en verdaderos hombres, más perfectos que los demás. La *República*, en su larga composición, fundamenta la división de los individuos en la polis según la autoridad, precisamente en virtud de esta vocación fundamental de los que se dedican a la filosofía.

---

deux finalités: l'une contemplative et divine; l'autre plus humanie, concernant totu le composé hylémorphique et restant d'ordre pratique et donc politique. Pourtant la sagesse et la finalité de l'homme ne sont-elles pas profondément unes dans l'esprit du Stagirite?" Cf. C. Trottmann, "Le Noeud de l'Anthropologie Aristotélicienne, ses Conséquences Théologiques et Politiques", *op. cit.*, p. 324.

[16] "Ahora ya quiero daros a vosotros, mis jueces, la razón de por qué me resulta lógico que un hombre que *de verdad ha dedicado su vida a la filosofía*..." Cf. Platón, *Fedón*, op. cit., 63b.

[17] Platón, *Fedro*, op. cit., 254bc.

No obstante, el hecho de que la filosofía en Platón fuera la actividad eminente y no el mero desarrollo de una ciencia, no excluía del quehacer del verdadero filósofo, como algo esencial al mismo, el desarrollo de la ciencia y de las diversas ciencias. No solamente tomaron parte en la vida de Platón el conocimiento y la ciencia adquirida de la geometría y de la aritmética, sino que la mayoría de sus diálogos están orientados indudablemente al establecimiento de los principios fundamentales de otras ciencias, intentando abarcar lo que para la mentalidad griega sería la totalidad del saber: diálogos dedicados a la ciencia de la retórica, como el *Fedro*, o a la filosofía de la naturaleza, más propiamente llamada cosmología, como el *Timeo*; estudios sobre antropología, como el *Fedón* y el *Banquete*, o sobre el conocimiento mismo y la ciencia, como el *Teeteo*; y diálogos dedicados a la metafísica, como el *Parménides* y el *Sofista*, o la política como la *República* o el *Político*; la ética se desarrolla en muchos diálogos, pero adquiere una preeminencia en las consideraciones sobre la vida justa de la *República*, y en las *Leyes*. En definitiva, la Sabiduría de la que era objeto el amor del filósofo conllevaba no solo el conocimiento de todas estas ciencias de modo individual, sino particularmente una visión unitaria que intentara dar una explicación congruente de la realidad del hombre, del mundo y de las Ideas. No era la Sabiduría la suma de todos los conocimientos poseídos en las distintas ciencias, sino el orden y la reducción a una unidad interna, fruto del conocimiento de las Formas. En la *República*, Platón, hablando de la Dialéctica como método para alcanzar la suprema idea de Bien, afirma:

> "Y yo creo, con respecto al estudio de estas cosas que hemos enumerado, que si se llega por medio de él a descubrir la comunidad y afinidad existentes entre unas y otras y a colegir el aspecto en que son mutuamente afines, nos

## 8.2 Ética, Antropología y Metafísica

aportará alguno de los fines que perseguimos y nuestra labor no será inútil; pero en caso contrario lo será."[18].

En este sentido, la Sabiduría Griega que marcó todo el desarrollo posterior filosófico, incluyendo el pensamiento que surge a la luz del Cristianismo, se deriva principalmente, ya desde sus orígenes, de la síntesis y de la unidad en la ética, antropología y metafísica operadas por Platón. En el orden temporal de la constitución de estas ciencias, Sócrates inicia la reflexión ética para frenar la escalada sofística. ¿Cuál es la naturaleza del bien y de cada una de las virtudes y cuál es el bien propio del hombre? Ante la ambigüedad a la que conducían las diversas respuestas socráticas, Platón adquiere una grandeza sobre su maestro al descubrir la necesidad de un planteamiento previo, de índole antropológico, que determine los contenidos de la ética. ¿Cuál es la naturaleza del hombre? ¿Qué actividades son específicamente humanas, para que una vez determinadas, podamos descubrir el bien apropiado del hombre? La antropología era necesaria antes de la ética; pero, ¿ella misma, estaba en la cúspide del saber, como principio y fundamento de todo otro saber filosófico, o estaba necesitada de un ulterior fundamento? Una vez más el genio platónico iba a descubrir, —no importa ahora lo distante que estemos de sus posiciones—, que la investigación sobre el hombre, abarcando temas tan difíciles como su origen, su constitución, su fin último, los objetos propios de sus específicas actividades —especialmente la del conocimiento—, su distinción y su posición con el resto de los demás seres, requería todo ello de una ulterior reflexión sobre el porqué de los seres; una reflexión metafísica previa a la reflexión antropológi-

---

[18] Platón, *República*, op. cit., 531cd.

ca, aunque este nombre particular de metafísica no fuera usado por él.

Por lo tanto, desde Platón, con toda verdad, se puede decir que las tres ciencias fundamentales de la filosofía —ética, antropología, metafísica— estaban realmente constituidas en sus cimientos formales, y necesitarán, para su tarea arquitectónica y la elaboración de su índice temático, del genio clasificador y de la mente investigadora de Aristóteles. El avance aristotélico sobre su maestro queda reflejado en la perfecta conciencia que Aristóteles tuvo de la necesidad de una Sabiduría que uniera a la ética con la antropología y la metafísica.[19] Todo el capítulo primero de la *Metafísica* es el intento de Aristóteles por establecer la necesidad de una *Sophia* mediante el conocimiento de las causas primeras.

Además, las tres incluían, a su vez, la imprescindible reflexión sobre el modo de conocer humano, a saber, una teoría del conocimiento; y no es exagerado afirmar que, tan importante fue esta reflexión, que no solo se tendió a responder la pregunta ética sobre la esencia de la virtud con la afirmación de que la virtud era el conocimiento que poseemos de ella, sino que la misma antropología adquirió una elevadísima orientación intelectualista cuyos límites sobrepasaron los marcos de la filosofía

---

[19] "En la inteligencia y el pensar, en efecto, dice la filosofía, el hombre halla su mismo ser y este constitutivo de su naturaleza es, por lo mismo, su bien, su felicidad. Todo esto ha de tomar la forma de una nueva sabiduría. *Metafísica*, *Ética a Nicómaco*, *De Anima*, tres obras capitales del pensamiento de Aristóteles, convergerán en esta idea esencial en la que germina una gran teoría metafísica que vendrá a ser, pues, el fundamento de una ética y de una antropología como las que en aquellas obras se proponen." Cf. J. de D. Vial Larraín, *Una Ciencia del Ser*, op. cit., p. 29.

## 8.2 Ética, Antropología y Metafísica

helénica. No se ha de entrar en este tema de la influencia que en el desarrollo de la filosofía tuvo la vía cognoscitiva, pero es necesario destacar que, aunque la teoría del conocimiento no entra en la triada fundamental de la filosofía, no se ha de perder de vista su radical importancia, y por supuesto, su necesaria consideración, a la hora de elaborar la actividad sintética.[20]

Así delimitadas las ciencias en la filosofía griega, se podría aceptar, de modo genérico, las afirmaciones según las cuáles se considera que, desde Grecia y propiamente hablando desde Platón, la metafísica es la ciencia que investiga sobre el ser o sobre el constitutivo último de lo real; la antropología, la ciencia que investiga sobre el hombre, en clara dependencia con los resultados adquiridos por la reflexión metafísica; y por último, la ética, la ciencia que investiga sobre la bondad moral en orden a la consecución del fin último del hombre, en plena armonía con la definición de naturaleza humana propuesta por la antropología. Por generales que sean estas afirmaciones, no dejan de ser ciertas, y su carácter de verdad es independiente de las particulares concepciones que sobre el ser, el hombre, su fin último y la bondad moral, se dieron en cada filósofo. La crítica a la Teoría de las Ideas que realiza el filósofo de Estagira, siendo uno de los logros principales y trascendentales de la metafísica de Aristóteles, —y que en gran manera entrarán en la constitución de la Filosofía Cristiana—, no debilita en nada la definición de metafísica como ciencia que investiga sobre el ser aplicada de igual

---

[20] Un estudio detallado de cómo la filosofía moderna, a partir de la inversión cartesiana, se ha caracterizado, y en ello radica su principal oposición a toda la anterior reflexión filosófica, en establecer la teoría del conocimiento como ciencia fundamental y única, perdiendo su carácter instrumental y erigiéndose como causa eficiente de los objetos de la metafísica y de la ética, está en la obra de C. Cardona, *Metafísica de la Opción Intelectual*, op. cit.

manera tanto a Platón como a Aristóteles. Sucede igual, por seguir con el mismo ejemplo de la metafísica, con la reducción aristotélica del ser a la forma, y la superación obtenida por Santo Tomás de Aquino con la unión, en un solo concepto —*actus essendi*—, de dos conceptos aristotélicos —acto y ser—, alcanzando así la cumbre metafísica de la Filosofía Cristiana: el acto de ser, o el ser como acto. Aristóteles y Santo Tomás entendían por metafísica el estudio del ser, pero la elaboración metafísica de aquél fue inferior a la alcanzada por Santo Tomás de Aquino. Y es que estas afirmaciones generales, que definen los objetos propios de las tres ciencias fundamentales, pertenecen al campo de las proposiciones de carácter formal. Se puede afirmar que la piedra de toque de cada filósofo, en donde se cristaliza su valor de verdad, radica en la manera que tiene de colmar, o de llenar de contenido, o en el nivel de profundidad que adquieran los conceptos fundamentales de *ser, hombre, alma, bondad moral* y *fin último*.

Con la revelación cristiana, el pensar que, en su origen surge movido para dar razón de la nueva fe aceptada, no presenta duda alguna a la hora de concretar los particulares objetos a los que las tres ciencias filosóficas se han de dedicar: pues la metafísica tendrá por objeto directamente, 'los seres creados', e indirecta o causalmente, su Causa Primera, que es Dios, descrito en el *Éxodo* como *Ipsum Esse Subsistens*; la antropología versará sobre el hombre, con su alma y su cuerpo, hecho a imagen y semejanza de Dios, orientado ya desde el *Génesis* a un Creador como a su fin último; y la ética, bien amparada en la antropología y la moral del Nuevo Testamento, propondrá el sistema armónico de las virtudes humanas en orden a alcanzar el específico fin último del hombre, a saber, la vida eterna y la

## 8.2 Ética, Antropología y Metafísica

unión con Dios. Las diferentes posiciones filosóficas que en el seno del Cristianismo se dan hasta la Edad Media en relación a estos tres objetos de la ética, la antropología y la metafísica, a menudo en abierta oposición, tienen su razón de ser no solo en el determinado aparato conceptual de la filosofía griega del que hacen uso para su especulación —Platón o Aristóteles, o una mezcla de los dos—, sino también en la fragilidad inherente a unos conceptos filosóficos que no estaban lo suficientemente depurados. Así sucedió, por ejemplo, en la antropología, con el concepto de hipóstasis según la teología de los padres griegos y el concepto de persona según la teología de los padres latinos.[21] Y ocurrió también con el concepto de ser hasta el advenimiento de la rigurosa metafísica de Santo Tomás de Aquino.

Por lo demás, conviene subrayar que la íntima conexión existente entre la ética, la antropología y la metafísica, ha constituido uno de los aspectos más trascendentales de los estudios actuales que se han realizado en el marco de las consideraciones aristotélica-tomistas. La obra de Millán-Puelles, *La Libre Afirmación de Nuestro Ser*, ya citada aquí, ha dado un salto en profundidad sobre este tema, y se debe reconocer ahora la deuda intelectual que este trabajo tiene con respecto al pensamiento expresado en esa obra en torno al fundamento de una ética realista.[22] Otro autor muy interesado en la conexión entre

---

[21] Un desarrollo histórico de este concepto en J. A. Sayés, *Jesucristo, Ser y Persona*, op. cit. Cf. D. Gracia, "Persona y Comunidad. De Boecio a Santo Tomás de Aquino", *op. cit.*

[22] En realidad la deuda intelectual es con todo el conjunto de su obra, pero especialmente *La Estructura de la Subjetividad, La Teoría del Objeto Puro, Sobre el Hombre y la Sociedad, Economía y Libertad, El Valor de la Libertad, El Interés por la Verdad*, y sus clásicas obras *Fundamentos de Filosofía* y *Léxico Filosófico*.

los aspectos éticos y antropológicos con los metafísicos es R. Spaemann, en su obra *Felicidad y Benevolencia*, al exponer, como síntesis fundamental de su pensamiento, el *ordo amoris* en su despertar a la realidad, y aceptar que 'no hay ética sin metafísica. Mas ni la ética precede a la ontología, considerada como filosofía primera, ni ésta a aquélla. Ontología y ética se constituyen uno en acto en virtud de la intuición del ser —propio de los demás— como identidad".[23] Se une a estas consideraciones lo mantenido en la obra de M. Rhonheimer, *Natur als Grundlage der Moral*, por afirmar que la 'ética tiene... ya originariamente una interna conexión con el ámbito objetual de la antropología. De ello puede inferirse que tampoco un radical fundamento antropológico ha de ser extraño al ámbito objetual de la ética, y que incluso ésta la reclama.'[24] Por último, el estudio realizado por J. Pieper en virtud del cual defiende el 'enraizamiento del bien en el ser objetivo',[25] en plena unidad con una determinada antropología, es otro de los intentos actuales para alcanzar una síntesis entre estas tres ciencias fundamentales. Por un lado, sostiene que 'la consideración ético-metafísica de la constitución del espíritu creado considera ser el fundamento de la santidad.'[26] Y por otro, que el principio de la verdad de lo real, mantenido en la Alta Edad Media en síntesis con los pensadores griegos, se entiende 'como una afirmación antropológica que hace referencia al ser del hombre y lo ilumina.'[27]

---

[23] R. Spaemann, *Felicidad y Benevolencia*, Rialp, Madrid, 1989, p. 28.

[24] M. Rhonheimer, *Natur als Grundlage der Moral*, Tyrolia Verlag, Innsbruck-Wien, 1987, p. 53.

[25] J. Pieper, *El Descubrimiento de la Realidad*, Rialp, Madrid, 1974, p. 19.

[26] J. Pieper, *El Descubrimiento de la Realidad*, op. cit., p. 95.

[27] J. Pieper, *El Descubrimiento de la Realidad*, op. cit., p. 103.

En esta relacionada elaboración de lo específico de la ética, antropología y metafísica, desde el punto de vista de la Filosofía Cristiana, y por su especial vinculación con la presente investigación sobre el estatuto ontológico del alma humana después de la muerte, es obligado exponer ahora cuáles fueron los elementos fundamentales que constituyeron la antropología como disciplina de pleno derecho dentro de este sistema filosófico calificado de cristiano. No sin olvidar que a fin de cuentas toda reflexión sobre el hombre es metafísica y ética; y toda reflexión ética es metafísica y antropológica; y toda reflexión metafísica es antropológica y ética.[28]

## 8.3 Conceptos fundamentales de la Antropología

Tres son a nuestro parecer los conceptos fundamentales, conquistados por la razón, que están en la base de toda reflexión antropológica cristianamente calificada: en primer lugar, la naturaleza espiritual del alma; en segundo lugar el alma como forma en acto de un cuerpo orgánico; por último, pero el más importante, la noción de persona. Se toman aquí como fundamentales en virtud de que la antropología quedará rigurosamente arraigada en el marco de la Filosofía Cristiana dependiendo de la rigurosidad de las definiciones o descripciones de cada uno de estos términos.

---

[28] "La ética es metafísica y la metafísica es ética: y es el hombre, hacia la verdad del ser, el que recibe una y otra cosa, en la unidad de un pensar esencial al que está destinado por Dios." Cf. C. Cardona, *Olvido y Memoria del Ser*, op. cit., p. 171.

Además, se ha de destacar ahora el hecho de que estos conceptos pertenecen de pleno derecho a la *reflexión racional*, y no a los datos aportados por la revelación cristiana. Y esto por tres razones que son claves para dirimir las consideraciones actuales que sobre el alma se están haciendo desde el campo de la teología protestante como por parte de algunos teólogos católicos que, a pesar de su oposición a un Magisterio Oficial, siguen queriéndose calificar de católicos: en primer lugar, para apreciar en toda su justicia las consideraciones que sobre el hombre hicieron tanto Platón como Aristóteles, en sus aciertos y en sus límites, con total independencia de la novedosa fe revelada en Cristo —aciertos que al ser reconocidos e incorporados a su haber por la Filosofía Cristiana como verdaderos logros de la razón, dejan al descubierto y en *entredicho*, el rechazo al helenismo que se revela en gran parte de los estudios actuales de la teología protestante y, a imitación de ésta, también en la católica—; en segundo lugar, porque, aunque es cierto que el último concepto fundamental es aportado por las controversias teológicas en el seno mismo del cristianismo, no obsta esto para que la razón, una vez ofrecido el horizonte de la fe, dedique sus fuerzas y ponga todo su instrumental lógico a fin de adquirir para sí ese dato aportado en la elaboración teológica; y por último, para valorar en toda su grandeza el amor a la verdad que trajo consigo la revelación de Cristo y la connatural libertad que produce su posesión, al asumir para sí, como un efecto más de la Encarnación, lo poco o mucho de verdad que había alcanzado el hombre con la sola razón. La Verdad que se manifiesta en Cristo comprehende y asume para sí cualquier verdad adquirida por el hombre, previa o posterior a la revelación, y con independencia de ella misma.

## 8.3 Conceptos fundamentales de la Antropología

Al ser estos conceptos fruto de una extensa elaboración racional, independientemente del origen del que proceden, y no evidentes por sí mismos como necesarios para estructurar una antropología filosófica de índole cristiana, también se distinguen a su vez de aquellos otros conceptos, cuya presencia para ser admitidos por este saber filosófico es evidente *per se*, como sucede con los fundamentales conceptos de cuerpo y de fin último del actuar humano, aunque estén también necesitados de una reflexión racional.

El concepto de cuerpo requiere, desde luego, una clarificación conceptual realizada por la razón, pero la adquisición para la antropología de este concepto fundamental no deja de ser fruto de una directa atención a la experiencia, y concretamente a la experiencia que cada individuo tiene de su íntimo ser. Millán-Puelles, con su acostumbrada claridad, escribe en su *Léxico Filosófico*: "El bolígrafo, la pluma o cualquier otra cosa que yo use para escribir, empleando mi mano, son puros y simples instrumentos, mientras que, en cambio, mi mano es efectivamente sentida y vivida por mí como una parte integrante de mi ser."[29]

Lo mismo sucede con el concepto de fin: "Otras nociones especialmente relevantes en la experiencia moral, aunque no exclusivamente propias de ella, son los conceptos de fin y de felicidad. Sin necesidad de incurrir en unilaterales eudemonismos y teleologismos, tiene el hombre común presentes esos dos conceptos en su efectivo modo de vivir la experiencia ética e incluso en las reflexiones que a su modo y manera lleva a cabo sobre el

---

[29] Cf. A. Millán-Puelles, *Léxico Filosófico*, op. cit., voz "Inmortalidad del Alma Humana", p. 359.

sentido de la moralidad."[30] A pesar de estar necesitado, tanto por parte de la ética como de la antropología y la metafísica, de una elaborada reflexión filosófica, sin embargo este concepto de fin está lógicamente unido a la adquisición espontánea para la antropología por la palmaria evidencia de que toda acción humana obra por un fin.[31]

De modo que uniendo los tres conceptos adquiridos en un desarrollado discurso racional y no evidentes *per se* como necesarios, —naturaleza espiritual del alma, alma como forma en acto de un cuerpo orgánico y persona— y los dos conceptos de evidencia inmediata, aportados por la experiencia, —cuerpo y fin último—, pero necesitados de una clarificación racional, la antropología filosófica relativa a nuestra Filosofía Cristiana quedaría configurada, en sus fundamentos, por la peculiar manera de entenderlos y relacionarlos. Analicemos ahora lo sustancial de cada uno de ellos.

### 8.3.1 El alma, sustancia incorpórea

El primer concepto fundamental se lo debemos a Platón prioritariamente y viene determinado por el trascendental des-

---

[30] Cf. A. Millán-Puelles, *La Libre Afirmación de Nuestro Ser*, op. cit., p. 124.

[31] Entre la inmediata aceptación de conceptos asumidos desde la experiencia, y la posterior elaboración racional de esos mismos conceptos, sucede lo mismo que expone Maritain con relación a la filosofía moral y la experiencia moral del hombre común: "Elle présupose la connaissance naturelle incluse dans l'expérience morale commune, dans l'expérience moral de l'homme qui n'est pas un philosophe et sur les perceptions et jugements de laquelle la philosophie morale porte son regard pour les justifier et les élucider critiquement." Cf. J. Maritain, *Neuf Leçons sur les Notions Premières de la Philosophie Morale*, Chez Pierre Téqui, París, 1952, p. 48.

## 8.3 Conceptos fundamentales de la Antropología

cubrimiento de la naturaleza incorpórea del alma o, por utilizar un término más cristiano y menos platónico, el descubrimiento de la naturaleza espiritual del alma humana. El estudio que en la segunda parte de este trabajo se ha hecho del pensamiento platónico sobre el alma, se justifica ahora, precisamente, en virtud de la aportación trascendental que para la constitución de la antropología de índole cristiana tuvo este descubrimiento.

Nada más, por lo tanto, habría que añadir a lo estudiado en esa segunda parte, a no ser la siguiente consideración. Las vías de acceso al conocimiento de la realidad incorpórea del alma humana, a saber, principalmente la del conocimiento, y después, la de Eros, marcaron profundamente el desarrollo ulterior antropológico, tanto de Aristóteles, como de San Agustín y hasta del mismo Santo Tomás de Aquino; y determinaron, lo aceptaran o no, consciente o inconscientemente, la antropología que está incorporada en los pilares de la Filosofía Cristiana. Por el conocimiento no solo llegó Platón al descubrimiento de la realidad del alma, sino que, ebrio de esta adquisición, adjudicó al conocimiento, de modo exclusivo, y a la contemplación que se deriva de su libre ejercicio respecto de los sentidos, el acto en virtud del cual se alcanzaba el fin último del alma. Y tan decisivo, para la antropología como ciencia filosófica, fue este descubrimiento platónico, —la naturaleza espiritual del alma—, que los tratados sobre el hombre, fueron fundamentalmente tratados sobre el alma, y las *cuestiones medievales sobre el hombre* fueron *cuestiones de anima*. E incluso, como sucede en el tratado de Nemesio, pese a llevar el título *De Natura Hominis* y elaborar toda una antropología del cuerpo y explicar a su manera el modo de unión con el alma, sin embargo las consideraciones sobre el hombre están hechas en base a las reflexiones sobre el alma y el destino del hombre queda *reducido* al destino de su alma.³² Hasta el punto de que llega a defender la transmigración de las almas, no hacia los animales irracionales, pero sí entre los individuos de una misma especie.³³

De una manera secundaria, colateral y, además, desprestigiada, la consideración del cuerpo en Platón va unida, como una rémora, a la del alma y no ayuda mucho a la elaboración de una antropología filosófica de índole cristiana. Las dificultades que el cuerpo le pone al alma para conseguir su verdadera felicidad, mostradas en el *Fedón*, quedan, como vimos antes, parcialmente atenuadas en el *Banquete* con el papel que tienen los sentidos para alcanzar los primeros pasos en la conquista de la Idea de Belleza. Pero el cuerpo sigue oponiéndose al alma, y, en definitiva, no formando parte de la naturaleza del hombre. La conocida definición del diálogo *Alcibiades*, del hombre como aquella alma que usa de un cuerpo, siendo una definición platónica más mitigada respecto de la que propone el *Fedón* o la que se revela en la *República*, entrará a formar parte de toda la tradición filosófica cristiana y musulmana hasta llegar al corazón de la Edad Media.³⁴

---

³² Némésius d'Émèse, *De Natura Hominis*, édition critique avec une introduction sur l'Anthropologie de Némésius, par G. Verbeke et J. R. Moncho, E. J. Brill, 1975.

³³ Némésius d'Émèse, *De Natura Hominis*, op. cit., II, p. 49, 88-50, 2. En la introducción hecha por G. Verbeke y J. R. Moncho se afirma: "Contrairement à la théorie de Grégoire de Nysse, Némésius ne rejette pas formellement toute forme de transmigration. Il admet certainement qu'il y a différentes âmes suivant la nature propre des êtres vivants." p. LIV.

³⁴ El tema está tratado en la obra de J. Pépin, *Idées Grecques sur l'Homme et sur Dieu*, op. cit.

## 8.3 Conceptos fundamentales de la Antropología

Sin embargo, la evidencia en el orden de la experiencia más inmediata que, para todo ser humano provisto de sano juicio, presenta el hecho de que el cuerpo pertenece a nuestra esencia, y es por eso *nuestro cuerpo*,[35] aparte de distanciarnos de toda antropología de sabor platónico, hace que el cuerpo, siendo elemento fundamental en la antropología cristiana, no sea aquí considerado como una conquista fundamental de la razón. Es decir, la antropología cristiana no necesita de una elaborada argumentación para demostrar que el cuerpo es un elemento integrante del ente racional y, menos aún, de una revelación especial divina, pues todo ser humano, en el nivel pre-filosófico en el que se ha de situar el punto de partida de la reflexión filosófica, siente y percibe la pertenencia de todo y cada una de las partes del cuerpo, a su íntimo yo.[36] Por tanto, aunque no afirmado en Platón, el descubrimiento de la naturaleza incorpórea del alma está íntimamente unido, en una antropología filosófica de índole cristiana, a la patente y redundante afirmación de la naturaleza corpórea de nuestro cuerpo. Por lo demás, el hecho de que en el nivel pre-filosófico, sea evidente para todo ser humano la constitución corpórea de su propio yo se convierte, a su vez, en el punto de partida de una argumentación racional para resaltar las contradicciones a las que conduce toda reflexión an-

---

[35] "El hecho de que no solo un cierto miembro de mi propio organismo, sino también de todo éste en su integridad, sea vivido por mí como algo que yo realmente soy, no es una prueba de que todo mi ser consista en él. Por lo pronto no solo soy un cuerpo sino también sé que lo soy." Cf. A. Millán-Puelles, *Léxico Filosófico*, op. cit. voz "Inmortalidad del Alma Humana", p. 359.

[36] "Para Tomás de Aquino el hombre es cuerpo, es esencialmente corpóreo, pero no es exclusivamente cuerpo. No entra en discusión el hecho de que el hombre tenga cuerpo. Esto es patente." Cf. A. Lobato, *El Pensamiento de Santo Tomás de Aquino para el Hombre de Hoy*, vol. I, op. cit., p. 41.

tropológica que reduzca al hombre a su sola alma, como fue el caso de la platónica, y también de toda la corriente agustiniana.

## 8.3.2 El alma, forma de un cuerpo orgánico

El segundo concepto fundamental para una antropología cristiana se lo debemos a Aristóteles. La importancia del tema del alma para el conjunto del saber filosófico, así como la trascendencia que el pensamiento de Aristóteles sobre esta realidad tuvo en la constitución de la Filosofía Cristiana, obligan a detenernos de un modo más extenso en la noción de forma como acto en la metafísica de Aristóteles.[37] En el capítulo I, libro II de su tratado *Acerca del alma*, presenta Aristóteles una metafísica del alma, previo establecimiento de dos grandes divisiones en el ente: por un lado, el ente dividido según la materia (lo indeterminado) y según la forma (lo que determina a la materia); y, por otro lado, el ente dividido según el acto y según la potencia:

> "Solemos decir que uno de los géneros de los entes es la entidad y que ésta puede ser entendida, en primer lugar, como materia —aquello que por sí no es algo determinado—, en segundo lugar, como estructura y forma en virtud de la cual puede decirse ya de la materia que es algo determinado y, en tercer lugar, como el compues-

---

[37] "Partiendo del supuesto de que el saber es una de las cosas más valiosas y dignas de estima y que ciertos saberes son superiores a otros bien por su rigor bien por ocuparse de objetos mejores y más admirables, por uno y por otro motivo, deberíamos con justicia colocar entre las primeras la investigación en torno al alma." Cf. Aristóteles, *Acerca del Alma*, op. cit., 402 a.

## 8.3 Conceptos fundamentales de la Antropología

to de una y otra. Por lo demás, la materia es potencia, mientras que la forma es entelequia."[38]

El desarrollo de la argumentación aristotélica en torno al alma se desenvuelve de la siguiente manera. Una vez establecida esta doble división en el ente, Aristóteles afirma, respecto de los entes corpóreos, que unos son animados, dotados de vida, la cual se manifiesta en actividades de autoalimentación, crecimiento y envejecimiento; y otros son carentes de estas actividades y, por lo tanto, carentes de vida, y de ahí que sean entes corpóreos inanimados. La consecuencia lógica más inmediata, para la antropología, de estas premisas es que si el cuerpo fuera el alma, todos los entes corpóreos serían animados, y todas las realidades materiales estarían determinadas por las actividades de autoalimentación, crecimiento y envejecimiento, lo cual es evidentemente falso. Luego 'no es posible que el cuerpo sea el alma.'[39] Ahora bien, todo cuerpo animado pertenece a ese tipo de entidad que antes habíamos llamado según el compuesto y, puesto que el alma no es cuerpo, ha de ser necesariamente 'en-

---

[38] Aristóteles, *Acerca del Alma*, op. cit., 412a. Es necesario advertir que el tratado *Acerca del Alma* es una de las obras tardías de Aristóteles, junto a algunos de los libros de la *Metafísica* y la *Ética a Nicómaco*, según el pensar común de los estudios cronológicos que a partir de la obra de Jaeger surgieron: W. Jaeger, *Aristóteles*, Fondo de Cultura Económica, México, 1984, traducción de J. Gaos. Pese a que alguna de las tesis mantenidas por Jaeger en su estudio citado han sido descartadas por los trabajos posteriores, como la de la evolución doctrinal de un Aristóteles metafísico y platónico a un Aristóteles científico y empirista, no ha dejado de estar vigente la principal de todas ellas, a saber, la existencia de una evolución en el desarrollo de su pensamiento. Y en relación con el tema del alma, quien ha estudiado con mas detenimiento el pensamiento de Aristóteles a partir de este principio es F. Nuyens *L'Evolution de la Psychologie d'Aristote*, Lovaina, 1948.

[39] Aristóteles, *Acerca del Alma*, op. cit., 412a.

tidad en cuanto forma específica de un cuerpo natural que en potencia tiene vida.'[40]

Para llegar a esta particular definición del alma, y para que aquí pueda ser comprendida en toda su amplitud, hay que decir que Aristóteles aplicó a la realidad del hombre todo su instrumento conceptual, obtenido a partir del análisis hecho a la experiencia del movimiento: la teoría hilemórfica de la composición de materia y forma, la división del ente en sustancia y accidentes y la doctrina del acto y la potencia.[41] Con este instrumento metafísico, Aristóteles no se plantea la discusión de si en el hombre existe un principio que se denomina alma, algo que da por supuesto en virtud del pensamiento de su maestro, sino que su investigación comienza en torno a la naturaleza y las propiedades de esa realidad, y qué elemento de los binomios metafísicos —forma y materia por un lado, o acto y potencia, por otro— explica mejor su estatuto ontológico:

> "Resulta, sin duda, necesario establecer en primer lugar a qué género pertenece y qué es el alma —quiero decir, si se trata de una realidad individual, de una entidad o si, al contrario, es cualidad, cantidad o cualquier otra de las categorías que hemos distinguido— y, en segundo lugar, si se encuentra entre los seres en potencia o más bien constituye una cierta entelequia. La diferencia no es desde luego, desdeñable."[42]

---

[40] Aristóteles, *Acerca del Alma*, op. cit., 412a.

[41] "Frente a toda la filosofía anterior, ensaya un audaz experimento de traducción consistente en reinterpretar el dualismo tradicional de cuerpo–alma a través de sus propios esquemas conceptuales de entidad-accidente, materia-forma, potencia-acto." T. Calvo Martínez, en la introducción a su traducción *Acerca del Alma*, op. cit., p. 99.

[42] Aristóteles, *Acerca del Alma*, op. cit., I, 1, 402 a23-27.

## 8.3 Conceptos fundamentales de la Antropología

Ahora bien, de las clasificaciones que del ente hace Aristóteles, la que está a la base, como fundamento metafísico de las restantes, es aquella según la cual el ente se divide según la potencia y según el acto. Los textos son muchos, pero extraemos algunos de los más claros de su *Metafísica*:

> "Mas, puesto que el ente dicho sin más tiene varios sentidos... y, todavía, además de todos éstos, el ente en potencia y el ente en acto."[43]
>
> "Y puesto que el ente es doble, todo cambia desde el ente en potencia hasta el ente en acto."[44]
>
> "Los primeros principios de todas las cosas son: lo que es primariamente esto en acto, y otra que lo es en potencia."[45]
>
> "La potencia y el acto, en efecto, se extienden más allá de las cosas que se dicen solo según el movimiento."[46]

Por lo tanto, en su etapa de madurez, Aristóteles utiliza, como recurso metodológico, la aplicación de aquello que había sido su descubrimiento más importante en la estructura de la realidad, la composición primaria de todo ente en acto y potencia. La doctrina del acto y la potencia, la prioridad ontológica de aquel sobre ésta,[47] y los tres sentidos que tiene el concepto

---

[43] Aristóteles, *Metafísica*, op. cit., 1026b 1.
[44] Aristóteles, *Metafísica*, op. cit., 1069b 14.
[45] Aristóteles, *Metafísica*, op. cit., 1071a 18.
[46] Aristóteles, *Metafísica*, op. cit., 1045b 35.
[47] "La idea fundamental de la filosofía de Aristóteles es la del acto como principio de ser y, en consecuencia, de la anterioridad, prioridad o primacía del acto." Cf. Juan de D. Vial Larraín, *Una Ciencia del Ser*, op. cit., p. 124.

de acto —como movimiento, como *energia* o *entelequia,* y como *operación*[48]—, son aplicados al estudio del alma.

En relación al primer sentido, hay que decir que la doctrina del acto y de la potencia tiene su origen en el análisis que del movimiento en general y de su experiencia hace Aristóteles. Todo ente móvil, precisamente por ser móvil, está compuesto de acto y de potencia. En efecto, en todo movimiento hay algo que mueve, o motor, y algo que es movido en un tiempo determinado hacia la consecución de lo que carece, bien sea la adquisición de una forma accidental (dando lugar al cambio accidental), bien sea la adquisición de una forma substancial (dando lugar al cambio sustancial):

> "Lo que cambia, cambia en unos casos accidentalmente como cuando se dice que un músico anda; en otros casos, porque algo del sujeto cambia, por ejemplo, cuando el cambio afecta a una parte."[49]

Según el estudio del prof. R. Yepes, esto constituyó una de las primeras distinciones de Aristóteles realizadas en su obra pérdida del *Protréptico*, llegando a esta división a partir de la distinción platónica del *Teeteto* entre tener o poseer una ciencia y usar la ciencia, pero trasladada al ámbito de lo que se mueve:

---

[48] "En la interpretación de las obras analizadas a continuación hemos empleado una hipótesis que a lo largo del trabajo será propuesta como hipótesis final. Consiste en señalar que en Aristóteles existen tres sentidos de acto: el movimiento (sentido primero en su aparición), la forma (o substancia), ligada a la entelechia, y la operación (o praxis)." Cf. R. Yepes Stork, *La Doctrina del Acto en Aristóteles*, Eunsa, Navarra, 1993, op. cit., p. 40; A. Baudin, "L´Acte et la Puissance dans Aristôte", *Revue Thomiste*, VII, 1989, págs. 40–62, 152–172, 274–296, 584–608.

[49] Aristóteles, *Metafísica*, op. cit., 1067b 1-4.

## 8.3 Conceptos fundamentales de la Antropología

"Parece que la palabra 'vivir' se dice de dos maneras: una según la potencia, y otra según el acto. Pues decimos que son vivientes tanto los animales que tienen vista y han nacido capaces de ver, incluso si tienen los ojos cerrados, como los que están usando esta facultad y dirigiendo la vista a algo. Lo mismo con el saber y el conocer, unas veces hablamos de él como del uso y la contemplación y el tener ciencia. Si distinguimos la vida de la no vida por la percepción, y percepción se dice de dos maneras, principalmente el uso de los sentidos y de otro modo el ser capaz (es por esto, parece, por lo que decimos que incluso un hombre dormido percibe), es evidente que vivir se dirá de la misma manera en los dos sentidos: un hombre despierto será el sentido principal y verdadero, un hombre dormido lo será por ser capaz de cambiar al movimiento en virtud del cual decimos que un hombre está despierto y percibiendo alguna cosa, pues hablamos de él por esto y en referencia a esto. Y cuando se dice lo mismo de dos entes, y de uno de los dos se dice por el hacer y el padecer, asignaremos preferentemente su sentido a éste..."[50]

El segundo sentido estaba ya implícito en la consideración que del movimiento hace Aristóteles, pero es elaborado de ma-

---

[50] Aristotéles, *The Work of Aristotle*, editado por Sir D. Ross, vol. XII, *Select Fragments*, Clarendon Press, Oxford, 1952, fr. 14, *Protréptico*. El texto del *Teeteto* que según el prof. Yepes está a la base es: "Me parece que poseer es diferente de tener. Un vestido, por ejemplo, que uno haya adquirido, y no lleve puesto, siendo dueño de él, de ese no diremos en realidad que lo tiene, sino más bien que lo posee." Cf. Platón, *Teeteto*, op. cit., 197b. Un interesante estudio que analiza lo presentado en el *Protréptico* y en el *De Anima*, en S. Mansión, *Études Aristotéliciennes*, Institut Supérieur de Philosophie, Lovaian, 1984, (Recueil d'Articles) el artículo titulado: "Deux Définitions différentes de la Vie chez Aristote", págs. 365-389.

nera más precisa en la *Metafísica*. Todo movimiento refleja una doble imperfección ontológica, una deficiencia de ente. Por un lado, nada pasa de la potencia al acto a no ser que exista una causa, primer motor, en acto o causa eficiente. El movimiento no es por tanto el acto de un ente en acto, sino el acto de un ente en potencia en cuanto está en potencia. Por otro lado, desde el punto de vista del fin, el movimiento cesa como acto en el instante que se alcanza la perfección respecto de la cual el ente estaba en potencia. De la imperfección del movimiento como acto habla el siguiente texto:

> "Pues todo movimiento es imperfecto: así el adelgazamiento, el aprender, el caminar, la edificación; éstos son, en efecto, movimientos, y, por tanto, imperfectos, pues uno no camina y al mismo tiempo llega, ni edifica y termina de edificar, ni deviene y ha llegado a ser, o se mueve y ha llegado al término del movimiento sino que son cosas distintas, como también mover y haber movido."[51]

Por lo tanto, en un sentido más pleno el acto se dice de la forma, bien sea como principio de movimiento, bien como fin del movimiento.[52] De ahí que el acto se diga también de la

---

[51] Aristóteles, *Metafísica*, op. cit., 1048b 27-33. Cf. Juan de D. Vial Larraín, *Una Ciencia del Ser*, op. cit., p. 114: "En este sentido es que Aristóteles dice que el movimiento no posee fin en sí mismo y que, en consecuencia, es imperfecto. No poseer fin es no ser todavía: estar indeterminado. Imperfección es, pues, no ser; perfección, es ser."

[52] "Si era el movimiento donde la *energeia* demostraba mayor capacidad explicativa, es en los confines de esta prioridad ontológica, tan cercana a la *ousia*, donde alcanza una mayor altura metafísica. *Entelechia* parece expresar de modo más puro esta referencia primordial al sentido primero de la actividad. *Energeia* se dirá que se mueve más frecuentemente en el ámbito de la *kínesis* y de las operaciones, aunque también se utilice en este terreno." Cf. R. Yepes, *La Doctrina del Acto en Aristóteles*, op. cit. p. 299.

## 8.3 Conceptos fundamentales de la Antropología

posesión de la forma, y como corolario, de la posesión del fin. Para designar este nuevo modo de describir el acto, Aristóteles hace uso de la palabra ἐντελέχια cuyo significado etimológico es el de 'sostenerse en el fin' o 'tener el fin'.[53] La prioridad ontológica de la ἐντελέχια sobre la anterior concepción del acto, queda claramente expuesta en el siguiente texto de la Metafísica:

> "Pero es propio de la substancia, según se deduce de lo expuesto, que necesariamente preexista en ἐντελέχια otra sustancia que la produzca, por ejemplo, un animal, si se genera un animal."[54]

Y en el siguiente texto, señalado por el prof. R. Yepes, se revela ese tránsito del acto, según el movimiento, al acto, según la forma y el fin:

> "La palabra acto, puesta junto a la entelechia ha pasado también a otras cosas principalmente desde los movimientos, pues el acto parece ser principalmente el movimiento; por eso a las cosas que no son no se les atribuye movimiento, pero sí otras categorías, como ser pensables o deseables, aunque no sean; pero ser movidas no, y esto porque no siendo en acto, serían en acto. En efecto, de las cosas que no son, algunas son en potencia; pero no son, porque no son en entelechia."[55]

---

[53] "El significado etimológico de ἐντελέχια vendrá a ser después de lo dicho: 'tener el fin', 'sostenerse-en-el-fin'. Procede del adjetivo ἐντελής, que viene de τέλος y significa aquello en lo que se da el τέλος, 'télico', 'final', y por otra parte del verbo ἔχω, en su valor intransitivo, que significa 'mantenerse', 'seguir', 'estar en', y por tanto, simplemente 'ser'." Cf. R. Yepes, *La Doctrina del Acto en Aristóteles*, op. cit., p. 291.

[54] Aristóteles, *Metafísica*, op. cit., 1034 16-18.

[55] Aristóteles, *Metafísica*, op. cit., 1047a 30-1047b2.

Puesto que todo ente estaba compuesto de materia y forma, y la materia se comportaba como el elemento en potencia, se seguía lógicamente la plena identificación de la forma con el acto. Además, como el fin del movimiento era la adquisición de una forma en acto, quedaban englobados bajo el concepto de ἐντελέχια la realidad de la forma y la realidad del fin, y la trascendencia de esta equiparación aristotélica en las consideraciones que, respecto del fin último del hombre, se haga la ética serán fundamentales para la formación de la Filosofía Cristiana. Puesto que en la forma se contiene embrionariamente el fin, la evidente pregunta sobre el fin último que en la más inmediata experiencia pre-filosófica se hace todo hombre, vendrá determinada por parte de la antropología, en virtud del análisis de la forma específica del hombre:

> "Pero también en cuanto a la substancia; en primer lugar, porque lo que es posterior en cuanto a la generación es anterior en cuanto a la substancia (por ejemplo, el varón adulto es anterior al niño, y el individuo humano, anterior al semen; pues lo uno ya tiene la especie, y lo otro no); y porque todo lo que se genera va hacia un principio y fin (pues es principio aquello por cuya causa se hace algo, y la generación se hace por causa del fin), y el fin es el acto, y por causa de éste se da la potencia."[56]

Y el último sentido de acto, el de acto como operación, queda vinculado a las actividades propias de cada facultad que emanan de la misma forma de un ente material. La operación del entendimiento por el que teorizo; la operación o acto de la vista, por el que veo aquí y ahora determinado color; o la del tacto por el que determino la aspereza en la superficie de una

---

[56] Aristóteles, *Metafísica*, op. cit., 1050a 4-14.

## 8.3 Conceptos fundamentales de la Antropología

materia concreta, son todas ellas acciones, actos segundos (cuya distinción ahora entre acciones inmanentes —acciones que, al momento de actuarse, poseen ya su fin— y acciones trascendentes —acciones que, al momento de actuarse, no poseen todavía el fin—, no es pertinente al caso.)[57] Es necesario destacar, sin embargo, esta tercera consideración sobre el acto aristotélico para comprender cómo el alma es acto en su segunda acepción, y no en la acepción del acto como operación:

> "Pero la palabra entelequia se entiende de dos manera: una, en el sentido en que lo es la ciencia, y otra, en el sentido en que lo es el teorizar. Es, pues, evidente que el alma lo es como la ciencia: y es que teniendo alma se puede estar en sueño o en vigilia y la vigilia es análoga al teorizar mientras que el sueño es análogo a poseer la ciencia y no ejercitarla. Ahora bien, tratándose del mismo sujeto la ciencia es anterior desde el punto de vista de la génesis, luego el alma es la entelequia primera de un cuerpo natural que en potencia tiene vida."[58]

Sin embargo, por razón del fin, las operaciones realizadas por las facultades del hombre están estrechamente enraizadas en la forma, ya que el fin al que se dirigen esas mismas operaciones viene determinado por la misma forma como acto de

---

[57] "Puesto que las acciones que tienen un límite ninguna es fin, sino que todas están subordinadas al fin, por ejemplo del adelgazar es fin la delgadez, y las partes del cuerpo, mientras adelgazan, están así en movimiento, no existiendo aquellas cosas a cuya consecución se ordena el movimiento, estos procesos no son una acción perfecta (puesto que no son fin). Acción es aquella en la que se da el fin. Por ejemplo, uno ve y al mismo tiempo ha visto, piensa y ha pensado, entiende y ha entendido, pero no aprende y ha aprendido, ni se cura y está curado." Cf. Aristóteles, *Metafísica*, op. cit. 1048b.

[58] Aristóteles, *Acerca del Alma*, op. cit. 412a.

un cuerpo orgánico que tiene vida en potencia. Por lo tanto, de un modo colateral, y vinculado a la noción de forma, entra en antropología la evidente consideración de la razón de un fin del obrar humano; y la inmediata percepción, dada en cualquier experiencia, a nivel pre-filosófico, de la existencia de un fin para cada acción humana, independientemente de la conciencia refleja que tenga sobre ese fin, se canalizó, o se deslizó, en virtud del pensamiento aristotélico, hacia la determinación de la forma de cada ente. Desde Aristóteles, la pregunta sobre el fin último del hombre comenzó a responderse al mismo tiempo que se adquiría la definición de lo que el hombre es.

Baste por ahora las consideraciones que Aristóteles hace sobre el alma como acto primero de un cuerpo organizado. Regresaremos a ellas para destacar una cierta ambigüedad o falta de una claridad expresa en el tema de la inmortalidad del alma. Solo nos queda destacar cómo este descubrimiento aristotélico, por el que describe a la forma como ἐντελέχια, es lo que caracteriza a la filosofía aristotélica y a sus discípulos, y, al mismo tiempo, lo que la limita. La metafísica del acto de ser en Santo Tomás de Aquino traspasará este peculiar avance metafísico de Aristóteles. Con su acostumbrada claridad, Gilson establece tanto la grandeza como los límites de la metafísica de Aristóteles:

> "Obviamente, si hay en una sustancia algo que es acto, no es la materia, es la forma. La forma, pues, es el acto mismo por el cual una sustancia es lo que es y, si un ser es primariamente o, como Aristóteles mismo dice, casi exclusivamente lo que es, cada ser es primariamente y casi exclusivamente su forma. Esto, que es verdad en la doctrina de Aristóteles, seguirá siendo igualmente verdad

## 8.3 Conceptos fundamentales de la Antropología

en la doctrina de sus discípulos, de lo contrario no serían sus discípulos. El carácter distintivo de una metafísica del ser verdaderamente aristotélica —y uno se siente tentado de llamarlo su forma específica— reside en el hecho de que no reconoce ningún acto superior a la forma, ni siquiera la existencia... Si alguien pone, por encima de la forma, un acto de este acto, podrá tal vez usar la terminología técnica de Aristóteles, pero, en este punto al menos, no será un aristotélico."[59]

### 8.3.3 La noción de persona

El tercer concepto fundamental en la base de una antropología cristiana, fruto de la reflexión racional, se lo debemos, principalmente, a Santo Tomás de Aquino, al clarificar con su metafísica la noción de persona.

En realidad, la entrada en filosofía de este concepto se debe, en su génesis, al quehacer teológico de la revelación cristiana y es fruto de largos y constantes siglos de reflexión y depuración. Los problemas teológicos que planteó, por un lado, la revelación de un Dios Trinitario, y por otro, la revelación de un Dios hecho Hombre, en orden a la clarificación de los conceptos de sustancia, persona y naturaleza, hicieron particularmente densa, y extendida en el tiempo, la reflexión filosófica, a fin de determinar lo específico de cada uno de ellos; y caracterizan de un modo genuino la filosofía que surge bajo el amparo de la fe cristiana en relación a la filosofía griega. Ésta había alcanzado, primero con Platón y después con Aristóteles, el concepto de naturaleza y el de substancia individual, pero carecía de una

---

[59] Étienne Gilson, *El Ser y los Filósofos*, op. cit., págs. 85-86.

reflexión metafísica sobre el constitutivo metafísico último del individuo humano.[60]

El Concilio de Nicea, celebrado en el año 325, proclamó la fórmula dogmática de que el Verbo, el Hijo de Dios, era 'natum, non factum, unius substantiae cum Patre (quod graece dicunt homousion)',[61] y condenaba así la tesis de Arrio según la cual el Verbo no era de la misma naturaleza que el Padre, sino distinto, y por lo tanto, imperfecto y susceptible de pecado. Y el Concilio de Calcedonia, celebrado en el año 451, frente a la tesis monofisita, según la cual se afirmaba que la naturaleza humana de Cristo quedaba absorbida por su naturaleza divina, proclamó para la fe católica que hay 'un solo y el mismo Cristo Hijo Señor unigénito en dos naturalezas, sin confusión, sin cambio, sin división, sin separación, en modo alguno borrada la diferencia de naturalezas por causa de la unión, sino conservando, más bien, cada naturaleza su propiedad y concurriendo en una sola persona y en una sola hipóstasis, no partido o dividido en dos personas, sino uno solo y el mismo Hijo Unigénito, Dios Verbo Señor Jesucristo.'[62] El resultado de este desarrollo por parte de la teología trinitaria era la afirmación de que en Dios hay tres Personas o Hipóstasis distintas, en la única e idéntica naturaleza divina; y por parte de la teología cristológica era la afirmación

---

[60] "El pensamiento griego llegó a esta profunda concepción racional del hombre, pero sin referirse a su dimensión personal. Sin embargo fue completada por la filosofía cristiana, con sus reflexiones sobre el carácter personal del hombre, suscitadas por la misma fe cristiana, cuyos misterios principales, el de la Trinidad y el de la Encarnación, están centrados en la persona." Cf. E. Forment, "¿Hombre y Persona?, *Espíritu*, XLV, 1996, nº113, p. 30.

[61] Denzinger, *El Magisterio de la Iglesia*, Herder, Barcelona, 1959, p. 44, nº 54.

[62] Denzinger, *El Magisterio de la Iglesia*, op. cit., p. 57, nº 148.

## 8.3 Conceptos fundamentales de la Antropología

de que en Cristo hay dos naturalezas, una divina y otra humana, en una sola Persona Divina.[63] Evidentemente, las nociones de persona y naturaleza tenían que ser bien determinadas y sus límites muy precisos, para no caer en la herejía, y la tarea de precisar y determinar estos conceptos, con toda legitimidad, fue una tarea estrictamente metafísica.

Si bien es cierto que tanto Nicea como Calcedonia no pretendieron elaborar una teoría filosófica sobre los conceptos de naturaleza, hipóstasis y persona, no quiere ello decir que los conceptos de los que hicieran uso pertenecieran al dominio de lo vulgar y precientífico, tesis mantenida por el profesor Sayés en su estudio sobre la Persona de Jesucristo.[64] En este mismo estudio, queda sucintamente expuesto todo el desarrollo que, sobre estos mismos conceptos, fueron realizados por la especulación de los Padres Capadocios, la escuela de Antioquía, San Agustín, por citar solo a los más representatitvos, cuya elaboración racional de ningún modo pueden ser calificada de 'vulgar y precientífica' a no ser que se tenga un elevado concepto de la cultura general en aquellos tiempos. Una cosa es decir que esos tres conceptos pertenecen y están siendo usados por el Conci-

---

[63] A. Grillmeier, *Le Christ dans la Tradition Chrétienne*, Paris, 1973, p. 555.

[64] "Calcedonia no proporciona definiciones metafísicas. Sus conceptos permanecen en un nivel vulgar y precientífico. Sin embargo, ha marcado una pauta decisiva: cuando se pregunte qué es Cristo, habrá que decir que es hombre y que es Dios, que tiene una doble naturaleza, la divina y la humana; cuando se pregunte si son uno o varios los sujetos que actúan, habrá que decir que Cristo es una persona única, un solo sujeto." J. A. Sayés, *Jesucristo, Ser y Persona*, op. cit., p. 36. Tesis mantenida también en A. Grillmeier, *Le Christ dans la Tradition Chrétienne*, op. cit. p. 561.

lio en su nivel 'vulgar y precientífico',[65] y otra, que nos parece más exacta, decir que son conceptos filosóficos no todavía insertados en una estricta y rigurosa metafísica.[66] Es importante destacar, por ello, que las definiciones conciliares hicieron uso de unos vocablos de contenido metafísico, en un ambiente de platonismo y de aristotelismo, y que los padres conciliares de Nicea y de Calcedonia, en su mayoría griegos, al hablar de persona y naturaleza sobrepasaban los límites de lo vulgar y de

---

[65] Insiste en ello el prof. Sayés: "Sin embargo, Calcedonia, ha introducido la gran diferencia entre persona y naturaleza, si bien su concepto de persona permanece en un nivel todavía precientífico y vulgar: persona es el sujeto al que se atribuyen las naturalezas y las acciones de las mismas." Cf. J. A. Sayés, *Jesucristo, Ser y Persona*, op. cit., p. 37.

[66] El peligro al que puede conducir esta afirmación, por supuesto no intentada en la obra del prof. Sayés, es la de reducir los conceptos usados por Calcedonia y Nicea a una serie de estructuras formales casi sin contenido para ser revisadas según un lenguaje actualizado. Es lo que ha sucedido con lo que hoy día se llama *cristología no calcedoniana*, bien analizada en sus principales exponentes en la obra de J. Galot, *Cristo Contestado*, Firenze, 1979, págs. 91-106. La postura fundacional expresa de esta corriente cristológica actual se da en la obra de K. Rahner, *Chalkedon, Ende oder Anfang?*, vol. III, de su obra *Escritos de Teología*, Madrid, 1961-1969, donde, con su ambigüedad característica, afirma que Calcedonia debe ser el punto de partida para nuevas investigaciones en cristología. Para Sayés, sin embargo, 'la profundización teológica... tendrá que contar siempre con Calcedonia', puesto que 'no se ha sacado aún a Calcedonia todas sus implicaciones teológicas, ni incluso filosóficas.' Cf. J. A. Sayés, *Jesucristo, Ser y Persona*, op. cit., p. 37. En oposición a esto, se mantiene aquí la afirmación de que tanto el concepto de hipóstasis, como el de persona y el de naturaleza, pertenecían ya al inicial acervo filosófico de la reflexión racional sobre los datos de la Fe, cuyas deficiencias no eran otras sino las propias de una metafísica y una antropología no todavía bien clarificada.

## 8.3 Conceptos fundamentales de la Antropología

lo precientífico;[67] solo así se mantienen en toda su vigencia las definiciones conciliares.

En realidad, tanto el vocablo latino 'persona' como el vocablo griego πρόσωπον, vulgar y en su nivel precientífico, han quedado magníficamente significados en un conocido artículo sobre su uso en la Antigüedad clásica.[68] Según la posición de este autor, no existe un origen común a ambos términos,[69] pues el vocablo griego, πρόσωπον, recibe su significado de las máscaras que usaban los actores en el teatro, mientras que la etimología latina del vocablo 'persona' sigue siendo de una gran obscuridad.[70] Lo que para nuestro tema se ha de rescatar es que ya en Cicerón, según se manifiesta en el artículo de Néodoncelle, todos los sentidos del vocablo persona, tanto en lo dramático,

---

[67] "Como vemos, en Calcedonia la persona, por contraposición a la naturaleza, recibe una definición precisa en términos de 'individualidad de la substancia', que recogida por Boecio va a resultar clásica a todo lo largo de la Edad Media. La 'persona' se define en la línea aristotélica de lo 'individual' frente a lo 'universal', y no en la platónica de lo 'propio' en oposición a lo 'común'." Cf. D. Gracia, "Persona y Comunidad. De Boecio a Santo Tomás de Aquino", *op. cit.*, p. 69.

[68] M. Nédoncelle, "Prosopon et Persona dans l'Antiquité Classique. Essai de Bilan Linguistique", *Revue des Sciences Religieuses*, 32, (1948), págs. 277-299.

[69] "Nous n'avons aucune raison de penser qu'il y ait une racine commune à πρόσωπον et persona; encore moins pouvons-nous croire que le deuxième mot dérive du premier." Cf. M. Nédoncelle, "Prosopon et Persona dans l'Antiquité Classique. Essai de Bilan Linguistique", *op. cit.*, p. 293.

[70] "Persona mérite de nous retenir plus longuement. Son importance est obvie. C'est un mot difficile: l'étymologie en est obscure, le développement sémantique en est compliqué." Cf. M. Nédoncelle, "Prosopon et Persona dans l'Antiquité Classique. Essai de Bilan Linguistique", *op. cit.*, p. 283.

como en lo jurídico y en lo social, e incluso en lo filosófico, se han tendido a unificar con el vocablo griego πρόσωπον.[71]

Aunque sea necesario el conocimiento de todo el proceso histórico-filosófico hasta llegar a Santo Tomás de Aquino para poseer, en la medida de lo posible, una cabal definición de lo que en antropología filosófica de índole cristiana se tiene por persona, no es objetivo de esta tesis detenerse en ese dilatado desarrollo, por lo demás ampliamente documentado en obras de gran envergadura como las que antes han sido aquí citadas. No obstante, sí es importante, para la clarificación que del concepto de persona elaborará Santo Tomás, rescatar del trabajo del prof. Sayés dos consideraciones.

En primer lugar, las conclusiones que extrae del estudio del desarrollo histórico de este concepto hasta el Concilio de Calcedonia. Pues según él, tres caminos se abrieron en al antigüedad para profundizar en el tema de la persona: el de la escuela de Alejandría, con Apolinar de Laodicea y San Cirilo de Alejandría, para quienes la persona es intuitivamente el sujeto de atribución de las naturalezas;[72] el de la escuela de Antioquía,

---

[71] "Le développement sémantique a-t-il été assez rapide et assez précoce pour que dès cette dat d'autres acception encore soient repérables? Nous n'en avons pas la preuve. Mais avec Cicéron, d'un seul coup, elles apparaissent toutes. Nous nous evadons du théâtre vers la vie sociale juridique, psychologique. Avec lui, c'est-à-dire un demisiècle avant l'ère chrétienne, toute la gamme des sginfications ultérieures est déjà susceptible d'être parcourue, au moins en sa teneur essentielle." Cf. M. Nédoncelle, "Prosopon et Persona dans l'Antiquité Classique. Essai de Bilan Linguistique", *op. cit.*, p. 297.

[72] "Ahora bien, a lo largo de nuestra exposición ha ido apareciendo un concepto intuitivo de persona como sujeto de atribución (que hace posible la comunicación de los idiomas y que está presente en la tradición apolinarista...)" Cf. J. A. Sayés, *Jesucristo, Ser y Persona*, op. cit., p. 38.

## 8.3 Conceptos fundamentales de la Antropología

fruto de los Capadocios, para quienes la persona era la naturaleza provista de sus propiedades;[73] y un tercer concepto de persona derivado de las reflexiones trinitarias que se fundamentaba en la categoría de relación, desarrollado ampliamente por la teología latina de San Agustín.[74]

Y en segundo lugar, rescatar la importancia que tiene para la comprensión del desarrollo metafísico del concepto de persona desde Calcedonia hasta Santo Tomás de Aquino, la conocida definición de Boecio. En el tomo LXIV de la *Patrología Latina* se recoge el texto clave de la definición perteneciente a su obra *Liber de Persona et Duabus Naturis*:

"Si, por una parte, la persona es en las solas sustancias y en aquéllas que son racionales, y toda sustancia es

---

[73] "... y otro concepto, que, forjado por la escuela capadocia, opera en la escuela antioquena y consiste en el concepto de naturaleza provisto de sus propiedades." Cf. J. A. Sayés, *Jesucristo, Ser y Persona*, op. cit., p. 38. Mantiene así las mismas conclusiones de A. Grillmeier, *Le Christ dans la Tradition Chrétienne*, op. cit., p. 562.

[74] "Padre, Hijo y Espíritu Santo significan en Dios aquello por lo que las personas se refieren una a otra, pero no la sustancia que constituye la unidad." Cf. San Agustín, *Epístolas*, 228m c, II, n. 14. Cf. J. A. Sayés, *Jesucristo, Ser y Persona*, op. cit., p. 39: "Queda por decir que en la antigüedad se dio también otro concepto de persona, aquel que se aplicaba a las personas trinitarias. Si los capadocios partían de un concepto de persona como lo particular que determina a la esencia común, es lógico que se percataran de que lo particular en la Trinidad está en la relación de origen y sería el concepto de relación el que abriera la puerta a una nueva concepción de persona." A semejantes conclusiones llega el análisis que hace el teólogo L. Sentis, con la variante de que atribuye la concepción de persona como sujeto a la reflexión teológica griega y latina hasta Calcedonia; la concepción de persona como relación a la obra de San Agustín; y la concepción de persona como naturaleza con propiedades, a partir de Boecio. Cf. L. Sentis, "Penser la Personne", *Nouvelle Revue Théologique*, 116, 1994, págs. 679-700.

una naturaleza, de modo que no consta en los universales sino en los individuos, entonces ha sido hallada la definición de persona: persona es una sustancia individual de naturaleza racional."[75]

La prueba de la confusión que reinaba en torno a estos conceptos fundamentales en los que se expresaba el dogma trinitario y cristológico se manifiesta con toda su acritud en las inmediatas reflexiones que Boecio hace para estructurar ontológicamente la realidad del hombre:

"El hombre es ciertamente esencia, esto es *ousía*, y subsistencia, esto es *ousiósis*, e hipóstasis, esto es sustancia, y *prósopon*, esto es persona: ousía y esencia, porque es; *ousiósis* y subsistencia, porque no es en ningún sujeto; *hypostasis* y sustancia, porque subyace a todo las demás cosas que no son subsistentes, esto es *ouioseis*; y *prosopon* y persona, porque es un individuo racional."[76]

Al hablar antes de la atribución a Santo Tomás de Aquino del concepto de persona que en la antropología filosófica de índole cristiana se emplea, se ha hecho uso de la palabra clarificación

---

[75] "Quocirca si persona in solis substantiis est atque in his rationalibus, substantiaque omnis natura est, nec in universalibus sed in individuis constat, reperta personae est igitur definitio: persona est naturae rationabilis individua substantia." Cf. Boecio, *Liber de Persona et Duabus Naturis*, en Migne, Patrología Latina, vol. LXIV, col. 1343 c.

[76] "Est igitur et homnis quidem essentia, id est *ousía*, et subsistentia, id est *ousiósis*, et *hypóstasis*, id est sustantia, et *prósopon*, id est persona: *Ousía* quidem atque essentia, quoniam est; *ousiósis* vero atque subsistentia, quonima in nullo subjecto est; *hypóstasis* vero atque substantia, quonima subest caeteris, quae subsistentiae non sunt, id est *ouióseis*; est *prósopon* atque persona, quoniam est rationabile individuum." Cf. Boecio, *Liber de Persona et Duabus Naturis*, PL, LXIV, col. 1345 A.

## 8.3 Conceptos fundamentales de la Antropología

para caracterizar la original reflexión tomista sobre la persona. Original en virtud tanto de la depuración a la que somete las distintas definiciones que hasta él llegan, particularmente la de Boecio,[77] como por la especial relación de este concepto con su descubrimiento fundamental del acto de ser o del ser como acto. La persona en Santo Tomás no significa la naturaleza, ni tampoco una naturaleza humana individual, sino que se refiere directamente al ser propio de cada hombre, a lo que le hace ser por sí y en sí, a su propio acto de ser:

> "Y este nombre 'persona' no se impone para significar el individuo de parte de la naturaleza, sino para significar la realidad subsistente en tal naturaleza."[78]
>
> "Pues el ser pertenece a la misma constitución de la persona y de este modo en relación a esto se da en la razón del término."[79]
>
> "La persona significa lo que es perfectísimo en toda naturaleza, a saber el subsistente en naturaleza racional."[80]

No hay lugar a dudas en el pensamiento de Santo Tomás de Aquino que una acepción del nombre de persona en su pen-

---

[77] "Tomás aceptó la noción boeciana de persona y la sometió a un análisis crítico para que su núcleo fuese aplicable a todos los distintos sujetos personales, hombres, ángeles, divinas personas." Cf. A. Lobato, *El Pensamiento de Santo Tomás de Aquino para el Hombre de Hoy*, vol. I, *El Hombre en Cuerpo y Alma*, op. cit., p. 50.

[78] "Hoc autem nomen 'persona' non est impositum ad significandum individuum ex parte naturae, sed ad significandum rem subsistentem in tali natura." Cf. Santo Tomás de Aquino, *Summa Theologiæ*, I, q. 30, a. 4.

[79] "Nam esse pertinet ad ipsam constituitonem personae et sic quantum ad hoc se habet in ratione termini." Cf. Santo Tomás de Aquino, *Summa Theologiæ*, III, q. 19, a. 1, ad. 4.

[80] Santo Tomás de Aquino, *Summa Theologiæ*, I, q. 29, a. 3.

samiento se toma en virtud del especial grado de ser del ente al que se le atribuye el nombre de persona. Y así considerado, supone el avance fundamental para la constitución integral de una antropología cristiana cuya afirmación primaria es la unión de alma y cuerpo en en un acto de ser participado que lo distingue y lo distancia respecto de toda la creación material, a la que se la puede considerar como compuesta de individuos subsistentes, pero no de personas. Tres textos actuales provenientes de autores que han consagrado su estudio a revitalizar el pensamiento de Santo Tomás de Aquino confirman lo que aquí se está manteniendo sobre el concepto de persona:

> "La persona será una participación más plena en el 'esse', y, por tanto, lo limitará en menor grado que la participación menos plena o más imperfecta que es el supuesto. La persona representa, por consiguiente, el mayor grado de participación en el 'esse', porque lo limita muchísimo menos que el mero supuesto."[81]

> "No hay más que un modo de fundamentar radicalmente el valor absoluto de la persona: recuperar la metafísica del acto de ser."[82]

> "La posesión de un acto de ser en propiedad privada —inalienable e indisponible— sería, entonces, el rasgo estructural más definitorio de la condición de persona, y la raíz intrínseca decisiva de su eminente dignidad."[83]

---

[81] E. Forment, *Ser y Persona*, op. cit., p. 68.

[82] C. Cardona, "Filosofía y Cristianismo en el Centenario de Heidegger", *Espíritu*, 39, 1990, págs. 17-18. Cf. F. Canals Vidal, *Cuestiones de Fundamentación*, Ediciones de la Universidad de Barcelona, Barcelona, 1981, p. 20.

[83] T. Melendo, "Metafísica de la Dignidad Humana", *Anuario Filosófico*, XXVII/1, 1994, p. 33.

## 8.3 Conceptos fundamentales de la Antropología

Con todo, como luego se ha de ver, y en defensa de la principal tesis que este trabajo quiere mantener, se da en Santo Tomás de Aquino, algo por lo demás paradójico con su espíritu clarificador, una segunda descripción del concepto persona, al exigir, para su predicación a un sujeto, la existencia de una naturaleza completa. Pero esto se estudiará en el capítulo dedicado a la síntesis tomista. Por ahora, la antropología, que aquí se está determinando en sus conceptos fundamentales, toma para sí el concepto de persona y lo describe, aplicado al hombre, como *la excelencia en el ser participado*.

Por lo tanto, la antropología filosófica de índole cristiana quedaría conformada en sus fundamentos por la siguiente descripción de la realidad de hombre: aquel ser creado (participado) en un nivel de excelencia que lo distingue de la criatura exclusivamente material, en la unidad personal de dos co-principios, el alma, como forma y principio espiritual, y el cuerpo, como principio material, que constituyen ambos su naturaleza específicamente humana, mediante la cual se ha de realizar el fin para el que ha sido creado en tanto ser personal.

De Platón se recibe la espiritualidad del alma, y se excluye su aversión al cuerpo; de Aristóteles, la noción de alma como forma en acto de un cuerpo orgánico, y se incluye la afirmación de que el fin último del hombre viene determinado por el análisis de su forma, además de la realidad del cuerpo como elemento esencial del ente humano; de Santo Tomás de Aquino, la noción de persona, como la perfección en el ser, y se deja para el análisis final, aquéllos textos tomistas que requieren una naturaleza completa para que se dé un sujeto personal.

Por último, los momentos constitutivos de la metafísica tomista establecidos por C. Fabro en uno de sus estudios sobre el Doctor Angélico, difieren poco de las nociones que para la antropología filosófica de índole cristiana se han propuesto aquí. Simplemente los vamos a reseñar, con la explícita intención, una vez más, de comprobar la armonía que existe entre la reflexión antropológica y la reflexión metafísica. El primer concepto se extrae de Aristóteles, y radica en la doctrina del acto como perfección emergente en sí y por sí. El segundo concepto es la unidad de la forma substancial en cada ente concreto, y es específicamente una adquisición tomista. El tercero hace referencia a la individualidad personal del alma humana, y es específicamente tomista también por ser la solución que Santo Tomás da a la incompatibilidad de la doctrina platónica del alma como sustancia, con la doctrina aristotélica del alma como forma del cuerpo. Y por último, la distinción real de acto de ser y esencia, en el nivel trascendental del ente, como composición de todo ente creado, que caracteriza lo genuino del pensamiento de Santo Tomás.[84]

---

[84] C. Fabro, *Introduzione a San Tommaso*, Ares, Milán, 1983, págs. 107-117.

# 9

# AMAR Y MORIR

Una vez establecidas las nociones fundamentales, la antropología filosófica de índole cristiana y la Filosofía que la preside, está preparada para contrastar sus resultados, bien con el pensamiento de filósofos que no se incluyen en el marco de ella, bien con filósofos cuyo pensar ha contribuido, —y algunos de ellos de modo preponderante—, a la elaboración de esta determinada Filosofía. La síntesis que aquí se va a intentar realizar en torno a las consideraciones sobre el alma, la inmortalidad, el fin último y la persona, ha de ser verificada o contrastada en su aplicación a dos realidades específicamente humanas, a saber, la realidad del amor[1] y la realidad del morir,[2] que de un modo

---

[1] "Un análisis de la negación del amor señala con la máxima fuerza que el amor es una auténtica experiencia humana, que el ser del hombre solo se realiza en el amor y que, por consiguiente, el ser del hombre está estructuralmente abierto al amor." Cf. F. D. Wilhelmsen, *La Metafísica del Amor*, Rialp, Madrid, 1964, p. 23.

[2] "Todas las antropologías, en su intento de aclarar el misterio del hombre, se ven por consiguiente obligadas a una confrontación explícita con el

drástico configuran el obrar humano y comprometen a la persona. Al estudio fenomenológico de estas realidades y su encuadre teórico vamos a dedicar el presente capítulo.

En los capítulos posteriores a éste, analizaremos en primer lugar el pensamiento de un autor contemporaneo, A. Gálvez, no porque haya escrito sobre filosofía sino porque de su pensamiento teológico se derivan consideraciones de enorme trascendencia para la Filosofía Cristiana (Capítulo 10). Luego estableceremos lo que en el sistema de Platón, cuya filosofía en conjunto no puede calificarse de cristiana, constituye su síntesis filosófica, con sus logros y sus faltas. Los primeros, en tanto que entraron a formar parte de las verdades adquiridas por la razón en la constitución de la Filosofía Cristiana. Las faltas, en tanto que dieron cauce a la investigación profunda de la realidad para determinar su error y llegar al conocimiento de lo que es (Capítulo 11). Por último, el pensamiento de Santo Tomás de Aquino, cuyo pensar representa la expresión máxima de lo que puede ser un filósofo cristiano, para destacar la síntesis alcanzada entre la Etica, la Antropología y la Metafísica, y en la medida de la razón, destacar también sus logros y sus carencias (Capitulo 12).

Al decir específicamente humanas no estamos excluyendo, por un lado, que el morir no se dé en las criaturas materiales que se sitúan en la escala de los seres por debajo del hombre, lo cual sería absurdo afirmarlo, pues todos los seres vivos de índole material están destinados a la corrupción en razón de su materia; y la misma experiencia lo manifiesta. Y por otro

---

misterio de la muerte." Cf. J. Gevaert, *El Problema del Hombre. Introducción a la Antropología Filosófica*, op. cit., p. 295.

lado, no se está excluyendo la posibilidad de que, en otros seres creados distintos al hombre, pueda existir la actividad amorosa, como es el caso de los ángeles, cuya existencia solamente es conocida mediante la fe revelada, —y la razón, para lo único que interviene en el caso de los ángeles, es para argumentar que no es un imposible metafísico la existencia de sustancias puramente espirituales—.

En concreto, lo que se está queriendo afirmar es, simplemente, que ambas actividades, el amar y el morir, son vividas por el hombre de un modo plenamente consciente, y este modo de vivirlas permite y garantiza la ulterior reflexión que sobre ellas realiza la actividad cognoscitiva humana.[3]

## 9.1 Dos realidades específicamente humanas

No obstante, hay una diferencia que no deja de ser importante de reseñar a la hora de analizar la experiencia que el hombre tiene del acontecimiento del amar y la experiencia que tiene de la muerte. Mientras que el hombre es capaz de experimentar conscientemente, y en sí mismo, la realidad del amar, y puede reflexionar sobre esta acción humana a partir de esa misma experiencia y de la conciencia que tiene de haber amado o

---

[3] "Todas las cosas mueren, pero solo el hombre tiene que morir. Este tener que morir no es una potencia aristotélica inscrita en la estructura ontológica de la materia; es una amenaza real —mejor dicho, es la amenaza que limita toda amenaza real— que se presenta a todo hombre que ha hecho frente al choque del no-ser... Ningún hombre es realmente humano si no ha afrontado el significado de su propia muerte, y solo son plenamente humanos aquéllos que lo afrontan a diario." Cf. F. D. Wilhelmsen, *La Metafísica del Amor*, op. cit., págs. 19-20.

de estar amando, no sucede de igual modo con el acontecimiento del morir, en el sentido de que no es posible para el hombre tener conciencia de su propia muerte, del morir, al menos mientras está unido en alma y cuerpo; aunque sí le es posible tres tipos de experiencia relativas al acontecimiento de la muerte: en algunos casos, presentir y conocer la llegada de su *inminente* muerte; en todos los casos, tener conciencia del morir de los que le rodean; en su propio caso, la indudable certeza que cada hombre tiene de que en algún momento de su vida tendrá que morir. El adagio latino *mors certa, hora incerta*, expresa la percepción común sobre el pensar de la muerte. Es decir, aunque no cabe la posibilidad de tener conciencia del 'estar muerto', y tampoco del 'instante de la muerte', sí cabe en el hombre la conciencia del 'estar muriendo' como un conocimiento que anuncia el progresivo o el inminente final de su vida material.

Es conveniente considerar esta distinción, justo al inicio del análisis que la experiencia proporciona a la reflexión teórica tanto del amar como del morir, para tener en cuenta que el valor de verdad de las reflexiones filosóficas sobre la acción amorosa, —más abundantes que las de la muerte—, en su sujeción a la experiencia, será más estricto y riguroso; mientras que las reflexiones sobre la muerte, por tener menos apoyo experimental, tendrán que ser más cautas, y evitar afirmaciones, que por no tener un enlace con las únicas experiencias posibles, sean estrictamente hipotéticas. Es decir, para la elaboración de una teoría filosófica de la muerte, la experiencia aporta menos datos en virtud de que no se da en el hombre una conciencia del instante final. Si es que se diera, no tendríamos tiempo para saberlo. Por el contrario, para la teoría filosófica del amar, la experiencia se presenta con un material que, en la medida en

## 9.1 Dos realidades específicamente humanas

que es inmediatamente vivido, en esa misma medida ayuda a desarrollar una teoría filosófica más cabal y rigurosa. La teoría filosófica del amor se elabora con la conciencia puesta en el pasado o en el presente, pero nunca en el futuro; la teoría filosófica de la muerte se constituye con la conciencia puesta en el futuro, sustentado éste por la percepción del pasado en relación al presente.

A modo de conclusión sobre lo que la reflexión filosófica puede recibir de la simple observación de los hechos, como algo necesario para su posibilidad teórica, hay que establecer dos puntos, uno pertinente a la realidad de la muerte, y otro relativo a la realidad del amor. En primer lugar, los datos que aporta la experiencia diaria para elaborar una teoría filosófica de la muerte, a saber, el 'presentimiento de nuestra muerte'[4] y el 'sentimiento de la muerte de los seres que nos rodean',[5] siendo los únicos que están a nuestro alcance, son, sin embargo, suficientes para el ejercicio de la reflexión racional en virtud de la estricta certeza que en sí mismos se presentan ante nuestra conciencia:

---

[4] Este presentimiento surge en la conciencia del hombre al comprobar la dimensión temporal de su vida: "Es un hecho que el hombre muere. Nuestra vida está afectada por el tiempo en un doble sentido: a) como algo que, precisamente mientras dura, va dejando de ser en cada instante que pasa; b) como algo a lo que le llega, en definitiva, un instante en el que se acaba por completo como vivir material." Cf. A. Millán-Puelles, *Léxico Filosófico*, op. cit., voz "Inmortalidad del Alma Humana", p. 358.

[5] "Pero esto no quiere decir que no se pueda sacar del hecho de ver morir a otros, algo que es imprescindible saber sobre la muerte, sacándolo de este suceso, cuya contemplación es asequible a todos." Cf. J. Pieper, *Muerte e Inmortalidad*, op. cit., p. 23.

"Todo lo demás que hay en nosotros, lo bueno y lo que es malo, es incierto... El niño que vemos nacer crecerá o no crecerá; quizás llegue a viejo, y quizás no; quizás sea rico, quizás sea pobre; quizás será honrado, quizás despreciado; puede ser que tenga hijos y también puede ser que no los tenga... Ve enumerando todas las cosas buenas que se te ocurran. Pero no te olvides de contar también las malas; en todas ellas, en unas y en otras, el quizás es lo que las unifica a todas; quizás sean unas y quizás sean otras. Pero, ¿puedes decir de igual manera que ese hombre quizás muera o quizás no? En cuanto un hombre nace hay que decir de él que no podrá escapar a la muerte."[6]

Ambas datos que ofrece la simple experiencia del morir están estrechamente conexionados y, en su génesis, se da uno primero como causa del otro, pues no existiría presentimiento de nuestra muerte si no contempláramos, al menos en algún momento de nuestra vida consciente, el dejar de vivir de los seres que nos rodean, y si no tuviéramos experiencia alguna del morir de alguien o de algo. De manera que no resulta evidente, ni siquiera para Max Scheler que es el que la formula, la última parte de la siguiente afirmación: 'El hombre sabría siempre de alguna forma y por algún procedimiento, que le espera la muer-

---

[6] San Agustín, *Sermones, Obras Completas*, B.A.C., Madrid, 1977, sermón 97, 3, 3. En palabras de San Buenaventura: "En primer lugar, la conciencia es aguzada y punzada al considerar que el día de la muerte es incierto, inevitable e irrevocable." Cf. San Buenaventura, *Incendio de Amor*, en *Experiencia y Teología del Misterio: Itinerario del Alma a Dios; Incendio de Amor; Soliloquio; El Árbol de la Vida; De la Vida Perfecta*, B.A.C., Madrid, 2000, p. 65.

## 9.1 Dos realidades específicamente humanas

te; aun cuando fuera el único ser viviente sobre la tierra."[7] Pues aunque es cierto que el hombre, de alguna forma y por algún procedimiento, puede presentir su muerte, no es tan cierto la hipotética condición del texto final. Lo que el hombre podría percibir mientras tiene conciencia, en el imaginario caso de ser el único individuo viviente de toda la creación, es el de su progresivo deterioro corporal, pero nunca de ese acontecimiento tan drástico que significa el morir.

Y en segundo lugar, las reflexiones que el filósofo puede hacer para elaborar una teoría de la acción amorosa y de la relación de amor que se deriva de ella, han de partir obligadamente de la propia e inmediata experiencia, y de su conciencia, intensamente vivida por él mismo, del amar, o de haber amado, sin la cuál experiencia personal, es imposible la cabal compresión de lo que esa actividad es en su esencia. No se puede pretender elaborar una teoría del amor sin haber tenido experiencia de lo que es amar por lo menos una vez en la vida:

> "Y no debe preguntarse mucho más acerca de lo que es exactamente el estar enamorado. En realidad, para saber lo que es el amor, hay que dirigirse al mismo Amor, pues solamente quien ama puede entender el amor y solamente desde el amor se puede hablar del amor."[8]

---

[7] M. Scheler, *Muerte y Supervivencia*, Revista de Occidente, Madrid, 1934, p. 9.

[8] A. Gálvez, *Comentarios al Cantar de los Cantares,* op. cit., vol. I, p. 75. "Además, puesto que el amor no puede ser comprendido si no se experimenta,..." ibidem, p. 7; "Con toda razón puede decirse, por lo tanto, que, en este sentido, si realmente no se ama, no solamente se queda el amor sin razones que lo justifiquen, sino que incluso resulta incomprensible." Ibidem, págs. 81-82; "Lo que se quiere decir aquí es que el verdadero amor solamente es comprendido por el que ama." Ibidem, n. 7, p. 82.

## 9.1.1 Vocabulario metafísico

La distinción que, en la metafísica tomista del ser, se hace entre potencia activa y potencia pasiva, y las correlativas categorías de la acción y la pasión, son de gran utilidad para explicar estas dos realidades del amar y del morir en su marco conceptual. Se llama potencia, incluso en el nivel pre-filosófico, a un poder ser o ser capaz de hacer, y derivadamente, a un poder recibir. En virtud de estos dos sentidos, se denomina potencia activa, como sentido principal y más propio del término potencia, al principio de una transmutación o de una operación, y potencia pasiva, como sentido secundario, al principio de la recepción de una acción o de un movimiento.[9] El ejercicio de una potencia activa constituye un acto o una acción (u operación) en su más pleno sentido metafísico, y la recepción de un efecto en una potencia pasiva es llamado también acto en sentido derivado, según la categoría de pasión.[10] Por lo tanto, la acción

---

[9] "Omnes potentiae sic dictae reducuntur ad aliquod principium ex quo omnes aliae dicuntur. Et hoc est principium activum, quod est principium transmutationis in alio inquantum est aliud... Et quod ad illud principium quod dicitur potentia activa, reducantur aliae potentiae, manifestum est. Nam alio modo dicitur potentia passiva, quae est principium quod aliquid moveatur ab alio, inquantum est aliud. Et hoc dicit, quia etsi idem patiatur a seipso, non tamen secundum idem, sed secundum aliud. Haec autem potentia reducitur ad primam potentiam activam, quia passio ab agente causatur. Et propter hoc etiam potentia passiva reducitur ad activam." Cf. Santo Tomás de Aquino, *In IX Metaphysicae*, 1, 1776-1777.

[10] "Esse primam potentiam non convenit materiae secundum principalem significationem potentiae: quia, ut dictum est, potentia primo imposita est ad significandum principium actionis; sed secundo translatum est ad hoc ut illud etiam quod recipit actionem agentis, potentiam habere dicatur; et haec est potentia passiva; ut sicut potentiae activae respondet operatio vel actio, in qua completur potentia activa; ita etiam illud quod respondet potentiae

## 9.1 Dos realidades específicamente humanas

es a la potencia activa como la pasión a la potencia pasiva, y aunque la pasión misma es denominada con el nombre de acto, la acción y la pasión se distinguen realmente, aunque en la realidad no se puedan separar. Es evidente que la potencia activa, la cual sigue a un ente en acto, es más perfecta que la potencia pasiva que sigue a un ente en potencia.[11] Toda pasión de una potencia pasiva requiere la acción de otra potencia operativa. Pues la pasión es el acto en virtud del cual una potencia pasiva recibe el efecto de la acción de una potencia activa. El acto de la acción es simultáneo al acto de la pasión, y la distinción de uno y otro radica en la distinción de las potencias que les subyacen. En las criaturas, las potencias operativas son distintas de sus correspondientes acciones, y para que se ejecuten necesitan de un acto primero, la forma sustancial, que les haga pasar de la potencia al acto. Si las potencias activas en las criaturas fueran idénticas a sus acciones, siempre estarían activas y no pasarían de la potencia al acto: la facultad de conocer sería permanente acción cognoscitiva, y la facultad de querer, permanente acción volitiva, y la facultad de ver, permanente acción visiva. Y si el alma fuera sus potencias, como el alma se comporta como acto respecto de ellas, las potencias estarían siempre en acto.[12] Esta

---

passivae, quasi perfectio et complementum, actus dicatur." Cf. Santo Tomás de Aquino, *In I Sententiarum*, 42, 1, 1, ad. 1.

[11] "Potentia activa sequitur ens in actu: unumquodque enim ex hoc agit quod est actu, patitur enim ex hoc quod est potentia." Cf. Santo Tomás de Aquino, *Summa Contra Gentiles*, II, 7.

[12] Santo Tomás de Aquino expresa esta precisión metafísica de la siguiente manera: "Manifestum est autem quod potentie anime, sive sint active sive passive, non dicunt directe per respectum ad aliquid substantiale, set ad aliquid accidentale: et esse intelligens vel sentiens actu non est ese substantiale set accidentale, ad quod ordinatur intellectus et sensus, et similiter esse magnum vel parvum, ad quod ordinatur vir augmentativa... Manifestum

es la razón de que tales potencias operativas, como son en el hombre la facultad de entender y la de querer, se sitúan en el nivel de los accidentes y no en el nivel de la sustancia.[13] Además, la misma forma que es acto con relación a sus potencias operativas, se comporta como potencia en relación a su propio acto de ser,[14] el cuál de suyo, es activo y recibe su actividad por la Potencia Operativa, que es Dios, y cuya Acción se identifica con su mismo Ser.[15]

La consideración de la forma como potencia respecto de su acto de ser pertenece al orden trascendental del ser; la consideración de la forma como acto de la materia, pertenece al orden predicamental del ser. Es decir, el acto primero de todo es el acto de ser, y la forma o esencia es potencia respecto de él; la forma es el acto primero pero ya en el orden predicamental, y

---

est igitur quod ipsa essentia anime non est principium immediatum suarum operationum, set operatur mediantibus principiis accidentalibus." Cf. Santo Tomás de Aquino, *Quaestiones Disputatæ de Anima*, q. 12, resp.

[13] "Cum in nulla creatura suum operari sit suum esse, sed hoc sit solius Dei, sequitur quod nullius creaturae operativa potentia sit sua essentia." Cf. Santo Tomás de Aquino, *Quaestiones Disputatæ de Spiritualibus Creaturis*, q. XI., resp.

[14] "Lo primero que el acto de ser constituye es el sujeto y, con él, su esencia, y con ella sus facultades, y con éstas sus acciones; y cuando éstas son plenas —cuando adecúan perfectamente su potencia activa— el ente es perfecto y acabado." Cf. C. Cardona, *Metafísica del Bien y del Mal*, op. cit., p. 44.

[15] "Todo lo que tiene algo por participación, se resuelve como en su principio y causa en aquél que lo tiene por esencia... Ya se probó que Dios es su mismo Ser, de donde el ser le conviene por su esencia, en tanto que al resto le conviene por participación: pues no hay ninguna otra cosa cuya esencia sea su ser porque el ser absoluto y subsistente por sí no puede ser sino único, como ya se dijo. Luego, Dios es causa del existir de todo lo que es." Cf. Santo Tomás de Aquino, *Compendio de Teología*, 68, 116-117.

## 9.1 Dos realidades específicamente humanas

la operación o acción es acto segundo. Y se alcanza una mejor precisión terminológica en torno a la actividad propia de una potencia operativa, al distinguir entre el acto como acción y el acto como operación. Aquélla procede de la potencia activa y termina en un agente exterior, y es denominada acto de un modo más propio (acciones trascendentes); en cambio la operación, procede de una potencia activa, y permanece su efecto en el mismo sujeto que la realiza como perfección suya propia (acciones inmanentes).[16] Y como toda potencia activa está orientada a su acción o a su operación, el fin de ella y su perfección será precisamente el ejercicio de su actividad propia, de manera que en una sustancia cualquiera, sea material o espiritual, se da una perfección primera, el acto de ser que la constituye, y una perfección segunda, que es la acción u operación propia:

> "Cada ente que tiene una operación propia, está orientado hacia su operación: pues cualquier cosa apetece su perfección como fin suyo, y la operación es la última perfección de la cosa... Y esto es cierto tanto de las cosas corporales, como de las espirituales..."[17]

---

[16] "Duplex est actio. Una quae procedit ab agente in rem exteriorem, quam transmutat; et haec est sicut illuminare, quae etiam proprie actio nominatur. Alia vero actio est, quae non procedit in rem exteriorem, sed stat in ipso agente ut perfectio ipsius; et haec proprie dicitur operatio, et haec est sicut lucere. Hae autem duae actiones in hoc conveniunt quod utraque non progreditur nisi ab existente in actu, secundum quod est actu." Cf. Santo Tomás de Aquino, *Quaestiones Disputatæ de Veritate*, q. 8, a. 6.

[17] "Unumquodque quod habet propriam operationem, est propter suam operationem; qualibet enim res appetit suam perfectionem sicut suum finem, operatio est autem ultima rei perfectio... Et hoc est verum tam in corporalibus quam in spiritualibus..." Cf. Santo Tomás de Aquino, *In II de Caelo et Mundo*, 4, 5.

Por lo tanto, las acciones perfeccionan tanto al sujeto que actúa como a la potencia pasiva exterior sobre la que recae la acción; mientras que la operación perfecciona solo al sujeto que actúa, como sucede en la actividad inmanente de nuestro entendimiento.

Por último, el conocimiento que de las potencias activas o pasivas alcanza el entendimiento humano es llevado a cabo mediante el conocimiento de sus respectivas acciones o pasiones, pues al conocer el acto, en acción o pasión, se deduce la existencia de la potencia correspondiente.[18] Y las acciones o pasiones de cada potencia activa o pasiva, quedan a su vez, especificadas, por sus propios objetos.

Las consideraciones que Millán-Puelles hace en su *Léxico Filosófico* sobre la acción y la pasión son, de igual modo, pertinentes para una cabal comprensión de las dos realidades que de un modo drástico afectan al hombre. En primer lugar es necesario resaltar la íntima conexión que se origina entre la categoría de la acción y la de la relación, pues aquélla hace de fundamento de una relación, aunque no toda relación está fundamentada en la acción. Mientras que el ser de la acción es el ejercicio de una causalidad eficiente, el ser de la relación es su ser hacia otro ser,[19] y el término *ad quem* de la relación es otra sustancia diferente, de modo que se puede establecer rigurosamente que la

---

[18] "Cum potentia dicatur ad actum, oportet iudicare de potentia secundum modum actus." Cf. Santo Tomás de Aquino, *Summa Contra Gentiles*, I, 45.

[19] "Propria relationis ratio consistit in eo quod est ad alterum." Cf. Santo Tomás de Aquino, *Summa Contra Gentiles*, IV, 14.

## 9.1 Dos realidades específicamente humanas

relación solo es real entre dos extremos reales.[20] Y en segundo lugar, el ejercicio de toda pasividad requiere por parte de la sustancia que hace de sujeto receptor una serie de actividades que pueden ser denominadas preparatorias a la pasión propiamente dicha. Por ejemplo, 'no hay enseñanza efectiva si no hay un efectivo aprendizaje, pero el enseñar y el aprender son realmente distintos. La enseñanza es formalmente actividad, mientras que el aprendizaje es formalmente pasividad, recepción, aunque el sujeto de ellas, el alumno, tenga que ejecutar unas ciertas actividades. En calidad de provocadas o inducidas, estas actividades presuponen en el alumno una actitud receptiva, cuyo hábito se designa mediante la voz docilidad.'[21] La misma potencia pasiva, caracterizada como un poder recibir, ha de darse necesariamente en un sujeto que es, y en cuanto es, es potencia activa. No hay posibilidad metafísica alguna de que exista una potencia pasiva en estado puro, sin el sustento de un sujeto, que esté fundamentando en su ser la misma posibilidad. De ahí que la materia prima, la expresión máxima de lo que es la potencia pasiva, no existe sino en la medida en que ya está determinada por alguna forma.[22] De todo lo real, la materia prima es la que menos realidad tiene, aunque ese mínimo real es mas que suficiente para distinguirla del no ser absoluto que es la nada.

---

[20] "Para poder ser real, la relación ha de darse entre dos extremos que sean reales también y, por supuesto, en tanto que difieren entre sí (de lo contrario, no serían realmente dos extremos)." Cf. A. Millán-Puelles, *Léxico Filosófico*, op. cit., voz "Relación", p. 511.

[21] A. Millán-Puelles, *Léxico Filosófico*, op. cit., voz "Predicamentos (o Categorías)", págs. 474-475.

[22] "Materia enim non potest per se existere sine forma, per quam est ens actu, cum de se sit in potentia tantum; ipsa etiam non est hoc aliquid nisi per formam per quam fit actu." Cf. Santo Tomás de Aquino, *In VII Metaphysicae*, 2, 1292.

## 9.2 La experiencia de la acción amorosa

Apoyados por este instrumental metafísico —acto como acción y acto como pasión—, es fácil comprender cómo la actividad amorosa, en su génesis, entra de lleno en los moldes conceptuales del acto como acción y no del acto como pasión, puesto que el primer y más evidente dato que ofrece la experiencia de amar o haber amado es el de ser una actividad ejercida hacia un tu por el propio sujeto que reflexiona sobre ella. Por lo tanto, el estudio de esta singular acción humana ha de conducirnos necesariamente a la investigación sobre su específica potencia activa.[23]

Además, la fenomenología del amor que está a la base de una elaboración filosófica ha de buscar su material en el amor humano, manifestado principalmente en cinco modos determinados: a saber, el amor de amistad entre dos personas humanas; el amor paterno-filial; el amor materno-filial; el amor fraterno y el amor conyugal, que se da entre el hombre y la mujer. Con sus necesarias condiciones, se puede añadir, para la elaboración teórica de una filosofía del fenómeno amoroso, un último modo, a saber, el amor divino-humano, el cual puede ser considerado por la reflexión racional, precisamente en calidad de humano. La manifestación amorosa que no entra en la elaboración de una teoría filosófica del amor es aquélla que, otorgada por la gracia y sobrenaturalizada, ha sido revelada para el hombre, a partir de las Sagradas Escrituras, en Cristo mediante la donación del Espíritu Santo; no obstante, el Amor que se da en el seno de la Tri-

---

[23] "Potentia enim ad actum dicitur. Unde secundum diversitatem actuum oportet esse diversitate potentiarum." Cf. Santo Tomás de Aquino, *Quaestiones de Anima*, q. 12, resp.

## 9.2 La experiencia de la acción amorosa

nidad y el amor divino-humano sobrenaturalizado, constituyen, en el ambiente de la Filosofía Cristiana, un horizonte siempre presente en las reflexiones que desde la estricta razón son realizadas.[24] Pero, desde la perspectiva fenomenológica no se hace referencia directa a este determinado amor sobrenaturalizado, al que también se le denomina con la expresión divino-humano, sino sencillamente al amor natural que el hombre puede tener hacia Dios y Dios hacia el hombre, alcanzado de modo no sobrenatural. En virtud de las peculiaridades que reviste este amor divino-humano no sobrenaturalizado, para cuya manifestación es necesario la previa demostración racional de la existencia de un Dios Personal, no es ésta la cantera principal de donde una teoría filosófica del amor extrae sus principales provisiones y de ahí que, a no ser que expresamente se haga mención de él, el análisis de la experiencia amorosa dejará a un lado lo específico de este fenómeno amoroso.

Por lo demás, no deja de ser cierto que, en realidad, el amor de amistad es una división general en el que pueden ser incluidos, cada uno con sus notas propias, el amor paterno-filial, el amor materno-filial, el amor fraterno y el amor conyugal, e incluso el amor divino-humano; y que, de ser aceptada así, el fenómeno amoroso incluiría el estudio solo de una forma fundamental expresada en múltiples caminos.[25]

---

[24] El análisis desde el punto de vista teológico de la realidad del amor divino-humano sobrenatural, gratuitamente concedido al hombre, es la perspectiva desde la cual A. Gálvez realiza sus *Comentarios al Cantar de los Cantares*, op. cit., y en realidad toda su obra posterior. viene determinada por este enfoque fundamental.

[25] "Mención especial merece el llamado amor de amistad. Debido a que no goza necesariamente de singularidad específica, puede vincularse a cualquiera de los aquí llamados analogados primero y segundo: el amor divino-humano,

Se decía líneas más arriba que la experiencia que tiene de amar el propio sujeto que reflexiona sobre su misma vivencia amorosa, en cualquiera de estas manifestaciones, proporciona, de modo inmediato, el hecho de que ésta es, en su génesis, una acción activamente vivida, y no una acción pasivamente vivida, bien sea de modo simultáneo al 'estar amando', bien mediante el recuerdo de 'haber amado'. Es decir, algo que realiza el propio sujeto y no algo que padece, en tanto la vive como una acción que le hace salir fuera de sí mismo para ir hacia el objeto amado: tal es, por ejemplo, la conciencia que se tiene de que amar es vivir orientando el pensar hacia el objeto amado; la conciencia de nuestro querer estar junto a lo amado; la conciencia de una constante preocupación por lo amado, hasta tal límite que puede, al mismo tiempo, producirse un natural y deseado olvido del propio sujeto que realiza la acción amorosa.[26]

Junto a esto, en la actividad reflexiva que el sujeto hace sobre su acción amorosa, se hace patente al entendimiento de modo inmediato el hecho de que esta acción es de tal índole que genera y causa una relación singular con el objeto amado; relación que con toda propiedad es denominada relación de amor, la cual metafísicamente no puede darse sin una previa acción amorosa:[27] la acción amorosa del padre al hijo que fundamen-

---

el matrimonial, el paterno-filial y el fraterno; los cuales suponen también, siempre y en todo caso, el amor de amistad, como es evidente." Cf. A. Gálvez, *Comentarios al Cantar de los Cantares*, op. cit., vol. II, p. 89.

[26] "Que la salida de sí mismo, con el consiguiente olvido de la propia vida, son condiciones inherentes al amor, es cosa sabida desde siempre." Cf. A. Gálvez, *Comentarios al Cantar de los Cantares*, op. cit., vol. II, p. 139.

[27] "Y todo lo que es objeto de donación de amor es importante en la medida en que sirve, no solamente como prueba o manifestación del mismo amor, sino también como la única posibilidad de su realización; en cuanto

## 9.2 La experiencia de la acción amorosa

ta la relación llamada amor paterno; el amor materno, relación generada por la acción de amar de una madre a su hijo; el amor fraterno entre dos hermanos; el amor filial, fruto de la acción de amar de un hijo a sus padres; el amor conyugal, de un esposo a una esposa y viceversa; y, en general, el amor de amistad, la relación que se da, fruto de la acción de amar de un hombre en calidad de amigo.

Del resultado de estas aproximaciones al fenómeno amoroso se puede concluir, para un inicial punto de partida de la elaboración teórica, que el *amor* es esencialmente una relación, fruto de una acción de *amar*, ejercida y vivida activamente, y no pasivamente, por el sujeto que ama. De manera que no hay obstáculo en afirmar, según el marco conceptual de la metafísica tomista del ser, que el fundamento de toda relación que es llamada *amor*, independientemente del modo particular de manifestarse, radica en el *amar*, en calidad de la categoría de la acción, y el fundamento del *amar* en tanto acción, ha de radicar necesariamente en una potencia operativa de la cual se origina, que con toda lógica puede ser descrita como potencia capaz de *amar*. Puesto que las facultades o principios próximos de operación son descubiertas a partir de sus respectivas acciones, esta potencia capaz de amar en el sujeto ha de alcanzarse a partir de la investigación del amar como acción y del amor que, como relación, se genera a partir de esa acción amorosa. Y la acción amorosa es el fin y la perfección segunda a la que tiende esa potencia activa denominada 'capaz de amar.'

Dos consideraciones más se han de hacer en torno al análisis que la experiencia amorosa nos ofrece, que nos van a permitir

---

que sin entrega no hay amor." Cf. A. Gálvez, *Comentarios al Cantar de los Cantares*, op. cit., vol. II, p. 234.

obtener una clara concepción de la potencia operativa en la que radica. Por supuesto que con estas consideraciones no se agota el material aportado por la experiencia amorosa, pero son suficientes para el objetivo que ahora se pretende en esta reflexión, a saber, la investigación del sujeto o potencia de donde parte inmediatamente la acción amorosa y con ésta, la relación de amor. Una de ellas es pertinente al *amar* como acción y la otra derivada del análisis del *amor* como relación.

### 9.2.1 La acción de amar

En el ejercicio de la acción amorosa, o en el recuerdo que la conciencia puede tener del haber amado, se muestra con total inmediatez a la reflexión teórica, la completa incorporación de todos los actos de las diversas facultades operativas del hombre a la efectiva realización de la acción amorosa. El sujeto que se vive amando, o que tiene conciencia de haber amado, se vive también, de modo concomitante, con la conciencia de emplear, o haber empleado, todas sus facultades humanas operativas —es decir, las que son libremente ejecutadas—, en calidad de orientadas hacia el objeto amado. El acto de la facultad de conocer, el acto de la facultad de la memoria, el acto de la visión de la facultad visiva, en caso de la presencia del objeto amado, el acto de la voluntad de querer el bien, y el ejercicio de las facultades sensibles sobre las que tiene el sujeto un libre querer, están ontológicamente activos, o lo han estado, para la ejecución de la acción amorosa. Sin el conocimiento del objeto amado; sin la libre volición del objeto; sin la activa visión en presencia de él o sin el recuerdo actualizado del objeto amado en su ausencia; sin la activa percepción de él, es imposible que se dé la acción amorosa. La experiencia que el sujeto tiene de amar es la experiencia

## 9.2 La experiencia de la acción amorosa

de un vivir, orientando todo su actuar hacia lo que constituye el objeto amado. El que a nuestra conciencia de amar o haber amado, no se presente como real, sino como un imposible lógico —un absurdo—, el estar en presencia del objeto amado, y al mismo tiempo no quererlo y conocerlo; o no se presente como real, sino como un puro ente de razón, el no estar en presencia del objeto amado, y al mismo tiempo no recordarlo; o, más claro todavía, no se presente a nuestra conciencia del fenómeno amoroso el estar conociendo al objeto amado y al mismo tiempo no quererlo ni estar viéndolo, es simplemente la manifestación de la inmediata experiencia en virtud de la cual la acción amorosa requiere para su ejercicio, el concurso, lógico-ontológico, de las particulares potencias operativas humanas libremente ejercidas.

Se debe añadir a las consecuencias que se derivan de la simple experiencia del amar como acción, la inmediata conciencia que el hombre tiene acerca de la distinción entre conocer un objeto y amarlo o no amarlo; querer un bien y amarlo o no amarlo; recordar un objeto, sabiendo que se ama o que no se ama; y así sucesivamente con cada uno de los actos propios de cada una de las potencias operativas humanas. Ejemplo clarividente de cómo el hombre normal, —y el teórico de la acción amorosa ha de partir de esta experiencia—, tiene conciencia de la distinción entre querer un bien y amarlo, se manifiesta en expresiones tan de uso común como *lo quiero pero no lo amo*. La misma acción libre, que en sí misma acompaña a toda ejecución realizada por nuestras potencias operativas humanas, —en la medida en que en ellas se da una potestad de ejercerlas o no ejercerlas—, se distingue con nitidez de la acción propiamente amorosa, no porque la libertad no se dé en el ejercicio de la acción amorosa, sino porque ésta no se reduce en su ser a ser simplemente *libertad ejercida* pues de lo contrario cada acto libre sería un acto amoroso. Toda acción amorosa esencialmente es una acción libre,[28] pero no toda acción libre es esencialmente una acción amorosa. En definitiva, no todo lo que conozco, ni lo que quiero, ni lo que veo, ni lo que es recordado, ni lo que es libremente elegido, puede ser establecido como objeto de una acción amorosa, aunque toda acción amorosa incluye, para su efectivo ejercicio, tanto el conocimiento activo del objeto, como la libre determinación y la volición del bien amado, y todos los demás actos de las potencias operativas sobre las que el hombre tiene potestad.

Desde el punto de vista de los distintos objetos de las acciones realizadas por el hombre, lo que aquí se está queriendo expresar, a partir del análisis empírico del estar amando o haber amado es que *no todo lo conocido es amado, aunque todo lo amado es conocido; no todo lo recordado es amado, aunque todo lo amado es recordado; no todo lo percibido es amado, aunque todo lo amado es percibido*; y por último, no *todo lo querido es amado, aunque todo lo amado es querido*. Y de una forma general, se quiere afirmar que los actos de las distintas potencias operativas no exigen, de suyo, una acción amorosa; la acción amorosa, por el contrario, exige, de suyo, los actos de las distintas potencias operativas en la medida en que no están imposibilitadas, como podría suceder en caso de la ceguera.

La evidencia de estas consideraciones quedan reforzadas al afirmar no solo esta *dependencia lógica-ontológica*, sino también la *independencia temporal* que tiene la acción amorosa respecto

---

[28] "Como se verá más adelante, el amor es esencialmente libertad, de tal manera que no puede existir sin ella." Cf. A. Gálvez, *Comentarios al Cantar de los Cantares*, op. cit., vol. I, p. 67.

## 9.2 La experiencia de la acción amorosa

del resto de las acciones de las potencias operativas humanas. El cese temporal de la actividad de las potencias operativas humanas, —aquéllas sobre las que tiene poder de ejercerlas o no ejercerlas libremente—, bien de algunas, bien de todas, como sucede en el sueño con relación a las potencias del entendimiento y de la voluntad, no daña ni menoscaba la intensidad de la acción amorosa, aunque de hecho pueda hacerlo. El no-vidente, que se caracteriza por tener la potencia operativa de la visión pero no poder ejecutarla, no deja de amar por el hecho de no ver el objeto amado, por definitivo que fuera su condición de no-vidente. No hay una relación necesaria entre el no-estar-viendo y el no-estar-amando. Por supuesto que la deficiencia de no poder ejecutar la potencia visiva, con relación a la visión actual del objeto amado, puede afectar a la acción amorosa produciendo, a veces, lo que en el lenguaje cotidiano se llama enfriamiento del cariño, y en lenguaje metafísico un debilitamiento en la intensidad de la acción amorosa. Y en el inicio de la acción amorosa, se considera como elemento importante el ver o haber visto el objeto amado.[29] Pero esto, en vez de ir en detrimento de lo que aquí se está develando, ayuda a comprender de un modo más claro el natural concurso de las acciones de las distintas potencias operativas para la ejecución de la acción amorosa.

---

[29] "Es evidente que la mirada puede ser algo previo y hasta condicionante del amor. La mirada enamorada, sin embargo, forma ya parte del proceso amoroso, como un posible momento inicial. De todos modos resulta difícil pensar que una mirada, a la que luego sigue el amor, sea completamente ajena a la complejidad del sentimiento amoroso. Pero es claro que el amor comienza siempre por una contemplación, al paso que la contemplación amorosa forma ya parte del mismo acto de amar." Cf. A. Gálvez, *Comentarios al Cantar de los Cantares*, op. cit., vol. I, p. 96, n. 3.

Lo que es indudable, y la experiencia inmediata lo revela, es que mientras que se está amando, el no ejercicio actual de la potencia visiva en relación al objeto amado, no significa el cese radical de la acción amorosa. Para que así sucediera, tendría que darse algo que la misma experiencia revela como falso, es decir, que el inmediato dejar de ver supusiera también el inmediato dejar de amar. En el sueño, el caso más claro de cesación temporal del ejercicio libre de las potencias operativas, el sujeto que ama, aunque deja inactiva su potencia intelectiva, y también su potencia volitiva, sin embargo, la acción amorosa no pierde, por ello, ninguna intensidad, en el sentido de producirse un dejar de amar en el instante inicial del dormir, y un volver a amar, en el mismo instante del despertar. Lo que sucede en esta ocasión, puesto que nuestra potencia de entender no está activa, es que no se da la conciencia, en ese estado, del estar amando, pero el no darse la conciencia de no estar realizando esa acción, no conlleva el no darse de la misma acción amorosa, por la misma y evidente razón de que el no darse la conciencia de la circulación de nuestra sangre en el sueño, no implica el no darse de la actividad sanguínea de nuestro organismo mientras dormimos. Al despertar tengo conciencia de no haber ejercido la conciencia temporalmente, pero no tengo conciencia de haber dejado de amar temporalmente. Para que así sucediera, debería darse el extraño caso del sujeto que, al despertar, se diera cuenta que su estado de 'enamorado' previo al sueño, ha cesado drásticamente, y de suceder, quedaría explicado por algún desequilibrio de alguna de sus facultades humanas, como es el caso de la enajenación mental en la facultad del entendimiento. Y un extraño caso no constituye material para sacar una teoría general del amor.

## 9.2 La experiencia de la acción amorosa

Por último, el análisis que una fenomenología del proceso amoroso puede hacer del cese temporal del ejercicio de las potencias del sujeto que ama, revela, en el caso del sueño, otro dato de gran importancia para el esclarecimiento de la potencia operativa de amar y su concreta distinción con respecto al libre querer. Pues aunque el sujeto no deja de amar por el hecho del cese temporal de algunas de sus potencias operativas humanas, sí deja en suspenso su potencia volitiva, pues de poder ejercerla mientras duerme, —de poder tener potestad sobre el resto de las potencias operativas, como puede ser la imaginación—, muchas de las que son llamadas *pesadillas*, y que angustian nuestro periodo de descanso, libremente no sucederían.[30] En resumen, la conciencia de no amar lo amado, habiendo despertado, después de haberlo amado, inmediatamente antes de dormir, solo sería un extraño y anormal caso que revela lo común de la independencia de la acción amorosa respecto del cese temporal de las potencias humanas operativas.

Por lo tanto, en la primera y más inmediata reflexión de nuestra inteligencia sobre lo que sucede cuando se está amando, o cuando se estuvo amando, desde el punto de vista de la acción amorosa, se presenta como indudable no solo la necesaria actuación lógica-ontológica de todas nuestras potencias operativas humanas (que puedan ser llevadas al acto o la operación) para que se dé la acción amorosa sino también la independencia que posee, respecto del ejercicio de alguna de esas mismas potencias y de todas ellas, para mantenerse activa. Las necesita para su acción y es independiente de la índole activa o potencial,

---

[30] El estudio sobre el fenómeno del sueño y del dormir para una teoría del conocimiento y de la subjetividad ha sido desarrollado por A. Millán-Puelles, *La Estructura de la Subjetividad*, op. cit.

momentánea, de alguna de ellas o de todas ellas. Si antes decíamos que *lo amado es conocido*, ahora se concluye que lo amado puede no estar siendo objeto de un actual acto de conocer.

Las notas que de estas primeras y más inmediatas evidencias del fenómeno amoroso se pueden atribuir al amar como acción o como acto quedarían así determinadas: la acción amorosa es un acto intensivo, emergente, gradual o en proceso, que, aunque requiere la completa actualización de las potencias operativas del hombre, tanto de las que se realizan con independencia del cuerpo —entendimiento y voluntad—, como de las que exigen la corporalidad, —sensitivas y apetitos correspondientes—, se manifiesta como independiente o no sujeta al carácter activo de las determinadas potencias operativas de sus actos integradores, en virtud de que mientras que está activa, no cesa ni por el debilitamiento del ejercicio de una potencia operativa, ni por su cesación temporal.

Así configurada la acción amorosa, se puede establecer desde el punto de vista de una teoría filosófica del amor, tres tesis más que se unen a la consideración del amar como acción. La primera consiste en afirmar que las acciones de las distintas potencias operativas humanas tales como sentir, desear, recordar, conocer, querer y hasta el mismo ejercicio de la libertad que conllevan todas estas acciones, se comportan como medios *sine qua non* para alcanzar el fin de la acción amorosa. La segunda y, probablemente, la más importante tesis para la reflexión teórica del amor, consiste en afirmar que la acción amorosa excede a cada uno de los actos de las distintas potencias operativas humanas, en virtud de que es libre, pero es más que libre; es conocimiento, pero es más que conocimiento; es visión, pero es más que visión; y así sucesivamente; y por eso mismo no puede

## 9.2 La experiencia de la acción amorosa

ser atribuida a ninguna de las potencias operativas humanas que en calidad de accidentes propios, haciendo uso de la terminología de la Escolástica emanan de la naturaleza del alma,[31] sino a una potencia activa superior, respecto de la cual todas las demás potencias se comportan como medios ontológicos para ejercitar esa capacidad de amar. Y la última tesis sostiene que, como las potencias se diversifican por sus actos y éstos, a su vez, se especifican por sus objetos,[32] —por ejemplo, la verdad es el objeto de la potencia intelectiva, y el bien de la potencia volitiva—, es necesario también concluir que ningún objeto de las potencias operativas humanas es el objeto propio de la acción amorosa; pero el objeto de la acción amorosa engloba, supera y excede los respectivos objetos de las potencias operativas. Luego el objeto propio de la acción amorosa, *lo amado*, hacia lo que tiende y está orientada la potencia operativa 'capaz de amar', ha de ser un sujeto que se alcance mediante todas las consideraciones de 'lo bueno', 'lo verdadero', 'lo sentido' y 'lo deseado'.

---

[31] "Manifestum est igitur quod ipsa essentia anime non est principium immediatum suarum operationum, set operatur mediantibus principiis accidentalibus. Unde potentie anime non sunt ipsa essentia anime, set proprietates eius." Cf. Santo Tomás de Aquino, *Quaestiones Disputatæ de Anima*, q. 12, resp.

[32] "Dicendum quod potentia, id quod est, dicitur ad actum. Unde oportet quod per actum diffiniatur potentia, et secundum diversitatem actuum potentie diversificentur. Actus autem ex obiectis speciem habet: nam si sint actus passivarum potentiarum, obiecta sunt activa; si autem sunt actus activarum potentiarum, obiecta sunt ut fines. Secundum autem utrumque horum considerantur species operationis: nam calefacere quidem et infrigidare distinguuntur secundum quod huius principium est calor, illius autem frigus; et iterum in similes fines terminantur, nam agens ad hoc agit, ut similitudinem suam in aliud inducat. Relinquitur ergo quod secundum distinctionem obiectorum attenditur distinctio potentiarum anime." Cf. Santo Tomás de Aquino, *Quaestiones Disputatæ de Anima*, q. 13, resp.

Compendiando, desde el punto de vista del amar como acción, tres son las tesis principales:

1. La acción amorosa necesita el concurso de las acciones de cada una de las potencias operativas.

2. La acción de amar depende inmediatamente de una potencia operativa que está más allá de las conocidas facultades del hombre.

3. El objeto de la acción amorosa, incluye los objetos propios de cada potencia operativa, pero está más allá del límite de cada uno de ellos.

Pero ¿cuál es la potencia operativa que es necesario poner para dar razón de la existencia de acciones propiamente amorosas? Hemos visto que no es ninguna de las potencias que emanan como accidentes propios de la esencia del alma, sino una potencia para cuyo ejercicio las demás potencias se comportan como medios y no como fines. Hemos visto que ha de ser una potencia que asuma en sí misma las demás potencias operativas, pero que sea independiente de su carácter activo. La independencia que revela respecto del actuar de las potencias operativas no se da sino en virtud de la independencia, entiéndase ontológica, que mantiene respecto de la naturaleza humana, la cual se comporta como principio remoto de operaciones. Por lo tanto, la única potencia activa que queda en el sujeto humano, a la que se puede atribuir esa capacidad de amar, es el mismo acto de ser participado, respecto del cuál, la naturaleza se comporta como potencia. El acto de ser participado y creado, que hace ser a la esencia, y mediante ésta, a sus facultades, es potencia activa, potencia de amar, que orienta al sujeto a amar, según el modo que le prescribe su propia naturaleza (alma y cuerpo), y que,

## 9.2 La experiencia de la acción amorosa

en las criaturas se distingue realmente de su acción (amorosa), pero en Dios, donde el Ser es por esencia y no por participación, la Acción de Dios es su Potencia Activa y el Dios, que es Ser por Esencia, se identifica con el Amor. Con toda razón, Santo Tomás de Aquino, afirmaba que el 'obrar no se atribuye a la naturaleza como agente, sino a la persona',[33] y que la autonomía de su ser funda la autonomía de su obrar. No es la naturaleza la que determina la orientación y la acción propia del ser que es capaz de amar, sino que éste determina la orientación cuya acción ha de realizarse según el modo de la naturaleza en la que es constituido el ser. La claridad que expresa el siguiente texto del prof. C. Cardona sobre la distinción entre el ser participado y la naturaleza en la que es recibido en orden a la acción merece una especial atención:

> "El obrar es propio de la hipóstasis subsistente pero según la forma y la naturaleza, de la que la operación recibe su especie. Ser y obrar son de la persona mediante o por la naturaleza, pero de distinta manera, pues el ser pertenece a la misma constitución de la persona, y así respecto a esto se tiene en razón de término... Pero la operación es cierto efecto de la persona según alguna forma o naturaleza. Por eso la pluralidad de las operaciones no prejuzga la unidad personal. El ente obra desde y por su acto de ser, mediante y según su naturaleza. La operación es acto segundo y la naturaleza es acto primero en el orden formal, pero ambos son potencia en el orden real, respecto al *esse*, que es acto último o acto de todo otro acto."[34]

---

[33] Santo Tomás de Aquino, *Summa Theologiæ*, III, q. 20, a. 1, ad. 2.

[34] C. Cardona, *Olvido y Memoria del Ser*, op. cit., p. 424.

De manera que el resultado final de esta *no exhaustiva* aproximación a la experiencia del fenómeno amoroso desde el punto de vista de la acción, es la hegemonía y prioridad que la persona tiene en el ejercicio de esta acción. Vamos a ver ahora, si desde el punto de vista del amor como relación, el análisis que se realiza puede conducir a esa misma radicalidad personal que ha sido descubierta en el amar como acción.

### 9.2.2 La relación de amor

La segunda consideración se refiere al amor como relación y establece una dependencia -amorosa- entre el sujeto que ama y el objeto amado. Para que esta relación sea real, y real el amor que se genera, y no de razón, es necesario que entre el sujeto que realiza la acción de amar y el objeto amado, se mantenga una distinción real y no puramente de razón. Es decir, para que la relación, que produce la acción amorosa, sea una relación real, y no una simple relación de razón, es necesario que entre la potencia operativa en virtud de la cual se ejecuta la acción amorosa, a saber, la persona, y el objeto amado sobre el que recae la acción de amar se dé una distinción real. Por ser precisamente una acción amorosa, lo amado se comporta como pasivo en el sentido de 'estar siendo objeto del amor de otra persona', y esta pasividad, en sí misma considerada, es esencial para que se dé el amor como relación. El lenguaje común prefilosófico habla, sin exigirle mayor precisión conceptual, de un *dejarse querer*.

Ahora bien, en virtud de lo imposible que resulta la existencia de una potencia pasiva en estado puro, la posibilidad que lo amado tiene de estar siendo objeto de una acción amorosa es la que le concede una previa potencia activa, y una previa preparación, en el seno mismo del sujeto que pasivamente ha

## 9.2 La experiencia de la acción amorosa

recibido el amor de otro. El mismo acontecimiento del *dejarse querer* implica una cierta actividad del sujeto que hace de objeto de una acción amorosa. Desde el punto de vista del sujeto que pasivamente se vive como constituyendo el objeto de una acción amorosa, la experiencia que esta pasividad presenta a la elaboración de una filosofía del amor es análoga a las conclusiones que se derivaban desde el punto de vista del estar amando o del haber amado. Pues el que se vive como objeto en calidad de amado, tiene conciencia de que lo amado en él no es solo lo que en él se da en calidad exclusivamente de conocido, ni únicamente de querido, ni solamente de visto, ni de sentido; sino que lo amado es él mismo mediante la integración de los aspectos formales de lo sentido, lo conocido, lo libremente querido, y lo deseado, por las correspondientes acciones del sujeto que ama. Es decir lo amado no es ni solo el entendimiento, ni solo la voluntad, ni solo la visión del ser así amado. Lo amado es su ser (personal) a traves de su entendimiento, su voluntad y, en el fondo, su naturaleza individual. Y la independencia que manifiesta este estar siendo amado, del efectivo estar siendo visto, por ejemplo, y lo mismo en relación con el problema de la cesación temporal en casos como el sueño, no es sino la independencia que presenta esa potencia activa respecto de su propia naturaleza y de los accidentes que emanan de ella. Por lo tanto, quien se vive como siendo objeto de un *amar* por parte de otra persona distinta que él, se vive a su vez, de modo concomitante, como siendo él mismo el objeto al que se orienta la acción de amar, a través de todo lo que conforma su naturaleza, o mediante su naturaleza.

Esta simple percepción del estar siendo objeto de una acción amorosa es el punto de donde se origina una de las reflexiones fundamentales en torno al amor como relación. Pues a partir de esta conciencia, es decir, del saberse amado, la experiencia ofrece un nuevo campo cuya consideración es necesaria para destacar una vez más la importancia de la persona en el estudio del amor. Se presenta con claridad ante la requerida acción amorosa una doble posibilidad por parte del objeto amado: que a su vez corresponda a esa acción amorosa con la suya propia, o bien que no exista correspondecia por parte de él. Si la acción de la persona amante provoca, al darse cuenta, una correspondencia por parte del objeto amado, de modo tal que en el amor como relación se juntan dos acciones recíprocas de dos sujetos que a su vez son amantes y amados, generando dos relaciones distintas, la experiencia que de ello tiene el sujeto es la de una cierta perfección en el amor y una concomitante y subjetiva satisfacción respecto de aquella acción amorosa que no es correspondida. En el primer caso, el amor humano, el único campo de la experiencia al que tiene acceso el teórico para elaborar su reflexión sobre el amor, es un amor recíproco que tiende a relacionar dos sujetos mediante dos acciones mutuamente correspondidas, y en las que ambos se comportan como activos y como pasivos. La mutua reciprocidad en la acción amorosa, manteniendo la alteridad de los sujetos, produce un crecimiento en intensidad y una tendencia a la unión en las dos relaciones, que nunca llega a su plenitud. Es decir, por intenso y recíproco que sea la mutua acción, siempre se mantendrán dos relaciones de amor en la medida en que se mantienen distintamente reales los sujetos de los que parte la acción amorosa y debido a que cada uno se comporta como amante y como amado; en cambio, en el segundo caso, el amor no correspondido, puesto que no ha provocado respuesta en el sujeto amado, la imperfección de la acción amorosa queda de manifiesto, no solo en el plano subjetivo al presentarse inmediatamente una cierta insatisfacción, sino

## 9.2 La experiencia de la acción amorosa

también al no poder aumentar en intensidad la propia acción de amar.

La peculiaridad que presenta el análisis del amor recíproco, por lo tanto, es la de que solamente se puede dar un amor correspondido en la medida en que existe una determinada igualdad ontológica de potencias activas capaces de amar. Pues aunque cabría el caso, por disparatado que resulte, de que un sujeto humano amase a una criatura irracional, como puede ser un animal, o una planta, al ser éstos incapaces de provocar la correspondiente respuesta amorosa, la acción amorosa sería altamente imperfecta, a parte de constituir una especie de esquizofrenia. Lo que en este caso sucedería es el efectivo ejercicio de una persona en su capacidad de amar, hacia un objeto que por no ser potencia activa de amar, no puede corresponder a la acción amorosa. Y se detecta su incapacidad para amar a partir del evidente dato de que los animales irracionales y las plantas no pueden ni sentirse amados ni saberse amados. Es decir, solamente entre potencias operativas capaces de amar —solamente entre personas— cabe una mutua acción amorosa. De nuevo, desde el punto de vista de la relación de amor, la prioridad ontológica de la persona queda patentemente establecida. Y es importante destacar que la incapacidad para amar no se dice de los entes que son personas sino de los entes que no son personas; lo que en las personas se da es la positiva capacidad de amar, y precisamente por ser potencia y no acción, lo que en ellos es posible es el no estar ejerciendo de modo activo esa capacidad de amar, y por lo tanto, el no estar amando. Pero como el acto de ser participado es activo de suyo y tiende hacia la acción amorosa, el efectivo ejercicio de no estar amando, no es sino una acción positiva mediante la cual la persona actúa libremente contra su fin determinado.[35] De nuevo, en Dios, cuya Potencia Activa es idéntica a su misma Acción, aun siendo esencialmente Libre, es un imposible ontológico, el que Dios pueda, siquiera, libremente no amar.

### 9.2.3 Persona, ser capaz de amar

El proceso que nos ha conducido desde la experiencia del amar como acción y del amor como relación a la necesidad ontológica de una potencia activa, capaz de amar, que recibe el nombre metafísico de persona, ha pasado obligadamente, a su vez, por la capacidad de reflexión que tiene el hombre sobre sus propios actos. Conviene señalar en este proceso, antes de iniciar al análisis de la experiencia del morir, un peligro que ha conducido al excesivo intelectualismo en la tradición de la Filosofía Cristiana, consistente en tomar por esencial algo que en sí mismo es accidental, en su más hondo sentido metafísico. Para descubrir la presencia de seres que son personas, la activi-

---

[35] En Teología Católica, la existencia de los ángeles caídos, condenados al infierno que Dios mismo creó para ellos, es un caso claro de esta capacidad para amar ejercida libremente contra su natural orientación. Siguen siendo personas, pero por causa de su libre decisión ejercida contra el Amor para el que habían sido creados, y el odio generado por esa acción, están petrificadas en su acto, pues no es tiempo sino eternidad, —presente sin pasado ni futuro—, lo que les rodea. Cf. A. Gálvez, *Comentarios al Cantar de los Cantares*, op. cit., vol. I, p. 351, n. 9: "Con esto no se afirma que los condenados en el infierno han perdido su condición personal. Pero el destino de la persona consiste en abrirse a los demás en donación de amor, lo cual es ya imposible para el condenado, que se ha encerrado en sí mismo en una soledad que ya es para siempre."; A. Gálvez *El Amigo Inoportuno*, op. cit., p. 99: "La condenación, por lo tanto, es la situación a la que se llega cuando el Amor, que se había ofrecido de una manera libérrima, total y definitiva, es rechazado también de una manera libérrima, total y definitiva."

dad cognoscitiva que reflexiona sobre sus propios actos es signo necesario, —accidente propio— de esa presencia, pero no constituye lo determinativo o lo esencial de la atribución de persona a esos seres concretos. Lo esencial, lo constitutivo y lo que inmediatamente lleva a la predicación del nombre de persona a unos entes determinados es el ser potencia activa de amar. Es decir, no somos personas porque pensamos y conocemos, sino que conocemos y pensamos, precisamente porque somos personas. El error de haber tomado por causa lo que es, más bien, un efecto ha podido conducir a esa corriente intelectualista o voluntarista que ha predominado tanto en la historia de la Filosofía. La prioridad ontológica del acto sobre la potencia y del orden trascendental del ser sobre el predicamental ha de ser mantenida en todos los niveles del ente.

## 9.3 La experiencia del morir

La aplicación de las anteriores distinciones metafísicas a la realidad del morir presenta una serie de características que son necesarias destacar a fin de poder establecer un vínculo con las reflexiones sobre el amor y la accion amorosa.

### 9.3.1 El morir como pasión

En primer lugar y en sentido estricto, el *morir* no puede ser catalogado dentro del marco conceptual del acto como acción, pues no es una actividad ejercida por el hombre fruto de una potencia activa, sino acto en la categoría de la pasión, recibida en una potencia pasiva.

Ni siquiera las explicaciones que se pueden dar al hecho de *darse la muerte*, como sucede en el suicido, o de *matar a otra persona*, como es el asesinato, o de *darse la muerte y al mismo tiempo matar a otra persona*, como es el caso de la eutanasia, o por último, al hecho de *ofrecer la vida*, como es el caso del martirio, pueden convertir el *morir* como el acto de una acción en el ejercicio de una potencia operativa. Pues en el segundo caso, el del asesinato, mucho más evidente que el primero, el suicidio, lo que es activo de suyo, es el querer matar a otro, fruto del ejercicio de una potencia operativa, y lo que se comporta como pasivo de suyo, es la recepción de la muerte en la potencia pasiva propia de una materia que está sujeta a corrupción en la persona que es asesinada. Es decir, en el caso de ocasionar la muerte a otro, lo que se sucede es acelerar un proceso que está inscrito en la misma potencialidad de la materia.[36] Y en el primer caso, el del suicidio, en el hecho de darse la muerte a uno mismo, lo que es activo de suyo es la acción libre de querer darse la muerte, fruto de una potencia operativa inmediata como es la voluntad en su abierta capacidad para elegir entre seguir viviendo y no seguir viviendo. Pero no deja de ser una pasión, en su sentido más estricto, es decir, un sucederse, debido a la inestabilidad propia de la materia, potencia pasiva, el morir de un hombre provocado por su libre querer dejar de vivir. Son dos actos distintos, uno activo y otro pasivo, el provocar y acelerar la muerte, bien de sí mismo, bien de otro, y el morir de

---

[36] "Pero, por otra parte, parece también que aun en los casos de muerte violenta, la llamada muerte 'antinatural', venga ella por accidente, por infección, por cáncer o por crimen, el morir es un resultado intrínseco de la misma vida, como el último paso sobre el camino que se emprendió al nacer, como un acto del mismo que muere." Cf. J. Pieper, *Muerte e Inmortalidad*, op. cit., p. 42.

## 9.3 La experiencia del morir

cada uno de ellos. Prueba de ello se da en el suicidio libremente intentado pero no conseguido, pues el que así decide terminar su vida, libremente actúa sobre su vida provocando la muerte, pero no alcanza su fin, no en razón de que no quiera, que sí que quiere, sino en razón de la misma resistencia que todavía ofrece el cuerpo informado. El caso de la eutanasia es al mismo tiempo un caso de suicidio y de asesinato, y no necesita de mayor aclaración que lo dicho hasta ahora.

En el martirio cristiano, fuente principal de nuestras reflexiones sobre la muerte por su relación al tema del amor, en realidad lo que sucede no es un libre querer morir por parte de la persona martirizada, ni menos todavía un inmolarse, como sucede en los 'mártires' de la religión musulmana. La voluntad libre más cercana al acontecimiento del morir, sensu strictu, del mártir cristiano es la de la persona que por motivos ideológicos quiere matar a personas por el odio a la fe que tienen estas personas, pues lo que verdaderamente sucede en el mártir es un libre querer no oponer resistencia a quién le quiere quitar la vida, concomitante y subordinado este libre querer, a una libre y contumaz posición, no negociable, de mantener los principios religiosos que rigen su obrar por encima de la vida material misma. El mártir no busca activamente el morir ni quiere que el morir se dé en él de un modo directamente intentado, sino que lo que activamente busca es defender su religión por encima incluso de su propia vida. Por lo tanto, la experiencia que este tipo de actitud ante la muerte nos ofrece, en cuanto que es equiparable a la del asesinato por parte del que martiriza, no presenta tampoco ninguna objeción contra el evidente dato del morir como pasión. En cuanto a la muerte natural, es evidente para todo hombre en su sano juicio, la aprehensión de su carácter pasivo pues, si de ellos dependiera, si tuvieran la capacidad activa de morir, tendrían también la capacidad activa de no querer ejercerla. Aunque libremente se puede querer no morir, el morir mismo libremente no se puede evitar.

Luego ¿en qué sentido y con qué derecho se ha calificado de acción y de actividad humana al morir, si ontológicamente el morir encaja perfectamente en la categoría aristotélica de la pasión? En virtud de los conocimientos que posee, el filósofo es plenamente consciente de la corrupción y la transformación a la que se ha de someter toda sustancia que, o bien esté compuesta de materia, o bien sea sencillamente materia. Y con ello no hace sino plasmar en una teoría filosófica lo que cualquier hombre constata en una experiencia inmediata sobre la inevitable corrupción de los seres materiales y los constantes cambios substanciales a los que se ven sometidos todo los entes en cuya composición participe un elemento de índole material. Los cambios profundos por los que un ente deja de ser lo que es y pasa a ser algo distinto, detectados por cualquier hombre, revelan al filósofo la permanencia de un substrato, de una potencia que es pura potencia pasiva,[37] que en sí misma no existe, sino que existe ya constituida en el acto de una forma sustancial.[38] La generación y corrupción son leyes universales de los entes materiales: una forma vuelve a la potencia de la materia y otra es educida de la potencia de la materia. Pero radica en ésta la

---

[37] "Generatio et corruptio substantialis sunt principium veniendi in cognitioni materiae primae." Cf. Santo Tomás de Aquino, *In VIII Metaphysicae*, 1, 1689.

[38] "Materia enim non potest per se existere sine forma, per quam est ens actu, cum de se sit in potentiam tantum; ipsa etiam non est hoc aliquid nisi per formam per quam fit actu." Cf. Santo Tomás de Aquino, *In VII Metaphysicæ*, 2, 1292.

## 9.3 La experiencia del morir

causa de la corrupción y la generación. El carácter inevitable de la muerte, en definitiva, es asumido conscientemente, tanto por el hombre de la calle como por el filósofo, en razón de la índole material de los entes, y hace, por lo tanto, del morir una pasión en sentido riguroso.[39]

La afirmación de que la muerte es una pasión según el cuadro de las categorías aristotélicas recorre todo el pensamiento tomista y, en este sentido, es plenamente lógico con las propiedades que se derivan de la composición hilemórfica de materia y forma para todo ente material y la doctrina aristótelica del cambio substancial. La muerte no es otra cosa que la separación del alma respecto de su cuerpo —*Nullus homo dicitur mortuus, nisi ex eo quod anima eius a corpore separata est*—, y con ello la inmediata cesación de la vida y de las operaciones vitales.[40] No es ninguna perfección para el ser que le sucede, sino la corrupción de un ser y, en cuanto corrupción, no tiene ni causa formal, ni final, ni eficiente, sino simplemente 'deficiente', falta de ser. En realidad, todas las formas son principios de ser, y en sí mismas consideradas, no se da en ellas la más pequeña sombra de corrupción. Si se corrompen, no es en virtud de ellas mismas, sino en virtud de la corrupción propia de la imperfección de la materia.

---

[39] "Resulta por tanto que la muerte es un hecho que afecta a todos los hombres y está originado, de algún modo remoto por la misma naturaleza corporal del hombre, que pone este límite definitivo a la vida en el presente estado del *homo viator*." Cf. A. Lobato, *El Pensamiento de Santo Tomás de Aquino para el Hombre de Hoy*, op. cit., p. 255.

[40] Santo Tomás de Aquino, *In III Sententiarum*, dist. 21, a. 3. *Summa Theologiæ, Supple.*, q. 75, a. 3, sed contra, "Mors est privatio vitæ.". Y finalmente, *Summa Theologiæ*, III, q. 89, a. 4, in c. "Res viva per mortem perdit operationem vitae."

En el caso del alma humana, y en calidad de la posesión de su propio acto de ser, la corrupción del cuerpo no conlleva la corrupción del alma, aunque esta misma corrupción del cuerpo repugne de una manera especial al alma espiritual. Además, si la muerte o el morir fueran una acción, constituirían una perfección a adquirir por los principios operativos de la naturaleza, en calidad de bien. Y nadie, en su sano juicio, desea morir por morir. La claridad y la constancia que tiene el pensamiento de Santo Tomás de Aquino para atribuir al morir la categoría de la pasión y no la de la acción, se manifiesta incluso en el caso de la muerte de Cristo, el cual había declarado con palabras y con obras que tenía poder para dar su vida y para volver a tomarla.[41]

La distinción tomista entre la muerte *in fieri* y la muerte *in facto esse*, tampoco hace del morir y de la muerte algo activamente realizado por el sujeto, sino algo pasivamente vivido. Puesto que el momento exacto en que se produce la separación de alma y cuerpo es desconocido, las dos expresiones tomistas se refieren a lo sucedido con inmediata anterioridad a ese momento, *in fieri*, y a lo sucedido con posterioridad a ese momento, *in facto esse*. La muerte *in fieri* tiene lugar cuando alguien, mediante alguna pasión bien sea natural, bien violenta, tiende

---

[41] "Quia ergo anima Christi non reppulit a proprio corpore nocumentum illatum, sed voluit quod natura corporalis illi nocumento succumberet, dicitur suam animam posuisse, vel voluntarie mortuus esse." Cf. Santo Tomás de Aquino, *Summa Theologiæ*, III, q. 47, a. 1, in c.

*9.3 La experiencia del morir* 339

hacia la muerte.[42] Y la muerte *in facto esse* tiene lugar cuando ya se ha producido la separación del cuerpo y del alma.[43]

### 9.3.2 La preparación activa para la muerte

Ahora bien, el conocimiento que de la muerte inminente tiene el que ha sufrido una pasión, bien natural, bien violenta, que no le haya hecho perder la conciencia, provoca a su vez en el sujeto la consideración activa de cómo habérsela con ese acontecimiento que en breves instante se aproxima. Si esto sucede cuando a nuestra conciencia se da un presentimiento inminente de nuestro fin, nada impide que el certero conocimiento que todo hombre tiene, ya desde el inicio del uso de razón, del presentimiento, no inminente, pero sí latente, del morir suyo, le lleve a una preparación activa para morir. Solo en este sentido es posible hablar de una actividad y de una acción en el morir. Es decir, en calidad de conocida como acontecimiento inevitable, que ha de suceder en un futuro no muy lejano de mi propia vida, la muerte puede ser asumida de modo activo por el hombre como algo con lo que tiene que enfrentarse, y puede legítimamente hablarse, en este estricto sentido, de una activa preparación para la muerte.[44] Pues nada impide en el sujeto en el que se da el morir por virtud de la potencia pasiva de la materia, la activa preparación para la recepción de la muerte, de su propio morir.

---

[42] "... quando aliquis per aliquam passionem vel naturalem vel violentam, tendit in mortem." Cf. Santo Tomás de Aquino, *Summa Theologiæ*, III, q. 50, a. 6, in c.

[43] "... quando iam facta est separatio corporis et animae." Cf. Santo Tomás de Aquino, *Summa Theologiæ*, III, q. 50, a. 6, in. c.

[44] "En realidad, por tanto, los que de verdad filosofan, Simmias, se ejercitan en morir, y el estar muertos es para estos individuos mínimamente temible." Cf. Platón, *Fedón*, op. cit., 67e.

Si en el ejemplo que se ponía antes, tomado de Millán-Puelles, para explicar la distinción real entre acción y pasión, se decía que en todo proceso de recepción en el aprendizaje era requerido por parte del sujeto una actividad que capacite la recepción, de igual modo el morir como pasión requiere, por parte del sujeto, la acción preparatoria del sucederse de su muerte.[45]

De manera que, a partir de un genérico acercamiento al acontecimiento de la muerte, el teórico que pretende elaborar una reflexión filosófica sobre ella, descubre tres tesis que conforman el posterior desarrollo de la misma:

1. El morir es incuestionablemente una pasión en su más estricto sentido metafísico sobre la cual, la persona no tiene ninguna potestad.[46]

2. El morir se presenta como una pasión drástica para la persona en tanto se constituye como el fin de su vida cor-

---

[45] "Pero esto que tienen de verdad, no ha de servir para ocultar y callarse lo otro: a saber, que el hombre, mientras va desgranando la vida, está elaborándose la muerte; que ésta cae como una fruta madura; que empezamos a morir cuando apenas acabamos de nacer, que esta vida mortal se va desviviendo desde dentro y por sí misma y que la muerte termina nuestra existencia en el mundo, sin que pueda esperarse otra cosa." Cf. J. Pieper, *Muerte e Inmortalidad*, op. cit., p. 41.

[46] "El silencio del Angélico en torno al tema de la muerte como acción no es olvido, ni consideración parcial del tema, sino consecuencia de concebir las relaciones alma-cuerpo no como accidentales, sino como esenciales." Cf. L. F. Mateo Seco, "Muerte y Pecado Original en la Doctrina de Santo Tomás de Aquino", publicado en *Veritas et Sapientia en el VII Centenario de Santo Tomás de Aquino*, Eunsa, Pamplona, 1975, p. 287.

## 9.3 La experiencia del morir

poral.⁴⁷ Con la muerte, 'se le roba al hombre lo más digno de ser amado: la vida y el ser.'⁴⁸

3. El morir, como un suceso inevitable y drástico, es asumido de modo consciente por el hombre como un activo prepararse para la muerte; no necesariamente se da esta conciencia activa de prepararse solo en el estado de un presentimiento *inminente* de su muerte; pero sí se presenta como incompatible el activo prepararse de modo consciente con el efectivo e instantáneo sucederse del morir. Y no porque la conciencia cesa en el instante del morir, sino porque en ese instante ya no hay posibilidad de movimiento de la potencia al acto en la facultad de entender. El *último* acto consciente de nuestra vida, además, no tiene porqué estar orientado a ese activo prepararse para la muerte, pues por la intensidad del dolor provocado por la enfermedad mortal, por ejemplo, el último acto de nuestra vida consciente puede estar orientado hacia lo insoportable que resulta el padecimiento corporal. El activo prepararse para la muerte puede concluir con una decisión firmemente tomada con anterioridad temporal al morir, y simplemente puesta en evidencia en los conscientes momentos finales de nuestra vida corporal. De hecho, para muchos moribundos, los momentos finales de su vida se caracterizan por vivirlos de un modo inconsciente, lo que los médicos llaman, en estado vegetal, y para otros, los momentos finales de su

---

[47] "De entre todas las desgracias humanas, la muerte es la mayor de ellas." Cf. Santo Tomás de Aquino, *Compendio de Teología*, Rialp, Madrid, 1982, 1, 227, n. 477.

[48] Santo Tomás de Aquino, *Quaestiones Disputatae de Veritate*, q. 26, a. 6, ad. 8.

vida coinciden con los inconscientes momentos iniciales de ella, como sucede en los no nacidos.

Es necesario resaltar que la conciencia sobre el carácter pasivo (inevitable) y drástico (fin de nuestra vida corporal) puede producirse, aunque de modo confuso, en los inicios de nuestro uso de razón, y adquirir plena y sistemática conciencia de esos mismos caracteres en los momentos de desarrollo intelectual no inminentemente cercanos a nuestra muerte, y que este activo prepararse cesa en el instante del morir, para distinguir esta postura de aquellas otras visiones modernas de la muerte, aglutinadas con el nombre de la *opción final*, que, junto al hecho de considerarla como una pasión inevitable, estiman que se da, siempre de modo concomitante, un acto —el supremo acto personal de nuestra vida—, en el instante final del morir, en el cual acto, el hombre realizaría la primera elección ontológicamente libre de su existencia.[49] La activa preparación para morir supone el ejercicio de nuestra conciencia y la capacidad que ésta tiene para reflexionar sobre sus actos previos y, en la medida en que le sea posible reflexionar, sobre los actos inmediatamente previos al morir; mientas que la simultaneidad que se pretende

---

[49] "El lugar ónticamente privilegiado de concienciación y libertad." Cf. L. Boros, *El Hombre y su Última Opción. Mysterium Mortis*, Paulinas, Madrid, 1972, p. 17. El estudio y la obra del teólogo L. Boros está intelectualmente en deuda con el pensamiento de K. Rahner, *Sentido Teológico de la Muerte*, op. cit. Otros autores que defiende esta teoría de la decisión final en el instante de la muerte, Palémon Glorieux, "In Hora Mortis", *Mélanges de Science Religieuse*, 6, 1949; del mismo autor, "Endurcissement Final et Grâces Dernières", *Nouvelle Revue Théologique*, 59, (1932); L. Roure, "Le Décisif Passage à la lumière de quelques faits", *Études*, 1928; E. Mersch, *La Théologie du Corps Mystique*, Paris, 1944.

## 9.3 La experiencia del morir

al establecer la pasión de la muerte con la acción del 'primer acto plenamente personal', es simplemente una hipótesis que no tiene forma de ser contrastada con los materiales que la experiencia del fenómeno de la muerte nos presenta. Por supuesto que si el alma es inmortal, la actividad de la conciencia no cesa con la muerte. Lo que con la muerte, en el instante del morir, cesa es la posibilidad de que nuestro entendimiento pase de la potencia al acto y realice el 'primer acto plenamente personal'. Antes del morir como pasión, la conciencia en su ejercicio puede tomar una decisión mientras tenga tiempo. El instante de la muerte no da opción a que a partir de él, el alma pueda realizar un acto de decisión personal, por la implacable razón de que ya no queda tiempo, metafísicamente hablando.

Por su parte, J. Pieper no logra discernir en su estudio si la actividad personal que está unida al acontecimiento de la muerte se da simultánea o es previa al morir, pero de sus palabras más bien parece querer tender una mano hacia la postura sostenida por Rahner y por Boros, al presentar su pensamiento con cierta ambigüedad terminológica:

> "Pero en la muerte humana, a la vez que este suceso objetivo de la separación del alma y del cuerpo, ocurre también otra cosa, que no se sabe si está comprendida en ella, si le está al lado o por encima, que no es puramente un fenómeno natural, procedente de la decisión del sujeto. Podría decirse que este final del hombre no solamente sucede, sino que es ejercido por el mismo hombre; y en tal momento este hombre no hace de pedazo de la naturaleza, no es un 'qué' pasivo, sino un quién, un sujeto, un alguien, es decir, una persona espiritual; y esto quiere decir un ser que, además de estar capacitado y destinado para

una libre decisión, en este caso puede tomarla, pero no evitarla."[50]

No obstante, en este mismo estudio deja bien en claro el carácter pasivo del morir, como algo de lo que no se puede dudar, puesto que 'no somos nosotros, es decir, ni la propia voluntad ni un yo autónomo quien puede disponer o llevar a cabo la separación del alma y del cuerpo. Sería tan carente de sentido como imaginarnos capaces de evitar una tal separación.'[51] Pero el autor está convencido —probablemente por un acto de fe subjetivo, ya que la razón y la ausencia de conciencia en el instante del morir, lo que el mismo Pieper llama *carencia de material en la experiencia del instante final*, guardan un respetuoso silencio sobre este asunto[52]—, de que la 'tesis que defiende que en la muerte hay que afrontar y que de hecho se afronta una decisión definitiva, contiene una verdad incontrovertible.'[53]

---

[50] J. Pieper, *Muerte e Inmortalidad*, op. cit., p. 131.

[51] J. Pieper, *Muerte e Inmortalidad*, op. cit., p. 130.

[52] "Ahora bien, no hay nadie que lo pueda decir por experiencia, que pueda saber de primera mano lo que en la muerte sucede, a no ser, quizás, el mismo moribundo. Y esta experiencia, según la naturaleza misma de la cosa, es algo de lo que no puede hacerse partícipes a los demás." Cf. J. Pieper, *Muerte e Inmortalidad*, op. cit., p. 22.

[53] J. Pieper, *Muerte e Inmortalidad*, op. cit., p. 137. Y más adelante, ya sin ninguna ambigüedad: "Y no podemos menos de dar la razón a la teología francesa, cuando dice que esta forma de entender la muerte es la interpretación 'más digna' de este momento, tanto para el hombre como para Dios, porque no permite que ni siquiera se nos ocurra pensar que el hombre es atropellado en su última hora, sin darle ocasión de decidirse libremente." Ibidem, p. 128. Nos da la impresión que J. Pieper se deja seducir por lo que certeramente A. Gálvez ha denunciado como *Teologías de la Bondad*, que se caracterizan por la defensa de 'que el infierno es una mera posibilidad real, del llamado cristianismo anónimo y de la salvación de todos.' Cf. A. Gálvez,

## 9.3 La experiencia del morir

Por otro lado, las reflexiones llevadas a cabo por M. Sciacca, sobre el instante de la muerte, y la conciencia que en ese momento el hombre puede tener, sustentan una teoría activa del instante final de nuestra muerte, similar a la posición que aquí se ha sostenido sobre el activo prepararse para la muerte en la medida en que su expresión *al término de su vida* no signifique el instante mismo de la muerte. Según se desprende de sus consideraciones, el espíritu del hombre, que es conciencia, en el momento del mismo instante de la muerte, se sale del tiempo, de modo que el morir, en sí mismo considerado es un evento que marca el fin temporal del hombre, mientras que el acto de morir, está fuera del tiempo y se constituye solamente como un punto metafísico. El ser humano, "al término de su vida (en cualquier momento de ella) se encuentra con el volumen de todo su pasado y con un presente que, de un momento a otro, puede llegar a ser el realizarse, en el instante, de la última posibilidad de futuro que le queda, es decir, de aquel acto de vida que es su muerte. En este punto (que no es una situación psicológica sino metafísica) el volumen del pasado se hace todo presente y cesa el volumen del futuro temporal. El instante de la muerte es la presencia de todo el pasado y la nada del futuro temporal."[54] No hay, no la puede haber, conciencia (reflexión) del instante mismo de la muerte, porque de haberla, no sería

---

*El Amigo Inoportuno*, op. cit., p. 91. Estas Teologías de la Bondad han sido rápidamente aceptadas por el hecho de que se desea la felicidad a ser posible sin esfuerzo, porque parecen acomodarse a una bondad divina que quiere que todos los hombre se salven, y otras razones más; pero "tropiezan con una dificultad tan grave que es más que suficiente para descalificarlas: no se ajustan a la verdad." Ibidem, p. 94.

[54] M. F. Sciacca, *Qué es la Inmortalidad*, Editorial Columba, Buenos Aires, 1959, p. 25.

el instante mismo de la muerte. El morir es una pasión según el cuadro de las categorías aristotélicas, y cualquier conciencia sobre la muerte previa a ella está catalogada dentro del activo prepararse para la muerte.

### 9.3.3 Persona, ser capaz de morir

Restan dos últimas consideraciones, una relativa al morir como pasión y la otra relativa a la activa intervención de la persona para preparar el inevitable acontecimiento del fin de su existencia corporal. La primera es de índole metafísica y la segunda ofrece una tipología general, extraída de la misma experiencia, acerca de los distintos modos de *habérselas con la muerte* que tienen los hombres.

La consideración de índole metafísica es la que nos lleva a reflexionar sobre la tesis, ya afirmada aquí, de la prioridad ontológica de la potencia activa sobre la pasiva, y su correlativa —la subordinación de la potencia pasiva a una potencia activa— pues la existencia de un potencia pasiva requiere depositarse, para ser, sobre la existencia de una potencia activa.[55] Hemos dicho que la muerte es un acontecimiento que sucede en virtud de la potencialidad de la materia y la corrupción que en el morir se recibe es la que viene determinada por la índole material de nuestro cuerpo. Para que la pasión del morir, que recibe el cuerpo animado de un ente, pueda alcanzar también

---

[55] "Inter actum autem et potentiam talis est ordo quod, licet in uno et eodem quod quandoque est potentia quandoque actu, potentia sit prior tempore quam actus, licet actus sit prior natura; tamen, simpliciter loquendo, oportet actum potentia priorem esse; quod patet ex hoc, quod potentia non reducitur in actum nisi per ens actu." Cf. Santo Tomás de Aquino, *Summa contra Gentiles*, II, 16.

## 9.3 La experiencia del morir

a la potencia activa que sustenta ese poder recibir, ha de ser la propia de un ente cuyo acto de ser, aunque dado en la forma, esté indisolublemente unido al compuesto de materia y forma, como sucede en el caso de los animales irracionales y de las plantas, pues al destruirse el compuesto, se pierde también el acto de ser participado, y la nueva forma educida de la materia, otorga al nuevo ente su propio y exclusivo acto de ser. Pero si se diera el caso que el acto de ser en un ente fuera ontológicamente el de la forma, es decir, que ésta tuviera el ser por sí misma, y ésta hiciera partícipe de ese acto de ser a la materia con la que se une para formar un ente sustancial individual, la pasión ejercida sobre la potencia pasiva de la materia, afectando y separando la unión del compuesto, no alcanzaría en absoluto a la potencia activa última en la que, en definitiva, se sustenta cualquier otra potencia que respecto de ella se comporta como pasiva, a saber, el acto de ser participado, del que es poseído la propia forma. Y éste, y no otro, es el específico y único caso de la criatura humana.[56] El ser del alma, es hecho partícipe al cuerpo con el que se une para formar el ser humano, de manera que perecido el cuerpo, la forma de este cuerpo no perece puesto que su ser, sencillamente, sigue siendo. Con esta demostración, Santo Tomás alcanza el nivel más profundo de la metafísica.

---

[56] "Manifestum est autem quod esse per se consequitur formam: ununquodque enim habet esse secundum propriam formam. Unde esse a forma nullo modo separari potest. Corrumpuntur igitur composita ex materia et forma per hoc quod amittunt formam ad quam consequitur esse; ipsa autem forma per se corrumpi non potest; set per accidens, corrupto composito, corrumpitur in quantum deficit esse compositi quod est per formam, si forma sit talis que non sit habens esse, set si solum quo compositum est. Si igitur sit aliqua forma que sit habens esse, necesse est illam forma incorruptibilem esse." Cf. Santo Tomás de Aquino, *Quaestiones Disputatae de Anima*, q. 14, resp.

La tipología sobre los distintos modos de *habérselas con la muerte* presenta, como dato fundamental, la íntima conexión que existe entre el particular modo de habérselas con ella y la posición del fin último que cada hombre se propone. El dicho popular, *como es la vida de un hombre, así es su muerte*, no hace sino ofrecerle a la reflexión filosófica el camino para estudiar la conexión que se da entre el fin último de la vida humana y el fin último de nuestra vida corporal. Y precisamente porque la muerte tiene este específico carácter de conclusión del vivir material, afecta de modo directo a la determinación que del último fin objetivo se puede proponer el hombre. De manera que, atendiendo a la clasificación de los fines últimos, así se dividen también los modos de habérselas y de prepararse activamente para la muerte:

1. La del hombre desesperado que no encuentra sentido alguno a la vida y, en su desesperación, decide libre y voluntariamente provocar el acontecimiento de su muerte. Hay que decir que a esta desesperación ha conducido gran parte de la filosofía existencialista, especialmente en la versión del filósofo francés J. P. Sartre.

2. La del hombre hedonista que, no encontrando sentido a la vida más allá del que puede ofrecer lo puramente material, hace coincidir el fin último de su vida con el fin corporal de ella, y la muerte no es sino una cesación total del ser del hombre.[57]

---

[57] "La muerte es algo que no nos afecta porque mientras vivimos, no hay muerte; y cuando la muerte está ahí, no estamos nosotros. Por consiguiente, la muerte es algo que no tiene que ver nada ni con los vivos ni con los muertos." Cf. Epicuro, en Diógenes Laercio, *Vidas Paralelas*, Espasa-Calpe, Madrid, 1975, vol. X, p. 124.

*9.3 La experiencia del morir* 349

3. La del hombre altruista cuyo fin es la gloria, capaz de ofrecer su vida para ser recordado, y de 'arrostrar todos los peligros, a gastar su dinero, a soportar cualquier tipo de fatiga y a dar su vida'[58] para alcanzar una fama inmortal.

4. La del hombre platónico cuyo fin último no es de índole material, sino exclusivamente espiritual, y el fin de la vida corporal constituye una especie de liberación ansiada que en nada afecta a lo que él mismo es. Así debe estar confiado 'todo hombre que en su vida ha enviado a paseo los demás placeres del cuerpo y sus adornos, considerando que eran ajenos y que debía oponerse a ellos, mientras que se afanó por los del aprender, y tras adornar su alma no con un adorno ajeno, sino con el propio de ella, con la prudencia, la justicia, el valor, la libertad y la verdad, así aguarda el viaje hacia el Hades, como dispuesto a marchar en cuanto el destino lo llame.'[59] Es decir, todas aquellas corrientes que, de algún modo, están directamente influenciadas por la antropología platónica.

5. La del hombre religioso, que se prepara activamente a la recepción de su muerte con la conciencia de que ésta va a suponer la pérdida irreparable de una parte esencial de él; y, con esa conciencia, acude a la fe, y la esperanza

---

[58] "Por esto, aún más que por sus hijos, están dispuestos a arrostrar todos los peligros, a gastar su dinero, a soportar cualquier tipo de fatiga y a dar su vida. Pues, ¿crees tú —dijo— que Alcestis hubiera muerto por Admeto o que Aquiles hubiera seguido en su muerte a Patroclo o que vuestro Codro se hubiera adelantado a morir por el reinado de sus hijos, si no hubiera creído que iba a quedar de ellos el recuerdo inmortal que ahora tenemos por su virtud?" Cf. Platón, *Banquete*, op. cit., 208cd.

[59] Platón, *Fedón*, op. cit., 144e-115a.

que ésta proporciona, para superar ese instante final de su acontecer material y recuperar lo perdido.

6. La del hombre enamorado cuyo fin último se concreta en la actividad amorosa, y el morir, si es necesario, es libremente aceptado por amor. La pluralidad de ocasiones que la experiencia ofrece para establecer este determinado modo de habérselas con la muerte obliga a presentarlo, independientemente de la concepción que del más allá tenga el que así ha determinado su fin último, como uno de los modos más representativos de esta activa preparación para la muerte.

En definitiva, de este último análisis realizado al fenómeno del morir, tanto desde el punto de vista del mismo fenómeno del morir en sí mismo considerado, es decir, del sentido pasivo del morir, como de la consciente preparación para la recepción de la muerte, es decir del sentido activo de la muerte, la teoría filosófica sobre la muerte extrae dos tesis más que se unen a las anteriormente propuestas. La primera consiste en sostener que por drástico e inevitable que sea el carácter pasivo de la muerte, en el caso del hombre, su núcleo ontológico de ser, y la forma a la que este acto de ser hace que sea, permanece intacto, convirtiendo esa potencia activa de ser en potencia capaz de morir; la segunda, que el modo de habérselas con la muerte está estrechamente unido al modo de habérselas con la vida, y que el fin de nuestra vida corporal queda asumido en el fin objetivo de nuestra vida personal.

# 10

# EL PENSAMIENTO DE A. GÁLVEZ

## 10.1 La ausencia de Aristóteles

Tres teorías sobre la persona, el fin último del hombre, el alma inmortal, el amor y la muerte, van a ser analizadas en esta última parte. La primera pertenece con propiedad a un estudio teológico cuya importancia ya ha sido destacada aquí en páginas anteriores,[1] y se desprende de las consideraciones que A. Gálvez realiza sobre el Amor Divino. Las reflexiones efectuadas en los dos capítulos previos —"Prenotandos" y "Amar y Morir"— han ofrecido ya las bases, tanto fenomenológicas como metafísicas, sobre las que se elabora esta peculiar teoría sobre el amor personal. Por ser ésta la teoría con la que se van a contrastar las otras dos, la expondremos con más detenimiento en este décimo capítulo. La segunda teoría pertenece a Platón, y ha sido ampliamente tratada en la parte dedicada a él, pero es necesario

---

[1] En el epígrafe 'La actualidad de la cuestión', del capítulo II de la Parte I.

elaborar ahora su síntesis y contrastar su posición con lo aquí mantenido. La última teoría es la de Santo Tomás de Aquino, y se dedica prioritariamente a tratar la repercusión que tienen estos conceptos antropológicos con su declarada y problemática afirmación en virtud de la cual el alma separada no tiene estatuto ontológico de persona. Afirmación que, en nuestra opinión, hace tambalear la así denominada síntesis tomista entre ética, antropología y metafísica.[2]

De una manera consciente se ha prescindido, en este trabajo, de las reflexiones que, en torno a la síntesis de la metafísica con la ética y la antropología, sucedieron desde Platón hasta Santo Tomás de Aquino. Y no solo se dejan de lado aquellos sistemas que fueron de indudable trascendencia para toda la filosofía, —y también para nuestra Filosofía Cristiana—, como puede ser el de Aristóteles, de una fuerza mayor que el pensamiento platónico, o como podría ser el de San Agustín, de singular importancia en el específico campo de la Filosofía Cristiana; sino también los sucesivos intentos de síntesis de aquellos otros filósofos que hubieran destacado mucho más de no haber existido Aristóteles o San Agustín, como es el caso de Plotino, Avicena, Averroes o San Buenaventura, por citar unos pocos nada más.

En realidad, no existe ninguna razón lógica para haberlo hecho de este modo, pues la filosofía requiere de un conocimiento exhaustivo y cuanto más se profundiza en los textos de cada pensador, mayor criterio hay para extraer de ellos lo que para sus autores fue la filosofía; y una cabal y más certera imagen

---

[2] Entre otros ejemplos que se podrían dar, una de las obras que habla precisamente de esta síntesis, se la debemos a R. Garrigou-Lagrange, O. P., *La Síntesis Tomista*, Ediciones Desclée de Brouwer, Buenos Aires, 1946.

## 10.1 La ausencia de Aristóteles

se forma, en nuestra mente, de cada filósofo y de la unidad que preside la experiencia que hizo posible la existencia de una Filosofía Cristiana. La filosofía es siempre un esfuerzo de síntesis, de recoger lo múltiple en la unidad, a fin de volver de nuevo hacia lo múltiple con la unidad conseguida; de adquirir y conquistar la causa final de lo real, que no es sino su causa primera también; de traspasar con nuestro entendimiento la innumerable entrega de material, que nuestros sentidos nos proporcionan, para alcanzar el fundamento de lo real; de contemplación incesante de la verdad que siempre es capaz de conducirnos a otras verdades o llegar a niveles más profundos de ella; de descubrir en la historia del pensamiento esa verdad que es independiente del mismo conocimiento que la descubre; e histórica y sistemáticamente es mejor conocer todo que conocer solo una parte de lo que se ha manifestado en relación al fundamento de lo real.

El *inicio radical* en Filosofía, con olvido de toda la fuerza contenida en la tradición, a parte de ser un peligro en el origen, de hecho no ha sido posible. Ni siquiera Descartes, que en un sentido bien entendido, ha sido 'el padre de la filosofía moderna' y del *radical inicio* del Cogito, —el que con su duda metódica abandona todo el peso de la tradición—, puede entenderse sin el conocimiento de toda la escolástica formalista en la que deriva el pensamiento tras la muerte de Santo Tomás de Aquino. La reducción del acto de ser tomista a una forma o accidente de la esencia preparó el camino para el advenimiento de la filosofía de Descartes. De ahí que no se pueda hablar de un *inicio radical*, sin conexión con el pasado, pero sí de un *radical inicio*, en cuanto que la voluntad impera al entendimiento para que un determinado juicio, sin la propiedad de ser principio primero evidente *per se*, se convierta en el fundamento del filosofar: *Cogito, ergo sum*. Tampoco Heidegger ha podido comenzar radicalmente en metafísica, a pesar de su fuerte ataque a la filosofía antigua ante el oscurecimiento sobre la pregunta del ser, ya desde los tiempos de los griegos. La dependencia de su pensamiento con respecto a lo mantenido por Kant en relación a la metafísica no deja de manifestarse en sus obras. Aunque a decir verdad con respecto al peso de la tradición, y siendo muy indulgentes en nuestra expresión, Heidegger, efectivamente no tenía un profundo conocimiento de la metafísica tomista. De haberlo tenido, no hubiera escrito su obra *Ser y Tiempo*. De haberlo tenido, hubiera podido escapar de las redes del idealismo kantiano.

La razón de ser imposible un *inicio radical* viene dada al mostrarse evidente que el descubrimiento de la verdad y del ser, en la filosofía, es procesual, y la inagotable riqueza de la realidad se ve progresivamente descubierta en su intimidad, por el quehacer de la filosofía que investiga, en la unidad de la misma experiencia filosófica.[3] Una intimidad en lo real, que en su núcleo genuino, no perderá su carácter incognoscible mientras que sea el entendimiento humano el encargado de investigar. Solo Dios conoce las cosas como son en virtud de que las cosas son como Él las conoce. O como decía Santo Tomás, nunca conoceremos las esencias de las cosas tal y como las conoce Dios.

En este sentido, la tradición tiene su importancia a la hora de analizar cada problema filosófico. La verdad no es histórica pero sí es histórico el modo progresivo de alcanzarla. Santo Tomás usa la expresión latina *per longum tempus* para referirse a este proceso de profundización en la conquista de la verdad. Y

---

[3] Étienne Gilson, *La Unidad de la Experiencia Filosófica*, Rialp, Madrid, 2004.

## 10.1 La ausencia de Aristóteles

si el ser es inagotable e insondable, la verdad, que es un trascendental del ser, —como el bien, como la belleza—, también es inagotable e insondable; y nuestro entendimiento, capacitado para conocer la verdad de un modo imperfecto y por pasos, intenta apresar pequeñas zonas del ser mediante conceptos adecuados, y mediante juicios que con ellos se realizan, cuya verdad, siendo verdad participada, no es ni toda la verdad del ser, y menos aún, todo el Ser de la Verdad.[4] La Filosofía Cristiana, que adquiere su esplendor con Santo Tomás de Aquino, ha sabido respetar este modo de alcanzar la verdad por parte de nuestro entendimiento, al mantener un diálogo con la verdad transmitida en la reflexión filosófica de Grecia, especialmente con lo conseguido por Platón y por Aristóteles; y, por supuesto, un diálogo con la verdad adquirida por los primeros pensadores cristianos, particularmente San Agustín. ¿Cómo no va a resultar evidente que el estudio pormenorizado, paso a paso, de lo que cada autor recibió y transmitió, en ese largo periodo que va desde la filosofía antigua a la medieval, podría proporcionar al investigador una diáfana comprensión de la trayectoria que siguieron aquellas dos líneas de acceso al alma, la del conocimiento y la de eros, y las nuevas esferas del ser que alcanzaron los filósofos al profundizar sobre ellas?

Por lo tanto, el motivo por el que se abstrae aquí voluntariamente de las consideraciones realizadas en algunos sistemas filosóficos es de tiempo y espacio. No obstante, puesto que nos vamos a centrar en Platón y Santo Tomás de Aquino, contras-

---

[4] "Ha de tenerse en cuenta que, aunque el ser creado es siempre finito y limitado, la exhaustiva profundidad del esplendor de su esencia es inasequible a la percepción del espíritu humano; lo que se convierte en algo metafísicamente imposible cuando se trata del Ser infinito." Cf. A. Gálvez, *Comentarios al Cantar de los Cantares*, op. cit. vol. II, p. 352.

tando sus reflexiones con una teoría del amor y de la persona que se extrae del pensamiento de A. Gálvez, es justo que precisemos brevemente porqué hemos preferido a Platón y hemos dejado a Aristóteles, siendo que, para la metafísica, la ética y la antropología de índole cristiana, las reflexiones del discípulo tuvieron más trascendencia que las del maestro.

El primer motivo viene por el objetivo principal de nuestro estudio, a saber, demostrar que el alma sigue siendo persona después de la muerte. La claridad del pensamiento platónico sobre la inmaterialidad del alma brilla sobre el pensamiento de su discípulo, en este tema, al ser manifiesto la dificultad que conlleva en la filosofía aristotélica encontrar argumentos específicos en pro de la inmortalidad del alma, dificultad que generó la controversia sobre la existencia de un Entendimiento Agente Separado (Avicena) o de un Entendimiento Posible Separado (Averroes); y esta polémica hunde sus raíces, precisamente, en cierta ambigüedad dada en los textos aristotélicos, en concreto en el libro III, capítulo 5 de su obra *De Anima*.[5] De hecho, una de las razones principales del rechazo a Aristóteles, en el inicio de la reflexión racional que trajo el Cristianismo, se debió a esta

---

[5] "Así pues, existe un intelecto que es capaz de llegar a ser todas las cosas y otro capaz de hacerlas todas; este último es a manera de una disposición habitual como, por ejemplo, la luz: también la luz hace en cierto modo de los colores en potencia colores en acto. Y tal intelecto es separable, sin mezcla e impasible, siendo como es acto por su propia entidad... Una vez separado es solo aquello que en realidad es y únicamente esto es inmortal y eterno. Nosotros, sin embargo, no somos capaces de recordarlo, porque tal principio es impasible, mientras que el intelecto pasivo es corruptible y sin él nada intelige." Cf. Aristóteles, *Acerca del Alma*, op. cit., libr. III, cap. 5.

## 10.1 La ausencia de Aristóteles

ambiguedad antropológica.[6] La interpretación que de este texto aristotélico hace Gilson es la siguiente:

> "Es un punto capital sobre el cual Aristóteles nos deja sin contestación. Todo nos lleva a creer que, en su mente, el hombre no es sino la unión de su alma y del cuerpo cuya forma es, y que ese intelecto de que habla es otra substancia intelectual, en contacto y comunicación con nuestra alma, separada de nuestro cuerpo por el hecho mismo de que no entra en la composición de nuestra individualidad concreta, inmortal por consiguiente, pero de una inmortalidad que es suya y no nuestra."[7]

Bien es verdad que la interpretación que hace Santo Tomás de Aquino a este texto aristotélico expresa con claridad que la intención de Aristóteles es hablar de las partes del alma, y no de lo que se constituye como substancia separada. Ni Avicena ni Averroes, según Santo Tomás, expresaron la intención del Filósofo de Estagira, pues "es manifiesto que esta posición (el intelecto posible como substancia separada) va contra la intención del

---

[6] "Para el filósofo que se inspira en Aristóteles, la unidad substancial del hombre no provocará jamás ninguna dificultad, pues el cuerpo y el alma no son dos substancias, sino los dos elementos inseparables de una sola y misma substancia. Se concibe fácilmente que los filósofos cristianos... se sintieran tranquilizados por esta solución del problema. Inversamente, era difícil conceder a Aristóteles que el alma es la forma del cuerpo sin aceptar al mismo tiempo las consecuencias que derivan necesariamente de este principio. Ahora bien: ocurre que, como en el caso de Platón, algunas de estas consecuencias son inquietantes para un filósofo cristiano... No se puede seguir a Aristóteles en su demostración de la unidad del hombre sin poner en peligro, con la substancialidad del alma, su inmortalidad." Cf. Étienne Gilson, *El Espíritu de la Filosofía Medieval*, op. cit., p. 184.

[7] Étienne Gilson, *El Espíritu de la Filosofía Medieval*, op. cit., p. 185.

Filósofo. En primer lugar, porque el Filósofo investiga aquí las partes del alma. De esa forma empieza el tratado. De donde es manifiesto que el intelecto posible es una parte del alma, y no una substancia separada".[8]

Y el segundo motivo radica en un hecho incuestionable. Para los historiadores del Tomismo, reconocer la enorme influencia aristotélica no ha tenido ninguna dificultad, pues el mismo Santo Tomás de Aquino lo manifiesta constantemente con obras y palabras. Y en realidad, estudiar a Santo Tomás de Aquino es recibir directa e indirectamente, con clara y respetuosa distinción, el original pensamiento de Aristóteles junto a la singular posición de la metafísica tomista. La doctrina del alma como forma del cuerpo, por ejemplo, es netamente aristotélica, y su recepción tomista no varía, en nada, lo mantenido por el 'Filósofo' (como Santo Tomás acostumbraba a llamarlo para respetar el pensar propio de Aristóteles). Leer a Santo Tomás de Aquino es conocer el prístino pensamiento de Aristóteles además de la superación de su pensamiento por el Doctor Angélico. Sin embargo, la influencia que el platonismo tuvo en la formación del sistema tomista no ha sido siempre considerada en toda su magnitud por los historiadores, ni siquiera por el mismo Santo Tomás de Aquino, quien recibe esta influencia bajo el peso del pensamiento agustiniano y aviceniano, y atribuye a Aristóteles, por ejemplo, en el tema del fin último del hombre, una concepción que, en realidad, es genuinamente

---

[8] "Manifestum etiam est quod haec positio contra intentionem Philosophi est. Et primo quidem, quia Philosophus hic inquirit de parte animae. Sic enim hunc tractatum incipit. Unde manifestum est quod intellectus possibilis pars animae est, et non substantia separata." Cf. Sancti Thomae De Aquino, *Opera Omnia Iussu Leonis XIII P. M. Edita*, t. 45/1: Sentencia libri De anima, Commissio Leonina-J. Vrin, Roma-Paris, 1984. Lb. 3 l. 7 n. 26

platónica, a saber, la actividad contemplativa de nuestro entendimiento independiente de la aportación de los sentidos.[9] El capítulo X de la *Ética a Nicómaco*, de tanta trascendencia en la filosofía medieval, acerca, mas aún de lo que Santo Tomás de Aquino podía imaginarse, a Platón con Aristóteles y a Platón con Santo Tomás de Aquino.

## 10.2 Una teoría sobre el amar y el morir

Al hablar del segundo trasfondo del *Banquete* se decía que la actualidad de la cuestión que versa sobre el amor, la persona, la inmortalidad del alma y el fin último del hombre, había adquirido una especial consideración a raíz de la publicación de unos *Comentarios al Cantar de los Cantares*, en donde estos temas eran estudiados, principalmente, desde la perspectiva de la Revelación cristiana y del Amor divino y, secundariamente, desde el análisis del amor simplemente humano; y ambas perspectivas se presentan en una *armonía preestablecida*, propia, por lo demás, de un estudio que acepta la *analogia entis* como principio de la realidad y del conocimiento que de ella tenemos.[10]

---

[9] La severidad con la que Santo Tomás, en general, trata a Platón contrasta con la comprensión que suele tener para con Aristóteles. Un caso concreto, por ejemplo, es el tema de la providencia y el conocimiento que Dios puede tener de lo singular, que ni Platón ni Aristóteles trataron, pero aquél es objeto de una justa y no menos severa crítica por parte de Santo Tomás, y éste simplemente es justificado en el sentido de que en sus textos nada indica que Dios no pueda conocer lo singular: "Santo Tomás se muestra aquí más severo que de costumbre hacia Platón." Cf. Étienne Gilson, *El Espíritu de la Filosofía Medieval*, op. cit., p. 167, n. 33.

[10] "El amor increado debe servir como punto de referencia para explicar el amor creado, puesto que al fin y al cabo el segundo es una participación del primero. Pero, aunque la analogía sea en este caso tan perfecta, dado que

Lo que una antropología filosófica de índole cristiana puede extraer de las reflexiones que A. Gálvez hace en estos comentarios al Amor, son solo aquellas consideraciones que pertenecen al campo de la estricta razón, aunque en su obra estén siempre presididas e iluminadas por el trasfondo de lo revelado en el Nuevo Testamento. Además, al igual que sucedía con el concepto de persona, cuya adquisición para la antropología filosófica fue motivada por las precisiones conceptuales que mantuvieron la pureza del dogma trinitario y cristológico, las novedosas consideraciones que se hacen en esta obra, en torno principalmente al concepto del amor y de la persona, surgen también en total dependencia de la reflexión sobre Cristo y el Misterio Trinitario. La constante alusión al Amor Personal del Espíritu Santo que se da entre la Persona del Padre y la Persona del Hijo para iluminar el amor divino-humano, y con él, también el amor simplemente humano, manifiesta la perspectiva fundamental trinitaria del estudio que realiza A. Gálvez.[11] Desde esta perspectiva teológica de la fe, es totalmente congruente el au-

---

es su mismo Amor el que Dios ha puesto en el corazón del hombre (Ro 5:5; Jn 17:26; etc.), hay que evitar confundir el uno con el otro." Cf. A. Gálvez, *Comentarios al Cantar de los Cantares*, op. cit., vol. I, p. 114, n. 22.

[11] "Quizá sea necesario acercarse a este misterio teniendo presente que el Amor, que se identifica con el Ser infinito y con el Sumo Bien, es un Ser personal en el que se dan, además, pluralidad de personas, sin que eso sea obstáculo a la perfecta simplicidad y a la absoluta unicidad de su esencia." Cf. A. Gálvez, *Comentarios al Cantar de los Cantares*, vol., I, op. cit., p. 112. Y en el cap. III de su primer volumen cuyo título es "El Beso de Amor u 'Osculum Suavissimum' ", afirma: "El *osculum suavissimum* con el que, en el seno del Amor Perfecto, el Padre y el Hijo sellan mutuamente su amor, es el Espíritu Santo. De este modo, en el Ser único e infinito de la Trinidad, el Espíritu Santo es algo así como el Amor mismo, o Aquél por el que los tres (los dos Amantes y *su Amor*) son una sola cosa." p. 55.

## 10.2 Una teoría sobre el amar y el morir

tor, al establecer la analogía entre lo que sucede en el Amor Trinitario y lo que sucede en el amor divino-humano, y, de nuevo, también lo que sucede en el amor puramente humano.[12] Y en cuanto a la reflexión cristológica del tema del amor y de la persona, además de ser una constante de todo el libro, queda patentemente al descubierto en los trascendentales capítulos titulados "Contemplación y Felicidad"[13] y "De la Contemplación y de la Humanidad del Señor",[14] del primer volumen; y "Con Razón eres Amado",[15] del segundo volumen. El siguiente texto, seleccionado entre otros muchos, da ejemplo de la importancia cristológica del tema del amor:

> "Tratar de describir la estructura del amor divino-humano como una mutua y recíproca *corriente o flujo de sentimientos* no es, en modo alguno, defender un ridículo antropomorfismo. Salvada definitivamente la inalterable inmutabilidad de la esencia divina, el hombre puede ya imaginar la realidad de sus relaciones de amor con Dios;

---

[12] "En el Amor perfecto e infinito, las Personas de los Amantes y el Amor con que se aman, si bien son realmente distintos en cuanto Personas —de otro modo el Amor infinito no sería en modo alguno Amor—, constituyen una única esencia o naturaleza, con una sola voluntad y un mismo entendimiento. En el seno de la Trinidad, en efecto, ninguna de las tres Personas es mayor que otra y ninguna de ellas existe antes que otra... El amor divino-humano —el cual puede ser considerado aquí como analogado primero— es una inefable participación en el divino Amor concedida por gracia a la creatura." Cf. A. Gálvez, *Comentarios al Cantar de los Cantares*, vol. II, p. 85-86.

[13] A. Gálvez, *Comentarios al Cantar de los Cantares*, op. cit., vol. I, págs. 243-265.

[14] A. Gálvez, *Comentarios al Cantar de los Cantares*, op. cit., vol. I, págs. 347-386.

[15] A. Gálvez, *Comentarios al Cantar de los Cantares*, op. cit., vol. II, págs. 253-298.

tanto en el plano del concepto como en el del que se refiere a su realización. Algo que en definitiva solamente se hace posible para él gracias a Jesucristo. Pues es justamente a través de la Persona del Verbo hecho Hombre, y solo a través de ella, como le es dado alcanzar al ser humano, mediante una íntima relación de amor, la esencia misma de la divinidad."[16]

La razón que justifica la conveniencia de extraer una teoría filosófica del amor y de la persona a partir de estos *Comentarios*, viene dada por el hecho de que en el desarrollo de ellos, de un modo lógico, se logra enlazar tanto las nociones fundamentales propias de una antropología filosófica de índole cristiana, —alma espiritual, cuerpo, alma como forma de un cuerpo, persona y fin último—, con las dos realidades específicamente humanas, —amar y morir—; realidades éstas de las que se va a hacer uso para contrastar no solo el rigor y la profundidad de dicha antropología como también las deficiencias observadas en alguna parte de la elaboración antropológica del sistema platónico y del sistema tomista que dificultan considerarlos como síntesis completas en el sentido filosófico del concepto.[17]

---

[16] A. Gálvez, *Comentarios al Cantar de los Cantares*, op. cit., vol. II, p. 263.

[17] Dos estudios inéditos sobre el pensamiento que del Amor y de la persona tiene A. Gálvez, han sido realizados por J. A. de Jorge García-Reyes: "El Espíritu Santo y la Polémica sobre la Naturaleza del Amor", Lección Inaugural del Curso 1998, Seminario de San Bernardo; "El Estatuto Metafísico de la Persona", 1994. El mismo autor ha elaborado tres tratados teológicos, *Dios Uno y Trino*, *Cristología* y *Escatología*, incluyendo en ellos, como un elemento esencial, la novedosa persepectiva del Amor Divino que se desprende del pensamiento de A. Gálvez.

## 10.3   La persona: potencia activa de amar

La tesis fundamental sobre la que reposa toda la teoría del amor humano, que se deriva de estos *Comentarios* y que caracteriza la peculiar posición de A. Gálvez, viene expresada en la constante afirmación de que el amor es una relación *eminentemente* personal entre un *yo* y otro *yo*; [18] y si no hay personas que actúen de *yo* y *tú*, no puede existir propiamente hablando el amor como relación ni, por supuesto, el amar como acción:

> "Una vez admitido el hecho de que el amor es una relación personal —eminentemente personal—, bilateral y recíproca, se puede entonces afirmar de antemano que, si la referencia a la persona llegara a difuminarse o a desaparecer, las consecuencias podrían ser bastante graves."[19]

Y otro texto clarísimo, que habla sobre la necesaria condición de persona para que se dé la acción amorosa y la consecutiva relación de amor, es el siguiente:

---

[18] "Así es como el amor, no solamente no implica fusión en un todo, con la pérdida de la personalidad de cualquiera de los amantes, sino que —muy al contrario— se teje sobre el cañamazo de una cierta *oposición*. En él hay dos personas que se enfrentan como un *yo* y un *tú* en reciprocidad..." Cf. A. Gálvez, *Comentarios al Cantar de los Cantares*, op. cit., vol. I, p. 270; "Si Dios es Amor, tiene que haber en él pluralidad de personas, puesto que el amor no es nunca unipersonal, sino que su esencia consiste precisamente en ser el amor de un *yo* a otro *yo* que, a su vez y recíprocamente, se convierten en *tú* y otro *tú*. Este tema va a ser abordado como fundamental en el estudio del amor..." Ibidem, vol. I, p. 16; "... el amor, el cual se realiza siempre en la oposición de dos personas, absolutamente distintas como tales y que por eso mismo pueden tratarse mutuamente de tú y yo." Ibidem, vol. II, p. 33.

[19] A. Gálvez, *Comentarios al Cantar de los Cantares*, op. cit., vol. II, p. 281.

"Como ya se ha dicho repetidamente, es esencial en el amor que cada uno de los amantes mantenga inalterada su condición de persona como tal persona, que es lo que efectivamente sucede en el seno mismo de la Trinidad."[20]

El énfasis puesto en el adverbio *eminentemente*, que caracteriza a la necesidad de que en la relación de amor existan, como sujetos de las mutuas acciones, las personas, distingue la acción amorosa de las otras actividades que también son realizadas por los entes personales. Pues con ello, A. Gálvez quiere expresar, no que la actividad de conocer, o de querer, o de sentir, no sean realizadas en último término por la persona, mediante los principios próximos de operación, como son las facultades; ya que, aunque conozco mediante mi entendimiento, no es mi facultad la que conoce, sino el propio sujeto personal; y aunque quiero un determinado bien mediante mi voluntad, no es la facultad volitiva la que quiere, sino mi propio yo subsistente mediante la facultad de querer.[21] Mas bien, lo que está queriendo significar con el uso de ese adverbio es resaltar qué acción constituye lo específico de un ente individual, a la que está principalmente orientada un sujeto, en virtud de la cual el ente que la realiza es denominado persona. No es el conocimiento lo que determina esencialmente la presencia de un sujeto que en metafísica es llamado persona, ni tampoco el apetito racional del bien, aunque para que ambas actividades se actualicen, necesariamente ha de

---

[20] A. Gálvez, *Comentarios al Cantar de los Cantares*, op. cit., vol. I, p. 115.

[21] "Set considerandum est quod secundum gradum formarum in perfectione essendi est etiam gradus earum in virtute operandi, cum operatio sit existentis in actu." Cf. Santo Tomás de Aquino, *Quaestiones Disputatæ de Anima*, q. 9, resp. Los escolásticos expresaban esta concepción fundamental del obrar, afirmando que *actiones sunt suppositorum*.

## 10.3 La persona: potencia activa de amar

haber un sujeto personal. El conocimiento activo y la voluntad ejercitada, lo que directa y principalmente revelan, es la existencia de un ente de naturaleza incorpórea, de índole espiritual, que necesita de un cuerpo para realizar la operación de querer y conocer; y a partir de este directo referir a un alma incorpórea, se convierten en señales evidentes de la presencia de un ente personal, pero no en causas metafísicas por las cuales un ente es persona. No somos personas porque conocemos o queremos, sino que conocemos y queremos porque somos personas. En realidad, lo que caracteriza, de un modo esencial y directo, la presencia de un supuesto que es persona queda exclusivamente determinado por la existencia de una acción amorosa y su inmediata relación de amor. La siguiente reflexión nos va a permitir comprender lo significado en la primera tesis filosófica sobre el amor que plantea A. Gálvez: conocer, querer y sentir, y cualquier otra actividad de una potencia operativa son actividades personales, ejecutadas mediante las respectivas facultades humanas en calidad de principios próximos de operaciones. Amar, en cambio, es una actividad *eminentemente* personal en el sentido, no de tener una particular potencia operativa que se comporte como accidente propio de la naturaleza humana y de la que se origine la acción amorosa como de un principio próximo; sino que la potencia activa en la que radica, de modo inmediato, la posibilidad de la acción amorosa y la consiguiente relación de amor es el mismo ser personal. Las actividades cognoscitivas y volitivas las realiza la persona *mediante* sus respectivas facultades de entender y querer, y de igual modo sucede con las otras potencias libremente operativas; la acción amorosa la ejecuta la persona *inmediatamente*, con el concurso del ejercicio de sus potencias operativas que derivan de su propia naturaleza, lo que es lo mismo que decir, *mediante* su naturaleza:

> "Las exigencias del corazón humano no pueden ser satisfechas por los planteamientos de un mero intelectualismo ni por los de un simple voluntarismo. Es el hombre completo —por lo tanto con su inteligencia y con su voluntad— el que ha sido hecho por el Amor y para amar y para ser amado."[22]

El resultado de estas consideraciones sobre la exigencia de la persona para que sea posible la relación de amor y la acción amorosa, se hace patente en lo que el autor llama 'lo propio y lo constitutivo de la persona, o aquello que le confiere su carácter de ultimidad, de independencia, o, si se quiere, de incomunicabilidad':[23] su íntimo e intransferible núcleo ontológico, su ser participado, y recibido de Dios de un modo especial, que le confiere la posibilidad para amar y para ser amado, y que 'puede dar, quizás, cierta luz en lo que se refiere a las notas tomistas de independencia e incomunicabilidad de la persona como tal.'[24] Puesto que amar es una acción trascendente que hace salir al propio sujeto que la realiza para entregarse a la persona amada, la descripción que propone el autor para descubrir la índole de persona es la siguiente:

> "La *incomunicabilidad* se refiere, por lo tanto, a lo más íntimo y constitutivo de la persona, a aquello que la hace ser tal *yo*, y que es lo único que no puede entregar

---

[22] A. Gálvez, *Comentarios al Cantar de los Cantares,* op. cit., vol. I, p. 255.

[23] A. Gálvez, *Comentarios al Cantar de los Cantares,* op. cit., vol. I, p. 17.

[24] A. Gálvez, *Comentarios al Cantar de los Cantares,* op. cit., vol. I, p. 18.

## 10.3 La persona: potencia activa de amar

porque tiene que continuar siendo persona. O dicho de otra manera: la persona puede entregarlo todo, menos lo que la constituye como un ser con capacidad para seguir entregándolo todo."[25]

Esta intransferibilidad e incapacidad para comunicar su propio ser que tiene todo ente personal es, a su vez, condición de posibilidad para que pueda darse una relación de amor entre sujetos de igual estructura ontológica —personas—, mediante la cual se comuniquen, en la medida de lo posible, las mutuas acciones de las distintas potencias operativas.[26] De nuevo, puesto que la acción amorosa es una actividad trascendente, el efecto que produce recae sobre la persona amada, haciéndola partícipe de algo propio de la persona que ama, y comportándose la persona amada como potencia de recibir en tanto está siendo objeto de una acción amorosa:

> "El amor, al mismo tiempo que mantiene inalterado el yo de uno y otro amante, se consuma en la entrega que cada uno de ellos hace de sí mismo al otro. Entrega que, por ser recíproca a la vez que *total*, sitúa a los amantes en el plano lógico de igualdad al que conduce la mutua posesión: puesto que cada uno le entrega al otro *lo que*

---

[25] A. Gálvez, *Comentarios al Cantar de los Cantares*, op. cit., vol. I, p. 18. "La persona, en efecto, puede entregarlo todo y renunciar a todo..., a excepción de esa misma posibilidad de entrega que fluye esencial y necesariamente de su condición de ente personal." Ibidem, p. 270.

[26] "La llamada *incomunicabilidad* de la persona es una referencia a su total independencia y autonomía —ausencia de mixtura— con respecto a los otros, que es lo que hace posible que pueda relacionarse con ellos como ser completo y racional." Cf. A. Gálvez, *Comentarios al Cantar de los Cantares*, op. cit., vol. I, p. 270.

*tiene*, y más aún y principalmente *lo que es*, de ahí que tiendan a hacerse en cierto modo iguales. Solamente el amor puede obrar el prodigio de armonizar la identidad con la distinción: la identidad, en la medida en que los amantes tienden a hacerse una sola cosa, por la atracción del amor; y la distinción, porque cada uno de ellos no es tal amante sino en cuanto que ve al otro como *otro* y se define a sí mismo como *yo*."[27]

A la persona, por esa reserva ontológica intocable de su ser creado, potencia activa de amar, le resulta un imposible metafísico, una auténtica incapacidad metafísica, la entrega de su propio acto de ser, pues, lo que así se le estaría exigiendo, sería la potencia para autoreducirse a la nada, la potestad para no ser, la pura aniquilación. Y este poder de reducir a la nada solo le convendría al que tiene poder de crear a partir de la nada, a la Potencia Activa del Ser cuya esencia es Ser. El Ser por Esencia, hablando con propiedad, no tiene potestad para entregar su propio Ser, y no porque carezca de ella, sino porque es un absurdo, un imposible metafísico que el Ser deje de ser. Los entes que no son su ser, sino que lo tienen, y lo tienen recibido del Ser, no tienen tampoco potestad para no ser por la misma razón que no tiene potestad para darse el ser, es decir, por otro imposible metafísico. No tienen capacidad ni de crear de la nada, ni de reducirse a la nada, sino simplemente de transformarse. La interna posibilidad de no ser, en un ser o en el Ser, no es ninguna posibilidad, sino una radical imposibilidad. Lo que metafísicamente puede suceder es la Potestad que el Ser posee

---

[27] A. Gálvez, *Comentarios al Cantar de los Cantares,* op. cit., vol. I, p. 274.

## 10.3 La persona: potencia activa de amar

tanto de comunicar el ser a los entes creados como de dejar de mantenerlos en el ser. [28]

El mismo rigor metafísico que se exige para el ser en relación al dejar de ser, se presenta también en la potencia activa capaz de amar, pues las consecuencias que se extraen desde el punto de vista del amar, como una acción mediante la cuál, la persona puede entregar todo menos su ser y salir de sí hacia el objeto amado, conducen a idénticos resultados metafísicos, según la teoría de la persona defendida por A. Gálvez:

> "El amor total conduce así al enamorado a una situación de pobreza total; en cuanto que lo ha entregado absolutamente todo, incluida su propia vida. Claro que en ese supuesto —cabe preguntar—, dado que ni siquiera posee lo que constituía su propia vida, ¿cómo puede seguir siendo él y cómo puede seguir amando...? Para responder a lo cual hay que tener en cuenta que, tanto lo que constituye el propio *yo*, como lo que corresponde a su natural capacidad de donación, son las únicas cosas que no puede entregar el amante. Puesto que de otro modo ya

---

[28] "Dios es por sí causa directa del mismo ser, como comunicándolo a todas las cosas, como el sol comunica la luz al aire y a lo demás que es iluminado por él. Y así como se necesita la iluminación perseverante del sol para la conservación de la luz en el aire, así para que las cosas se conserven en el ser se requiere que Dios otorgue incesantemente el ser a las cosas. Con lo cual, todas las cosas, no solo en cuanto comienza a ser, sino también en cuanto son conservadas en el ser, son comparadas a Dios como lo hecho al hacedor." Cf. Santo Tomás de Aquino, *Compendio de Teología*, I, 130, 261. Sobre la potencia en Dios para aniquilar lo creado, véase Santo Tomás de Aquino, *Summa Theologiæ*, I, q. 104, a.3-4.

no sería él, y ya no podría darse por consiguiente relación alguna de amor."[29]

Y en este sentido, en los entes personales, igual que no hay una potencia para no ser, sino la positiva potencia activa del ser creado y la Positiva Potencia del Ser que Es de mantener en el ser a los seres creados, del mismo modo, no existe una potencia capaz de no amar, sino una positiva capacidad de amar en los entes que son persona. Dios, Ser por Esencia, es Amor Activo, y los seres que gozan de una excelencia en su ser participado, participan al mismo tiempo de una real capacidad de amar. La capacidad para no amar, en los entes que han sido constituidos como personas, no es ninguna real capacidad, sino una total incapacidad. En Dios, dejar de amar sería tan imposible como dejar de ser. Y la posibilidad de que Dios deje de amar a los entes personales, sería la posibilidad de dejar de comunicarles el ser recibido, y la aniquilación de ellos.[30] En los seres irracionales, tampoco hay una potencia de no amar, en la medida en que

---

[29] A. Gálvez, *Comentarios al Cantar de los Cantares*, op. cit., vol. II, p. 441, n. 89.

[30] Según la teología, ni siquiera sucede la aniquilación en relación al tema de los condenados, los que contra Dios se rebelan. Éstos, siguen siendo entes personales, y siguen teniendo una real capacidad de amar, pero libremente ejercida contra ella misma, en su estado actual de presente, ya sin pasado ni futuro, para no amar a Dios: "La condenación, por lo tanto, es la situación a la que se llega cuando el Amor, que se había ofrecido de una manera libérrima, total y definitiva, es rechazado también de una manera libérrima, total y definitiva... El condenado recibe lo que quiere, y es puesto para siempre en la situación que él ha elegido libremente y que continúa eligiendo." Cf. A. Gálvez, *El Amigo Inoportuno*, op. cit., cap. "El Amor a la Verdad", págs. 99-100. "Con esto no se afirma que los condenados han perdido en el infierno su condición personal. Pero el destino de la persona consiste en abrirse a los demás en donación de amor, lo cual es ya imposible para el condenado,

## 10.3 La persona: potencia activa de amar

su ser participado no es ninguna potencia activa de amar. Lo que en los entes personales sucede, como dijimos antes, o lo que en ellos se da, es el positivo ejercicio de no querer ejercitar la acción amorosa, que se concreta en la real y libre acción de querer no amar.[31] Desde el momento en que el Creador quiso constituir al hombre como persona, y le dio esa orientación a amar, no hay elección intermedia entre el libre ejercicio de amar y el libre ejercicio de no amar. Pero, indudablemente, esta libre determinación de querer no amar, —de encerrarse en sí mismo y no abrirse a los otros y al Otro[32]—, hunde su acción en la potencia de amar otorgada por el Creador en la misma potencia activa del ser personal recibido.

---

que se ha encerrado en sí mismo en una soledad que es ya para siempre. Como consecuencia de ello, la personalidad del condenado, más bien que aniquilada, se encuentra rota y partida, dividida y ahogada en una especie de inimaginable esquizofrenia que se desgarra a sí misma al contemplar el fracaso de su existencia." Cf. del mismo autor, *Comentarios al Cantar de los Cantares*, op. cit., vol. I, p. 351, n. 9

[31] "Sin embargo la realidad del ser no depende de su aceptación por una criatura que hace uso de su libertad; en cuanto a la negativa a reconocerla, debe tenerse en cuenta que eso solamente significa un fracaso para la criatura, y de ningún modo para el ser. De igual manera, el Amor libremente ofrecido, y a su vez rechazado, únicamente supone un fracaso para la criatura; mientras que Él, por ser perfecto e infinito... permanece tan firme y estable como el mismo Ser, con el cual se identifica." Cf. A. Gálvez, *Comentarios al Cantar de los Cantares*, op. cit., vol. II, p. 71, n. 52.

[32] "Dios elige libremente a su criatura, la crea libremente, y luego la ama también libremente. En justa reciprocidad (porque se trata de un negocio de amor) a la criatura se le concede la posibilidad de que pueda elegir también a su Dios o rechazarlo; pero de tal manera que, puesto que ha sido hecha para el amor, necesariamente tiene que elegirlo o rechazarlo (volviéndose a otra cosa): *Nadie puede servir a dos señores*. De este modo si el que ama lo hace *porque quiere*, es sin duda porque existe también la posibilidad de que *no quiera*." Cf. A. Gálvez, *El Amigo Inoportuno*, op. cit., p. 99, n. 8.

## 10.4 Persona y naturaleza

La clara distinción de los conceptos de naturaleza y persona, en plena continuidad con la tradición de la Filosofía Cristiana, es otro de los elementos que toman nueva vida en la teoría filosófica del amor que se extrae de los *Comentarios*, y que podría establecerse aquí como una segunda tesis constitutiva de la teoría. La naturaleza humana completa, fruto de la unión de alma y cuerpo, se sustenta en un ser, que por tener un especial nivel de participación en la Perfección del Ser, es llamado persona.[33] Y así como el Ser en Dios se identifica con el Amor, de igual modo el ser participado, y recibido de Dios, en su misma constitución contiene la orientación o la capacidad de amar, cuya efectivo ejercicio ha de ser realizado según, o en los moldes de la naturaleza humana:

> "Pero el hombre solamente puede amar *a la manera humana*, es decir, del modo que es conforme a su naturaleza... Ama entonces según una naturaleza (humana)... y como la naturaleza humana está compuesta de espíritu y materia, se sigue como consecuencia que el hombre necesita su corporalidad para amar de modo perfecto... Si el hombre ama primordialmente *con toda su alma*, es evidente que también lo hace *con todo su corazón* (su corporalidad), aunque en la unidad de un único ser." [34]

---

[33] "El mundo de la persona es efectivamente único (incomunicable y completo en sí mismo, de tal modo que puede decirse que la personalidad, o aquello que la constituye, es la última perfección del ser)..." Cf. A. Gálvez, *Comentarios al Cantar de los Cantares,* op. cit., vol. II, p. 128.

[34] A. Gálvez, *Comentarios al Cantar de los Cantares,* op. cit., vol. I, págs. 18-19.

## 10.4 Persona y naturaleza

Esta real distinción metafísica, por lo tanto, entre naturaleza humana y persona, genera, inmediatamente unida a ella, otra tesis de carácter esencial. La afirmación en virtud de la cual se dice que la naturaleza humana es un medio *sine qua non* para que la persona ejecute la acción amorosa, entra a formar parte de la teoría filosófica que se desprende de estos *Comentarios*. Y este carácter de medio ontológico que tiene la naturaleza sustentada en el ser capaz de amar, relacionados entre sí como potencia y acto, queda al descubierto a raíz, también, del análisis del específico objeto sobre el que recae la acción amorosa. Pues lo amado, lo que participa de la condición de *amable*, es también un ente personal al que se accede a través de su naturaleza propia. No es solamente que la acción amorosa parte de un ente personal mediante o según la manera humana, sino que el efecto de esta acción amorosa recae en otra persona, a través o mediante su naturaleza propia. De este modo, el hombre solo puede amar, en sentido estricto, a un objeto, no solo de su mismo estatuto ontológico -persona-, sino también a alguien que participe de su misma naturaleza humana, pues no puede amar sino lo que puede ser contemplado, querido, sentido y apetecido *more humano*. Prestemos atención a la claridad de este texto sin olvidar la distinción metafísica entre naturaleza y persona:

> "La naturaleza humana es de tal manera que el hombre necesita de la realidad física del *corpus* para amar. Del suyo propio y del que pertenece a la persona amada, por supuesto. Pues no debe olvidarse que el objeto del amor es efectivamente una persona, pero percibida siempre a través de su tangible humanidad. Lo que equivale a decir que la persona es aprehendida a través de un alma y de un cuerpo; o, si se quiere decir mejor, de dos almas y de dos cuerpos, puesto que se trata a la vez, tanto de

> la naturaleza completa del que conoce y ama, como de la naturaleza íntegra del que es conocido y amado. No puede ser de otra manera en lo que respecta a la creatura humana."[35]

La naturaleza humana, más que tener un acto de ser que la constituye en ente personal, es tenida o, mejor dicho, sostenida por ese acto que la constituye en persona, de modo que lo que se comporta como poseído, y por lo tanto, como potencia, es la naturaleza humana, y lo que se comporta como poseedor es el propio acto de ser, es decir, lo que directamente es ejercido en la Acción creadora de Dios.[36] La acción amorosa que ejerce una persona, no se dirige por tanto, a un cuerpo, ni a un alma, ni siquiera a una naturaleza, sino a la persona que se revela en ese cuerpo, en esa alma, y mediante esa naturaleza:

> "El amor apunta siempre a la persona en su totalidad, y, por lo tanto, también en su corporalidad y a su naturaleza (las cuales son propiamente *suyas*). Pero el objeto último del amor, o aquello que constituye propiamente la realidad específica de la que alguien *se enamora*, es siempre la persona."[37]

---

[35] A. Gálvez, *Comentarios al Cantar de los Cantares*, op. cit., vol. I, p. 372.

[36] "La creación propiamente mira al ser de la cosa; por eso se dice en el *Libro de las Causas*, que el ser es por creación, y lo demás por información. Simplemente y por sí, el ser pertenece al supuesto subsistente; las otras cosas se dicen ser en cuanto el supuesto subsiste en ellas: esencialmente como la materia y la forma, y así la misma naturaleza se dice ser; o accidentalmente, como se dicen ser los accidentes." Cf. Santo Tomás de Aquino, *In III Sententiarum*, dist. 11, 1, 2.

[37] A. Gálvez, *Comentarios al Cantar de los Cantares*, op. cit., vol. I, p. 23.

## 10.4 Persona y naturaleza

La solidez que ofrece esta tesis, en virtud de la cual se considera a la naturaleza humana un medio *sine qua non* para revelar tanto la persona que ejerce la acción amorosa como la persona que es constituida en objeto de esa acción,[38] no es otra sino la propia que se desprende en el plano trascendental de la metafísica del ser, y que considera a la esencia como potencia en relación a su propio acto de ser.[39] Según la doctrina de la participación, las esencias de los entes limitan el ser en el que ellas mismas se actualizan, creado por Dios, y esta limitación metafísica es comprendida en el sentido que conducen la propia actividad del ser por los cauces de la esencia. De tal manera es así que el modo de obrar de un ente sigue o viene determinado por su esencia, pero la acción misma rige su orientación por el acto de ser.[40] Y lo que, con esto, en definitiva, se está queriendo expresar es que el fin último de un ente y, en concreto, del ente personal, viene

---

[38] "Pues siendo el amor totalidad, abarca por entero a la persona a quien se dirige, sin excluir nada de ella, hasta el punto de que, la mera posibilidad de prescindir de algo propio de la persona amada, es impensable para el amante." Cf. A. Gálvez, *Comentarios al Cantar de los Cantares*, op. cit., vol. I, p. 24.

[39] "Oportet ergo quod quaelibet alia res sit ens participative, ita quod aliud sit in eo substantia participans esse, et aliud ipsum esse participatum. Omne autem participans se habet ad participatum, sicut potentia ad actum; unde substantia cuiuslibet rei creatae se habet ad suum esse, sicut potentia ad actum. Si ergo omnis substantia creata est composita ex potentia et actu, id est ex eo quod est et esse." Cf. Santo Tomás de Aquino, *Quodlibetales*, III, 8, 20.

[40] "Unumquodque autem agit secundum existentiam suae formae, quae est principium agendi et regula operis." Cf. Santo Tomás de Aquino, *In III Sententiarum*, dist. 27, 1, 1. "Modus autem agendi cuiuslibet rei consequitur forma eius, quae est principium actionis." Cf. *Summa Contra Gentiles*, II, 73. "Modus operandi uniuscuiusque rei sequitur modum essendi ipsius." Cf. *Summa Theologiæ*, I, q. 89, a. 1, resp.

determinado por su nobleza de ser; el modo de alcanzar ese fin, por la naturaleza que ese acto de ser *hace ser*. Con su acostumbrada precisión metafísica, el ilustre tomista C. Cardona afirma respecto de la importancia del acto de ser:

> "La primera distinción (esencia-ser) radical en todo ente, pone una relación de potencia a acto en su mismo ser substancial, lo que repercute necesariamente en toda la realidad del ente, y por eso, en su acción. El acto de la potencia operativa es la acción u operación, que se distingue realmente de ella, como la esencia se distingue del acto de ser. Ni la operación de la criatura es su ser, ni la potencia operativa es su esencia. Se trata de una perfección alcanzada, más aún, *de la perfección a la que el ente está destinado*: la operación es la perfección última de toda cosa, de manera que ésta es por o para su operación. *La perfección última del ente es la perfección de su potencia activa, la última actuación obrada por su acto de ser.*"[41]

## 10.5 El estatuto personal del alma separada

Uno de los aspectos en los que se manifiesta con mayor claridad esta distinción entre persona y naturaleza, tanto desde el punto de vista del ser como desde el punto de vista de la capacidad de amar, sucede en el acontecimiento de la muerte. Vamos a analizarlos en su justa medida.

Desde el punto de vista de la potencia activa de ser, lo que en la muerte ocurre es la desunión o la separación de los

---

[41] C. Cardona, *Metafísica del Bien y del Mal*, op. cit., págs. 39-40. El subrayado en itálica es nuestro.

## 10.5 El estatuto personal del alma separada

dos principios constitutivos de la naturaleza humana, permaneciendo el alma en su acto de ser participado, y perdiendo el cuerpo la participación que recibía, por el alma, de ese mismo acto de ser. Con todo rigor ya no se puede seguir hablando de una naturaleza humana completa, pues la misma privación del cuerpo lo impide, y en este sentido tampoco se puede seguir hablando con propiedad de una persona humana completa. Pero no obsta, según lo aquí defendido, y desde la más estricta metafísica, para que el alma, separada del cuerpo, siga siendo persona, en la misma medida en que el acto de ser, en virtud del cual ella es, ha permanecido intacto, en ella misma, en el acontecimiento de la muerte; de igual modo, y con la misma estricta metafísica, lo que propiamente se puede hablar después de la muerte es de la existencia de una persona con una naturaleza humana incompleta, —quebrantada—, o de un alma humana que es, indudablemente, persona. Si aquello por lo que se denomina a un ente determinado *ser persona* se debe a su especial nivel de participación en el Ser, —una excelencia en el ser de lo creado—, hay que decir que ese ser permanece y no es alterado en absoluto por el acontecimiento de la muerte.

Desde el punto de vista de la acción amorosa, lo que la persona humana puede activamente preparar para ese acontecimiento de la pasión del morir es, precisamente, la entrega de su propia vida. Si amar es una acción eminentemente personal, mediante la cual se entrega a la persona amada *todo*, menos esa misma capacidad de amar y de entregar (su ser participado), el límite metafísico impuesto en el caso de la persona humana a esa capacidad de donación, en virtud de que su ser es recibido, —y por tanto no es el ser, sino que lo tiene y lo tiene limitado por la esencia—, es el que le permite la entrega de su propio cuerpo, pero nunca la entrega de su propia alma;[42] pues entregar su alma, significaría necesariamente la entrega de su propio ser, y antes hemos visto, que el ser participado no tiene la potestad interna para no ser. La pérdida de la animación (de la vida corporal), al entregar todo su cuerpo, por ser una exigencia natural del alma su unión a él,[43] supone la mayor donación amorosa que las personas humanas pueden ofrecer y, en realidad, lo que más dolor produce al ser humano. La imperfección que revela en este sentido, el amor puramente humano y el amor divino-humano en calidad de humano, no es ninguna imperfección, sino la perfección creada que ontológicamente le corresponde.[44] Amar es una acción eminentemente personal que, por más que quiera amar en totalidad, nunca podrá llegar a ese estado metafísico en el que lo único que le queda a la persona humana, después de haberlo entregado todo, es la pose-

---

[42] Se ha de entender esta expresión en toda su radicalidad: la persona no puede entregar (perder) su alma, aunque puede hacer donación o comunicación de los accidentes propios del alma.

[43] "Ostensum est enim in secundo animas immortales esse. Remanent igitur post corpora a corporibus absolutae. Manifestum est enim his quae in secundo dicta sunt, quod anima corpori naturaliter unitur: est enim secundum suam essentiam forma corporis. Est igitur contra naturam animae absque corpre esse." Cf. Santo Tomás de Aquino, *Summa Contra Gentiles*, IV, c. 79.

[44] "Los larvados restos de maniqueísmo, que siempre han existido en el cristianismo, son seguramente los causantes de la creencia de que la forma de amar propia del hombre —con su alma y con su cuerpo— es algo tan sujeto a imperfección como lo está el mismo ingrediente corporal de la (única) naturaleza humana. Pero la naturaleza humana, si bien es ciertamente inferior a la de los ángeles, no fundamenta tanto la razón de su inferioridad en que la materia forme parte también de su composición como en que, sencillamente, ha sido creada como tal naturaleza inferior." Cf. A. Gálvez, *Comentarios al Cantar de los Cantares*, op. cit., vol. I, p. 104.

## 10.5 El estatuto personal del alma separada

sión activa de su ser. En el amor humano la entrega de la total naturaleza a la persona amada es un imposible metafísico.[45] Si pudiéramos expresarlo, parafraseando la definición de persona que A. Gálvez propone, se podría decir que persona humana es aquél ser que puede entregarlo todo menos la misma capacidad de entregarlo todo, y por ello mismo, menos su propia alma. De ahí que la muerte, vivida como la donación del propio cuerpo, preparada activamente desde la acción amorosa, se constituya en la expresión máxima de amor que puede ofrecer el ente personal humano. En este sentido, la persona humana realiza con la muerte, amorosamente vivida, *una entrega de todo lo que es capaz de entregar.*[46]

Los casos ejemplares de padres o madres que dan la vida por sus hijos; o de personas humanas que ofrecen su vida corporal por sus amigos; o los preludios de estas singulares y heroicas acciones que sucede en hechos como dar el tiempo, el espacio,

---

[45] "En el Amor increado, los Amantes y el Amor con que se aman se identifican plenamente (en la simplicidad y unicidad de la esencia divina), permaneciendo sin embargo distintos como tales personas. Cuando se trata de las criaturas es imposible una identificación semejante, aunque sí que se mantiene inalterada (por ser esencial en el amor) la diferenciación de las personas." Cf. A. Gálvez, *Comentarios al Cantar de los Cantares*, op. cit., vol. I, p. 114, n. 22. Esta Acción Amorosa de la entrega total permaneciendo solo el Ser, solo se da en el Amor Trinitario, cuya unión en la naturaleza es tan perfecta que constituye una sola naturaleza para las tres Personas distintas. En la persona humana, la imperfección no es de la acción amorosa, ni tampoco es una real imperfección en el ser, sino la deficiencia propia de un ser que no es el Ser, sino que lo tiene.

[46] "Así es como la totalidad, como nota derivada de la perfección en el amor, solamente puede hallarse en el ámbito del amor divino o del divino-humano; y nunca en el del puramente humano por más que se encuentre elevado por la gracia." Cf. A. Gálvez, *Comentarios al Cantar de los Cantares*, op. cit., vol. II, p. 407.

la donación de partes de nuestro cuerpo; y un largo etc., acciones todas que caen dentro de las manifestaciones expresas de la acción amorosa, corroboran la filosófica tesis sobre el amor, ahora alcanzada aquí, de que el límite permitido a la persona humana es aquél que le impide dar su alma, pero le exige dar su cuerpo, cuya máxima expresión es el morir. Y no solamente se revela en estos casos, activa y directamente preparatorios para la muerte, que la máxima expresión de amor es la donación del propio cuerpo, sino también en la acción amorosa en virtud de la cual los esposos cooperan para la procreación de una nueva persona humana, pues la entrega que en ellos está permitida es la propia de su cuerpo, y hasta tal punto es así, que lo procreado, se convierte *en sangre de su sangre, y carne de su carne*, pero nunca se da en ella la entrega de su propia alma,[47] pues lo procreado recibe su alma de la propia y directa acción creadora de Dios. Los datos que aporta la Genética revelan la existencia de una unión de dos células, produciéndose una fusión corporal y sirven a la filosofía para seguir manteniendo que el límite metafísico que puede alcanzar la acción amorosa de una persona humana es la entrega total de su propio cuerpo, y la expresión máxima de esta acción, se produce en la muerte amorosamente asumida.

Obviamente, hay que distinguir entre la ontológica imposibilidad de entregar el alma, al estar metafísicamente sustentada en su acto de ser, y la capacidad que el alma (el ente personal) tiene para entregar lo que constituyen los accidentes del alma

---

[47] "Entre la unión de los cuerpos, a saber: la *una caro*, junto a la *relativa* de las almas, que tienen lugar en el amor conyugal..." Cf. Cf. A. Gálvez, *Comentarios al Cantar de los Cantares*, op. cit., vol. II, p. 330, n. 72.

## 10.5 El estatuto personal del alma separada

en su entendimiento y en su voluntad, algo que se manifesta por ejemplo en la actividad de enseñar y aprender.

La claridad de estas reflexiones sobre el morir en el marco de una teoría filosófica del amor ha sido expuesta por el autor de los *Comentarios*, y las consideraciones que aquí se han hecho, están en deuda con ellas. En el capítulo que lleva por título "Entrega de la Esposa al Esposo", se ofrece una Teología de la Muerte desde el punto de vista de la mutua relación recíproca de amor, al considerar a ésta como una lucha o combate 'en la que ambos amantes contienden con ardor por entregar más al otro.'[48] El límite o la consumación en la acción amorosa radica precisamente en el acontecimiento de la muerte, y la relación de amor 'alcanza su culminación, durante el presente eón, mediante algo que constituye la mayor demostración de amor que al hombre le es posible realizar: la muerte.'[49] Por lo tanto, la persona humana, creada con capacidad de amar y orientada en su mismo ser hacia la acción amorosa, solo puede prepararse activamente y de una manera adecuada al acontecimiento de la pasión del morir, mediante la entrega de su propia vida:

> "La esposa se siente morir de amor por razón de que el amor tiende a la muerte en la misma medida en que tiende a su propia perfección o consumación. Por eso la *muerte de amor* —una expresión que no debe ser considerada como puramente metafórica— es la única que

---

[48] A. Gálvez, *Comentarios al Cantar de los Cantares*, op. cit., vol. I, p. 129.

[49] A. Gálvez, *Comentarios al Cantar de los Cantares*, op. cit., vol. I, p. 130, n. 6.

tiene sentido para el hombre, desde el momento en que no ha sido creado para otra cosa que para el amor."⁵⁰

Y no es que el autor no distinga entre el morir como pasión y el activamente prepararse para la muerte, sino precisamente porque así lo considera es consciente de que una cosa es hablar de la muerte como la entrega de la propia vida (dimensión activa de la preparación a la muerte), y otra el morir corporal (la dimensión pasiva) que, desde el punto de vista teológico, es consecuencia del pecado.⁵¹

Por último, estas reflexiones sobre el amor y la muerte, están unidas en el autor de los *Comentarios*, al problema del estatuto ontológico del alma después de la muerte, y nuestro estudio aquí elaborado decidió abordar la investigación de este particular problema metafísico a partir de la detección del mismo por parte de A. Gálvez. Según se constata en esta obra, la tesis fundamental de que el amor es una realidad eminentemente personal y que, sin un *yo* personal y un *tú* personal, no puede darse ni relación de amor ni acción de amar, se enfrenta contra un problema difícil por la declarada postura tomista en virtud de la cual priva al alma separada de su condición de persona.⁵²

---

⁵⁰ A. Gálvez, *Comentarios al Cantar de los Cantares*, op. cit., vol. I, p. 131.

⁵¹ "Sin embargo, no deben ponerse en el mismo plano la entrega o donación de la propia vida, que es consustancial al amor, y la muerte corporal, que es consecuencia del pecado." Cf. A. Gálvez, *Comentarios al Cantar de los Cantares*, op. cit., vol. I, p. 130, n. 6.

⁵² "Santo Tomás niega al alma humana la condición de persona, en contra de lo que opinaban Hugo de San Víctor y el mismo Maestro de las Sentencias (cf, por ejemplo, *Summa Theologiæ*, I, q 29, a 1, *ad quintum*; I, q 75, a 4, *ad*

## 10.5 El estatuto personal del alma separada

La escatología intermedia de índole católica, por su parte, afirma para la fe que las almas bienaventuradas, separadas de sus cuerpos, contemplan y aman a Dios en el cielo inmediatamente después de la muerte.

Fruto, pues, de estas tres posiciones —sin realidad personal, no hay amor (A. Gálvez); sin el cuerpo, el alma no es persona (Santo Tomás de Aquino); el alma separada ama perfectamente a Dios sin el cuerpo (escatología intermedia)—, se señala en los *Comentarios* la necesidad de examinar, por un lado, 'un problema teológico tan delicado',[53] propio de la escatología intermedia;[54] y por otro, la necesidad de profundizar en la doctrina filosófica de la persona según la reflexión tomista.[55] Para el autor de la tesis según la cual sin entes personales no hay posibilidad de amor, 'la poderosa y venerable argumen-

---

*secundum*). Cuando está separada del cuerpo se encuentra en situación de exigencia y espera con respecto a él, y en estado por lo tanto de imperfección (cf, por ejemplo, *Summa Theologiæ*, I, q. 51, a. 1, *respondeo*; I, q 55, a 2, *respondeo*; Iª IIæ, q. 4, a. 5, *ad quartum*; I, q 77, a 8, *respondeo*), si bien el santo la reconoce como subsistente y capaz de operaciones intelectuales y volitivas (cf, por ejemplo, *Summa Theologiæ*, I, q. 75, a. 2, *respondeo* y *ad primum*; Iª IIæ, q. 4, a. 5, *ad quartum*)." Cf. A. Gálvez, *Comentarios al Cantar de los Cantares*, op. cit., vol. II, p. 34, n. 56.

[53] A. Gálvez, *Comentarios al Cantar de los Cantares*, op. cit., vol. I, p. 370, n. 58.

[54] A. Gálvez, *Comentarios al Cantar de los Cantares*, op. cit., vol. II, p. 35, n. 58.

[55] "Desde luego es obvio que la doctrina de la *persona*, a pesar de haberse llegado en ella a una admirable formulación por parte de Santo Tomás, no puede darse por definitiva." Cf. A. Gálvez, *Comentarios al Cantar de los Cantares*, op. cit., vol. II, p. 35, n. 58. "La postura de Santo Tomás está necesitada aquí de una mayor profundización. Por un lado, parece no haber superado siempre algún que otro lastre del platonismo de San Agustín; por otro en cambio —por citar un ejemplo—, niega al alma humana separada

tación, esgrimida por el santo, no acaba de aclarar delicados problemas que aún están pendientes de solución. ¿Cómo aman a Dios, por ejemplo, las almas de los bienaventurados...? Dado que en este libro se ha venido insistiendo en que el amor es algo eminentemente personal, ¿se trata meramente de almas que han alcanzado ya la visión beatífica, o es posible ver en ellas de alguna manera a las personas de los bienaventurados...? ¿Qué se hace de la persona durante el tiempo que media desde la muerte hasta el Día de la Parusía o escatología final? ¿Acaso habría de tener lugar una nueva creación de la persona como tal...?"[56]

Habiendo calificado de ardua y difícil la tarea de mantener el estatuto de persona al alma separada,[57] el autor de los *Comentarios* ofrece una posible solución teológica,[58] que aquí

---

del cuerpo la condición de persona: con lo que se suscita un problema tan interesante como difícil, y que habrá que intentar abordar aquí de nuevo de alguna manera." Ibidem, vol. II, p. 274, n. 51.

[56] A. Gálvez, *Comentarios al Cantar de los Cantares*, op. cit., vol. II, págs. 391-392.

[57] "Partiendo de que el alma humana separada sigue siendo capaz, aun independientemente del cuerpo, de realizar operaciones cognoscitivas y volitivas, y admitida por el mismo Santo Tomás su condición de ente subsistente, tal vez sería interesante encontrar una vía capaz de reconocerle al menos una cierta personalidad. Calificar tamaña tarea, en el caso de que fuera posible, como de titanes quizá no sería suficiente." Cf. A. Gálvez, *Comentarios al Cantar de los Cantares*, op. cit., vol. II, p. 393.

[58] "Una clave indicadora de un principio de explicación quizá pueda encontrarse en el texto de Lc 20:37: los bienaventurados Abraham, Isaac y Jacob no pueden ser considerados como muertos para Dios, puesto que para *Él todos viven*. Texto en el cual, aunque es indudable que el acento se pone en la afirmación del hecho de la resurrección, también es verdad que queda subrayada la especial consideración —o la forma como Él las ve— que estas almas tienen para Dios." Cf. A. Gálvez, *Comentarios al Cantar de los Cantares*, op. cit., vol. II, p. 35.

## 10.5 El estatuto personal del alma separada

ha servido de horizonte para ofrecer una solución filosófica. El problema del amor en la escatología intermedia, en realidad, no es de ningún modo un problema por parte de Dios,[59] que sigue siendo un Ente Personal, sino un problema antropológico;[60] y la clave para su solución estaría en la inmediata referencia a la persona que poseen los principios ontológicos que entran en la composición de la naturaleza humana: esta alma exige un yo personal, igual que este cuerpo exige un acto de ser personal que lo sustente. Referencia del alma y del cuerpo a su yo personal que no es sino otro modo de expresar la exigencia metafísica que toda esencia tiene para con su acto de ser participado:

> "De todo modos, una vez más y como siempre, es indudable que el amor de Dios a esas almas tiene una referencia personal que no puede ponerse en duda: son las almas *de los justos*, el mismísimo corazón de sus santos. Si las cosas que pertenecen a la persona amada son amadas también porque son de ella..., porque hablan de ella, porque le pertenecen y porque conducen a ella..., ¿qué puede decirse cuando se trata de su alma y de su corazón? Cuando Dios ama a ésta o a aquella alma es evidente que lo hace así porque son las almas *de los suyos*, las de *aquéllos* a quienes Él ama verdaderamente: *porque para Él todos viven*. Y esto es ley universal en el amor."[61]

---

[59] "En cuanto a la fruición de Dios, por parte de las almas de los bienaventurados en el cielo, el problema no ofrece mayor dificultad, puesto que tales almas aman a un Dios personal." Cf. A. Gálvez, *Comentarios al Cantar de los Cantares*, op. cit., vol. II, p. 34.

[60] "... se trata de contemplar más bien el aspecto antropológico de la escatología intermedia." Cf. A. Gálvez, *Comentarios al Cantar de los Cantares*, op. cit., vol. II, p. 393.

[61] A. Gálvez, *Comentarios al Cantar de los Cantares*, op. cit., vol. II, p. 35.

En definitiva, el alma sigue siendo persona después de la muerte, sencillamente, porque *sigue siendo*.

## 10.6 Acción de amar y relación de amor

Dos últimas consideraciones han de hacerse sobre la teoría filosófica del amor que se desprende de los *Comentarios*; y se refieren, una de ellas a la actividad del amar y la otra a la relación que se produce fruto de esa acción eminentemente personal.

En primer lugar, el autor muestra con claridad que la acción amorosa requiere para su ejercicio la actividad, bien temporal, bien lógica, de las potencias operativas del hombre que libremente son ejercidas por él, al describir esta actividad como la propia de un proceso, del que entran a formar parte una serie de actos que se distinguen realmente entre sí: el conocimiento de la persona amada en su formalidad de verdad; el ejercicio de los sentidos en su concreta aplicación a cada uno de sus objetos propios; la libre apetición de la persona amada bajo la formalidad de bien; la captación de la persona amada desde el punto de vista de la belleza, según el sentido de la vista; y hasta la misma libertad, concurren en la acción amorosa. En realidad la acción amorosa en más bien un proceso en el que '*se empieza* percibiendo la corporalidad y la naturaleza, y *se acaba* amando a la persona con la que ellas forman un todo sustancial.'[62] Varios son los textos en los que el autor da a entender con suficiente claridad la tesis del concurso de las acciones propias de las potencias operativas, que libremente son ejercidas por el hombre,

---

[62] A. Gálvez, *Comentarios al Cantar de los Cantares*, op. cit., vol. I, p. 23.

## 10.6 Acción de amar y relación de amor

para que pueda darse la actividad amorosa. Uno de ellos se expone en el capítulo en el que analiza la distinción entre amar y estar enamorado:

> "Aunque es verdad que en el amor se dan juntamente la atracción del bien, la satisfacción por la posesión de la verdad, y el gozo del placer estético, aún necesita sin embargo otro elemento que es esencial o fundamental. El bien que atrae en el amor, la verdad comprendida, y la belleza contemplada, *pertenecen aquí en realidad a una persona*, que es la que verdaderamente atrae por medio del amor. Y atrae precisamente porque, para el que ama, esa persona significa la verdad, irradia la belleza, y contiene el bien; todo a la vez y en grado sumo."[63]

Otro texto aparece en el capítulo "Entrega del Esposo a la esposa", del primer volumen:

> "Y no debe olvidarse que es justo mediante el amor, a través del contraste con el *otro* como persona amada, como la persona actualiza todas sus virtualidades para manifestarse como tal persona."[64]

Y un último texto que habla del concurso del entendimiento y de la voluntad para el ejercicio de la acción amorosa, superando así la vieja discusión de la primacía del entendimiento sobre la voluntad o de la voluntad sobre el entendimiento, es el siguiente:

---

[63] A. Gálvez, *Comentarios al Cantar de los Cantares*, op. cit., vol. I, págs. 72-73.

[64] A. Gálvez, *Comentarios al Cantar de los Cantares*, op. cit., vol. I, p. 116.

"Es posible que, mejor que andar bregando con la oposición de los conceptos de intelectualismo y voluntarismo, acaso fuera preferible optar por la integración plena de la unidad del ser humano: el mismo que ha sido llamado a amar, conjuntamente y a la vez, tanto con su inteligencia como con su voluntad."[65]

A partir de esta doctrina, el autor de los *Comentarios* hace una crítica justa a la doctrina multisecular que, arrancando desde Aristóteles, quedó sistematizada en las reflexiones de Santo Tomás, según la cual se decía que amar era una acción propia de la voluntad por la que se quiere el bien para la persona amada.[66] Frente a esto, la solución que se ofrece desde la perspectiva de la teoría filosófica del amor que aquí se está defendiendo, es que en realidad, 'mejor que insistir en que el amante desea el bien para sí mismo y para el amado, tal vez sería aún más exacto decir que el amante desea al amado (que es para él su propio bien) al tiempo que desea entregarse a él por entero (que es desearle al amado todo el bien, o todo el bien posible).'[67]

---

[65] A. Gálvez, *Comentarios al Cantar de los Cantares*, op. cit., vol. II, p. 360, n. 21.

[66] "Es una verdad inconcusa que el amor desea el bien de la persona amada. Para la doctrina corriente, la afirmación de que la esencia del amor consiste en desear el bien para alguien, es un lugar común. Santo Tomás dice que *lo propio del amor es que el amante quiera el bien del amado*; en otros lugares también dice, por ejemplo, que si *la razón de amar consiste en que el amante quiera o desee el bien del amado... o que en esto consiste principalmente el amor, en que el amante quiere el bien del amado.*" Cf. A. Gálvez, *Comentarios al Cantar de los Cantares*, op. cit., vol. I, p. 110.

[67] A. Gálvez, *Comentarios al Cantar de los Cantares*, op. cit., vol. I, p. 114.

## 10.6 Acción de amar y relación de amor

De igual modo, la crítica que hace a la doctrina de la contemplación de la verdad como fin último del hombre y aquello que satisface su ansia de felicidad,[68] está fundamentada en su particular concepción de la acción amorosa que, pese a requerir la actividad del entendimiento para su ejecución, desborda y llega más allá de la pura captación del objeto amado como verdad:

> "Y el amor —conviene decirlo una vez más— solamente se da entre personas, lo que equivale a decir que es un maravilloso intercambio entre un *yo* y un *tú* que se entregan y se poseen mutuamente. La verdad puede ser objeto de amor, y aun de especial amor, pero nadie se *enamora* de ella, a no ser que sea percibida también como *persona*."[69]

Y la misma crítica es la que se emplea para comentar aquellas doctrinas, como las de Platón, que reducen el amor al goce que proporciona la belleza, pues 'nadie se enamora de la belleza poseída por otra persona, sino de la persona que posee esa belleza. Lo que realmente interesa al enamorado no son las gracias o los encantos de la otra persona, sino la persona de quien son tales gracias o encantos.'[70]

---

[68] Otra 'doctrina multisecular que parte de Aristóteles y que, pasando por San Agustín y Santo Tomás llega hasta la época actual, según la cual la felicidad consiste en la contemplación saciativa de la verdad.' Cf. A. Gálvez, *Comentarios al Cantar de los Cantares*, op. cit., vol. I, págs. 244-245.

[69] A. Gálvez, *Comentarios al Cantar de los Cantares*, op. cit., vol. I, p. 257.

[70] A. Gálvez, *Comentarios al Cantar de los Cantares*, op. cit., vol. I, p. 409.

Unida a esta consideración del amar como acción eminentemente personal, se da también en esta obra un análisis del amor como relación. El autor de los *Comentarios* establece como ley fundamental del amor perfecto, o de la perfección en el amor, la reciprocidad amorosa entre los dos amantes personales. Una ley que exige en el proceso del amor la equiparación en intensidad de las acciones amorosas entre los dos amantes puesto que el deseo de ser amado es connatural e indisoluble al deseo de amar, diferenciándose ambos en que éste último es primario y fundante, y el otro es secundario y fundado:

> "Como el sentimiento de saberse enamorado es la perfección del amor, incluye también, como es lógico, el ardiente deseo de poseer a la persona amada, tal como lo exige la razón de reciprocidad del amor."[71]

Y tanta vigencia tiene la ley de la reciprocidad para la perfección de la relación amorosa, que un amor puramente unilateral, unipersonal, de una persona amante hacia una persona amada que a su vez no corresponde, sería simplemente una deficiencia en la relación de amor, una imperfección, como antes habíamos sostenido al analizar la experiencia del fenómeno amoroso:

> "La naturaleza humana es de tal condición que es incapaz de entender el amor —incluido el divino-humano— de otro modo que no sea el de un *fruto*, o una *correspondencia*, de sentimientos mutuos; como algo en el que ambos amantes intervienen (o colaboran) en estricta reciprocidad y, al menos en cierto modo, *a partes iguales*.

---

[71] A. Gálvez, *Comentarios al Cantar de los Cantares,* op. cit., vol. I, p. 71.

## 10.6 Acción de amar y relación de amor

> Y es lógico que así sea puesto que se trata de algo que responde a la esencia misma del amor. Para el hombre es impensable un amor en el que uno de los amantes simplemente entrega, mientras que el otro, en cambio, meramente recibe; sino que ha de imaginarlo, más bien, como algo en el que ambos entregan y reciben a la vez."[72]

La reciprocidad en el amor tiene su razón de ser en la realidad de las personas que hacen tanto de amante como de amado, generando así en el amor humano dos relaciones diferentes, la que va del amante al amado, y la que va del amado, en calidad de amante, al amante, en calidad de amado. En el Amor Trinitario, la entrega mutua de Amante y Amado, el *todo lo tuyo es mío y todo lo mio es tuyo*, constituye la unidad de la Naturaleza Divina desde toda la Eternidad, es decir, la perfección del Amor. Conforme se desciende en la escala de la analogía, se tiende a la unidad en la relación de amor, sin conseguirla nunca, ni siquiera en el amor divino–humano, precisamente por la incapcacidad de la criatura, ente personal, para entregar todo lo que constituye su naturaleza humana:

> "Solamente el amor puede obrar el prodigio de armonizar la identidad con la distinción: la identidad, en la medida en que los amantes tienden a hacerse una sola cosa, por la atracción del amor; y la distinción, porque cada uno de ellos no es tal amante sino en cuanto que ve al otro como *otro* y se define a sí mismo como *yo*."[73]

---

[72] A. Gálvez, *Comentarios al Cantar de los Cantares*, op. cit., vol. II, p. 263.

[73] A. Gálvez, *Comentarios al Cantar de los Cantares*, op. cit., vol. I, p. 274.

Que el amor es una fuerza unitiva que, manteniendo la alteridad de las personas, intenta llegar a una unidad en su más pleno sentido metafísico es, desde el punto de vista teológico, un elemento que, con respecto a la Trinidad, aportaría una interpretación de este misterio del Cristianismo en profundidad con respecto a las interpretaciones medievales.[74] En el amor humano, el único al que racionalmente puede concurrir un discurso filosófico, la unión que produce la relación de amor, siendo una relación fruto de dos amantes personales, no alcanza la completa fusión de naturalezas, en virtud de que tal fusión es incompatible con el modo de ser personal de los entes creados.[75] Puesto que es el amor propio de entes que tiene el ser por participación, y por lo tanto su ser no es su esencia, sino que la esencia es sostenida por el acto de ser, sería un imposible metafísico para la persona humana entregar su propia alma y su propio cuerpo para realizar una fusión de naturalezas con la persona amada, pues de hacerlo, se perdería la bipolaridad personal.[76] De ahí

---

[74] "Solo que al ser tal amor una entidad real, e incluso una Persona, se hace posible el misterio de que los dos amantes, manteniendo la inviolabilidad de su singularidad personal, se unan como en uno solo, como resultado de la entrega *total* de cada uno de ellos al otro." Cf. A. Gálvez, *Comentarios al Cantar de los Cantares,* op. cit., vol. I, p. 296. La unión que realiza el Amor Personal en la Trinidad es tan perfecta que "en el Amor subsistente, los Amantes y su Amor forman una sola naturaleza." Cf. A. Gálvez, *Comentarios al Cantar de los Cantares,* op. cit., vol. I, p. 296, n. 85.

[75] "Con todo, ¿qué es lo que significa realmente *permanecer en*, o qué sentido tiene esa pretendida inherencia mutua? Descartadas la fusión y mezcla de naturalezas, y mantenida intacta la individualidad de las personas..." Cf. A. Gálvez, *Comentarios al Cantar de los Cantares,* op. cit., vol. I, p. 282.

[76] "Si en el amor no existieran personas distintas, y aun opuestas como tales, no cabría la posibilidad de que cada una de ellas *saliera* de sí misma para *entregarse* a la otra. La entrega amorosa sería impensable allí donde no hubiera *alguien* capaz de recibir tal entrega, desde el momento en que

## 10.6 Acción de amar y relación de amor

que en el amor puramente humano, el amor sea una tensión hacia la unión de sentimientos, de voluntades, de destino, y hasta de compartir la propia vida, pero nunca alcance la unión en una sola naturaleza:

> "Si el amor produce una comunión de afectos y de ideas —consecuencia de la recíproca entrega de los que se aman—, tiene que conducir también a una identidad de conducta, amén de a una identidad de destino."[77]

Por lo demás, que en el amor puramente humano, no se dé la unión de naturalezas, lo que sí se consigue en el Amor Trinitario, es debido simplemente a su condición de criatura y analogado secundario, sin que eso signifique ningún tipo de desprecio o menoscabo:

> "La perfecta identificación de los amantes, y el amor con que se aman, en la mismidad de una sola esencia es algo propio y exclusivo del Amor perfecto e infinito. La realidad de que en la criatura no suceda así, como es obvio, supondría menoscabo y subordinación para ella solamente en la misma medida en que su condición de criatura implicara también tal menoscabo."[78]

Y aunque se sale fuera del ámbito de la filosofía para entrar de lleno en la teología, conviene destacar que la divinización

---

no puede haber donación y recepción sino entre personas diferentes." Cf. A. Gálvez, *Comentarios al Cantar de los Cantares*, op. cit., vol. II, p. 33.

[77] A. Gálvez, *Comentarios al Cantar de los Cantares*, op. cit., vol. I, p. 283.

[78] A. Gálvez, *Comentarios al Cantar de los Cantares*, op. cit., vol. I, p. 115.

del hombre por la gracia santificante —*partícipes de la naturaleza divina*—, operada en la relación del amor divino-humano, no constituye una unión en la naturaleza (de Dios), sino la recepción de lo que en la Escuela se llama una *como segunda naturaleza*.

## 10.7   El fin último de la persona humana

El último punto a analizar ha quedado ya sobreentendido en las consideraciones que se han realizado sobre la persona y su acción eminentemente personal. No obstante conviene detenerse ahora en él porque aparece un elemento nuevo, bajo forma de aporía, que ha de introducirse en la teoría filosófica sobre el amor y la persona, tal y como se desprende de los *Comentarios*. La tesis vendría expresada de la siguiente manera: el fin último del hombre es el fin que le viene dado en su constitución como *persona*; el modo de alcanzar ese fin, según su *naturaleza*.

En el capítulo titulado "De la Contemplación y de la Humanidad del Señor", y el siguiente a éste, con el que se termina el vol. I de los *Comentarios*, "El Perfume del Esposo y la Pastoral Cristiana",[79] el autor se enfrenta a difíciles problemas teológicos con el material que sobre el amor ha elaborado anteriormente. La persona humana ha sido creada para el exclusivo fin de amar y, correlativamente, para ser amada; y a este fin se subordinan tanto la volición del bien, como la contemplación de la verdad y

---

[79] A. Gálvez, *Comentarios al Cantar de los Cantares*, op. cit., vol. I, págs. 347-426.

*10.7 El fin último de la persona humana*　　　　　　　　　395

la visión de la belleza.[80] Además, la persona humana es *persona* por su acto de ser directamente creado por Dios, y es *humana*, porque ese acto de ser sustenta en el ser inseparablemente a un alma, que sin prioridad ni posterioridad temporal, se une a un cuerpo, haciéndole partícipe de su ser creado, constituyendo una naturaleza completa en un supuesto individual. Por lo tanto, por ser *persona*, es capaz de amar, y por ser *humana*, ha de amar con la naturaleza que surge de la unión de alma y de cuerpo. Por ser la acción de amar de carácter trascendente y causante de una relación, debe terminar, para que sea perfecta, en un ente personal; la cual persona ha de manifestarse, de igual modo, mediante una naturaleza humana con la que pueda corresponder, a su vez, a esa acción amorosa.[81]

Se muestra así, con claridad, que la relación de amor perfecta ha de darse entre seres con el mismo estatuto ontológico[82] —personas, capaces de amar— y en igualdad de condiciones

---

[80] "Dios, que es Amor, creó al hombre a su imagen y semejanza y lo dotó de la capacidad de amar como fin suyo propio, peculiar y último." Cf. A. Gálvez, *Comentarios al Cantar de los Cantares*, op. cit., vol. I, p. 351.

[81] La lógica de estos argumentos es aplicada por el autor de los *Comentarios* para presentar un motivo nuevo de la tradicional pregunta cristológica, *cur Deus homo*: "De nuevo cabe formular la pregunta: *Cur Deus Homo*...? ¿Por qué el Verbo se hizo carne...? ¿Para qué tomó una carne tangible —carne y sangre, corazón que late como el de cualquier ser humano, manos que bendicen y abrazan y que han sido realmente taladradas, ojos verdaderos que miran enamorados— si luego el creyente ha de prescindir de ella para llegar hasta el Dios innominable...?" Cf. A. Gálvez, *Comentarios al Cantar de los Cantares*, op. cit., vol. I, p. 379.

[82] El mismo estatuto ontológico no significa la idéntica perfección en el ser, pues en la escala de los seres cabe admitir, desde el punto de vista de la razón, la existencia de un Ente Personal, cuya Perfección supera infinitamente a la perfección de los seres creados que son llamados entes personales.

ontológicas —naturalezas, medios *sine quibus non*—; y que, según esta teoría, no cabe una relación recíproca amorosa entre seres de distinto estatuto ontológico, por ejemplo, entre una persona y un ser irracional. Y entre personas con distinta condición ontológica —naturalezas diferentes—, cabría una acción amorosa cuya relación de amor sería desigualmente recíproca y por lo tanto imperfecta, al menos, para uno de los sujetos de la relación, pues la perfección en la acción recíproca requiere el concurso de las mismas potencias libremente operativas que emanan de la naturaleza completa como de su principio remoto.[83] Es decir, la relación perfecta de amor requiere el mutuo verse, contemplarse, escucharse, etc., y en definitiva el mutuo entregarse en igualdad de condiciones.[84] Por último, la noción de persona humana ha quedado estrechamente vinculada a la excelencia en el ser participado —y recibido de Dios—, cuya potencia activa de ser se identifica al mismo tiempo con su capacidad de amar; y su incapacidad para no ser es distinta de su

---

[83] "Porque, una vez establecido que cada cosa actúa según su naturaleza —elevada, si se quiere, pero no destruida—, es forzoso reconocer que el hombre ha de amar siempre como tal ser completo; o, si se quiere decir de otro modo, con su alma y con su cuerpo. Por lo menos habrá que admitir que ese, y no otro, es su modo más propio y perfecto de participar de esa misteriosa realidad que es el amor." Cf. A. Gálvez, *Comentarios al Cantar de los Cantares*, op. cit., vol. I, p. 374.

[84] "El hombre ama cuando encuentra unos ojos distintos de los suyos, en los cuales se mira, y donde se siente contemplado, a su vez, por la persona amada; cuando cuenta con los labios y los oídos de la otra persona, pues el amor humano vive de mutuos requiebros y promesas de amor, pronunciados con labios de carne y escuchados con oídos de carne; cuando percibe juntamente los latidos de los dos corazones, el suyo y el de la persona amada, pues sin esa experiencia, hecha realidad en el abrazo amoroso, difícilmente podría entender lo que es el amor." Cf. A. Gálvez, *Comentarios al Cantar de los Cantares*, op. cit., vol. I, p. 22.

## 10.7 El fin último de la persona humana

capacidad para dejar de ser, pues la propia persona creada, ni puede quitarse a sí misma el ser, ni puede entregar su ser, pero podría perderlo, si su Creador dejara de comunicárselo.[85] Por eso mismo, la potencia activa personal capaz de amar, aunque no es una real incapacidad de amar, sin embargo es capacidad libremente ejercida para dejar de amar.

De modo inmediato, surge una inquietud fundamental en la reflexión que esta teoría elabora sobre el amor y la persona en torno al último fin. Tal inquietud lleva al teórico a preguntarse acerca del objeto propio sobre el que recae la acción amorosa, objeto que constituye el fin último al que tiende la persona humana. Se expresaría de la siguiente forma: si, siendo un ente personal el único objeto que puede constituir el término de la actividad amorosa, ¿quién es o sobre quién debe recaer esa acción eminentemente personal del ente que es hombre? Para dar una adecuada respuesta hay que tener en cuenta que la filosofía solamente puede descubrir con su razón la existencia de entes personales humanos y la existencia de Dios Creador, Ente Per-

---

[85] "La conservación prolonga a la creación: es una 'creación continuada'. La diferencia entre lo conservado y lo creado es solo conceptual. Lo creado consiste en lo contingente en tanto que se da en él la novedad de estar-siendo (*novitas essendi*). Y lo conservado es lo contingente en tanto que el estar siendo no es ya en él una novedad... Y cuando algo contingente cesa, no ha habido un cambio en la voluntad misma de Dios. No cabe que Dios cambie en su querer. Lo que cabe es que Dios quiera que algo cambie, permaneciendo Él mismo tal cual es.... Dios quiere que algo dure un cierto tiempo, y ese algo dura ese tiempo y nada más.... Y si Dios quiere que algo dure siempre, ese algo sigue siendo, en todo instante, mantenido por Dios, pues solo Dios es por-sí." Cf. A. Millán-Puelles, *Léxico Filosófico*, op. cit., voz "Creación (y Conservación)", págs. 193-194.

sonal.[86] Luego, o bien la acción amorosa de la persona humana, en virtud de la cual radica el fin para la que ha sido creada, termina en una persona humana, o bien termina en la Persona Divina. Independientemente de las justas consideraciones que se han hecho sobre la abierta e ilimitada apertura del hombre a la verdad mediante su entendimiento, y al bien, mediante su voluntad, —las cuales reclaman una Verdad y un Bien que pueda colmar esas ansias, que de ningún modo pueden ser satisfechas por la verdad y por el bien participado—, cabría establecer desde el punto de vista de la actividad amorosa del fin, según los dos entes personales (hombre y Dios), una doble posibilidad de relación recíproca de amor: bien entre dos personas humanas, bien entre una persona humana y el Ente Personal Creador Dios; y ambas relaciones son posibles en calidad de ser entes con capacidad de amar.

Se llama amor humano, a la relación que entre personas de la misma condición ontológica —naturaleza—, se efectúa mediante la mutua acción amorosa. Se llama amor divino-humano (no sobrenatural), a la relación que entre personas de distinta condición ontológica (naturaleza divina y naturaleza humana) se efectúa mediante la mutua acción amorosa. La primera, sien-

---

[86] "Esa Causa es trascendente al mundo..., por ser la Plenitud o Totalidad del Ser Infinito, eterno, simplicísimo, omniperfecto... Esa Causa es Inteligencia y Voluntad (puesto que hay efectos inteligentes y libres, su Causa tiene que serlo y en grado absoluto; por otra parte, la creación manifiesta una Inteligencia creadora, y una voluntad creadora, ya que los entes no son necesarios por sí mismos, sino que existen por una voluntad libérrima y gratuita del Creador, a quien no añaden nada). Luego esa Causa es Personal. A esa Causa Primera, con todas esas características es a lo que llamamos Dios. Luego Dios existe." Cf. C. Cardona, *Olvido y Memoria del Ser*, op. cit., p. 400.

## 10.7 El fin último de la persona humana

do una relación en sí misma más perfecta desde el punto de vista de la mutua acción amorosa, pues se llevaría a cabo mediante la completa naturaleza humana de ambos amantes, sin embargo, es imperfecta en virtud de los sujetos que la realizan, cuyo ser es simplemente recibido y participado, y cuya acción amorosa, por más que tienda a la unión en la relación, sigue siendo una mutua relación de acciones. Probablemente, la expresión máxima que se da en el puro amor humano, el amor conyugal,[87] obtiene la calificación de *perfección máxima* que puede alcanzar el amor entre personas puramente humanas. Pero la *perfección máxima* que alcanza el amor humano no es *la máxima perfección* en el amor.

Es evidente que el simple amor humano, el que se da fruto de dos acciones amorosas ejercidas por dos personas humanas, está sujeto a una serie de limitaciones, que impiden la realización plena del fin último personal, pues por mucho que se quiera entregar, nunca se podría llegar a la entrega total de la naturaleza humana, ni alcanzar ese límite de pobreza radical en la que quedaría la persona si pudiera entregarlo todo menos su misma

---

[87] "Como el amor conyugal aparece ante el hombre, de un modo muy patente, con esas características y matices, parece el más adecuado para hablar del amor perfecto, cual es el amor de entrega y de totalidad. Por eso el amor conyugal es superior en el hombre (al menos en cierto modo) al amor paterno-filial y a todo otro amor." Cf. A. Gálvez, *Comentarios al Cantar de los Cantares*, op. cit., vol. I, p. 30. Hablando del amor divino-humano y sus notas de entrega absoluta y recíproca entre los amantes afirma: "Pero, precisamente por eso, es indudable que el analogado más apropiado para figurarlo es el amor conyugal el cual alcanza su mayor forma de expresión en la unión carnal de los esposos: *Y serán dos en una sola carne*. Sin olvidar que el amor conyugal... no es más que un analogado; en cuanto que vive de deseos y anhelos que nunca van a alcanzar la realidad de su plenitud." Ibidem, vol. II, p. 329.

capacidad de amar. En los seres personales de naturaleza humana, por el hecho de ser creados, el ser no es, sino que es el ente. La muerte, y nos estamos refiriendo aquí al morir que ha sido activamente preparado desde la acción amorosa, aunque supone la máxima entrega que una persona puede realizar, la entrega de su propia vida, de su propio cuerpo, y la descomposición de la naturaleza humana en alma y cuerpo, sin embargo, para la persona humana que así asume la muerte, su propia alma, en la que tiene su acto de ser personal, no puede ser en absoluto entregada. El hombre puede dar su vida, —la animación del alma a su cuerpo—, pero no puede entregar su alma porque el ser recibido nunca es, sino que es el ente. Entregar el alma significaría entregar el ser.

La segunda relación, siendo perfecta la acción por parte del Ente Personal Divino, de igual modo que su Acto Creador también lo es, sin embargo, por parte de la persona humana, la acción amorosa hacia ese ente personal sería sumamente imperfecta pues no podría realizarse según la naturaleza, al ser distintas (con distancia infinita) la propia de Dios y la propia del hombre; y la relación de amor, no podría llevarse nunca en el plano de igualdad. Por lo demás, el conocimiento de Dios por parte del hombre, desde el exclusivo punto de vista de la razón, es sumamente imperfecto,[88] y adquirido por pocos hombres y después de un largo proceso intelectual. Luego, si la acción amorosa que pudiera darse en el amor divino-humano, ha de iniciarse en un previo conocimiento, y en la medida de la

---

[88] "Puesto que las posibilidades de la razón humana de alcanzar un concepto preciso de Dios, más allá de lo poco que puede aportar la analogía, son radicalmente nulas, debe ser reconocida la razón de la teología apofática al propugnar el camino de las negaciones y sustracciones." Cf. A. Gálvez, *Comentarios al Cantar de los Cantares*, op. cit., vol. I, p. 416.

## 10.7 El fin último de la persona humana

intensidad y la profundidad de este conocimiento, se daría también la intensidad y la profundidad de la relación amorosa, el amor divino-humano por parte de la persona humana, a parte de dejar una gran insatisfacción al hombre, si bien la haría una actividad eminentemente personal, no dejaría de ser ejercida de un modo muy imperfecto:

> "Si el hombre ha sido creado para amar a Dios, ya desde esta vida, es necesario admitir que ha sido creado para conocerlo ya desde esta vida también. Y, puesto que el conocimiento ha de ser indudablemente proporcional a la intensidad de un amor que debe ser total... resultaría algo embarazoso, por no decir imposible, contentarse con una idea de la persona amada que hubiera sido elaborada a base negaciones, abstracciones y sustracciones."[89]

Y otro texto de gran claridad que refleja lo imperfecto que es para la persona humana estar destinada a amar a Alguien al que no puede percibir sensorialmente:

> "Y dado que el hombre, en efecto, ni siquiera puede imaginar lo que es un espíritu puro, se hace tarea difícil y ardua —bastante difícil y bastante ardua— describir su capacidad para *enamorarse* de un Ser infinito, conocido en todo caso como el *Ipsum Esse Subsistens*, y del que los teólogos se huelgan en decir, con entera razón, que *si intelligis, non est Deus*."[90]

---

[89] A. Gálvez, *Comentarios al Cantar de los Cantares*, op. cit., vol. I, págs. 416-417. En realidad, "el hombre no puede saciarse ni tranquilizarse con el "Absoluto", o cualquier otro tipo de Dios filosófico." Ibidem, p. 35.

[90] A. Gálvez, *Comentarios al Cantar de los Cantares*, op. cit., vol. II, págs. 263-264.

Y de estas consideraciones tanto del amor humano como del divino-humano, surge una aporía en la reflexión filosófica: si el hombre ha sido creado para amar y por esa misma razón es persona, y el fin último de su existencia es amar y amar entregando en totalidad y recibiendo recíprocamente en totalidad; si la muerte amorosamente recibida y activamente preparada es la mayor demostración de entrega en totalidad que una persona humana puede realizar, pero no consigue dejarla en un despojo absoluto, en su pura capacidad de entrega; si el amor puramente humano logra una perfección que no es desde luego, la máxima perfección; si el amor divino-humano carece de los medios ontológicos necesarios para la recíproca y perfecta acción amorosa, ¿acaso no se deriva de estas consideraciones una aporía entre el fin último de la persona humana, y el concepto mismo de persona que aquí se ha propuesto, como si la persona hubiera sido creada para ejercitar una acción amorosa y alcanzar con ella un fin que naturalmente va a ser imposible de ser realizado en plenitud?; ¿no parece como si la filosofía, reconociendo una suerte de limitación en el poder de la razón, tuviera ella misma que establecer que el estudio al que ella se aplica no es el de las causas últimas, sino el de las penúltimas causas?; ¿no es éste uno de los puntos de apoyo para justificar que la *cuestión de hecho*, relativa a la conexión entre fe y razón, teología y filosofía, que fue explicada en la primera parte de este trabajo, exige afirmativamente la *cuestión de derecho*? El autor de los *Comentarios* es bien consciente de esta necesidad, hablando precisamente de ciertos problemas profundos que no logran tener una explicación satisfactoria:

> "Tal vez porque el entendimiento humano no ha sido capaz de más por ahora. Sin embargo conviene tomar conciencia del hecho y no confundir el camino con el tér-

*10.8 La exigencia ética, antropológica y metafísica* 403

mino o la llegada... No es infrecuente el caso de que los filósofos o pensadores se satisfagan con el penúltimo o antepenúltimo *porqué*, en lugar de hacerlo con el último, tal como manda la buena doctrina.'[91]

En este sentido, la Filosofía Cristiana, aquélla que está en el horizonte de la reflexión racional del teórico en una conexión fecunda con la Revelación, reconoce que 'a partir del momento de la Encarnación, cualquier intento que se lleve a cabo para elaborar un concepto puramente metafísico o teológico de Dios, prescindiendo de Jesucristo, es insuficiente. Lo cual, si bien no significa que tal especulación sea ilícita o inútil, es sin embargo una advertencia acerca de lo poco práctico que sería contentarse con un conocimiento de Dios que, a fuer de meramente filosófico, no pretendiera seguir adelante y enriquecerse con los datos que aporta la revelación completa.'[92]

## 10.8 La exigencia ética, antropológica y metafísica

La teoría filosófica expuesta aquí, a partir del pensamiento teológico de A. Gálvez, no se ha desarrollado en toda su magnitud, puesto que una gran cantidad de temas relacionados con el amor y con la persona no han podido ser abordados ni siquiera señalados; sin embargo, las afirmaciones que han entrado en la composición de esta teoría durante el desarrollo del

---

[91] A. Gálvez, *Comentarios al Cantar de los Cantares*, op. cit., vol. II, p. 171, n. 5.
[92] A. Gálvez, *Comentarios al Cantar de los Cantares*, op. cit., vol. I, p. 416.

presente capítulo, ofrecen una estructurada y relacionada conexión entre los cinco conceptos fundamentales de antropología —naturaleza espiritual del alma, alma como forma sustancial del cuerpo, cuerpo, persona y fin último—, y las dos realidades específicamente humanas, -amar y morir—; y, al mismo tiempo, en plena inserción con los logros adquiridos por toda una tradición filosófica de índole cristiana, ayudan a conseguir una síntesis más armoniosa entre la ética, la antropología y la metafísica. Tres pilares fundamentales constituyen, respectivamente, a cada una de estas ciencias, según la teoría aquí defendida: el Primado de la acción amorosa en la ética; el Primado del ser creado, persona humana, en la antropología; y el Primado del Ser Creador Personal que es Amor, en la metafísica. El fin último de la persona humana es amar a Dios, su Creador, y todas sus acciones están determinadas por la existencia de este fin (ética); humanamente, que es lo mismo que decir naturalmente, este fin se presenta como inalcanzable en toda su intensidad, no por parte de Dios, sino por parte del hombre, pues siendo ambos personas, sin embargo tienen distintas naturalezas. En virtud de esto, la razón misma tiene un límite en su horizonte que exige la ayuda de la Revelación (un Dios hecho hombre, un Dios que asuma para sí la naturaleza ontológica del hombre ya que el hombre no tiene posibilidad de asumir la naturaleza divina). Además, Dios, Ente Personal, Potencia Activa, para que pueda efectuarse este fin en el hombre, lo crea como persona y le confiere una nobleza en el ser, que lo distingue del resto de la creación material (metafísica); por último, el modo *sine qua non* que le asigna, y le corresponde a esta persona para alcanzar su fin último, es el que le proporciona su naturaleza humana, compuesta de un alma espiritual que, a su vez, es forma sustancial de un cuerpo (antropología); la muerte, libremente asumida por

## 10.8 La exigencia ética, antropológica y metafísica

la persona humana desde el punto de vista de su fin, a saber, el amar, supone un quiebre, una ruptura dolorosa en la naturaleza de la unión del alma y del cuerpo, pero deja intacta la estructura metafísica del alma. El alma humana después de la muerte sigue siendo persona sencillamente porque *sigue siendo*. Y en virtud de esta disolución que produce la muerte, aparte de dejar al alma con una cierta pobreza ontológica en su condición humana, la razón vuelve a enfrentarse con un nuevo límite, y, concomitantemente, una nueva exigencia de la fe (el dogma de la resurrección final). Y en este sentido, quizá el más profundo de todos, la filosofía se contempla a sí misma como *ancilla Theologiæ*.

Por lo tanto, el estatuto ontológico del alma después de la muerte es el de persona, y viene exigida esta continuidad, después de esa tragedia, en virtud de los tres Primados que se dan en la reflexión ética — el Primado del fin último del hombre, cual es la acción de amar—, en la antropológica —el Primado de la persona humana—, y en la metafísica —el Primado del Acto de Ser Personal . Y la síntesis que se da en la intuición intelectual de estos tres conocimientos no es otra que el amor como relación recíproca entre el Ser Personal de naturaleza divina (que en la plenitud de los tiempos asume una naturaleza humana), y el ente personal creado de naturaleza humana. La filosofía, *per se*, no hubiera podido llegar a esta frontera de la realidad.

# 11
# LA SÍNTESIS PLATÓNICA

## 11.1  Introducción

Habiendo elaborado una teoría del amor y de la muerte que hace un uso conexionado de los cinco conceptos fundamentales en antropología filosófica y da una explicación convincente de las dos realidades del amar y del morir, solo nos queda estudiar nuestro específico problema del estatuto ontológico del alma separada, primero en Platón y después en Santo Tomás de Aquino. Al hacerlo de esta manera, se quiere comprobar cómo depende ese estatuto ontológico, al igual que en la teoría de A. Gálvez, de los planteamientos respectivos y de la síntesis entre ética, antropología y metafísica. Pues en la teoría filosófica extraída de los *Comentarios*, —insistamos de nuevo en ello, dada su importancia—, la síntesis entre esas tres ciencias, consistente en el mutuo amor recíproco —la relación de amor— entre Dios, Ser Personal, y la persona humana, exige rigurosamente para el alma separada el estatuto ontológico de persona: lo exige la metafísica, la ciencia del Ser y del ser participado; lo exige la antropología, la ciencia de la persona en naturaleza humana; y por último, lo exige la ética, la ciencia del fin último, a saber, la acción amorosa del ser personal humano al Ser Personal, y de los medios para conseguirlo. Por lo tanto, solo es posible que el alma separada pierda su estatuto ontológico de persona tras la muerte en virtud de que, o bien la ética, o bien la antropología o bien la metafísica, según la respectiva reflexión de Platón y de Santo Tomás, no requieran esa exigencia tan drástica como la aquí defendida.

No olvidemos, además, que por *estatuto ontológico* se entiende el principio primero más radical y fundante en la constitución de un ente —lo que en la Filosofía de la Escuela pertenece al fundamento de todo lo real, el acto de ser, y cuyo ámbito es el orden trascendental—; mientras que por *condición ontológica* se entiende el principio que, respecto del acto de ser, se comporta como potencia, y respecto de todo lo demás, se comporta como acto —lo que en la Filosofía de la Escuela se llama esencia, o naturaleza, y este segundo ámbito pertenece al orden predicamental—; esta condición ontológica actúa como medio *sine qua non*, o *mediante ontológico*, para la consecución del fin último de un ente. Y no olvidemos tampoco que la principal cuestión ética, la cual versa sobre el fin último, siguiendo el precepto de Delos —*Conócete a ti mismo*—, ha de ser contestada, según la teoría antes defendida, desde el *estatuto ontológico* y no desde la *condición ontológica*, es decir, desde la persona y no desde la naturaleza.

Una diferencia entre Platón y Santo Tomás de Aquino sobre este particular, aunque no la más importante, radica en que aquél hace uso del mito para hablar del *alma en calidad de liberada*, mientras que éste aplica la razón, y los avances alcanzados

## 11.1 Introducción

por las distintas disciplinas filosóficas, para aclarar la idéntica situación del *alma en calidad de separada*. Ya se ha dicho aquí el papel esencialmente pedagógico que en la filosofía platónica tiene el mito;[1] añadiremos ahora que, particularmente, los mitos escatológicos de Platón, como los que aparecen en el *Gorgias*, en el *Fedro*, en la *República* y en el *Fedón*, expresan, a su modo, una firme convicción de la existencia real del alma, liberada del cuerpo, tanto desde el lado certísimo de la fe como desde el lado de una razón no tan cierta como la fe.[2] Pero, dada la singular antropología platónica, para la cual el cuerpo es un postizo, la *narración mitológica* sobre el estatuto ontológico del alma liberada no difiere en nada de la *reflexión racional* sobre el estatuto ontológico del alma encarcelada, a no ser que sirva para confirmar la tesis fundamental de dicha antropología: el alma es inmaterial, y se une al cuerpo forzosamente como caída o castigo.

Ha de tenerse en cuenta además, al analizar la perspectiva platónica desde la teoría de A. Gálvez, formulada en el marco de una Filosofía Cristiana cuya base es la metafísica de Santo Tomás de Aquino, que en el sistema de Platón faltan dos de los cinco conceptos antropológicos fundamentales, a saber, el

---

[1] "Ce n'est pas dans les démarches dialectiques de la raison, mais dans les mythes, que Platon nos livre son dernier mot et nous révèle ce que lui tient à coeur." Cf. A. Nygren, *Erôs et Agapè. La Notion Chrétienne de l'Amour et ses Transformations*, op. cit., págs. 183-184.

[2] "El gran valor pedagógico y heurístico del mito está en que la narración mítica presenta con particular relieve y luminosidad determinadas relaciones que luego se aplican analógicamente a la explicación de relaciones semejantes, pero menos evidentes, en el mundo real. De ahí deriva, por ejemplo, la enorme eficacia de los mitos de ultratumba..." Cf. J. Vives, *Génesis y Evolución de la Ética Platónica*, op. cit., p. 13.

alma, forma en acto de un cuerpo orgánico, y el de persona. Lo cual, evidentemente, hace de la síntesis platónica un sistema incompleto y, por lo tanto, deficitario a la hora de califcarlo como síntesis de un pensamiento.

A pesar de todo esto, vamos a exponer una síntesis de la filosfía platónica —la primera en la historia de esta ciencia del saber— en torno a la ética, la antropología y la metafísica; se ofrece en la parte final del discurso de Diotima en el *Banquete*, precisamente un diálogo donde Platón no recurre a ningún mito escatológico para apoyar sus reflexiones.[3] Y la razón que justifica este análisis consiste en que Diotima presenta una teoría del amor y de la muerte con tres de los cinco conceptos antropológicos que antes habíamos señalado: alma humana, cuerpo, y fin último. Pese a ser deficitaria, no deja de ser una experiencia filosófica fundamental, *una enjundiosa tarea*, comparar los logros de la Sabiduría Griega con los propios de la Sabiduría Cristiana.

## 11.2 Los Primados fundamentales del Platonismo

Habiendo sido ya analizadas, en la parte segunda de este trabajo, el desenvolvimiento de la idea de alma en la obra platónica y los dos caminos de acceso que conducen a Platón a indagar sobre su naturaleza, es necesario hacer unas últimas consideraciones sobre lo que constituye lo específico de su pensamiento en torno a la ética, la antropología y la metafísica, y descubrir qué ideas fundamentales recorren cada una de estas

---

[3] Platón, *Banquete*, op. cit., 209e-212a.

## 11.2 Los Primados fundamentales del Platonismo

reflexiones. No obstante hay que tener en cuenta, concretamente en el caso de Platón, que presentar su obra de modo sistemático es algo que en sí mismo no es platónico.[4] Nygren, en su estudio sobre el Éros platónico, destaca lo difícil y peligroso que resulta 'definir con precisión los límites de su pensamiento personal y de su teoría propia.'[5] Además, sobre todos aquéllos que quieran reflexionar acerca de la obra de Platón pesa una especie de anatema que él mismo estableció en su Carta VII:

> "Lo que puedo decir acerca de los escritores pasados o futuros que afirman saber lo que constituye el objeto de mis esfuerzos, bien por haberlo aprendido de mí o de otros, o por haberlo descubierto por sí mismos, es que, en mi opinión, no tienen el menor entendimiento de la materia." [6]

Leibniz, en una carta dirigida a Rímond el 2 de Febrero de 1715, afirmaba exageradamente que si hubiera alguien que hiciera un sistema del pensamiento platónico, 'prestaría un gran servicio al género humano'.[7] Aquí no se va a prestar tal servicio,

---

[4] "Il est beaucoup de philosophes et de métaphysiciens dont la pensée se prête à un exposé systématique... Mais il est très difficile de procéder aussi à l'égard de Platon, qui, ou vient de le voir, n'a jamais entrepris dans ses oeuvres la présentation didactique d'un système." Cf. P. M. Schuhl, *L'Oeuvre de Platon*, J. Vrin, Paris, 1967, p. 11.

[5] "Il est toujours extrêmement périlleux, dans un cas comme celui-ci où Platon utilise une forme mythique d'exposition, de définir avec précision les limites de sa pensée personnelle et de sa théorie propre." Cf. A. Nygren, *Erôs et Agapè. La Notion Chrétienne de l'Amour et ses Transformations*, op. cit., p. 176.

[6] Platón, *Carta VII*, op. cit., 341b.

[7] "Si quelqu'un réduisait Platon en système, il rendrait un grand service au genre humain." Cf. Leibniz, *Oeuvres Complètes*, "Lettre à Rímond (II Febrero 1715)", ed. Gerhardt, t. III, p. 637.

sino que nos vamos a plantear una serie de interrogantes sobre los respectivos campos de las tres disciplinas filosóficas que están en juego. ¿Cuáles son los Primados fundamentales sobre los que gira el platonismo en la metafísica, la ética y la antropología? ¿Qué intuiciones fundamentales adquirieron fuerza ya en los inicios de la filosofía como ciencia rigurosa? ¿Qué síntesis subyace a este pensar platónico?

Tres son a nuestro parecer los *Primados* fundamentales de dicho pensamiento. Cada uno de estos Primados preside, respectivamente, las consideraciones de su metafísica, antropología y ética, y se manifiestan los tres de un modo tan unido, que la síntesis entre ellos caracteriza lo específico del platonismo. En el *Banquete*, los tres aparecen estrechamente conexionados.[8]

## 11.2.1 El Primado de la Idea

En primer lugar, y en relación a su metafísica, hay que subrayar que ocupan un puesto primordial en el platonismo las Ideas o las Formas. Son aquellas realidades absolutas a las que llega Platón mediante la investigación de lo que es la ciencia, y cuyo conocimiento se alcanza en la medida en que el alma logra separar su quehacer intelectual de lo aportado por los sentidos.

---

[8] "... in these relatively brief paragraphs that came to be known as the description of the ascent, Plato compresses the outlines of a theory of mind as well as the main theses of his ontology... If the later dialogues sound a different, more critical and tentative note, at least in the *Symposium* one still sees Plato as a confident constructor of metaphysical theories, to embrace a view of reality and to combine this with a view of the soul and its suggested movement, or paideia." Cf. J. M. E. Moravcsik, "Reason and Eros in the 'Ascent' -Passage ot the *Symposium*", in *Essays in Ancient Greek Philosophy*, op. cit., p. 301.

## 11.2 Los Primados fundamentales del Platonismo

Unas Ideas que son causa de sus correspondientes 'sombras' en el mundo sensible, —aunque la relación entre la Idea y su 'sombra' no quede unívocamente explicada[9]—; pero es cierto en el platonismo que las cosas bellas y buenas del mundo sensible son de ese particular modo, por causa de la Bondad y de la Belleza absoluta que existen en el mundo real de la Ideas. No son tampoco modos mentales de existencia, pensamientos de Dios, ni pensamientos de alguna inteligencia humana, sino que en sí mismas se constituyen como el único modo real de existencia. El Demiurgo y los dioses secundarios del *Timeo* las contemplan como realidades extramentales.[10] Expresada de un modo temático, la teoría de las Ideas viene a decir que, más allá del mundo aparente de las sombras que nos proporcionan los sentidos, está el mundo, real y verdadero, de las Ideas, que da consistencia a

---

[9] Son varios los conceptos que utiliza Platón para explicar esa determinada relación causal que existe entre el mundo de las Ideas y el mundo sensible, tales como copia, modelo, participación..., así como el recurso a la metáfora del Sol y la luz de la Caverna, expuestos en la *República*. Con toda claridad, sería éste uno de los grandes problemas con los que se enfrentó Platón, desde el *Fedón* hasta el *Timeo* y las *Leyes*, pasando por el *Banquete*, el *Fedro*, el *Parménides*, el *Sofista* y el *Político*. Cf. J. Vives, *Génesis y Evolución de la Ética Platónica*, op. cit., págs. 229-230: "La pasión metafísica ha hecho presa en él. Característico de esta pasión es el interés por la esencia en sí, aun dejando de lado el problema dificilísimo —que en realidad Platón jamás solucionaría de manera plenamente satisfactoria— de la manera como tal esencia se multiplica en los casos individuales."

[10] "El camino que acabamos de recorrer nos ha esclarecido las relaciones del Demiurgo con las Ideas. Estas no se identifican con él, ni son sus pensamientos. Entre ambos hay una separación abismal por el corte de lo divino y lo no divino. Pero, por otra parte, hay una relación estrecha, en tanto que las ideas son el ser, el paradigma, el telos de las cosas. Según ellas ha formado Dios el cosmos visible y le gobierna." Cf. M. Legido López, *El Problema de Dios en Platón*, op. cit., p. 141.

esta aparente y sensible realidad; frente a las cosas que se mueven en perpetuo cambio, son y mañana dejan de ser, se eleva la realidad inmutable de las Ideas, eternas y divinas. Generalizando más aún este primer aspecto de la metafísica platónica, se podría decir que el mundo de las Ideas, jerárquicamente presidido por la Idea de Bien, funda y da consistencia al mundo de la existencia de las cosas sensibles, hasta el punto de que aquél es el único portador de un valor para el metafísico —el valor de la Idea—, y éste es simplemente pasajero y anecdótico.[11]

La importancia que para la metafísica tuvo este concreto desarrollo de la filosofía platónica ha sido destacada por el filósofo cristiano e historiador Étienne Gilson, al describir la particular y primigenia posición metafísica de las Ideas platónicas —lo que aquí hemos llamado Primado de la Idea— con el nombre de 'Primado de la Esencia'.[12] Aquí asumimos esta descripción gilsoniana para especificar el vínculo que subyace en las reflexiones metafísicas de Platón. Con este 'Primado de la Esencia', o de la Idea, Gilson quiere decir, no que la existencia no sea algo dado en las esencias, pues indudablemente las Ideas platónicas existen independientemente de nuestro pensamiento y del pensamiento divino; sino que la existencia, en realidad, es un accesorio accidental, simplemente constatado, en lo que verdaderamente es sustancial para la metafísica, a saber, la Idea o la Esencia en sí misma considerada, o la esencia de la Idea.[13]

---

[11] "Le monde des Idées et celui des sens, le monde nécessairement reconnu par la raison et celui de la perception fortuite, son, il es vrai, immédiatement juxtaposés, mais —ce qui est remarquable— ils sont de valeur inégale." Cf. A. Nygren, *Erôs et Agapè. La Notion Chrétienne de l'Amour et ses Transformations*, op. cit. p. 186.

[12] Étienne Gilson, *L'Être et l'Essence*, J. Vrin, París, 1972, p. 59.

[13] Cf. M. Legido López, *El Problema de Dios en Platón*, op. cit., p. 101.

## 11.2.2  El Primado del Alma

En segundo lugar, el primado fundamental del platonismo en antropología lo constituye la realidad del alma humana, y las reflexiones que Platón hace sobre ella dieron origen al nacimiento de esta ciencia particular de la filosofía. La vía de la emoción y de la tendencia, y la vía del conocimiento y de la inteligencia, habían revelado a Platón que no todo es reducible a un principio material sino que, frente a la materia, se elevaba la verdadera realidad, la de las cosas espirituales o inmateriales, y en el hombre ambos mundos estaban simplemente unidos, en el mejor de los casos, como el piloto a la nave. Alma y cuerpo, espíritu y materia, convivían forzosamente en cada individuo humano. La razón, siguiendo el precepto de Delos, —¡Conócete a ti mismo!—, ha logrado trascender el mundo de la materia, al descubrir una realidad, el alma, cuya naturaleza no se podía explicar en términos materiales. La preexistencia del alma, los motivos de su encarnación en razón de una caída, su inmortalidad, eran todos ellos aspectos relacionados —y a veces de índole más religiosa que filosófica— con este fundamental logro racional: el alma es inmaterial y su naturaleza es parecida, en la medida de lo posible, a lo divino; el cuerpo al que se une, y la vida que el alma vive con él, es sencillamente *una mala noche en una mala posada*.

Ahora bien, igual que sucede con la reflexión metafísica de las Ideas y su relación con el mundo sensible, en el hombre lo verdaderamente real, inmutable, afín a lo divino es el alma, y lo cambiante, lo aparente, y lo accidental es el cuerpo. En virtud de su inmaterialidad y afinidad a lo divino, la existencia del alma es independiente del cuerpo que usa mientras vive su vida mortal. Es decir, desde el punto de vista metafísico, el estado de *encarcelada* o *liberada* que pueda tener el alma, nada añade a su estatuto ontológico. El cuerpo simplemente no goza del estatuto de lo que Platón considera como real, y el hombre queda reducido a su sola alma. La definición del alma que se propone en el diálogo *Alcíbiades*, como la de aquella realidad que usa un cuerpo, ha tenido el carácter de principio en una innumerable cantidad de desarrollos antropológicos que han reducido, consciente o inconscientemente, la realidad del hombre a la realidad del alma; caracterizándose todos ellos por lo que constituye en la antropología platónica, en parangón con la metafísica, el Primado del Alma.

Las afirmaciones platónicas, más extremas todavía, sobre la función obstaculizante que tiene el cuerpo para el alma y que aparecen en diálogos como el *Fedón* y la *República*, tan solo añaden una diferencia accidental a esa portentosa influencia que la reducción del hombre a su sola alma ha tenido en la antropología posterior; y en la filosofía de Platón ya hemos comprobado cómo quedan atenuadas por aquellas otras que resaltan la necesidad de los sentidos para alcanzar el verdadero conocimiento. En lo esencial, hay un paso, por lo demás fácil de dar, entre la antropología para la cual el cuerpo es solamente un instrumento del alma, y aquella otra antropología en la que el cuerpo es un molestia, una cárcel o una tumba; y la prueba más clara de que así sucede radica en que el mismo Platón salta de una antropología a otra frecuentemente, y a veces en el mismo diálogo. Además, la historia de la filosofía nos muestra cómo determinados filósofos que no aceptarían las tesis platónicas sobre la antropología del cuerpo como instrumento del alma y menos aún como cárcel, sin embargo no tendrían inconveniente en hacer uso de una implícita y escondida aceptación de este modo de pensar sobre el cuerpo y el alma cuando del fin último del hombre se trata. Ya dijimos antes que Aristóteles, que en su *De Anima* nada tiene de platónico, no escapa a la influencia de su maestro al reflexionar sobre lo que constituye la felicidad última del hombre en el capítulo X de la *Ética a Nicómaco*. Una vez alcanzado el fin último por alma a través de su inteligencia, el cuerpo necesariamente ha de, literalmente, desaparecer.

En definitiva, el hombre para Platón es su alma, y de ningún modo su cuerpo. La corriente antropológica que partiendo de Platón llega hasta el mismo corazón de la Edad Media manteniendo, consciente o inconscientemente, que el hombre es su sola alma, y el cuerpo un instrumento eficaz o una pesada carga, hunde su raíz indudablemente en la antropología platónica, y sus reflexiones pueden ser englobadas en lo que antes hemos convenido en llamar el Primado del Alma.

Y del mismo modo que en el Primado de la Esencia afirmábamos con Gilson que el modo de la existencia de las Ideas, siendo verdaderamente reales, era algo accidental y simplemente constatable para la reflexión metafísica, ahora, también en el Primado del Alma, lo que verdaderamente importa en la reflexión antropológica de índole platónica es la esencia de ella, y no su modo de existencia, el cual modo es sencillamente constatado para fines puramente éticos o ascéticos.

### 11.2.3  El Primado de la Contemplación

En tercer lugar, para descubrir cuál es el primado del platonismo en la ética, hay que recordar que su reflexión surge a la hora de considerar el concreto modo en virtud del cual se ha de unir el mundo inteligible y real de las Ideas con esa otra realidad que constituye lo esencial del hombre, a saber, el alma, cuya naturaleza requeriría 'toda una larga y divina explicación; pero decir a qué se parece, es ya asunto humano, y, por supuesto, más breve.'[14] Conviene señalar en este preciso momento que el problema de la unión del alma con ese mundo divino fue más preponderante, en el pensamiento platónico, que el problema de la relación entre el mundo de las Ideas y el mundo sensible. Lo que interesó a Platón, y lo que hizo de él un amante de la Sabiduría, un filósofo, fue la manera que tenía el alma de parecerse e imitar el modo de ser de los dioses, y el modo de vincular el alma y la Idea. En su último diálogo, las *Leyes*, el discurso que el legislador de la ciudad dirige a los ciudadanos, revela el fin último, y al mismo tiempo la grandeza, de la vida de Platón:

> "Para nosotros Dios debe ser la medida de todas las cosas, e incluso mucho mejor que el hombre, como se suele decir por ahí. Para ser amado de un ser tal, es necesario asemejarse a él lo más posible y, según este principio, el que de nosotros es prudente es amado de Dios, pues se asemeja a él, pero el imprudente, resulta desemejante y distinto, lo mismo que el injusto."[15]

Por lo tanto, lo específicamente platónico en la ética viene determinado por el modo de unión de una antropología que reduce el hombre a su sola alma, y una metafísica que reduce el ser al mundo de las Ideas.[16] ¿En que consiste la actividad esencial del alma, su fin último, aquélla que le va a proporcionar

---

[14] Platón, *Fedro*, op. cit., 264a.

[15] Platón, *Leyes*, op. cit., 716cd.

[16] "Sa position médiane ne signifie pas qu'il doive les réunir en sa personne; il doit, au contraire, s'arracher au monde inférieur et s'élever au monde supérieur. Cet acte de l'homme qui se détourne ainsi du monde matériel et

## 11.2 Los Primados fundamentales del Platonismo

una liberación del cuerpo y de las sucesivas reencarnaciones? El único modo que se da en la filosofía platónica para unir estos dos mundos esenciales, el alma y las Ideas, se realiza mediante un impulso, Eros, y la actividad incorpórea del entendimiento, totalmente separada de su cuerpo; actividad que recibe el nombre de *contemplar* y la relación que surge de esta actividad con el objeto contemplado no es sino la *contemplación*.[17] El diálogo *Fedón* presenta en grado máximo las consecuencias que para una teoría del conocimiento conlleva una antropología de índole platónica:

> "¿Pero acaso los has percibido con algún otro de los sentidos del cuerpo? Me refiero a todo eso, como el tamaño, la salud, la fuerza, y, en una palabra, a la realidad de todas las cosas, de lo que cada una es. ¿Acaso se contempla por medio del cuerpo lo más verdadero de éstas, o sucede del modo siguiente: que el que de nosotros se prepara a pensar mejor y más exactamente cada cosa en sí de las que examina, éste llegaría lo más cerca posible del conocer de cada una?"[18]

¿Y no sigue siendo coherente la teoría del conocimiento platónica y su antropología, con el fin último propuesto para unir el alma y las Ideas, a saber, la actividad contemplativa, al

---

s'élève au monde des Idées, constitue, pour ainsi dire, une victoire du monde des Idées sur le monde des sens." Cf. A. Nygren, *Erôs et Agapè. La Notion Chrétienne de l'Amour et ses Transformations*, op. cit., p. 186.

[17] "La Ética platónica, basada en la práctica de la virtud, mediante el ascetismo y la purificación, está inspirada por el anhelo de llegar a la recuperación del estado feliz primitivo en que el alma —también de naturaleza 'divina'— contemplaba, antes de su pecado, las realidades del mundo superior." Cf. G. Fraile, "Teología de Platón", *op. cit.*, p. 618.

[18] Platón, *Fedón*, op. cit., 65de.

exigir para la perfección de esta actividad, no solo una ascesis o catarsis de los sentidos, sino una total y radical separación del cuerpo?

> "Pues si no es posible por medio del cuerpo conocer nada limpiamente, una de dos: o no es posible adquirir nunca el saber, o solo muertos. Porque entonces el alma estará consigo misma separada del cuerpo, pero antes no. Y mientras vivimos, como ahora, según parece, estaremos más cerca del saber en la medida en que no tratemos ni nos asociemos con el cuerpo, a no ser en la estricta necesidad, y no nos contaminemos de la naturaleza suya, sino que nos purifiquemos de él, hasta que la divinidad misma nos libere. Y así, cuando nos desprendamos de la insensatez del cuerpo, según lo probable estaremos en compañía de lo semejante y conoceremos por nosotros mismos todo lo puro, que eso es seguramente lo verdadero. Pues al que no esté puro me temo que no le es lícito captar lo puro."[19]

En efecto, el alma se asemeja y adquiere su afinidad con los dioses en la medida en que conoce el mundo de las ideas, y esta posesión cognoscitiva, lejos de agotar la realidad de las Ideas, sin embargo, es la única permitida a un alma cuya unión a un cuerpo es considerada como un tropiezo o una caída:[20]

> "En cambio, siempre que ella las observa por sí misma, entonces se orienta hacia lo puro, lo siempre existente

---

[19] Platón, *Fedón*, op. cit., 66e-67ab.

[20] "Cualquier alma que, en el séquito de lo divino, haya vislumbrado algo de lo verdadero, estará indemne hasta el próximo giro y, siempre que haga lo mismo, estará libre de daño. Pero cuando, por no haber podido seguirlo, no lo ha visto, y por cualquier azaroso suceso se va gravitando llena de olvido y dejadez, debido a este lastre, pierde las alas y cae a tierra." Cf. Platón, *Fedro*, op. cit., 248c.

## 11.2 Los Primados fundamentales del Platonismo 421

> e inmortal, que se mantiene idéntico, y, como si fuera de su misma especie se reúne con ello, en tanto que se halla consigo misma y que le es posible, y se ve libre del extravío en relación con las cosas que se mantienen idénticas y con el mismo aspecto, mientras que está en contacto con éstas. ¿A esta experiencia es a lo que se llama meditación?"[21]

Por lo tanto, toda ética que, como la platónica, dependa de una antropología, para la cual el cuerpo es simplemente una rémora que impide el perfecto ejercicio de la actividad propia del alma; y dependa de una metafísica para la cual la esencia es lo único real y verdadero, y en la que lo real presente a los sentidos es ficticio, *mundo sensible*, y lo ficticio a los sentidos es real, *mundo inteligible*, vendrá caracterizada en sus afirmaciones por el Primado de la Contemplación y establecerá los medios necesarios para realizar su propio fin, entre los que se encuentra, prioritariamente, el rechazo de lo corpóreo y el deseo de que la muerte venga cuanto antes para que el alma alcance la felicidad plena:

> "Lo que pasa, de seguro, es lo siguiente: que se separa pura, sin arrastrar nada del cuerpo, cuando ha pasado la vida sin comunicarse con él por su propia voluntad, sino rehuyéndolo y concentrándose en sí misma, ya que se había ejercitado continuamente en ello, lo que no significa otra cosa, sino que estuvo filosofando rectamente y que de verdad se ejercitaba en estar muerta con soltura. ¿O es que no viene a ser eso la preocupación de la muerte?"[22]

---

[21] Platón, *Fedón*, op. cit. 79d.
[22] Platón, *Fedón*, op. cit. 80e-81a.

## 11.2.4 La síntesis: La contemplación de la Idea de Belleza con la fuerza de eros

Por último, la síntesis platónica entre las Ideas, el alma humana y la actividad contemplativa, se realiza mediante la actividad cognoscitiva y la fuerza que Eros le proporciona, en el momento en que el alma, separada de cualquier obstáculo material, ha logrado entrar en posesión del conocimiento de las Ideas, y hacerse de este modo lo más parecida a los dioses.[23] Así queda expresada en el diálogo *Banquete*: el alma humana es provista por los dioses de una tendencia innata, llamada 'Eros', que, bien encaminada, bajo los pasos de una sacerdotisa, Diotima, y mediante la Dialéctica, empuja al alma a realizar el único modo que tiene para unirse con las Ideas. La exposición que hace Diotima sobre lo que es el Eros constituye uno de los pasajes centrales del pensamiento de Platón, a parte de ser para muchos una de las cumbres más altas a las que puede llegar la razón en su indagación metafísica.[24] Terminados los discursos que han elaborado los que participaban del banquete y cuyos contenidos han ido reflejando ideas que en el ambiente griego pertenecían al ámbito de la cultura popular, le corresponde el turno a Sócrates.

---

[23] A juicio del prof. Gaye, la ética de Platón tiene por objetivo precisamente este asemajarse a los dioses, sin alcanzar nunca la perfección que ellos tienen: "To sum up. The basis of Plato's ethics is ὁμοίωσις θεῷ, a continual striving after unattainable perfection; the same notion in short which underlies his metaphysical teaching." Cf. R. K. Gaye, *The Platonic Conception of Immortality and its Connection with the Theory of Ideas*, op. cit., p. 253.

[24] "Este pasaje es justamente reconocido como expresión de uno de los momentos cumbres del pensamiento humano, y muestra hasta dónde puede llegar una mente capaz de penetración metafísica sin otros medios que los que proporciona la analogía." Cf. J. Vives, *Génesis y Evolución de la Ética Platónica*, op. cit., p. 209.

## 11.2 Los Primados fundamentales del Platonismo

El discurso platónico en boca de Sócrates tiene dos momentos lógicamente unidos:[25] uno introductorio, el diálogo con Agatón mediante el cual se llega a la conclusión de que Eros es una tendencia, un deseo y su objeto lo constituye todo aquello que o bien no se posee, o si se posee, el deseo radica en un querer seguir poseyéndolo en el futuro;[26] y un segundo momento, la conversación mantenida con la sacerdotisa Diotima, en el que Platón despeja cualquier duda acerca de la actividad del alma (contemplar) y del objeto (la Belleza en sí) que colman ese 'deseo de poseer siempre el bien'. Esta última parte, constituye en realidad, la intuición platónica ('descubrirá de repente[27]') que une a su antropología con su metafísica y éstas con su ética:[28]

---

[25] "Diotime initie Socrate aux mystères de l'amour, comme on pouvait être initié aux mystères d'Eleusis. Dans une première partie dialoguée elle fait découvrir à Socrate la nature réelle d'Amour; à cette partie en succède une seconde où la mystagogue dévoile à Socrate, dans un discours suivi et non plus dans un dialogue, la phase principale de l'initiation, qui doit aboutir à l'épopsie où le myste est mis, par la vue, au contact de l'objet sacré." Cf. G. Liberman, "La Dialectique Ascendante du Banquet de Platon", Archives de Philosophy, vol., 59, 1996, p. 455.

[26] "Por tanto, también éste y cualquier otro que sienta deseo, desea lo que no tiene a su disposición y no está presente, lo que no posee, lo que él no es y de lo que está falto." Cf. Platón, *Banquete*, op. cit. 200e; "Entonces —dijo—, el amor es, en resumen, el deseo de poseer siempre el bien." Ibidem, 206b.

[27] Platón, *Banquete*, op. cit., 210e. "The final object -beyond physical, moral, and intellectual beauty— is the Beautiful itself. This is revealed to intuition 'suddenly'... The act of acquaintance with it is the vision of a spectacle, whereby the soul has contact with the ultimate object of Eros and enters into possession of it." Cf. F. M. Cornford, *The Unwrittten Philosopy and Other Essays*, "The Doctrine of Eros in Plato's Symposium", Cambridge University Press, Cambridge, 1950, p. 127.

[28] Nygren destaca la importancia que en la obra de Platón tiene este pasaje, al describirlo como "l'*ordo salutis* de la théorie de l'éros." Cf. A. Nygren,

"Pues ésta es justamente la manera correcta de acercarse a las cosas del amor o de ser conducido por otro: empezando por las cosas bellas de aquí y sirviéndose de ellas como de peldaños ir ascendiendo continuamente, en base a aquella belleza, de uno solo a dos y de dos a todos los cuerpos bellos y de los cuerpos bellos a las bellas normas de conducta, y de las normas de conducta a los bellos conocimientos, y partiendo de éstos terminar en aquel conocimiento que es conocimiento no de otra cosa sino de aquella belleza absoluta, para que conozca al fin lo que es la Belleza en sí. En este periodo de la vida, querido Sócrates —dijo la extranjera de Mantinea—, más que en ningún otro, le merece la pena al hombre vivir: cuando contempla la Belleza en sí... Y al que ha engendrado y criado una virtud verdadera, ¿no crees que le es posible hacerse amigo de los dioses y llegar a ser, si algún otro hombre puede serlo, inmortal también él?[29]

En efecto, este descubrimiento repentino que tiene el alma, al contemplar la Belleza en sí, comprende en un mismo acto de intuición intelectual,[30] los siguientes elementos: la esencia real de la Idea (metafísica); la débil consistencia del mundo sensible, cuyas imágenes de belleza no son la Belleza; la naturaleza del alma semejante a lo divino (antropología) mediante esa relación de contemplación que surge entre ella y la Idea; la necesidad de un impulso erótico —vía emotiva— y un poder intelectivo —vía

---

*Erôs et Agapè. La Notion Chrétienne de l'Amour et ses Transformations*, op. cit., p. 191.

[29] Platón, *Banquete*, op. cit., 211a-212a.

[30] "The final act of knowledge is described as an immediate intuition in which there is no longer any process of thought. The eye of the soul directly contemplates reality." Cf. F. M. Cornford, "The Doctrine of Eros in Plato's Symposium", *op. cit.*, p. 128.

## 11.2 Los Primados fundamentales del Platonismo

cognoscitiva— en la esencia del alma que permitan el ejercicio de la actividad contemplativa; la no menos necesaria separación de los sentidos y de la belleza captada en ellos, separación que culmina y se consuma con la muerte; y finalmente, la posesión cognoscitiva de la Idea, plena realización del fin último para el que ha sido constituida por los dioses con la cuarta forma de locura, la de Eros (ética).[31]

En definitiva, tres Primados del pensamiento platónico y una síntesis inicial que pusieron en funcionamiento la aventura de la filosofía por los caminos de la metafísica, la antropología, la ética, y colateralmente, pero no menos importante, la teoría del conocimiento. Difícilmente, y con el paso de siglos, se logrará trascender cada uno de los tres Primados, —el Primado de la Esencia, el Primado del Alma , y el Primado de la Contemplación—, mediante la revisión de los principios fundamentales del platonismo y la síntesis que sobre ellos realizó quien ha sido considerado el padre de la reflexión filosófica de Occidente. En este sentido, toda filosofía no es sino una reflexión sobre los Diálogos de Platón: "The safest general characteriza-

---

[31] "Por eso, es justo que solo la mente del filósofo sea alada, ya que, en su memoria y en la medida de lo posible, se encuentra aquello que siempre es y que hace que, por tenerlo delante, el dios sea divino. El varón, pues, que haga uso adecuado de tales recordatorios, iniciado en tales ceremonias perfectas, solo él será perfecto. Apartado, así de humanos menesteres y volcado a lo divino, es tachado por la gente como de perturbado, sin darse cuenta de que lo que está es «entusiasmado»... Así que, de todas las formas de «entusiasmo», es ésta la mejor de las mejores, tanto para el que la tiene, como para el que con ella se comunica; y al partícipe de esta manía, al amante de los bellos, se le llama enamorado." Cf. Platón, *Fedro*, op. cit., 249ce.

tion of the European philosophical tradition is that it consists of a series of footnotes to Plato."[32]

## 11.3 El estatuto ontológico del alma separada

En los prenotandos elaborados al principio de esta parte sistemática, y en la teoría filosófica del amor y la muerte que se desprendía del pensamiento de A. Gálvez, distinguíamos lo que era el estatuto ontológico —persona—, y lo que era la condición ontológica —la naturaleza—, y dejábamos establecido que, según la posición de esta teoría, el fin último del hombre venía determinado por su estatuto ontológico; y el medio *sine qua non* para actualizar ese fin, estaba determinado por la naturaleza propia —alma y cuerpo—, subsistente en la persona que, por tener esa determinada naturaleza, es persona humana.

La aplicación de estos conceptos a la síntesis platónica revela la diferencia, no solo entre ambas posiciones, sino también, y principalmente, entre la Sabiduría Griega y la Sabiduría cristiana. La afirmación antes establecida de que en Platón el estatuto ontológico del alma separada es el mismo que el estatuto ontológico del alma encarcelada, es tan cierta como la afirmación, que a continuación hacemos, de que en Platón, el estatuto ontológico del alma es un accidente de su condición ontológica, y ello en virtud del hecho del Primado metafísico de la Esencia.

---

[32] Cf. A. N. Whitehead, *Process and Reality: An Essay on Cosmology*, Free Press, New York, 1978. "Mientras los sintamos vivos, como lo sentimos a Platón, habrá de seguir librándose, en torno a su mensaje, la eterna pelea, como lo dejarán ver —así lo espero por lo menos— las páginas que siguen." Cf. A. Gómez Robledo, *Platón. Los Seis Grandes Temas de su Filosofía*, Fondo de Cultura Económica, México, 1986, p. 9.

## 11.3 El estatuto ontológico del alma separada

Lo que importa es el alma como esencia, o la esencia del alma; y aquello por lo que la esencia *es*, su acto de ser, no constituye para la filosofía platónica ningún tema metafísico, a no ser como resultado accidental del poder que en sí mismo tiene la esencia.

Esta simple consideración, fruto del hecho de aplicar las nociones fundamentales de la antropología cristiana a la platónica, hace patente algo que no supone ninguna novedad, y que conlleva una solución fácil al problema del estatuto ontológico del alma liberada en Platón. La noción de persona es un aporte específicamente cristiano y, por profundas que fueran las indagaciones racionales de los Griegos, no lograron traspasar el límite de la Esencia como objeto propio de la Metafísica.[33] El descubrimiento de la naturaleza espiritual del alma pertenece al ámbito de su esencia, y siempre, el filósofo cristiano, ha de reconocer esto como uno de los logros racionales de Platón. Más todavía; en realidad, el alma, esencialmente hablando, es independiente del estado en que se encuentra en relación a un cuerpo, —sea el de preexistencia, sea el de encarcelada, reencarnada, o liberada—; y esto es así, en la misma medida en que la existencia suya es un añadido a su esencia real.

Pero las esencias, sea que se den en nuestro entendimiento como objetos de un acto de contemplar, sea que estén en un mundo Ideal, al que se llega después de la muerte, requieren de una ulterior y más profunda pregunta metafísica: ¿qué hace ser a las esencias? Y en el caso del alma, ¿qué la constituye como esencia de índole espiritual para que sencillamente sea y

---

[33] Hablando de la metafísica platónica, afirma Gilson: "Puesto que la existencia como tal parecía inconcebible, la reflexión metafísica ha concebido espontáneamente al ser como «lo que es», sin referencia al hecho de «que es»". Cf. Étienne Gilson, *El Ser y los Filósofos*, op. cit., p. 74.

exista? En definitiva, la metafísica platónica no exigía para el alma, después de la muerte, sino que siguiera siendo ella misma lo más parecido a los dioses.

La antropología platónica, contrastada con la que ha sido determinada en la teoría de A. Gálvez, aparte de distinguirse evidentemente en el estatuto ontológico, se diferencia también, y de modo extremo y radical, en el tema del cuerpo. Pues lo que para Platón es una tumba, o cárcel, o en el mejor de los casos, un puro instrumento mientras que está unido al alma, y dificulta la específica tarea del alma, se constituye en A. Gálvez, por el contrario, en principio esencial de la naturaleza humana, medio ontológico *sine qua non*, del mismo rango que el alma, y sin su presencia ontológica, no solamente el alma humana no podría adquirir los conocimientos más elementales de la vida diaria, sino que tampoco, y esto es lo más importante, la persona humana podría alcanzar su fin propio. Por esto mismo, la antropología platónica no exigía para el alma, después de la muerte, sino que nunca más se viera 'infectada de carnes humanas, ni de colores, ni, en suma, de otras muchas fruslerías mortales',[34] y que permaneciera siempre limpia y 'allegada a lo divino e inmortal',[35] algo que solamente sucede para el que haya 'filosofado sin engaño'.[36]

La diferencia existente entre ambas antropologías en torno al cuerpo se muestra con mayor evidencia si se consideran los dos modos activos de prepararse a la muerte y de llegar a los momentos finales de su vida. Sócrates, aceptando padecer una in-

---

[34] Platón, *Banquete*, op. cit., 211e.
[35] Platón, *República*, op. cit., 611e.
[36] Platón, *Fedro*, op. cit., 249a.

## 11.3 El estatuto ontológico del alma separada

justicia antes que cometerla, decide morir en realidad por amor a la Justicia, sabiendo que lo que muere es su cuerpo, y que su alma no tiene nada que temer. Con serenidad, se queja de que no ha conseguido persuadir a Critón para que comprenda que el que estaba dialogando con él no es el cadáver que minutos más tarde va a sepultar.[37] Y cuando contempla los gritos y los estremecimientos de los que le habían acompañado en sus últimos momentos, les pide que se calmen porque 'ha oído que hay que morir en un silencio ritual.'[38] En realidad, a él nada le iba a suceder, por tanto, nada había que temer. Por el contrario, la activa preparación a la muerte y el grado máximo que en ella se pide —dar la vida por sus amigos y entregar tu propio cuerpo—, establecido en la teoría de A. Gálvez, puesto que el cuerpo es de la esencia de su naturaleza y algo propio de la persona que entrega, no deja de ser siempre un momento tremendamente doloroso, cuyo temor solo puede ser superado por el amor.[39]

Por último, la ética platónica, la que hace consistir el fin último del hombre en la actividad contemplativa impulsada por la fuerza de Eros, contrasta con la actividad de amar y la relación de amor que se propone como fin último de la ética que conlleva la teoría del amor y de la muerte aquí sostenida. Y no es que en este caso exista una diferencia extrema entre el Eros

---

[37] "No logro persuadir, amigos, a Critón, de que yo soy este Sócrates que ahora está dialogando y ordenando cada una de sus frases, sino que cree que yo soy ese que verá un poco más tarde muerto, y me pregunta ahora cómo va a sepultarme." Cf. Platón, *Fedón*, op. cit., 115c.

[38] Platón, *Fedón*, op. cit., 117d.

[39] "De este modo, solamente desde esta perspectiva, es como se hace posible vencer el temor a la muerte, y solamente desde ella es como se puede llegar a pensar que la muerte es hermosa." Cf. A. Gálvez, *Comentarios al Cantar de los Cantares*, op. cit., vol. I, p. 133.

contemplativo de Platón y la acción eminentemente personal de amar en A. Gálvez, como si la actividad contemplativa y la actividad amorosa fueran dos polos opuestos; lo que sucede más bien, es que para la teoría aquí defendida, la actividad contemplativa es solamente uno de los elementos integrantes de la actividad amatoria y, por importante que sea la acción de contemplar, no deja de ser uno de los elementos que constituyen el fin último de la acción de amar. Es decir, entre la teoría del Eros contemplativo y la teoría del amor eminentemente personal se da una diferencia como la que puede haber entre una parte y el todo en el que esa parte se incluye. La exposición de esta doctrina fundamental del amor como una acción que integra, entre otras actividades, la actividad contemplativa, frente a cualquier teoría, como la del Eros platónico, que reduzca el amor a esa sola actividad, es uno de los tema fundamentales del capítulo "Contemplación y Felicidad" que aparece en los *Comentarios*.[40] Aparte de distinguirse evidentemente ambas posiciones, en el aspecto fundamental de que para Platón las Ideas no son entes personales y no pueden corresponder recíprocamente al requerimiento del alma humana, mientras que en la teoría del amor de A. Gálvez, la acción amorosa de la persona humana se dirige hacia un Ente Personal que recíprocamente corresponde, queda en este capítulo, bien determinado, cómo el proceso amoroso, incluyendo la acción contemplativa, 'sin que importe mucho que la prioridad sea temporal, atemporal, o meramente de razón o naturaleza',[41] no se reduce, sin embargo, a mera contemplación,

---

[40] A. Gálvez, *Comentarios al Cantar de los Cantares*, op. cit., vol. I, págs. 243-265.

[41] A. Gálvez, *Comentarios al Cantar de los Cantares*, op. cit., vol. I, p. 257.

## 11.3 El estatuto ontológico del alma separada

sino que ha de terminar en la entrega y la posesión de la Persona Amada:

> "Decir que no hay amor sin inteligencia ni voluntad es lo mismo que decir que no hay amor sin contemplación y sin recíproca entrega y posesión. De ahí que, puesto que el hombre ha sido hecho para el amor, no puede alcanzar su beatitud final sin entregarse al objeto de ese amor y sin poseerlo a su vez. El proceso discurre de manera que primero ha de tener lugar el conocimiento de la cosas digna de ser amada, y solamente después es cuando surge el amor a esa cosa.... De este modo puede concluirse, con bastantes visos de aproximación a la verdad, que lo que realmente aparece *al final* de todo —o el fin verdaderamente único— es el amor, y no la mera contemplación."[42]

Y esta distinción, que no deja de ser grande e importante, entre la Sabiduría Griega y la Sabiduría Cristiana, no constituye una ruptura total, sino más bien un camino recorrido desde la Antigüedad, que al llegar *la plenitud de los tiempos*, descubrió algo que sobrepasaba los límites de la razón:

> "El mundo antiguo no pudo nunca sospechar que la Verdad fuera capaz de hacerse carne (Jn 1:14) para demostrar su amor a los hombres y poder ser amada por ellos. Dios sabe que el hombre, si bien no suele ofrecer el corazón a una mera abstracción, puede entregarlo en cambio a otra persona que va a dar también el suyo en reciprocidad."[43]

---

[42] A. Gálvez, *Comentarios al Cantar de los Cantares*, op. cit., vol. I, págs. 256-257.

[43] A. Gálvez, *Comentarios al Cantar de los Cantares*, op. cit., vol. I, págs. 257-258.

En este sentido, la comparación que se hace entre la Agapé cristiana y el Eros Platónico, a nuestro parecer, puede ser que haya discurrido por caminos que no han comprendido lo suficientemente bien ni el fin de la ética platónica, ni el fin de la ética cristiana; y hayan llevado a establecer entre ellos una *lutte sans merci*, que ha hecho derramar mucha tinta. No nos podemos detener en este tema, pues daría para una tesis voluminosa, pero se ha de destacar ahora la reflexión siguiente, a fin de que, desde la Sabiduría Cristiana se aprecie en su justo valor la Sabiduría Griega. La nota principal que Nygren atribuye a la soteriología del Eros platónico es la de constituir una forma extrema de amor egocéntrico.[44] El alma humana desea el bien y su posesión, y todo deseo de bien es claramente un forma de amor egoísta. Su ascenso hacia la idea de Belleza no tiene otro móvil que la satisfacción de la propia felicidad.[45]

Ahora bien, lo que de este modo es considerado por Nygren como específico de la teoría del amor platónico, no es, en

---

[44] "L'èros platonicien est, par nature, un amour égocentrique. Tout se ramène au moi et à son destin. Il s'agit, de bout en bout, de son asservissement, momentané, tant qu'ell demeure liée aux contingences physique, de son ascension vers le monde supérieur, de sa contemplation bienheureuse des Idées dans leur splendeur sans voiles. Le seul fait que l'eros est un désir, suffit à le rendre égoncetique, car totu ce qui est désis, est égocentrique à des degrés divers." Cf. A. Nygren, *Erôs et Agapè. La Notion Chrétienne de l'Amour et ses Transformations*, op. cit., p. 198.

[45] "Comme tous les hommes veulent être heureux, on peut dire que tous les hommes aiment le bien. Qui ne voudrait conquérir ce qui luis est profitable? Aimer le bien équivaut donc à désirer posséder ce bien et le posséder à jamais. L'amour, par conséquent, est toujours un désir d'immortalité. Or, même dans ce désir d'immortalité, nous percevons l'indice d'une volonté égocentrique." Cf. A. Nygren, *Erôs et Agapè. La Notion Chrétienne de l'Amour et ses Transformations*, op. cit., p. 199.

## 11.3 El estatuto ontológico del alma separada

realidad, sino lo específico de una teoría que ha canalizado la fuerza de un deseo innato hacia la actividad específicamente cognoscitiva. Si para Platón, Eros es el deseo de poseer siempre el bien, y la actividad contemplativa es la única capaz de esa posesión, ¿cómo se puede calificar de egoísta una actividad que para ejercerse necesita poseer, al menos intencionalmente, el objeto conocido? La contemplación es posesiva, y en el estado del alma separada del cuerpo, esa posesión es para siempre; para que no fuera posesiva, sencillamente tendría que ser no cognoscitiva. La teoría platónica del amor falla, entre otras cosas, no en virtud de que sea egoísta, sino en virtud de que es exclusivamente contemplativa.[46] En el mismo libro de los *Comentarios* se establece esta apreciación de lo que constituye el amor platónico, y su distinción respecto del verdadero amor, al afirmar que 'el amor no puede confundirse con el mero deleite que produce la contemplación de la belleza', puesto que *requiere de otro elemento que es esencial*:

> "El bien que atrae en el amor, la verdad comprendida, y la belleza contemplada, *pertenecen aquí en realidad a una persona*, que es la que verdaderamente atrae por medio del amor."[47]

---

[46] La polémica ha atraído no solo a teólogos y filósofos cristianos, sino a ilustres conocedores de la filosofía platónica. J. M. Rist, *Platonism and its Christian Heritage*, "Some Interpretations of Agape and Eros", London, 1985; F. M. Cornford, "The Doctrine of Eros in Plato's Symposium", in *The Unwrittten Philosopy and Other Essays*, op. cit., págs. 119-131; L. A. Kosman, "Platonic Love", in *Facets of Plato's Philosophy*, Assen, 1976; R. A. Markus, "The Dialectic of Eros in Plato's *Symposium*", in *The Unwrittten Philosopy and Other Essays*, op. cit., págs. 132-143.

[47] A. Gálvez, *Comentarios al Cantar de los Cantares*, op. cit., vol. I, p. 73.

La índole esencialmente contemplativa en la que se canaliza la fuerza de Eros en Platón ha sido expresamente demostrada en la clásica obra *La Théorie Platonicienne de l'Amour*, del platonista L. Robin. Según se desprende de este estudio, el amor en Platón es el medio que tiene el alma de comunicar lo Sensible con lo Inteligible mediante el conocimiento, y de ir ascendiendo desde aquí abajo hacia la realidad absoluta de la Belleza, realizando así la síntesis propia de la filosofía de Platón.[48] El fin último del alma humana tiene un principio motor, puesto como 'gracia divina', que conduce a ésta 'a la posesión y a la comunicación de la virtud', y a la contemplación de la Belleza ideal y absoluta, mediante el 'órgano que es capaz de esta contemplación, es decir, mediante el Entendimiento.'[49] Y la síntesis final, según Robin, es la siguiente:

> "En resumen, la teoría del Amor es una de las formas más destacadas de este espíritu sintético que anima la filosofía de Platón... A este respecto, es posible que la Teoría del Amor haya tomado en el sistema un puesto más amplio todavía que el que los textos nos autorizan a asignarle. Quizá Platón estaba inclinado a ver en el Amor la ley universal que anima lo real, que hace vivir la na-

---

[48] "Platon a eu l'intuition de la méthode synthétique: pour lui l'effort de la pensée doit tendre à réconcilier des opposés; la doctrine de l'Amour n'est-elle pas, comme nous l'avons vu, une des solutions du problème des contraires? Elle en est précisément, peut-on dire, la solution concrète et pratique." Cf. L. Robin, *La Théorie Platonicienne de l'Amour*, op. cit., p. 177.

[49] "Il est un mouvement, et al mobilité lui est même essentielle; or le but de ce mouvement, c'est la possession et la communication de la vertu et c'est aussi, ce qui revient au même, la contemplation de la Beauté idéale et absolue, par l'organe qui est capable de cette contemplation, c'est-à-dire par l'Intellect." Cf. L. Robin, *La Théorie Platonicienne de l'Amour*, op. cit., p. 177.

## 11.3 El estatuto ontológico del alma separada

turaleza, que mueve al alma del mundo, que une en el Entendimiento lo Inteligible y lo Sensible... Una síntesis incesantemente renovada en los contrarios, regulada intelectualmente e incluso matemáticamente en vista de la Belleza, de la Verdad y del Bien, he aquí lo que constituye el Amor platónico."[50]

En definitiva, la ética platónica, para dar respuesta a la pregunta sobre el fin último que debe guiar al alma humana, sin lugar a dudas, acude a la naturaleza del alma, a lo que es su *condición ontológica*, cuya actividad propia es la del conocimiento, y a partir de ella, determina que contemplar los objetos verdaderamente reales, las Ideas, es el fin que rigurosamente se ha de alcanzar mediante una antropología que no considera el cuerpo como elemento esencial de la naturaleza humana. Para alcanzar ese fin de la contemplación, es provista de una fuerza, una innata tendencia, que le hace ascender, hacia lo más elevado cuando se deja libremente guiar. Por lo tanto, lo que con la muerte sucede al alma, no es ninguna pérdida ni ninguna ganancia en su *estatuto ontológico*, que en realidad no lo tiene, ni tampoco en su *condición ontológica* en la medida en que el

---

[50] "Bref, la théorie de l'Amour est une des formes les plus remarquables de cet esprit synthétique qui anime la philosophie de Platon... A ce titre il est possible que la théorie de l'Amour ait pris dans le système une place plus vaste encore que celle que les textes nous autorisent à lui assigner. Peut-être Platon tendait-il à voir dans l'Amour la loi universelle qui anime tout le réel, qui fait vivre la nature, qui meut l'âme du monde, qui lie dans l'Intellect l'Intelligible et le Sensible... Une synthèse incessamment renouvelée de contraires, réglée intellectuellement et même mathématiquement en vue du Beau, du Vrai et du Bien, voilà ce que serait l'Amour platonique." Cf. L. Robin, *La Théorie Platonicienne de l'Amour*, op. cit., p. 189.

cuerpo no es de la esencia del hombre;[51] lo que sucede con la muerte es la actualización definitiva del fin de la contemplación para los que en la vida mortal se han ejercitado en morir.

---

[51] "Al sobrevenirle entonces al ser humano la muerte, según parece, lo mortal en él muere, pero lo inmortal se va y se aleja, salvo e indestructible, cediendo el lugar a la muerte." Cf. Platón, *Fedón*, op. cit., 106e.

# 12

# LA SÍNTESIS TOMISTA

## 12.1 Las *Quæstiones Disputatæ de Anima*

Santo Tomás de Aquino elabora su doctrina racional sobre el modo de ser de las almas sin el cuerpo, en distintos lugares de su extensa obra; nos detendremos especialmente en las *Quæstiones Disputatae de Anima*,[1] por cinco motivos. Primero, porque expresan el pensamiento maduro de Santo Tomás en antropología. Segundo, porque claramente son cuestiones de *anima*, y no de *homine*, y menos aún de *persona humana*; y este simple dato es importante para la exposición de la síntesis tomista. Tercero, porque, a partir de la cuestión 14 —*De inmortalitate anime humane*—, hasta la última cuestión 21 —*Utrum anima separata possit pati penam ab igne corporeo*—, de carácter teológico,

---

[1] El autor de este trabajo ha realizado una traducción de estas *Quæstiones Disputatæ de Anima*, a partir de la reciente edición crítica de la Leonina (1996), en su volumen XXIV. En la introducción que se hace en ella, se expresan otras razones fundamentales que motivaron su traducción.

trata específicamente de los distintos problemas del nuevo modo de existencia del alma, —*anima separata a corpore*—, según los principios desarrollados en las cuestiones que van desde la primera hasta la decimotercera; es decir, hay una continuidad racional en el discurso del alma en su estado *natural* de unión a un cuerpo, como en el discurso del alma en su estado *contra natura* de separación del cuerpo. Cuarto, porque es una evidente exposición de cómo se accede a la esencia del alma por la *exclusiva* vía del conocimiento, aquélla que dio origen al diálogo *Fedón*; sin hacer uso, por tanto, de la vía emotiva, que ya en tiempos de Santo Tomás de Aquino era la vía de la voluntad. Quinto, y último, porque, claramente formulada, aparece una síntesis entre metafísica, ética y antropología, haciendo uso de los cinco conceptos fundamentales de esta última ciencia.

Por lo demás, el análisis comparativo entre la teoría filosófica del amor y de la muerte, aquí defendida, y la teoría tomista del estatuto ontológico del alma separada, en principio, se muestra más equilibrada que la realizada con Platón, al hacer uso ambos pensadores, Santo Tomás y A. Gálvez, de los cinco conceptos antropológicos, y ser encuadrados los dos en el marco de la misma Filosofía Cristiana.

## 12.2 Los Primados del Tomismo

La síntesis que sobre ética, antropología y metafísica realiza Santo Tomás en su pensamiento requiere una serie de previas y breves aclaraciones. Primeramente, se ha de tener en cuenta que es la reflexión de un teólogo, que estructura todo su sistema de pensamiento desde Dios hasta las criaturas, a fin de poder ascender, después, desde las criaturas hasta Dios. Las

## 12.2 Los Primados del Tomismo

afirmaciones fundamentales de su pensamiento se ofrecen en un *Compendio de Teología*, y todo el conjunto desarrollado de su visión teológico-filosófica se expresa en una *Suma Teológica*.[2] Es decir, Santo Tomás principalmente fue Maestro en Teología. Junto a esto hay que considerar que, siendo un teólogo cristiano, y *precisamente por ello*, comprende que entre la fe y la razón no existe en modo alguno oposición, como tampoco la hay entre lo natural y lo sobrenatural, sino una relación de continuidad que puede ser comprendida como la relación que va de lo perfecto (fe, sobrenatural) a lo imperfecto (razón, natural) y de lo infinito a lo finito.[3] Además, para intentar explicar los misterios de la Teología, y por esa armoniosa conexión entre fe y razón, hace uso de una filosofía recibida de la tradición y elaborada por él mismo en una novedad radical.[4] Según palabras de Gilson, las partes de la filosofía tomista que han sido más profundamente elaboradas han sido aquéllas que interesaban más directamente a la teología tomista.[5] Si en el anterior capítulo distinguíamos entre un *inicio radical* y el *radical inicio* en filosofía aplicándo-

---

[2] "Si donc nous voulons chercher dans la complexe personnalité de saint Thomas un Docteur de la vérité philosophique, c'est seulement à l'intérieur du théologien qui nous pouvons espérer le découvrir." Cf. Etienen Gilson, *Le Thomisme*, J. Vrin, París, 1965, p. 13.

[3] "Fides praesupponit cognitionem naturalem, sicut gratiam naturam, et perfectio perfectibile." Cf. Santo Tomás de Aquino, *Summa Theologiæ*, I, 2, 2, ad. 1.

[4] "Sed tamen ratio manuducta per fidem excrescit in hoc ut ipsa credibilia plenius comprehendet, et tunc ipsa quodammodo intelligit: unde dicitur Is. 7, 9, secundum aliam litteram: *Nisi credideritis, non intelligetis*." Cf. Santo Tomás de Aquino, *In Sententiarum*, Prol. 1, 3, sol. 3.

[5] "Les parties de la philosophie thomiste ont été d'autant plus profondément élaborées qu'elles intéressaient plus directement la théologie thomiste." Cf. Étienne Gilson, *Le Thomisme*, op. cit., p. 15.

lo al caso concreto de Descartes, ahora, con relación a Santo Tomás, diremos de su filosofía que no siendo un *inicio radical*, pues hunde sus raíces en la tradición, es, sin embargo, un *radical inicio*, una nueva e inicial posición filosófica y un fundamento metafísico que transcendió los limites alcanzados por sus predecesores. Dicho en términos metafísicos, en su pensamiento se da el salto del orden predicamental del ser al orden trascendental del ser.

De aquí que su filosofía no es ningún eclecticismo, ni menos aún una especie de recopilación de sentencias transmitidas como sucede en la obra de Pedro Lombardo, sino un novedoso, radical y vigoroso pensamiento que renueva, desde dentro, las distintas disciplinas del saber filosófico.[6] La libertad que Santo Tomás tiene para acudir a Platón, Aristóteles, San Agustín, Boecio, Avicena, Averroes, etc., y extraer de ellos lo que es conforme a la verdad, no es otra sino la propia de un teólogo cristiano que es consciente de que la verdad se fundamenta en el ser de lo real, y la posesión de ella es lo único que hace libre al hombre.[7]

---

[6] "Peut-être même faudrait-il aller plus loin et dire que c'est l'existence même d'une philosophie propre à saint Thomas que cette notion met en cause. Faute de l'avoir saisie dans son originalité et sa profondeur, d'excellents historiens ont cru pouvoir dire que saint Thomas ne faisait que répéter Aristote, d'autres qu'il n'avait même pas su le répéter correctement, d'autres enfin, qu'il n'avait réussi qu'une mosaïque de fragments hétéroclitées, empruntés à des doctrines inconciliables et que nulle intuition dominante ne venait unifier." Cf. Étienne Gilson, *Le Thomisme*, op. cit., p. 169.

[7] "La philosophie qu'il enseigne n'est pas philosophie parce que chrétienne, mais il sait que plus sa philosophie sera vraie plus elle sera crétienne, et que plus elle sera chrétienne, plus elle sera vraie. C'est pourquoi d'ailleurs nous le voyons également libre à l'égard de saint Augustin et d'Aristote." Cf. Étienne Gilson, *Le Thomisme*, op. cit., p. 34.

## 12.2 Los Primados del Tomismo

Y por último, las doctrinas que expresan su pensamiento filosófico están nítidamente distinguidas de aquéllas que constituyen su pensamiento teológico, en el sentido de que las primeras son extraídas a partir de la experiencia inmediata y reelaboradas en el marco de unos conceptos filosóficos, ya utilizados, pero purificados ahora según el criterio de la verdad natural del ser y de la Verdad revelada; mientras que las segundas son extraídas de las Sagradas Escrituras, ubicadas en el seno de una Tradición, profundizadas desde la fe y explicadas según la capacidad que para ello tienen los conceptos filosóficos por él purificados.

Las verdades que el hombre puede adquirir en su entendimiento son, por lo tanto, de tres tipos: verdades reveladas que ningún hombre puede alcanzar por sí mismo porque sobrepasan el poder de su razón, —por ejemplo, el Misterio de la Trinidad y el Misterio de la Resurrección—, y requieren de la virtud teologal de la fe para poder conocerlas y aceptarlas; verdades que sobrepasan el poder de la razón de algunos hombres, pero pueden ser alcanzadas por otros después de mucho esfuerzo, y requieren, en calidad de difíciles y necesarias, la conveniencia de su revelación, —por ejemplo, que existe Dios, que es Único, Inteligente y Creador[8]—; y verdades que el hombre puede adquirir con su sola razón sin necesidad de que sean reveladas,

---

[8] "Hay en nuestra fe verdades que superan del todo nuestro conocimiento natural, pero hay otras (como que hay Dios, que es Uno, que es Inteligente y Amoroso y Personal, y que es el Creador de Todo y que es nuestro fin) que solo superan el conocimiento directo y propio de algunos, y que otros —mejor dotados o que trabajen más y mejor— pueden realmente alcanzar y a su vez transmitir a los demás por vía de enseñanza." Cf. C. Cardona, *Olvido y Memoria del Ser*, op. cit., p. 330.

—por ejemplo, los primeros principios de nuestro entendimiento y, a partir de ellos, la evidencia de la inmortalidad del alma—.[9]

El pensamiento de Santo Tomás, que aquí va a ser desglosado de su teología, es el relativo al segundo modo de verdad (verdades necesarias y difíciles de alcanzar), y al tercer modo (verdades que no tienen motivos para ser reveladas), y conforman la singular reflexión ética, antropológica y metafísica del Doctor Angélico. Las *Quæstiones Disputatæ de Anima*, obra que va a servirnos de texto base para profundizar en el singular pensamiento de Santo Tomás, son estrictamente racionales desde la primera hasta la cuestión catorce inclusive —*De Inmortalitate Anime*—. Pues en efecto, en el desarrollo de ellas, no hace Santo Tomás uso de los datos aportados de la fe, si no es para confirmar sus resultados, o para ilustrar algunas de sus reflexiones. Las restantes cuestiones, sin confusión, presentan un uso explícito tanto de la razón filosófica como de la teológica.

La necesidad de haber realizado estas previas y breves consideraciones sobre el Tomismo se manifiesta a la hora de exponer la síntesis entre la ética, la antropología y la metafísica en Santo Tomás y han de estar presentes a la hora de enjuiciar la peculiar postura tomista. Pues la síntesis que él mismo realizó fue precisamente de carácter teológico, y lo que con ella adquiere el conocimiento humano es mucho más perfecto, más sublime y más útil que lo adquirido con la sola luz de la razón natural. Su ética, su antropología y su metafísica difieren, en este sentido,

---

[9] "In fide sunt quaedam quae sunt supra rationem humanam simpliciter, de quibus essentialiter est fides; et quaedam quae sunt supra rationem humanam alicuis, quamvis non supra rationem cuiuslibet hominis; et ad utraque necessarium fuit dari fidem." Cf. Santo Tomás de Aquino, *In III Sententiarum*, dist. 24, 1, 3, sol. 1.

## 12.2 Los Primados del Tomismo

de la ética, de la antropología y de la metafísica propia de la Sabiduría Griega, en la misma medida en que para el Doctor Angélico, la filosofía, y la razón con ella, es consciente de sus propias limitaciones, y mira siempre hacia la Sabiduría teológica que proporciona la fe. Para comprender mejor la necesidad de estas previas consideraciones sobre el pensamiento tomista y la distinción entre teología y filosofía, o fe y razón —distinción que obligadamente ha de ser tenida en cuenta en un trabajo de índole filosófico—, no hay nada más que acudir al específico tema del fin último del hombre. Pues la bienaventuranza que la revelación propone al ser humano y que entra a formar parte de la síntesis teológica elaborada por Santo Tomás, a saber, la unión con Dios en la visión cara a cara del *lumen gloriae*, no hace sino resaltar la insuficiencia, o la deficiencia alcanzada por la razón en la exposición del fin último natural del hombre, a saber, el conocimiento natural de Dios, y el amor que de este conocimiento se puede derivar. Es decir, Santo Tomás no intentó una síntesis racional para una ética, una antropología y una metafísica, en virtud de la cual se alcanzara el objetivo de radicar el fin último del hombre en el conocimiento natural de Dios; sino que la síntesis que realizó fue la propia de una visión global de la teología con la filosofía.[10]

---

[10] "Car si Deus a crée l'homme à son image en le douant de connaissance intellectuelle, il paraît en quelque sorte naturel que cette connaissance, telle quelle, mette déjà l'homme sur la voie de sa fin dernière, et que tous les moyens surnaturels que Dieu lui offre pour atteindre cette fin concourent à porter la nature au point suprême de perfection, qu'elle désire confusément, mais que ses propres forces ne lui permettent pas d'atteindre. Dans tous les ordres, à tous les degrés, le thomisme envisage la nature comme voulue pour Dieu pour sa fin surnaturelle." Cf. Étienne Gilson, *Le Thomisme*, op. cit., p. 45. Tema este que está en relación con la problematica del sobrenatural que

Al igual que se elaboró en la reflexión sobre el pensamiento de Platón, es necesario acudir ahora a lo específico del Tomismo en torno a las tres ciencias filosóficas, a fin de poder enlazar el Primado que en cada una de ellas se observa, con el concreto problema del estatuto ontológico del alma después de la muerte.

A este respecto conviene recordar que la solución negativa —el alma separada no es persona— que a este concreto problema ofrece el Tomismo ya se ha estudiado en páginas anteriores[11] por entrar en abierta oposición con la tesis principal de la teoría del amor de A. Gálvez —el amor es una realidad eminentemente personal—. Así pues, solo nos quedaría investigar qué conexión existe entre esta privación del estatuto ontológico de persona al alma separada, y las razones con las que Santo Tomás justifica tal privación, con los Primados que se descubren en la ética, en la antropología y en la metafísica tomista, y comparar lo defendido por Santo Tomás de Aquino con la posición que mantiene el autor de los *Comentarios*.

Por lo tanto: ¿Cuáles son los Primados fundamentales que permanecen constantes en su ética, antropología y metafísica? ¿Qué intuiciones fundamentales se privilegian en el pensamiento, a partir del cuál, la Filosofía Cristiana ha extraído la casi totalidad de su contenido? ¿Qué síntesis subyace a estos tres planteamientos?

---

tanto dio que hablar en el s. XX con la publicación de la obra de Henri de Lubac. *Le Mystère du Surnaturel*.

[11] En la Tercera Parte, cap. 10, apartado 10.5, "El estatuto personal del alma separada", págs. 375-385.

## 12.2.1   El Primado del *Actus Essendi*

El descubrimiento principal y lo que caracteriza exclusivamente a la metafísica tomista con respecto a toda otra metafísica es el acto de ser. Lo primero que cae bajo el conocimiento de nuestra inteligencia es que las cosas que vemos y percibimos *son*, *tienen ser*, y a cada una de estas cosas se les da el nombre de entes.[12] Todo ente que nuestro entendimiento conoce está compuesto de una esencia y de un acto de ser —de una esencia *que tiene ser*, o *que es*—; y la relación entre este acto de ser y la esencia a la que hace ser no es la que se puede dar entre dos cosas —pues el acto de ser no es ninguna cosa determinada, ni tiene contenido—, sino sencillamente la relación entre dos principios constitutivos de lo real: *essentia* y *actus essendi*. Lo que el entendimiento conoce es el ente, y al conocerlo, descubre en él la presencia de la esencia y de su acto, comportándose el segundo como fundamento del primero. No *es* el acto de ser en virtud de la esencia, sino que la esencia *es* en virtud de su acto de ser. Ente es, por lo tanto, lo que tiene ser.[13] En este sentido, primaria y fundamentalmente, la razón de ente se toma del acto de ser, y secundariamente de la composición de acto de ser y esencia.[14]

---

[12] "Primum enim quod cadit in imaginatione intellectus est ens, sine quo nihil potest apprehendi ab intellectu." Cf. Santo Tomás de Aquino, *In I Sententiarum*, dist. 8, 1, 3.

[13] "Ens igitur est cuius actus est esse." Cf. Santo Tomás de Aquino, *De Natura Generis*, 1.

[14] "Cum dicitur: diversum est esse, et quod est, distinguitur actus essendi ab eo cui actus ille convenit. Ratio autem entis ab actu essendi sumitur, non ab eo cui convenit actus essendi." Cf. Santo Tomás de Aquino, *Quæstiones Disputatæ de Veritate*, q. 1, a. 1, ad 3. "Como participio presente de *esse* empleado sustantivamente, *ens* denota primeramente esto último, es decir,

Ontológicamente hablando, la relación que se da entre el ser y la esencia es la del acto con la potencia, puesto que lo que participa del acto de ser es la esencia, y lo que constituye al ente como siendo es la posesión o tenencia de un acto de ser. En virtud de esta prioridad del ser, en el ente, la nobleza ontológica de lo que se comporta como acto es mayor que lo que se comporta como potencia, y la activa perfección de aquél queda limitada por la potencia en que se recibe. Las esencias, sin su acto de ser, no son nada más que puras potencias de ser (*potentia essendi*); pero sustentadas en su acto de ser, son en el ente en el que se dan.[15] Como todo ente que nuestro entendimiento percibe tiene esta distinción trascendental, de acto y de potencia —distinción que es real en cuanto que las esencias no son su ser sino que lo tienen—, en la raíz más profunda de la investigación metafísica sobre lo real, Santo Tomás encuentra el principio metafísico de un acto de ser que por actualizar una potencia, no es el Ser cuya Esencia es Ser.[16] La misma estructura del ente percibido, es decir, de aquellos entes que tienen ser, pero no son su ser,

---

el acto de ser; y connota solo indirectamente lo que este ser es." Cf. Étienne Gilson, "Éléments d'une Métaphysique Thomiste de l'Être", *Archives d' Histoire Doctrinale et Littéraire du Moyen Age*, 1973. Traducción de P. J. Moya Obradors, *Espíritu*, 1992, pags. 5-38.

[15] "La justificación tomista última de esta posición es que, por sí misma y aparte de su acto de ser, la esencia no es nada. La noción de una esencia creada sin su acto de ser propio es contradictoria e imposible." Cf. Étienne Gilson, "Éléments d'une Métaphysique Thomiste de l'Être", *op. cit.*, de la traducción de P. J. Moya Obradors, *op. cit.*, p. 23.

[16] "Sciendum ergo, quod unumquodque quod est in potentia et in actu, fit actu per hoc quod participat actum superiorem. Per hoc autem aliquid maxime fit actu quod participat per similitudinem primum et purum actum. Primus autem actus est esse subsistens per se; unde completionem unumquodque recipit per hoc quod participat esse; unde esse est complementum omnis formae, quia per hoc completur quod habet esse, et habet esse cum

## 12.2 Los Primados del Tomismo

conduce a la existencia de un Ser cuyo Acto de Ser es suyo, y no es recibido:

> "Encontramos en todas las cosas la naturaleza de la entidad más noble en algunas y menos en otras, pero de tal manera que las mismas cosas no son este mismo ser que tiene; de otra manera el ser pertenecería al concepto de cualquier esencia, lo cual es falso, pues la esencia de cualquier cosa puede entenderse aún sin entender de ella si existe. Luego es preciso que tengan ser por otro y llegar así a algo cuya naturaleza sea su mismo ser (pues de otra manera se procedería indefinidamente). Y éste es quien da el ser a todas las cosas, que no puede ser sino uno."[17]

La radicalidad de este descubrimiento del acto de ser en la metafísica tomista se manifiesta en el carácter estrictamente actualizante que para cualquier ente tiene su ser recibido. Desde el momento en que un acto determina a ser de éste o de aquel modo (actos determinantes), se habla en metafísica de actos formales, como pueden ser las esencias, en el orden de la sustancia, o los accidentes. Pero el acto de ser no determina a ser de este o aquel modo, sino simplemente a *ser*:

> "El mismo ser es lo más perfecto de todo: se compara a todas las cosas como acto. Pues nada tiene actualidad sino en cuanto que es; luego el mismo ser es la actualidad de todas las cosas, e incluso de las mismas formas."[18]

---

est actu; et sic nulla forma est nisi per esse." Cf. Santo Tomás de Aquino, *Quodlibetales*, XII, 5, 1.

[17] Santo Tomás de Aquino, *In II Sententiarum*, dist. 1, 1, 1.

[18] Santo Tomás de Aquino, *Summa Theologiæ*, I, q. 4, a. 1, ad 3.

De ahí que la afirmación tomista de que el ser se comporta como acto actualizante, incluso respecto de las mismas formas, es una tesis en virtud de la cual la metafísica de Platón, y la de Aristóteles también, quedan trascendidas más allá de sus límites. En cualquier ente real, lo prioritario no es la forma (la Idea Platónica), ni la sustancia (Aristóteles[19]), sino el ser participado.[20] Y no es lo mismo, por lo tanto, en cada ente creado, su ser y la esencia, o forma, o naturaleza que actualiza.[21] La distinción entre acto actualizante (acto de ser) y acto determinante (la esencia o la forma) es fundamental para entender la distinción entre el orden predicamental y el orden trascendental del ser.

Por lo tanto, en virtud de la prioridad ontológica del acto de ser sobre todo lo demás, incluso de la misma forma, Gilson, de nuevo, ha caracterizado esta singular posición tomista como el Primado del Acto de Ser, distinguiendo así lo específico de

---

[19] "En el mundo de Aristóteles, la existencia de las sustancias no es problema. Ser y ser una sustancia son una y la misma cosa, tanto es así que no se puede hacer ninguna pregunta en cuanto al origen del mundo... En definitiva, las sustancias aristotélicas existen por derecho propio. No así en el mundo cristiano de Tomás de Aquino, donde las sustancias no existen por derecho propio." Cf. Étienne Gilson, *El Ser y los Filósofos*, op. cit., p. 239.

[20] "Ad secundum dicendum quod ipsum esse est actus ultimus qui participabilis est ab omnibus; ipsum autem nichil participat. Unde si sit aliquid quod sit ipsum esse subsistens, sicut de Deo dicimus, nichil participare dicimus. Non est autem similis ratio de aliis formis subsistentibus, quas necesse est participare ipsum esse et comparari ad ipsum ut potentiam ad actu. Et ita, cum sint quodammodo in potentia, aliquid aliud participare." Cf. Santo Tomás de Aquino, *Quæstiones Disputatæ de Anima*, q. 6, ad 2.

[21] "In quolibet creato aliud est natura rei quae participat esse et ailiud ipsum esse participatum." Cf. Santo Tomás de Aquino, *Quæstiones Disputatæ de Spiritualibus Creaturis*, q. 1.

## 12.2 Los Primados del Tomismo

Santo Tomás de aquellas otras enseñanzas que pretendiendo ser tomistas, han reducido el acto de ser a un mero accidente de la esencia:

> "Nuestro comentario recupera la fórmula que siempre expresará la postura de Tomás de Aquino, pero, las expresiones de las Sentencias, a veces un tanto excesivas, hacen resaltar mejor el fondo mismo del pensamiento: en este caso, el Primado del acto de ser. Toda doctrina en que el sentido directo de *ens* no es el acto por el cual una cosa es, se desvía de la enseñanza auténtica de Tomás de Aquino."[22]

El acto de ser de cada ente es suyo propio y difiere del acto de ser de los demás entes. Cada ente es por su ser.[23] Y este acto de ser de cada ente es lo primero que crea la acción del Creador, haciéndoles partícipes, en la medida de lo posible (de su Libre Querer), de su propio Acto de Ser:

> "La naturaleza de cualquier acto consiste en que se comunique a sí mismo en cuanto le es posible. De ahí que cada agente actúe en tanto está en acto. Pero actuar no es otra cosa que comunicar aquello en virtud de lo cual el agente está en acto, en la medida de lo posible. Y la naturaleza divina es acto en grado máximo y purísimo. De ahí que también ella misma se comunique en tanto le es posible. Pero se comunica a sí misma mediante la

---

[22] Étienne Gilson, "Eléments d'une Métaphysique Thomiste de l'Être", *op. cit.*, de la traducción de P. J. Moya Obradors, págs. 6-7. Y más adelante: "Nunca se insistirá demasiado en que este Primado del ser es la línea que divide el Tomismo de una metafísica del bien." Ibidem, p. 9.

[23] "Unumquodque est per suum esse." Cf. Santo Tomás de Aquino, *Summa contra Gentiles*, I, 22, 5.

semejanza de su criatura; lo que es manifiesto a todos, pues cualquier creatura es ente según cierta semejanza a ella."[24]

Y un último aporte —de radical trascendencia para la defensa de la teoría de la persona de A. Gálvez—, de la metafísica tomista sobre este esencial descubrimiento, radica en la doctrina de la participación de los seres en el Ser, participación cuyo grado se mide por la forma en que se recibe esa actualidad; de ahí que en la medida en que se descubra en la escala ascendente de los seres creados una mayor nobleza en la forma, puesto que mediante la forma se da el ser al ente, en la misma medida se descubre una mayor nobleza de ser. La precisión y la rigurosidad en los términos utilizados para expresar este último aporte de la metafísica tomista aquí señalado ha de ser máxima, pues, de no hacerlo así, se puede perder de vista lo esencial del pensamiento tomista. La forma da el ser, pero solo en el nivel predicamental, —el que se da entre la forma y la materia—, en cuanto que mediante la forma, el ente material llega ser.[25] En palabras del profesor Cardona, 'en los compuestos de materia y forma, la forma es el mediante trascendental por el que la ma-

---

[24] Santo Tomás de Aquino, *Quæstiones Disputatæ de Potentia*, II, 1, resp. "Inter omnes autem effectu, universalissimum est ipsum esse. Unde oportet quod sit proprius effectus primae et universalissimae causae quae est Deus... Unde manifestum est quod creatio est propia actio ipsius Dei." Cf. Santo Tomás de Aquino, *Summa Theologiæ*, I, q. 45, a. 5, resp.

[25] "Ciertamente Santo Tomás afirma que —en los compuestos materiales— la forma da el ser, pero como acto de la materia, con la que constituye la potencia de ser (*potentia essendi*): *Forma fecit esse; non ita quod illud esse sit materiae aut formae, sed subisistentis.* La forma hace que la materia pueda ser, en cuanto constituida en compuesto que puede subsistir por sí. La forma es acto en el orden predicamental, donde la materia es potencia." Cf. C. Cardona, *Olvido y Memoria del Ser*, op. cit., p. 287.

teria llega a ser.'²⁶ Pero en el nivel trascendental, la forma no da el ser de ningún modo, y no lo da porque sin acto de ser la forma no es; ni tampoco se puede decir que lo reciba, pues para recibirlo, tendría que *'ser'* forma antes de ser *'forma'*; lo que en el nivel trascendental sucede es que la forma no es nada hasta que no es puesta por el acto de ser, el cual estrictamente la hace ser, y la hace, hablando de algún modo, *salir de la nada.*²⁷

Este aporte manifiesta su trascendencia para una metafísica del ser —y de la persona— al dejar en claro que el grado de ser participado, *la nobleza o excelencia en el ser*, no depende del grado de *nobleza o excelencia de la esencia o forma que es por ese acto de ser* —y aquí estamos en el nivel trascendental—; aunque la medida de la participación de un ser en el Ser se descubra mediante la nobleza de la forma o de la esencia a la que hace ser —y aquí estamos en el nivel predicamental—. La medida de la nobleza o excelencia de la forma o de la esencia, es solo medida; en cambio, la nobleza o excelencia en el ser participado, es fundamento de la nobleza de la forma o de la esencia poseída. O con otras palabras: *la nobleza de una forma mide la nobleza de un ser y la nobleza de un ser funda la nobleza de una forma.* Como el Acto Creador mira directamente al ser de la cosa,²⁸ la nobleza de un ser es recibida del Acto de ser Creador.

---

[26] C. Cardona, *Olvido y Memoria del Ser*, op. cit., p. 288.

[27] "La metafísica del ser afirma que el acto de ser precede a su potencia: no se limita a 'actualizarla' (que sería en la concepción del ser como *esse actu*), sino que la pone como esencia (concibiendo el ser como acto: *esse ut actus, actus essendi*)." Cf. C. Cardona, *Olvido y Memoria del Ser*, op. cit., p. 287.

[28] "Creatio proprie respicit esse rei: unde dicitur in Lib. de Causis (prop. 8), quod esse est per creationem, alia vero per informationem." Cf. Santo Tomás de Aquino, *In III Sententiarum*, dist. 11, 1, 2.

El peligro que conlleva el no ser rigurosos ni estrictos en la utilización de estos conceptos metafísicos, y el no distinguir entre los dos órdenes, trascendental —con el plexo acto de ser y esencia— y predicamental —con el plexo forma y materia—, es el de invertir el orden de las causas y afirmar que la nobleza del ser participado depende de la nobleza de su forma y, en definitiva, el peligro de hacer depender de la misma esencia su acto de ser, como si fuera un accidente suyo.[29] La claridad metafísica del siguiente texto del prof. Cardona acerca del Primado del acto de ser en el pensamiento de Santo Tomás, y su vinculación a este último aporte que aquí se esta considerando, merece nuestra atención:

> "Pero este ser es directamente creado, y no educido de una potencia preexistente (ni en la tierra ni en el cielo), sino totalmente *ab alio*: creado, de la nada (pero no «por» la nada, sino por el Ser). Y aquel ser participado es el que hace que la forma sea entonces —y no antes— una real potencia de ser, en cuanto que constituida como forma subsistente por su propio acto de ser, por el ser participado según un determinado grado de perfección,

---

[29] "La necesidad de mantener a la esencia como potencia, y de sostener la distinción real, ha llevado y sigue llevando a no pocos a concebirla como mero límite o constricción (¿extrínseca?) de la «infinitud o irrectricción del ser». A mi juicio, aquí hay un equívoco: se están refiriendo al Ser (*Ipsum Esse Subsistens*) o al «ser en general» (*esse commnue*) que solo «es» en la abstracción del entendimiento; pero no se refieren así al acto de ser participado. Están ignorando la participación trascendental, la participación del ser, fundamento de toda otra participación, ya que el ser es acto de todo acto y de toda perfección. Me parece que esta ignorancia es debida a la trasposición un tanto incauta del par materia-forma al par potencia-acto (y por tanto esencia-ser)." Cf. C. Cardona *Olvido y Memoria del Ser*, op. cit., p. 284.

## 12.2 Los Primados del Tomismo

dependiente de la libre voluntad creadora de Dios. Así, ese acto de ser es de alguna manera trascendente y a la vez inmanente, causa radical y profunda de todo el ente, acto intensivo emergente y secretísimo, al mismo tiempo que completamente gratuito y realmente distinto de la esencia, de la que —en la criatura, precisamente por ser criatura, ente— el ser no es parte (de la esencia), y que no es de ningún modo exigido por ella."[30]

Al comparar el pensamiento de A. Gálvez con el de Santo Tomás de Aquino, no cabe duda alguna que los fundamentos metafísicos de aquél reposan sólidamente en esta distinción fundamental tomista del orden predicamental del ser y el orden trascendental del ser, dando al *actus essendi* el prmado fundamental de la metafísica.[31]

### 12.2.2 El Primado del Alma

La antropología filosófica elaborada por Santo Tomás ha de ser considerada en relación a dos temas: su reflexión sobre el alma y su reflexión sobre la persona. Solamente del análisis que se haga a estas consideraciones tomistas, podremos extraer lo que constituye el Primado en antropología; tarea, por lo demás, que no es fácil de determinar.

En torno al tema del alma hay que decir que Santo Tomás resuelve uno de los problemas más difíciles del pensamiento racional en la Edad Media, haciendo uso de su original descubrimiento metafísico —*actus essendi*— para explicar su realidad y

---

[30] C. Cardona, *Olvido y Memoria del Ser*, op. cit., p. 288.

[31] Faustino Ruiz, "Santo Tomás de Aquino versus A. Gálvez: Existencia de un Problema", *XXXVI Semana Tomista*, Congreso Internacional 2011, Buenos Aires, Argentina.

el modo de unión que tiene con respecto al cuerpo. Con toda certeza, éste era uno de los problemas antropológicos cuya solución requería una rigurosa metafísica. La antropología de índole cristiana, en la manera en que fue recibida por Santo Tomás, no podía desarrollarse íntegramente como disciplina filosófica y hubiera continuado en largas e insolubles discusiones de no ser por la novedad metafísica del acto de ser. De ahí que la conexión de la antropología con la metafísica en Santo Tomás se patentiza nada más empezar los cimientos de su propia antropología.

El problema, descrito básicamente,[32] no era otro sino el de compaginar la substancialidad del alma con su formalidad respecto del cuerpo, y según las dos perspectivas posibles, el problema se formulaba de modo distinto. Se podía plantear el problema desde la perspectiva sustancial, y así, interrogarse cómo era posible que, al mismo tiempo, fuera forma en acto de un cuerpo orgánico. O bien se podía plantear el problema desde su formalidad, y plantearse cómo podía ser, a la vez, substancia subsistente e inmortal. Es decir, según la primera perspectiva lo que había que hacer era intentar explicar cómo el alma, que era una sustancia de índole espiritual, —y por lo tanto inmortal—, podía ser al mismo tiempo la forma en acto de un cuerpo orgánico, sin poner en peligro su substancialidad, y con ella, su inmortalidad. Tal era el problema formulado desde la perspectiva de San Agustín y la corriente que de él partió hacia la Edad Media, y también de Avicena, quienes teniendo ambos verdadera simpatía por la definición de alma de Platón, no lograban dar una explicación coherente a la evidencia de que el hombre

---

[32] El desarrollo de este problema aparece claramente expuesto en el capítulo que a "La Antropología Cristiana" dedica Gilson en su obra, *El Espíritu de la Filosofía Medieval*, op. cit., págs. 177-194.

## 12.2 Los Primados del Tomismo

es también su cuerpo y no solo su alma.[33] Por eso, desde este punto de vista, peligraba la unión sustancial, y se defendía, consciente o inconscientemente, la unión accidental. En la otra perspectiva del problema, de carácter aristotélico, lo que había que hacer era intentar explicar cómo el alma, siendo forma en acto de un cuerpo orgánico, podía ser al mismo tiempo subsistente, sustancia individual, y no perecer junto con la materia en el acontecimiento de la muerte. Lo que esta perspectiva del problema salvaba era la unión sustancial de alma y cuerpo, pero no lograba para el alma un modo de ser independiente del cuerpo.

Indudablemente, el análisis de las premisas que están a la base de este problema indica evidentemente que lo que Santo Tomás intentaba realizar era lograr la unidad entre la doctrina del alma de Platón, sustancia subsistente y espiritual, con la doctrina aristotélica del alma, forma en acto del cuerpo, sin poner en peligro ni la inmortalidad de la misma, ni la unión sustancial del compuesto de alma y cuerpo.[34] En los conceptos fundamentales que se establecieron para una antropología filosófica de índole cristiana ya dijimos que la naturaleza espiritual

---

[33] Étienne Gilson ha realizado estudios profundos sobre las raíces de este particular problema en la corriente agustiniana y en Avicena. Cf. Étienne Gilson, "Les Sources Gréco-Arabes de l'Augustinisme Avicennisant", *Archives d' Histoire Doctrinale et Litteraire du Moyen Age*, 1929, págs. 5-149; "Roger Marston: un Cas d'Augustinisme Avicennisant", *Archives d' Histoire Doctrinale et Litteraire du Moyen Age*, 1933, págs. 37-42.

[34] "No se puede seguir a Platón en su demostración de la substancialidad del alma sin poner en peligro la unidad del hombre; no se puede seguir a Aristóteles en su demostración de la unidad del hombre sin poner en peligro, con la substancialidad del alma, su inmortalidad." Cf. Étienne Gilson, *El Espíritu de la Filosofía Medieval*, op. cit., p. 184.

del alma era un logro debido a Platón,[35] mientras que la doctrina del alma, forma en acto de un cuerpo orgánico, era un logro debido a Aristóteles.[36] Pero en la metafísica aristotélica, lo que es forma de un ente no puede ser sustancia, y la sustancia individual se dice exclusivamente del compuesto de forma y materia. Y en la metafísica platónica, el alma es subsistente y afín a las Ideas, y su unión con el cuerpo es forzosamente accidental. En definitiva, ¿cómo consigue la metafísica tomista unir la adquisición platónica con la aristotélica, haciendo que el resultado ya no pueda ser ni platónico ni aristotélico, sino propiamente tomista?

La primera cuestión a la que se dedica Santo Tomás en las *Quæstiones Disputatæ de Anima* aborda concretamente este tema, y el modo de exposición de su respuesta revela la lógica de su pensamiento, que por lo demás —dato de extremada y reveladora importancia—, discurre por la antigua y densa vía cognoscitiva de acceso al alma. La solución alcanzada en esta primera cuestión es de tal magnitud, que en mayor o menor grado, fundamenta la solución dada a las restantes cuestiones. Y no solo a éstas, sino que la principal cuestión aquí debatida, la negación tomista del concepto de persona al alma separada, está sustentada en esta inicial reflexión.

Se pregunta si el alma humana puede ser forma y al mismo tiempo sustancia individual,—*Utrum anima humana possit esse forma et hoc aliquid*—[37] y después de exponer todas las objeciones relativas a las dos anteriores perspectivas, inicia su

---

[35] Cf. Apartado 8.3.1.

[36] Cf. Apartado 8.3.2.

[37] Santo Tomás de Aquino, *Quæstiones Disputatæ de Anima*, q. 1.

## 12.2 Los Primados del Tomismo

solución. Un individuo en el género de la sustancia —*hoc aliquid*— es todo aquél que cumple dos propiedades: puede subsistir por sí mismo y es completo en alguna especie y género de sustancia.[38] El alma humana, por el hecho de que las propias operaciones del entendimiento son ejercidas sin órgano corporal alguno, sin comunión con el cuerpo, tiene un acto de ser propio, *suyo*, en virtud de que cada uno obra según el acto de ser.[39] Por tener un acto de ser propio, cumple ya la primera propiedad que determina la existencia de un individuo en el género de la sustancia, a saber, la subsistencia. Ya en este primer paso del desarrollo de la solución, la perspectiva aristotélica queda trascendida al determinar Santo Tomás para el alma, a partir de la operación del entendimiento, un fundamento ulterior de ella, radicado en la posesión de su propio acto de ser —nivel trascendental—. De igual modo, puesto que la operación del entendimiento humano, a pesar de no requerir órgano corporal alguno por ser estrictamente inmaterial su actividad, *necesariamente* ha de partir del conocimiento sensible y de la actividad de cada sentido material,[40] el alma humana, en sí misma con-

---

[38] "Individuum autem in genere substantie non solum habet ut per se possit subsistere, set quod sit aliquid completum in aliqua specie et genere substantie." Cf. Santo Tomás de Aquino, *Quæstiones Disputatæ de Anima*, q. 1., resp.

[39] "Et sic oportet quod anima intellectiva per se agat, utpote propriam operationem habens absque corporis communione. Et quia unumquodque agit secundum quod est actu, oportet quod anima intellectiva habeat esse per se absolutum, non dependens a corpore." Cf. Santo Tomás de Aquino, *Quæstiones Disputatæ de Anima*, q. 1., resp.

[40] "In hoc tamen ab eis deficiunt, quod cognitionem immaterialem intellectus ex cognitione que est per sensum materialium anime humane naturam acquirendi habent." Cf. Santo Tomás de Aquino, *Quæstiones Disputatæ de Anima*, q. 1., resp.

siderada, es una sustancia que no satisface el requisito de tener una naturaleza completa en alguna especie, en la medida en que requiere de un cuerpo, para alcanzar la perfección y el complemento de su especie, comportándose, por lo tanto, como forma en acto de un cuerpo orgánico. En este segundo desarrollo, la posición platónica queda superada al determinar la unión substancial de alma y cuerpo como necesario para que se dé la naturaleza humana completa. El hombre no es solo su alma, ni solo su cuerpo, sino la unión de alma y cuerpo, y es imposible que la unión entre ellos sea accidental.[41] Luego la solución tomista vendría a quedar expresada de la siguiente manera: el alma, independiente de su cuerpo, es sustancia individual incompleta, y en el compuesto, forma sustancial del cuerpo:[42]

> "Así pues, el alma humana por estar unida al cuerpo como su forma y sin embargo tener el ser elevado por encima del cuerpo, no dependiente de él, es evidente que

---

[41] "Set ulterius posuit Plato quod anima non solum per se subsisteret, set quod etiam haberet in se completam natura speciei. Ponebat enim totam naturam speciei in anima esse, diffiniens hominem no aliquid compositum ex anima et corpore, set animam corpori utentem... Set hec positio stare non potest. Manifestum est enim id quo vivit corpus anima esse. Vivere autem est esse viventium. Anima ergo est quo habet corpus humanum esse actu. Huiusmodi autem forma est." Cf. Santo Tomás de Aquino, *Quæstiones Disputatæ de Anima*, q. 1., resp.

[42] "Para aclarar por anticipado el sentido de esta discusión podemos decir desde ahora que el alma tomista no es ni una sustancia que desempeñaría el papel de forma, ni una forma que no podría ser una substancia, sino una forma que posee y confiere la substancialidad. Nada más sencillo, y sin embargo se buscaría en vano, antes de Santo Tomás, un filósofo a quien se le ocurriera..." Cf. Étienne Gilson, *El Espíritu de la Filosofía Medieval*, op. cit., p. 188.

## 12.2 Los Primados del Tomismo

ella misma está ubicada en el límite de las sustancias corporales y asignada a las substancias separadas.'[43]

Recapitulemos un poco esta acelerada exposición de un tema de tanta importancia para la antropología de índole filosófica en torno al alma. Para Aristóteles, si el alma es forma, no podía ser sustancia, puesto que toda sustancia ha de estar compuesta de materia y forma. Para Platón, si el alma es sustancia no le cabe otra unión al cuerpo que la meramente accidental entre dos sustancias distintas, como el 'piloto a la nave, o como la del vestido al hombre.'[44] Para Santo Tomás de Aquino, el alma es sustancia individual, porque tiene el acto de ser a partir del cual goza de la nota de subsistencia; es forma de un cuerpo, porque el alma no tiene una naturaleza completa para la perfección de su operación.

Conviene prestar atención en los pasos que se han dado porque, en nuestra opinión, aquí radica el verdadero fundamento de la novedad tomista en antropología; y de nuevo, requiramos para nuestra exposición la rigurosidad y la precisión conceptual que es necesaria en metafísica. La superación tomista de la postura aristotélica se mueve en el nivel trascendental del ente —el acto de ser y la esencia— mientras que la superación de la postura platónica se mueve en el nivel predicamental del ente —la materia y la forma—. Santo Tomás acude al *acto de ser* propio del alma para expresar su substancialidad, y al hacerlo de este modo, supera a Aristóteles. Y acude a la *forma* del alma, de naturaleza incompleta, para expresar la formalidad que ella posee respecto del cuerpo, y al hacerlo de este modo, supera a

---

[43] Santo Tomás de Aquino, *Quæstiones Disputatæ de Anima*, q. 1., resp.
[44] Santo Tomás de Aquino, *Quæstiones Disputatæ de Anima*, q. 1., resp.

Platón. Probablemente, en la no consideración explícita de esta distinción para este concreto problema, nada más iniciar los fundamentos de su antropología, radique cierta imprecisión tomista que se revela en el desarrollo de la argumentación; pero es necesario detectarla a fin de facilitar después el entendimiento de las razones que el Doctor Angélico tiene para privar, al alma separada, del *estatuto ontológico* de persona.

Si analizamos detenidamente el desarrollo de la argumentación, contemplaremos algo que en una lectura acelerada de la primera cuestión puede pasar desapercibido. Hemos visto cómo para Santo Tomás, para que un ente sea *hoc aliquid*, requiere tanto la subsistencia (acto de ser suyo propio), como la naturaleza completa.[45] La respuesta de Santo Tomás es afirmar que el alma cumple el primer requisito, pero no el segundo. En realidad, si las dos propiedades estuvieran situadas al mismo nivel ontológico y fueran igualmente necesarias, lo lógico sería negarle al alma el estatuto de *hoc aliquid* en virtud de que, aunque cumple la primera propiedad con todo rigor, sin embargo, con todo rigor no cumple la segunda. Pero no sucede así en Santo Tomás ya que, pese a iniciar su desarrollo lógico con una doble exigencia para que se dé un *hoc aliquid*, sin embargo, el alma es *hoc aliquid* por cumplir una sola de ellas. La prueba más clara de que así sucede viene ofrecida en la respuesta que da a la octava objeción, haciendo un uso, por lo menos implícitamente consciente, de la distinción aquí establecida entre el nivel trascendental y el nivel predicamental. Pues en la respuesta, reduce las propiedades que revelan un individuo substancial, de dos a una sola —en concreto, aquélla que pertenece al orden

---

[45] Hablando de ellas, más adelante dice Santo Tomás: "Duobus igitur existentibus de ratione eius quod est hoc aliquid..." Ibidem, q. 1, resp.

## 12.2 Los Primados del Tomismo

trascendental y no al predicamental—; y termina atribuyendo el concepto de *hoc aliquid* a la realidad del alma por el solo hecho de poseer un acto suyo de ser propio. Una vez más, por su importancia, transcribimos la objeción y la respuesta a la objeción:

> Objeción 8: "Además. La forma y la sustancia individual se dividen en razón de oposición. Pues dice el Filósofo en II *Acerca del Alma* que la substancia se divide en tres, de las cuales una es la forma, otra la materia y en tercer lugar la substancia individual. Pero los opuestos no se dicen respecto de lo mismo. Luego el alma humana no puede ser forma y substancia individual."[46]
>
> Respuesta a la objeción 8: "A la octava hay que decir que no pertenece a la índole de substancia individual el que sea compuesta de materia y forma, sino solo que pueda subsistir por sí. De ahí que aunque el compuesto sea substancia individual, sin embargo nada quita que pueda convenirle a otras cosas que sean sustancia individual."[47]

De manera que la solución tomista, una vez que han sido aplicados estos dos niveles, podría quedar desglosada en la siguiente estructura metafísica:

---

[46] "Praeterea. Forma et hoc aliquid ex opposito dividuntur. Dicit enim Philosophus in II De Anima quod substantia dividitur in tria, quorum unum est forma, aliud materia, et tertium quod est hoc aliquid. Opposita autem non dicuntur de eodem. Ergo anima humana non potest esse forma et hoc aliquid." Cf. Santo Tomás de Aquino, *Quæstiones Disputatæ de Anima*, q. 1., ob. 8.

[47] "Ad octavum dicendum quod non est de ratione eius quod est hoc aliquid quod sit ex materia et forma compositum, sed solum quod possit per se subsistere. Unde, licet compositum sit hoc aliquid, non tamen removetur quin possit aliis competere quod sint hoc aliquid." Cf. Santo Tomás de Aquino, *Quæstiones Disputatæ de Anima*, q. 1., ad 8.

- En el nivel trascendental, el más radical en metafísica, y el que sirve de fundamento al predicamental, el alma humana es, sin lugar a dudas, sustancia individual —*hoc aliquid*— en virtud del acto de ser propio, ya que en ella se da la distinción clara —y propiamente tomista— del *actus essendi* y la *potentia essendi*.

- En el nivel predicamental, el alma humana, siendo substancia individual en el plano trascendental, es una forma que confiere la substancialidad, en la medida en que exige para la perfección ontológica y completa de su naturaleza, la unión a un cuerpo.[48] Lo que en este nivel se constituye como un *hoc aliquid*, una sustancia individual, es precisamente *este* sujeto, poseedor de una naturaleza que por ser fruto de la unión de alma y cuerpo, es calificada con la índole de humana.

Y estas dos distinciones quedan explícitamente expresadas en la *Summa Theologiæ*, precisamente haciendo uso de un ejemplo que luego volverá a retomar al negar el estatuto de persona al alma separada del cuerpo:

> "A la objeción primera hay que decir que individuo en el género de la sustancia puede tener dos sentidos: el de cualquier cosa subsistente; el de algo subsistente con una naturaleza completa de alguna especie. El primero

---

[48] "De este modo, el alma humana es una substancia espiritual que también por esencia informa un cuerpo, aunque no necesita informar el cuerpo para subsistir, si bien necesita informarlo para que se dé la naturaleza humana completa: el alma en sí no posee toda la perfección de la naturaleza humana, pues el cuerpo está unido al alma de tal modo que de esa unión resulta completa la naturaleza humana, de la cual alma y cuerpo son partes." Cf. C. Cardona, *Olvido y Memoria del Ser*, op. cit., p. 439.

## 12.2 Los Primados del Tomismo

excluye la adhesión de un accidente y de la forma material; el segundo excluye la imperfección que implica ser parte. Por eso, la mano puede ser llamada individuo en el género de la sustancia en el primer sentido, pero no en el segundo. Por lo tanto, el alma humana, al ser parte de la especie humana, puede ser llamada individuo en el género de la sustancia subsistente en el primer sentido, pero no en el segundo, pues en el segundo sentido es llamado sustancia individual el compuesto resultante a partir del alma y del cuerpo."[49]

En base a esta primaria y fundamental posición tomista en torno al alma, se resuelven los sucesivos problemas que aparecen en las *Quæstiones Disputatæ de Anima*. La unión substancial de alma y cuerpo queda completamente salvada, —*quæstio secunda*[50]— pues no es la unión de dos sustancias diferentes, la sustancia del alma y la sustancia del cuerpo, lo cual implicaría dos actos de ser distintos, sino que es la unión, único caso en las criaturas, de una sustancia subsistente cuyo ser se hace partícipe a un cuerpo en virtud de la formalidad del alma. El ser del alma no depende del cuerpo, puesto que realiza operaciones de

---

[49] "Ad primum ergo dicendum quod hoc aliquid potest accipi dupliciter, uno modo, pro quocumque subsistente; alio modo, pro subsistente completo in natura alicuius speciei. Primo modo, excludit inhaerentiam accidentis et formae materialis; secundo modo, excludit etiam imperfectionem partis. Unde manus potest dici hoc aliquid primo modo, sed non secundo modo. Sic igitur, cum anima humana sit pars speciei humanae, potest dici hoc aliquid primo modo, quasi subsistens, sed non secundo modo, sic enim compositum ex anima et corpore dicitur hoc aliquid." Cf. Santo Tomás de Aquino, *Summa Theologiæ*, I, q. 75, a. 2, ad 1.

[50] "Utrum anima sit separata secundum esse a corpore." Cf. Santo Tomás de Aquino, *Quæstiones Disputatæ de Anima*, q. 2.

naturaleza incorpórea; pero el ser del cuerpo depende del alma, porque ésta es el principio motor mediante el cual se actualizan las potencias operativas sensibles.[51] Se resuelve también la incongruencia en que caían aquéllos que pretendieron establecer un principio intelectivo fuera del alma, bien sea un Entendimiento Posible —*quæstio tertia*[52]—, bien un Entendimiento Agente —*quæstio quinta*[53]—. Para que cualquiera de los dos Entendimientos estuviera separado e independiente de la realidad de cada ente humano, como afirmaron Averroes (Entendimiento Posible) y Avicena (Entendimiento Agente), tendrían que ser sustancias distintas respecto del alma del hombre, y la unión entre ellas y la realidad del alma sería puramente accidental, amén de que no se podría decir que es el hombre el que conoce, sino aquellos Entendimientos mediante el alma del hombre. Junto a esto, descarta como un imposible metafísico la doctrina de la composición hilemórfica del alma —*quæstio sexta*[54]— que con tanto ardor había defendido San Buenaventura al aplicar la doctrina aristotélica, consistente en que una sustancia individual ha de estar compuesta de materia y forma, a la realidad

---

[51] "Anima humana, cum sit subsistens, composita est ex potentia ex actu, nam ipsa substantia anime non est suum esse, set quod comparatur ad ipsum ut potentia ad actum. Nec tamen sequitur quod anima non possit esse forma corporis, quia etiam in aliis formis id quod est ut forma et actus in comparatione ad unum est in comparatione ad aliud ut potentia, sicut diaphanum quod formaliter advenit aeri tamen est in potentia respectu luminis." Cf. Santo Tomás de Aquino, *Quæstiones Disputatæ de Anima*, q. 1, ad 6.

[52] "Utrum intellectus possibilis sive anima intellectiva sit una in omnibus." Cf. Santo Tomás de Aquino, *Quæstiones Disputatæ de Anima*, q. 3.

[53] "Utrum intellectus agens sit unus et separatus." Cf. Santo Tomás de Aquino, *Quæstiones Disputatæ de Anima*, q. 5.

[54] "Utrum anima sit composita ex materia et forma." Cf. Santo Tomás de Aquino, *Quæstiones Disputatæ de Anima*, q. 6.

## 12.2 Los Primados del Tomismo

del alma.[55] Además, la distinción entre la sustancia del alma y la sustancia del ángel, —*quæstio septima*[56]— y la distinción entre el alma y sus potencias —*quæstio undecima, duodecima y tertia decima*[57]— se contemplan desde el nivel predicamental en virtud de la consideración formal del alma. Y por último, la doctrina de la unidad de la forma sustancial en el hombre —*quæstio nona*[58]— y la doctrina de la inmortalidad del alma que, a nuestro parecer, alcanza umbrales metafísicos nunca antes divisados —*quæstio cuarta decima*[59]— se aborda, principalmente, desde el nivel trascendental. El alma humana es inmortal,[60] porque es creada directamente de la nada por su Creador, otorgándole un grado específico de ser, y de ahí que el ser, por sí mismo, no tenga potencia para separarse de la forma en la que es, no

---

[55] Un estudio sobre este tema aparece en la obra de A. C. Pegis, *St. Thomas and the Problem of the Soul in the Thirteenth Century*, Pontifical Institute of Mediaeval Studies, Toronto, 1983, en el capítulo: "St. Bonaventure and the Problem of the Soul As Substance", págs. 26-76.

[56] "Utrum angelus et anima differant specie." Cf. Santo Tomás de Aquino, *Quæstiones Disputatæ de Anima*, q. 7.

[57] "Utrum in homine anima rationalis, sensibilis et vegetabilis sit una substantia"; "Utrum anima sit sue potentie"; "Utrum potentie distinguantur per obiecta." Cf. Santo Tomás de Aquino, *Quæstiones Disputatæ de Anima*, q. 11, 12, 13.

[58] "Utrum anima uniatur materie corporali per medium." Cf. Santo Tomás de Aquino, *Quæstiones Disputatæ de Anima*, q. 9.

[59] "De inmortalitate anime." Cf. Santo Tomás de Aquino, *Quæstiones Disputatæ de Anima*, q. 14.

[60] "Sin la noción de acto de ser, difícilmente se entiende la inmortalidad natural y singular del alma humana, que participa intrínsecamente y de manera perpetua y propia el ser (sabemos de las dificultades insuperables de Cayetano en este punto)." C. Cardona, *Olvido y Memoria del Ser*, op. cit., p. 442.

posea capacidad para no ser, sino solo para dejar de recibir el influjo divino de aquel que es causa del ser.[61]

La evidencia de este doble nivel metafísico —trascendental y predicamental— en el que Santo Tomás aborda el estudio del alma, se manifiesta también a la hora de enfrentarse con el tema de la persona. Lo primero que se ha de destacar es que el texto base que aquí está siendo usado para comprender la novedosa antropología tomista —*Quæstiones Disputatæ de Anima*—, nada dice explícitamente sobre la persona, y hasta cierto punto resulta lógico, pues, como dijimos antes, son *Quæstiones de Anima* y no *de Homine* y menos aún de *Persona Humana*. De todas formas, tampoco hubiera resultado ilógico que después de la cuestión sobre la inmortalidad del alma, Santo Tomás hubiera dedicado la cuestión siguiente, no a explicar si el alma, separada del cuerpo, puede entender,[62] sino, más bien, a resolver el problema de si el alma, separada del cuerpo, puede ser persona —*utrum anima humana separata a corpore possit esse persona*—. No deja de resultar extraño y, de nuevo, altamente revelador, en un pensamiento tan sistemático como el de Santo Tomás que, lo que aquí estamos considerando como un problema fundamental con el que ha de habérselas la Filosofía Cristiana, no haya sido considerado como una *quæstio* en su principal tratado sobre el alma, máxime cuando el tema de la persona constituye

---

[61] "Ad nonum decimum dicendum quod id quod est ex nichilo vertibile est in nichil, nisi manu gubernantis conservetur. Set ex hoc non dicitur aliquid corruptibile, set ex eo quod habet in se aliquod principium corruptionis." Cf. Santo Tomás de Aquino, *Quæstiones Disputatæ de Anima*, q. 14. ad 19.

[62] "Utrum anima separata a corpore possit intelligere." Cf. Santo Tomás de Aquino, *Quæstiones Disputatæ de Anima*, q. 15.

## 12.2 Los Primados del Tomismo

no solo una de las adquisiciones eminentes del Cristianismo sino también una verdad cuya *necesidad es absoluta*.[63]

Por lo tanto para determinar qué entiende Santo Tomás por persona es necesario acudir a otras fuentes, y concretamente a la *Summa Theologiæ* y a las *Quæstiones Disputatæ de Potentia*, en el seno de las discusiones trinitarias y cristológicas, y no en las cuestiones relativas al hombre. Las cuestiones que dedica al problema del hombre en la *Summa Theologiæ*, que van desde la 75 hasta la 102, tampoco tienen una reflexión directa sobre el tema de la persona humana, sino indirecta, precisamente al negarle al alma humana separada del cuerpo la condición de persona.[64]

Todo individuo de una sustancia de naturaleza racional es persona. El sujeto que posee esta naturaleza es un individuo y a esa individualidad se le llama ente personal. Dicho con otras palabras, una persona humana es un *hoc aliquid* que subsiste

---

[63] "Es lo que sucedió entre la especulación griega y la especulación medieval: por no haber negado nunca la realidad de lo individual, los griegos hicieron posible el reconocimiento del valor eminente de la persona por el Cristianismo... La cuestión es solo saber si el Cristianismo no ha apresurado la madurez de esa verdad y, dándole plena conciencia de su necesidad absoluta,..." Cf. Étienne Gilson, *El Espíritu de la Filosofía Medieval*, op. cit., págs. 195-196.

[64] "Santo Tomás no escribió ningún tratado sobre la persona. Sin embargo, dio una metafísica de la persona al justificar racionalmente los misterios de la Trinidad y de la Encarnación, por estar ambos centrados en la persona. Su doctrina se encuentra en algunos artículos de sus tratados sobre estos dos principales misterios de la fe cristiana, y, en general, en todos los otros lugares de sus obras que se refieren a ellos." Cf. E. Forment, *Ser y Persona*, op. cit., p. 15.

en aquella naturaleza.[65] En los entes materiales que no tienen naturaleza racional se denomina *supuesto* al ente que así subsiste, pero no *persona*. La siguiente definición tomista de persona aparece en la *Summa Theologiæ*, y constituye una descripción última al fino análisis al que somete la definición de Boecio:

> "Y por ello en la anterior definición de persona se pone sustancia individual en cuanto significa lo singular en el género de la sustancia: pero se añade de naturaleza racional en cuanto significa lo singular en una naturaleza racional."[66]

En el tratado *De Potentia* añade a las anteriores consideraciones de la definición de persona, el dato claro de que la naturaleza racional ha de estar de modo completo y no una parte de ella, y por esta razón el nombre de persona no conviene al alma separada del cuerpo:

> "A la décimo cuarta objeción hay que decir, que el alma separada del cuerpo es parte de la naturaleza racional, es decir humana, y no es toda la naturaleza humana, y por eso no es persona."[67]

Por lo tanto, en esta primera aproximación al concepto de persona, pertenece a la doctrina tomista sobre ella la necesaria

---

[65] "Por persona humana entendemos aquéllo que subsiste en una naturaleza racional, es decir, el sujeto que tiene esa naturaleza." Cf. C. Cardona, *Olvido y Memoria del Ser*, op. cit., p. 443.

[66] "Et ideo in praedicta definitionem personae ponitur substantia individua inquantum significant singulare in genere substantie: additur autem rationis naturae, inquantum significant singulare in rationalibus substantiis." Cf. Santo Tomás de Aquino, *Summa Theologiæ*, I, q. 29, a. 1.

[67] Santo Tomás de Aquino, *Quæstiones Disputatæ de Potentia*, q. 9, a. 2 ad 14.

## 12.2 Los Primados del Tomismo

presencia de dos notas constitutivas: un individuo en el género de la sustancia, es decir, un *hoc aliquid*, o una sustancia primera; y una naturaleza racional *completa*. De esta definición, claramente quedan excluidas, por un lado, las sustancias individuales que no tengan una naturaleza racional completa, como sucede en el único caso conocido del estado del alma separada del cuerpo. Y por otro lado las naturalezas racionales completas que no tengan su propia subsistencia, y no sean sustancias individuales, como sucede también en el único y misterioso caso de la naturaleza humana asumida en la Persona divina de Cristo. Y no hay lugar a dudas que esta primera definición de persona está siendo utilizada en el nivel predicamental del ente. La persona así considerada sería aquella realidad a la que hacemos referencia cuando pronunciamos un nombre propio: Sócrates, Platón, y Aristóteles. Cedamos la palabra al prof. Cardona:

> "... en el significado de humanidad o quididad o naturaleza se contiene solo los principios esenciales del hombre en cuanto hombre, y no los que pertenecen a la determinación de la materia, por la que la naturaleza se individualiza y queda contenida en la significación de Sócrates; es por esos principios individuantes que Sócrates es éste, diferenciado de los otros. Y puesto que humanidad no incluye en su significado todo lo que hay en la cosa subsistente en la naturaleza, siendo más bien como parte, no se predica de ella. Y como no subsiste sino lo que es compuesto, y la parte es tenida por el todo, por eso, la humanidad no subsiste, sino Sócrates, y es él quien posee la humanidad."[68]

---

[68] C. Cardona, *Olvido y Memoria del Ser*, op. cit., p. 443.

Ahora bien, cuando Santo Tomás sigue indagando sobre esta distinción radical que en la jerarquía de los entes se da entre los supuestos no racionales y los individuos que por tener una naturaleza racional son personas, hace afirmaciones que, aunque no tan radicalmente claras como las anteriores, parecen saltar del orden predicamental del ente al orden trascendental, o, mejor dicho, que parecen fundamentar la novedad de la persona en la perfección del ser recibido. Veamos algunos de estos textos, precisando que entran a formar parte de las reflexiones trinitarias y cristológicas:

> "Persona significa lo que es más perfecto en toda naturaleza."[69]

> "El ser propia y verdaderamente se dice del supuesto subsistente. Pues los accidentes y las formas no subsistentes, se dicen que son, en cuanto algo subsiste en ellas."[70]

> "No cualquier individuo en el género de la sustancia, aunque sea de naturaleza racional, tiene la razón de persona, sino solo aquél que puede existir por sí, pero no aquél que existe en otro que es más perfecto."[71]

---

[69] "Persona significat id quod est perfectissimum in tota natura, scilicet subsistens in rationali natura." Santo Tomás de Aquino, *Summa Theologiæ*, I, q. 29, a. 3, Resp.

[70] "Esse enim proprie et vere dicitur de supposito subsistente. Accidentia enim et formae non subsistentes, dicuntur esse, in quantum eis aliquid subsistit." Cf. Santo Tomás de Aquino, *Quæstio Disputatæ De Unione Verbi Incarnati*, 4, Resp.

[71] "Secundum est tamen quod non quolibet individuum in genere substantie etiam in rationali natura, habet rationem personae, sed solum illud quod per se existit, non autem illud quod existit in alio perfectiori." Cf. Santo Tomás de Aquino, *Summa Theologiæ*, III, q. 2, a. 2, ad 3.

## 12.2 Los Primados del Tomismo

Y un último texto, dada su claridad:

"El ser pertenece a la misma constitución de la persona."[72]

Compendiando la exposición que hemos hecho de la doctrina de Santo Tomás sobre la persona, podía quedar resumida en estos tres puntos concretos:

1. Persona, en el nivel predicamental, es toda sustancia individual con una naturaleza racional completa.

2. El constitutivo formal de la persona, la raíz última de la personalidad, radica en la participación del ser recibido, pero este acto de ser *ha de ser* en una naturaleza.[73]

3. El alma humana, separada del cuerpo, por ser parte, y no tener una naturaleza humana, no es persona, aunque siga manteniendo el constitutivo formal, su acto de ser, y siga poseyendo una naturaleza racional, aunque incompleta.[74]

En virtud de la claridad que presenta la consideración de la doctrina de la persona en el nivel predicamental frente a la ya

---

[72] "Nam esse pertinet ad ipsam constitutionem personae..." Cf. Santo Tomás de Aquino, *Summa Theologiæ*, III, q. 19, a. 1, ad 4.

[73] "Respondo dicendum quod persona, sicut dictum est, significat quandam naturam cum quodam modo existendi." Cf. Santo Tomás de Aquino, *Quæstiones Disputatæ de Potentia*, q. 9, a. 3.

[74] "Ad quintum dicendum quod anima est pars humanae speciei, et ideo, licet sit separata, quia tamen retinet naturam unibilitatis, non potest dici substantia individua quae est hypostasis vel substantia prima; sicut nec manus, nec quaecumque alia partium hominis. Et sic non competit ei neque definitio personae, neque nomen." Cf. Santo Tomás de Aquino, *Summa Theologiæ*, I, q. 29, a. 1, ad. 5.

no tan clara exposición desde el punto de vista trascendental, surgió inmediatamente después de la muerte de Santo Tomás de Aquino, una dilatada y secular controversia entre sus discípulos y comentaristas acerca del constitutivo formal de la persona,[75] que no ha de ser considerada aquí. Pero no deja de ser un modo de acceder a una solución posible el hacer uso de la mencionada distinción entre los dos niveles.

Por lo tanto, la preponderancia que en el pensamiento tomista tiene la realidad del alma, por encima incluso del tema de la persona, nos hacen proponer el Primado del Alma, y no el Primado de la Persona, como eje central de su reflexión antropológica. Es cierto que el avance sobre la antropología platónica y la aristotélica es cuantioso y cualitativo; es evidente, en su reflexión, la importancia que el cuerpo tiene para alcanzar la perfección de la naturaleza humana, y el estado *contra natura* en que el alma se queda después de la muerte; además, no deja de ser uno de los grandes logros para una antropología de índole cristiana la solución tomista de que el alma es al mismo tiempo *hoc aliquid* y forma substancial. Por todo ello, la afirmación de que el Primado del Alma constituye el eje central de la reflexión antropológica tomista no debe hacernos olvidar estos grandes avances.

Pero al mismo tiempo, y con más fuerza que los anteriores progresos en su antropoloía, no deja de ser cierto que su tratado sobre el hombre se reduce a su tratado sobre el alma, tanto en las *Quæstiones Disputatae* como en la *Summa Theologiæ*; que

---

[75] La obra de J. A. Sayés, *Jesucristo, Ser y Persona*, op. cit., y de E. Forment, *Ser y Persona*, op. cit., entre otras muchas más, abordan directamente la historia de esta controversia.

## 12.2 Los Primados del Tomismo

explícitamente expone en esta última obra —al inicio de su tratado sobre el hombre— que, en tanto teólogo, le corresponde estudiar la naturaleza humana en lo referente al alma y no al cuerpo, a no ser que esté relacionado con el alma;[76] que, pese a desarrollar toda una cuestión para establecer la dignidad del cuerpo humano respecto de toda la creación material,[77] en realidad, el cuerpo humano solo sirve para facilitar la operación propia del alma, a saber, el conocimiento;[78] que, aunque el cuerpo pertenece de pleno derecho a la naturaleza humana, y su concepción está en el lado opuesto de la concepción platónica del cuerpo como cárcel, sin embargo, por causa del pecado, sigue infeccionando al alma y llega a convertirse en su cárcel;[79]

---

[76] "Post consideratione creaturae spiritualis et corporalis, considerandum est de homine, qui ex spirituali et corporali substantia componitur. Et primo de natura ipsius hominis; secundo, de eius productione. Natura autem hominis considerare pertinet ad theologum ex parte anima, non autem ex parte corporis, nisi secundum habitudinem quam habet corpus ad animam. Et ideo prima consideratio circa animam versabitur." Cf. Santo Tomás de Aquino, *Summa Theologiæ*, I, q. 75.

[77] "Utrum anima rationalis tali corpori debeat uniri quale est corpus humanum." Cf. Santo Tomás de Aquino, *Quæstiones Disputatæ de Anima*, q. 8.

[78] "Si igitur propter hoc anima humana unibilis est corpori, quia indiget accipere species intelligibiles a rebus mediante sensu, necessarium est quod corpus, cui anima rationalis unitur, tale sit ut possit esse aptissimum ad recipiendum species sensibiles ex quibus in intellectu species intelligibiles resultent. Sic igitur oportet corpus cui anima rationalis unitur esse optime dispositum ad sentiendum." Cf. Santo Tomás de Aquino, *Quæstiones Disputatæ de Anima*, q. 8, resp.

[79] "Existimabat enim Origenes quod anima humana haberet in se speciem completam secundum opinionem Platonis, et quod corpus adveniret ei per accidens. Set cum hoc sit falsum, ut supra ostensum est, non est in detrimentum anime quod corpori uniatur, set hoc est ad perfectionem sue nature. Set

que la realidad que permanece, la que puede ejercer una operación por sí misma, sin comunión con órgano alguno corporal, y la que resiste la tragedia de la separación en la muerte, es el alma humana; que, después de la muerte, sigue realizando sus operaciones propias sin ningún menoscabo;[80] y por último, que la persona humana lo es mientras el alma permanece unida al cuerpo y desaparece al acaecer la separación.

Al establecer el Primado del Alma como eje central de la reflexión tomista sobre el hombre, es necesario destacar, como un corolario inmediato de esta proposición, que la persona no revela en la antropología tomista la importancia y la eminencia que, según Gilson, con toda razón, trajo el Cristianismo. El estudio que sobre el pensamiento de Santo Tomás hace este mismo autor apoya nuestra posición sobre el Primado del Alma en el pensamiento tomista, aunque creemos que no sea, esta posición nuestra, la explícita opinión de Gilson, ni siquiera por él compartida. En su obra *Le Thomisme*, siguiendo la exposición de la *Summa Theologiæ*, dedica un capítulo entero a la realidad del hombre, y todo él está centrado en el desarrollo de la idea de alma, sin mencionar, con extrema fidelidad al pensamiento de Santo Tomás, el concepto de persona.[81] No obstante destaca brevemente la importancia de este concepto a la hora de tratar el tema de los fundamentos de la moral tomista, cuando afirma

---

quod corpus sit ei carcer et eam inficiat, hoc est ex merito prevaricationis prime." Cf. Santo Tomás de Aquino, *Quæstiones Disputatæ de Anima*, q. 2, ad 14.

[80] "Utrum anima separata a corpore possit intelligere"; "Utrum anima separata intelligat substantias separatas"; "Utrum anima separata cognoscat omnia naturalia"; "Utrum anima separata singularia cognoscat." Cf. Santo Tomás de Aquino, *Quæstiones Disputatæ de Anima*, q. 15, 17, 18, 20.

[81] Étienne Gilson, *Le Thomisme*, op. cit., cap. "L'Homme", págs. 241-254.

## 12.2 Los Primados del Tomismo

que 'todo hombre es una persona', y que nada hay 'superior a la persona en toda la naturaleza'. Lo que con ello Gilson está queriendo hacer es defender a Santo Tomás de los ataques modernos según los cuáles, la moral tomista es una moral de la naturaleza humana, y no una moral de la persona. Él mismo acepta que 'hablar de moral personal, es hacer uso de una expresión que no pertenece a la lengua de Santo Tomás', pero que, no obstante, se puede hablar con esos términos sin constituir una traición al pensamiento de Santo Tomás de Aquino para resaltar el 'carácter intensamente personal de su moral.'[82] Y aunque estamos de acuerdo con Gilson en que la moral tomista tiene la índole personal al menos en su desarrollo, mantenemos al mismo tiempo que esta afirmación queda obscurecida por la escasa presencia que el tema de la persona humana tiene en su antropología y, por lo tanto, en el fundamento de la moral. Las justificaciones que, respecto del mismo tema, ofrece en su obra *El Espíritu de la Filosofía Medieval*, no terminan de convencer para que, a partir de ellas, se pudiera establecer la tesis de que el Primado tomista en antropología le corresponde a la persona y no al alma. Después de exponer magistralmente la doctrina de la persona en Santo Tomás frente a la de Duns Scoto, termina diciendo:

> "Ser una persona es participar en una de las más altas dignidades del ser divino. Luego, al parecer, se acabó. Ni una palabra en toda la moral sobre esa noción de la que ellos mismos nos dicen que expresa la suprema digni-

---

[82] "Parler de morale personnelle, c'est user d'une expression qui n'appartient pas à la langue de saint Thomas, mais le terme de personne en fait partie, et ce n'est sans doute pas trahir sa pensée que de souligner, au moyen de cette formule, le caractère intensément personnel de sa morale." Étienne Gilson, *Le Thomisme*, op. cit., p. 371.

dad del hombre y por consiguiente de toda la naturaleza. ¿Cómo explicar que en el preciso momento de un descubrimiento de esa importancia, el pensamiento cristiano parece detenerse y renuncia a explotar su éxito?"[83]

En realidad, según Gilson, este obscurecimiento es simplemente aparente porque, en definitiva, las acciones son de los supuestos, y aunque el entendimiento y la voluntad conocen y quieren, respectivamente, no son ellos, sino la persona mediante ellos, es la que conoce y quiere. Y de ahí que toda la moral sea personal. Con todo, y en virtud de la claridad que en la antropología tomista tiene el Primado del Alma, aunque es enteramente cierto que 'a partir del Cristianismo ya no es solo el hombre' sino que 'hay que decir la persona humana'[84], no es tan cierto que pueda ser afirmada esta última parte, con una certeza absoluta, de los propios textos de Santo Tomás.

## 12.2.3 El Primado de la Contemplación

La dificultad encontrada para poder sostener aquí la posición de que el Primado del Alma constituye el nudo de la antropología tomista, y no la realidad de la persona, contrasta ahora con la facilidad en descubrir lo que constituye el primado en la ética. Quedándonos en el campo estrictamente racional, sin acudir a la reflexión teológica, poca o ninguna resistencia se puede encontrar, al afirmar que el Primado en la ética tomista acerca de lo que constituye el fin último del hombre, y la actividad mediante la que se alcanza dicho fin, no difiere en lo esencial del que descubrimos al desarrollar la ética platónica, a

---

[83] Étienne Gilson, *El Espíritu de la Filosofía Medieval*, op. cit., p. 210.

[84] Étienne Gilson, *El Espíritu de la Filosofía Medieval*, op. cit., p. 211.

## 12.2 Los Primados del Tomismo

no ser los distintos modos que en ambos autores, en virtud de su antropología, se dan para realizar la actividad contemplativa, y la distinta naturaleza de los objetos que constituyen el término de esa actividad. Santo Tomás suele atribuir a Aristóteles esta especificación del objeto del último fin del hombre dada en la actividad contemplativa,[85] pero las raíces profundas de esta corriente de pensamiento ya hemos demostrado que se remontan hasta Platón.

En la primera cuestión del texto tomista que estamos analizando, en la que se resuelve el tema central de la oposición entre la antropología platónica y la antropología aristotélica, una de las razones que se esgrimen para demostrar que el alma, siendo *hoc aliquid*, es al mismo tiempo forma substancial del cuerpo, consiste en la determinación de lo que constituye el último fin de ella:

> "Además. La última perfección del alma humana consiste en el conocimiento de la verdad, la cual se obtiene por el entendimiento."[86]

En plena armonía con el primado descubierto en su antropología, indistintamente habla Santo Tomás tanto de la perfección última del hombre como de la perfección última del alma, de un modo que, pese a ser superado por él mismo, recuerda las afirmaciones antropológicas de San Agustín. Así por ejemplo, en una de las consideraciones que hace Santo Tomás para

---

[85] "Ultima autem humana felicitas consistit in intelligendo nobilisima intelligibilia, ut dicit Philosophus in X Ethicorum." Cf. Santo Tomás de Aquino, *Quæstiones Disputatæ de Anima*, q. 16, resp.

[86] "Preterea. Ultima perfectio anime humane consistit in cognitione veritatis que est per intellectum." Cf. Santo Tomás de Aquino, *Quæstiones Disputatæ de Anima*, q. 1, sed contra 2.

determinar la incongruencia de la posición de Avicena, en la cuestión quinta, dedicada al problema de si el entendimiento agente es uno y separado, hace un uso indiscriminado de la noción de hombre con la del alma, y de la noción de fin último humano con la de fin último del alma, :

> "También hay que considerar que si se pone el entendimiento agente en una substancia separada fuera de Dios, se seguiría algo que repugna a nuestra fe, a saber, que la última perfección nuestra y la felicidad estaría en alguna unión de nuestra alma no a Dios, como transmite la doctrina evangélica diciendo: «Esta es la vida eterna, que te conozcan a ti Dios verdadero», sino en la unión a alguna otra substancia separada. Pues es manifiesto que la última bienaventuranza o felicidad del hombre consiste en su más noble operación, que es el entender, cuya última perfección es preciso que sea a través de que nuestro entendimiento se una con su principio activo."[87]

La evidencia más clara de este uso indiscriminado del concepto hombre por el de alma, y del fin último de aquél por el de ésta, en la obra que hemos tomado como base del pensamiento antropológico tomista, se pone al descubierto en una de

---

[87] "Considerandum etiam est quod si intellectus agens ponatur aliqua substantia separata post Deum, sequitur aliquid fidei nostre repugnans, ut, scilicet, ultima perfectio nostra et felicitas sit in coniunctione aliquali anime nostre non ad Deum, ut doctrina evangelica tradit dicens: «Hec est vita eterna, ut cognoscat te Deum verum», set in coniunctione ad aliquam aliam substantiam separatam. Manifestum est enim quod ultima beatitudo sive felicitas hominis consistit in sua nobilissima operatione, que est intelligere, cuius ultima perfectionem oportet esse per hoc quod intellectus noster suo activo principio coningitur." Cf. Santo Tomás de Aquino, *Quæstiones Disputatæ de Anima*, q. 5, resp.

## 12.2 Los Primados del Tomismo

las cuestiones que versa sobre el estado del alma separada del cuerpo. Para la teoría del conocimiento tomista era una exigencia ineludible del mismo fin último, es decir, de la actividad contemplativa, que resolviera el problema de cómo podía conocer el alma separada, sin la ayuda que el cuerpo y los sentidos le proporcionaban. Por eso, inmediatamente después de tratar el tema de la inmortalidad del alma, se dedica a desarrollar la principal cuestión que le exigía su ética y su antropología: ¿puede conocer el alma, separada de su cuerpo?[88] En el conjunto de los problemas que suscitaba la respuesta afirmativa que da a esta cuestión, está la de saber si el alma puede conocer, separada del cuerpo, las substancias separadas, problema que estaba íntimamente unido al de la posibilidad de ese mismo conocimiento pero realizado por el alma, no separada del cuerpo.[89]. En la respuesta a la objeción primera afirma:

> "A la primera objeción hay que decir que el fin al que aspira la posibilidad natural del alma humana es que conozca las sustancias separadas según la manera antes dicha; y de esto no queda privada por el hecho de unirse a un cuerpo. Y de igual forma también la felicidad última del hombre consistente en tal conocimiento de las sustancias separadas al que puede llegar mediante las cosas naturales."[90]

---

[88] "Utrum anima separata a corpore possit intelligere." Cf. Santo Tomás de Aquino, *Quæstiones Disputatæ de Anima*, q. 15.

[89] "Utrum Anima Coniuncta Corpori Possit Intellegere Substantias Separatas." Cf. Santo Tomás de Aquino, *Quæstiones Disputatæ de Anima*, q. 16.

[90] "Ad primum ergo dicendum quod finis ad quem se extendit naturalis possibilitas anime humane est ut cognoscat substantias separatas secundum modum predictum; et ab hoc non impeditur per hoc quod corpori uniatur. Et

Por lo tanto, en la ética tomista, se propone la actividad contemplativa como aquélla en la que radica la perfección del hombre; y aunque es expresamente afirmado en la doctrina tomista que no es el alma, ni su entendimiento, el que conoce, sino el hombre mediante ellos, también expresamente está afirmada que la operación propia del alma, la más noble, es la del entendimiento, y la actividad contemplativa que se deriva de su ejercicio constituye el fin último del hombre y, en definitiva, el fin último del alma. Aunque se distancia Santo Tomás de Platón no solo por el hecho del modo de conocer, sino por la distinción evidente que se da entre la Idea de Bien y el Dios Personal Cristiano alcanzado por la razón, no obstante se mantiene una unidad, notable de destacar, entre ellos: a la hora de hacer la pregunta sobre lo que constituye el fin y la perfección última del hombre, tanto Platón como Santo Tomás de Aquino, permanecen en el orden de la forma —nivel predicamental—, e investigan en la naturaleza del alma para descubrir el fin último del hombre. Y en este sentido, pese a que la metafísica de Platón fue trascendida por la metafísica de Santo Tomás de Aquino con la noción de acto de ser, sin embargo, la antropología tomista, y la ética que de ella se deriva, no lograron secundar los avances de la metafísica en toda su potencialidad. Con toda claridad, el Primado de la contemplación en la ética es una doctrina que entra a formar parte de la enseñanza de Santo Tomás de Aquino.

---

similiter etiam in tali cognitioni substantie separate ultima est felicitas hominis ad quam per naturalia pervenire potest." Cf. Santo Tomás de Aquino, *Quæstiones Disputatæ de Anima*, q. 16, ad 1.

## 12.2.4 La síntesis: La contemplación de Dios como Verdad

La síntesis tomista entre el Primado del Acto de Ser, el Primado del Alma y el Primado de la Contemplación, por lo tanto, ha sido ya resuelta en las consideraciones anteriores. En Platón, Eros constituía una fuerza, una tendencia que guiaba al alma hacia el ejercicio de la actividad contemplativa para entrar en posesión de la idea de Belleza. Una vez contemplada la idea de Belleza mediante una intuición, repentinamente descubría la débil unidad del mundo sensible con el inteligible, la naturaleza del alma, y la majestuosidad que reviste el verdadero mundo ideal. Santo Tomás de Aquino, en cambio, descubre en el seno mismo de lo real sensible, un principio activo de suyo, que hace ser a las esencias que lo limitan, y que la actividad propia de ese principio es recibida incesantemente de una Actualidad Pura, cuyo Poder Creador hace ser a los entes a partir de la nada, y los constituye en seres que participan en una escala ascendente del Ser Divino. Y ese acto de ser participado es fundamento de la ejecución de todas las potencias operativas del hombre, hasta de su misma forma inclusive, en la medida en que, tanto la forma o naturaleza, como las potencias operativas que de ella emanan, son y pueden actuar, en virtud de ese acto de ser. El salto del Eros platónico, radicado en la esencia del alma de donde brota tensionalmente, al acto de ser tomista, fundamento de lo real, y principio activo de todo, del que depende la misma alma, manifiesta la diferencia entre la metafísica platónica y la metafísica tomista.

Sin embargo, entre la antropología tomista y la metafísica del acto de ser que le subyace, se percibe una especie de quiebre incipiente, el inicio de una grieta, una especie de pérdida del hilo conductor entre metafísica y antropología, que afecta en gran manera al concepto de persona, y que hace concentrar toda la reflexión antropológica de Santo Tomás en torno al concepto de alma y a su dimensión cognoscitiva. Esta grieta entre la consideración metafísica que alcanza el nivel trascendental del ser, y la consideración antropológica que, en gran medida, permanece en el nivel predicamental, adquiere una dimensión cada vez más grande en la reflexión ética, en virtud de que esta ciencia pregunta a la antropología tomista del alma sobre cuál es el fin último del hombre, y a causa de esto, la ética tomista del fin último del hombre y de la actividad que lo alcanza, no logra superar los límites de la Contemplación que la Sabiduría Griega había adquirido originalmente con Platón, y posteriormente con Aristóteles.

Para poder equiparar la reflexión tomista con la platónica y presentar un texto que, análogo al del *Banquete*, pueda ofrecernos esta síntesis final de Santo Tomás, así como la grieta percibida en ella, y podamos comparar de este modo, lo que fue fruto de la Sabiduría Griega, con una de las síntesis, la mejor hasta ese momento, realizada dentro del marco de la Sabiduría Cristiana, hemos de acudir a la *Summa Theologiæ*, en el tratado que en la tercera parte el Doctor Angélico dedica a la Bienaventuranza del hombre. El estudio de este tema lo plantea desde tres perspectivas: ¿cuál es el objeto sobre el que recae la bienaventuranza del hombre?; ¿en qué consiste?; y por último ¿cómo podemos alcanzarla? Dejando a un lado las interesantes disquisiciones a las que Santo Tomás somete el concepto de fin, y habiendo argumentado que el objeto de nuestra bienaventuranza es un bien increado, en las cuestiones dedicadas a investigar en qué consiste la bienaventuranza, afirma que el fin

## 12.2 Los Primados del Tomismo

último del hombre consiste en una operación, y que el problema en el hombre es determinar cuál es la potencia operativa a la que se debe asignar la consecución de este fin. La claridad que en el siguiente texto ofrece la unión de nuestra alma (antropología) con Dios, Causa Personal Primera (metafísica), mediante la actividad puramente contemplativa (ética), expresa, mejor que nuestras palabras, la síntesis racional que Santo Tomás alcanzó:

> "La bienaventuranza última y perfecta solo puede estar en la visión de la esencia divina... Si, pues, el entendimiento humano, conocedor de la esencia de algún efecto creado, solo llega a conocer acerca de Dios si existe, su perfección aún no llega realmente a la causa primera, sino que le queda todavía un deseo natural de buscar la causa. Por eso todavía no puede ser perfectamente bienaventurado. Así, pues, se requiere, para una bienaventuranza perfecta, que el entendimiento alcance la esencia misma de la causa primera. Y así tendrá su perfección mediante una unión con Dios con su objeto, en lo único en que consiste la bienaventuranza del hombre, como ya se dijo."[91]

Y no es óbice para lo que aquí se está defendiendo el hecho de que Santo Tomás se refiera al fin último del alma como a su fin sobrenatural. Lo que subyace en su pensamiento es que el fin último del hombre es la posesión de Dios como verdad, y el único modo que tiene el alma de poseer de esa forma, según la índole de verdad, es mediante la posesión intencional del conocimiento; posesión que, por lo demás, puede ser realizada activamente por el alma sin el concurso del cuerpo, y de ahí que fuera estrictamente necesario la defensa del modo de conocer que el alma tiene separada del cuerpo. Por lo tanto, la diferencia entre lo

---

[91] Santo Tomás, *Summa Theologiæ*, III, De Beatitudo, q. 3, a. 8, resp.

así mantenido por Santo Tomás y lo que se patentizaba en el *Banquete* de Platón no refleja en todo su esplendor la novedad del Cristianismo.

## 12.3 El estatuto del alma separada

Nuestra defensa de la teoría del amor y de la muerte extraída de los *Comentarios* y, en general, de toda la obra de A. Gálvez, ha centrado el valor eminente de la persona en el orden trascendental del ser. Dios crea directamente el ser de cada cosa, y les hace partícipes, en la medida de su donación, de un grado determinado de participación. El ser, el de cada cosa y el de cada *alguien*, por lo tanto, es propio y distinto de cada uno de ellos. El acto de ser que es entregado en donación amorosa[92] a los entes de naturaleza humana marca la diferencia entre el resto de la creación material y ellos mismos; y esa diferencia, esa *excelencia* y *nobleza* en el ser participado, constituye al ente en persona. Precisamente por ser donación, entrega o comunicación del Ser Personal al ser del hombre, concomitantemente y sin distinción real, el acto de ser del hombre queda expresado como potencia activa de amar. La metafísica tomista de la participación del ser en el Acto Creador del Ser Personal es estrictamente necesaria para fundamentar esta singular teoría de la persona.[93] Lo que aquí hemos convenido en llamar *estatuto*

---

[92] "Es ahí donde se sitúa la noción de persona, más allá de la definición de Boecio... es decir, le pertenece el ser como acto suyo, en cuanto directa y amorosamente otorgado por Dios." Cf. C. Cardona, *Metafísica del Bien y del Mal*, op. cit., p. 91.

[93] "Es la noción metafísica de participación lo que ofrece a Santo Tomás la clave para desentrañar la estructura profunda del ente real. Lo que no es algo totalmente y por sí, lo es parcialmente y por otro. Lo que es por

## 12.3 El estatuto del alma separada

*ontológico* no es sino otra forma de expresar este nivel trascendental en el que se ha de situar la reflexión sobre la persona. La importancia actual de la recuperación de lo específico de la metafísica de Santo Tomás, para fundamentar el acuciante tema de la persona humana, es una de las constantes del pensamiento de algunos fieles intérpretes del Tomismo:

> "No hay más que un modo de fundamentar radicalmente el valor absoluto de la persona: recuperar la metafísica del acto de ser."[94]

> "La persona representa, por consiguiente, el mayor grado de participación en el «esse», es la que está más cerca del mismo «esse», porque lo limita muchísimo menos que el mero supuesto."[95]

> "La persona es el concepto más completo de cuantos poseemos, porque además de las estructuras del ser categorial y del ser trascendental dice referencia al ser en acto y al acto de ser."[96]

> "La persona es objeto suficiente de la intención del Creador, y en esta propiedad está lo más propio de su dignidad. Cada persona es imagen de Dios, y siendo el ser la perfección de toda criatura, la perfección de la persona

---

participación es causado por lo que es por esencia, y se compone realmente de participante y participado, componentes que están unidos entre sí como potencia y acto." Cf. C. Cardona, *Metafísica del Bien y del Mal*, op. cit., p. 69.

[94] C. Cardona, *Metafísica del Bien y del Mal*, op. cit., p. 85.

[95] E. Forment, *Ser y Persona*, op. cit., p. 68.

[96] A. Lobato, *El Pensamiento de Santo Tomás de Aquino para el Hombre de Hoy: El Hombre en Cuerpo y Alma*, op. cit., p. 50.

está en poseer el ser como propio, una vez recibido de Dios."[97]

Dios crea personas en la medida en que crea directamente el ser de cada cosa y, al querer hacerlo así, al querer otorgar un aumento ontológico en el ser haciéndolos *imagen suya*, les da una finalidad no realizada en toda su perfección, una capacidad activa de amar, que por ser la propia de un ser donado, ha de ser limitada o realizada según el modo de la esencia a la que actualiza. En los entes personales cuya esencia es simple, pura forma, y no está compuesta de materia y forma, como son los ángeles —cuya existencia es revelada—, el acto de ser que los constituye de la nada, les hace ser personas, a imagen de Dios, capaces de amar y de corresponder a esa donación genuina de su ser; y la esencia simple que, indisolublemente al acto de ser, es actualizada, limita esa capacidad para ser ejercida en plena libertad, constituyéndose en un mediante *sine qua non*, —una *condición ontológica*—, el único modo que tiene el ángel para activar esa capacidad de amar, es decir, para libremente amar, o por el contrario, para no querer activar esa capacidad de amar, es decir, para libremente querer no amar. La libertad que el ángel recibe es libertad creada y no Infinita, sino la libertad de un ser que no puede salir, para la consecución de su fin último personal, del cauce que le determina la esencia asignada.

La reflexión sobre los seres personales que en la jerarquía de la creación están por debajo de los ángeles y que, por tener una naturaleza formada por un cuerpo y un alma, son llamados personas humanas, no difiere de la realizada sobre las personas

---

[97] J. Martínez Porcell, *Metafísica de la Persona*, PPU, Barcelona, 1992, p. 317.

## 12.3 El estatuto del alma separada

angélicas. Dios crea directamente el ser de ellos, y lo crea en tal nobleza y excelencia, que esas notas en el ser recibido revelan el estatuto ontológico de persona. Lo hace capaz de amar, y esa capacidad permanece mientras permanece el ser. Pero, igual que en el caso de los ángeles, el libre querer de Dios comunica ese acto de ser para que actualice una esencia que, por ser fruto de la unión de alma y cuerpo, se llama naturaleza humana. El ser es otorgado —creado— para sustentar directamente al alma, y hacerlo partícipe, desde el alma, al cuerpo, sin prioridad temporal. Desde el instante mismo de su creación, la persona, por ser persona capaz de amar y de corresponder a esa generosa donación de ser por parte del Ser, está orientada a su fin último, la actividad amorosa, y la naturaleza humana se convierte en el mediante *sine qua non*, —en la condición ontológica—, en el único modo que tiene para activar esa capacidad de amar, es decir, para libremente amar, o por el contrario, para libremente querer no amar.[98] Por lo tanto, la libertad que la persona humana recibe es también una libertad limitada, una libertad condicional, y no una libertad Infinita, sino la propia de un ser que, para la consecución del fin último personal, tampoco puede salir del cauce que le determina la naturaleza asignada.[99]

---

[98] Este libre querer no amar es un ejercicio de esa capacidad de amar que intenta revertir sobre ella, sobre su ser, y que en su estado de esquizofrenia (condenación) se transforma en el querer eterno de un imposible, a saber, que esa capacidad, tanto de amar como de ser, no fuera nunca: "El cual (pecado), lejos de ser un mero sinónimo de una pura nada que, por lo demás, no gozaría ni de existencia ni de realidad alguna, significa más bien *la negación consciente, voluntaria y maliciosa del ser*. Pues lo que el pecado desea en el fondo es que *el ser no sea*." Cf. A. Gálvez, *Comentarios al Cantar de los Cantares*, op. cit., vol. II, p. 198.

[99] Una excelente monografía sobre el tema de la libertad, A. Millán-Puelles, *El Valor de la Libertad*, Rialp, Madrid, 1995. Además, el cap. IV

A partir de estas consideraciones que se derivan de la teoría del amor de A. Gálvez, junto al hecho de reconocer el trascendental descubrimiento del acto de ser tomista para la posición del valor eminente de la persona, se manifiesta también una esencial diferencia entre la metafísica de la persona de A. Gálvez y la metafísica de la persona de Santo Tomás de Aquino; distinción que sirve de fundamento para afirmar que, mientras que en la antropología de Santo Tomás, el Primado le compete al alma, en cambio, en la antropología de A. Gálvez el Primado le compete a la persona humana, pero en calidad de persona. Lo que indudablemente para Santo Tomás constituye una persona humana es *este hombre* concreto, sin que le falte nada para la perfección de su naturaleza humana. Ya demostramos antes con evidentes textos la exposición tomista de la persona humana en el orden predicamental de la forma y la materia. Si el nivel trascendental funda el nivel predicamental, con toda lógica se puede decir que la persona en Santo Tomás es un resultado, una consecuencia. La muerte, en una antropología de la persona que no sobrepasa este nivel predicamental, rompe la unión del alma con su cuerpo, y esta situación en la que el alma se queda, hace más evidente todavía la afirmación de que la persona es un resultado, y que su consideración no se mantiene en el nivel trascendental del ser. Tras la muerte, lo que era este hombre concreto, pasa a ser esta alma sin su cuerpo, y la pérdida sufrida implica que el alma ya no es persona. Según la fe, con la Resurrección final y la recuperación del cuerpo propio, volverá de nuevo *aquel hombre* a ser *este hombre*, y por lo tanto persona, habiendo pasado el estado intermedio y *contra natura* de un alma sin cuerpo que no es persona.

---

"Ser y Libertad" de la obra del prof. C. Cardona, *Metafísica del Bien y del Mal*, op. cit.

## 12.3 El estatuto del alma separada

En cambio, la metafísica de la persona de la teoría aquí defendida, se queda en el nivel estrictamente trascendental, el que hace de fundamento de todo, y particularmente del nivel predicamental. Para A. Gálvez, *este hombre* es persona, no por ser hombre, sino por ser *este*, por tener excelencia en el ser. La naturaleza humana está indisolublemente unida a la persona, pero es realmente distinta de ella. Por tener naturaleza humana, unión de alma y cuerpo, este hombre es *hombre*; por tener un acto de ser en un determinado grado de participación del Ser Personal, aquel grado que lo capacita para amar y, por debajo del cual, no hay una real capacidad de amar (creación material), otorgado directamente al alma y participado al cuerpo, por todo ello, este hombre es '*éste*', *alguien delante de Dios y para siempre.*[100] La muerte, en una metafísica de la persona así concebida, supone la separación de alma y cuerpo; pero no la pérdida de aquello que fue donación generosa del Ser Creador, su acto de ser indisolublemente unido a su alma; y sin el cual acto, potencia de amar, no cabe la más mínima posibilidad de correspondencia a esa donación de ser. La persona en A. Gálvez no es nunca un resultado del nivel predicamental, sino un fundamento en el orden transcendental, y un fundamento en sí mismo indestructible, en el que la posibilidad para no ser es una real imposibilidad. El alma sigue siendo persona, en virtud de

---

[100] "Es la propiedad privada de su acto de ser lo que constituye propiamente a la persona, y la diferencia de cualquier otra parte del universo. Esta propiedad comporta su propia y personal relación a Dios, relación predicamental —como ya hemos dicho, accidental—, que sigue al acto de ser, a la efectiva creación de cada hombre, de cada persona, señalándole ya para toda la eternidad como *alguien delante de Dios y para siempre*, indicando así su fin en la unión personal y amorosa con El, que es su destino eterno y el sentido exacto de su historia personal en la tierra y en el tiempo." Cf. C. Cardona, *Metafísica del Bien y del Mal*, op. cit., p. 90.

que, tras la muerte, *sigue siendo*. Con la muerte, la naturaleza humana, la *condición ontológica* ha quedado partida, fruto de una entrega personal de su propio cuerpo, y la situación de este estadio intermedio hasta la Resurrección en el plano metafísico bien podría venir determinada por la siguiente afirmación: persona con naturaleza humana incompleta. Recuperando ahora aquella afirmación gilsoniana de que a partir del Cristianismo ya no se debe decir hombre sino persona humana, —que según nuestra opinión no podía ser aplicada a Santo Tomás de modo absoluto, sino *secundum quid*—, y de que el valor de la persona marcaba la diferencia entre la Sabiduría Griega y la Sabiduría Cristiana, hay que reconocer que en los *Comentarios*, este Primado de la Persona humana, hace honor a la novedad que supuso el Cristianismo.

Además, la originalidad de este genuino corolario —*el alma sigue siendo persona*— de la teoría del amor y la muerte de A. Gálvez, queda en evidencia al contrastar esta afirmación con la exposición que de la antropología tomista han realizado sus más fieles intérpretes.[101] No deja de ser curioso, por ejemplo, el respetuoso silencio que, sobre este particular tema de la negación de la ontología de persona al alma humana, hace Gilson tanto en su obra *Le Thomisme*, como en su obra *El Espíritu de la Filosofía Medieval*. En la primera obra, simplemente no dice nada y, en cierta medida, resulta extraño por ser Gilson un experto conocedor del Tomismo, y por haber sido el princi-

---

[101] La polémica en torno a este particular tema en su estado de apogeo se dio hacia finales del s. XIX y principios del XX, quedando la solución tomista inalterada gracias al esfuerzo de E. Hugon en tres artículos publicados: É. Hugon, "De l'État des Ames Séparées", *Revue Thomiste*, 1906, págs. 48-68; "De l'État des Ames Séparées", *Revue Thomiste*, 1906, págs. 529-546; y "Si l'Âme Séparée est une Personne", *Revue Thomiste*, 1909, págs. 590-596.

## 12.3 El estatuto del alma separada

pal intérprete de Santo Tomás en orden a recuperar el Primado del Acto de Ser. En la segunda obra, reduce todo su comentario a una nota a pie de página, y muy colateralmente al tema principal.[102]

E. Forment, en su obra *Ser y Persona*, se plantea el problema y lo resuelve con extrema fidelidad al pensamiento de Santo Tomás. Sin embargo, hay que decir que la dificultad que presenta este tema, es de orden teológico, —como expresamente afirma Forment[103]—, si el que se enfrenta a ella, lo hace como teólogo, y es de orden filosófico, si el modo de enfrentarse a ella es estrictamente racional.

Pese a establecer la necesaria perspectiva metafísica con la que hay que abordar el tema de la persona, Martínez Porcell no logra tampoco salir de los estrictos caminos de la letra tomista, al no captar la distinción que aquí nos ha parecido de extremada importancia entre el nivel predicamental y el nivel trascendental. Pues afirma que el alma no es ni un ángel, ni hombre completo, 'ni persona, como no lo es la mano o cualquier parte del hombre, ya que no es una substancia individual,

---

[102] Hablando de la definición de Boecio, y de los pocos que la encontraron satisfactoria afirma: "Ricardo de Saint-Victor propuso sin embargo modificarla de la manera siguiente: 'Persona est intellectualis naturae incommunicabilis existentia.'... Duns Scoto es naturalmente favorable a esa modificación. Para él, puesto que el alma es individual, en cuanto forma, aun el alma separada es una persona, lo que no es en el sistema de Santo Tomás." Cf. Étienne Gilson, *El Espíritu de la Filosofía Medieval*, op. cit., p. 207, n. 20.

[103] "Con esta definición parece, por tanto, que se presente la dificultad de orden teológico de explicar porqué el alma separada del cuerpo no es persona, siendo, sin embargo, sustancia individual racional." E. Forment, *Ser y Persona*, op. cit, p. 20.

una hypóstasis."[104] En nuestro análisis de la antropología tomista, ya hemos visto como desde el punto de vista trascendental el alma es una sustancia individual, un *hoc aliquid*, pero no desde el punto de vista predicamental.

Por último, las razones que establece el prof. C. Cardona para demostrar, frente a la letra tomista, que el alma es persona, a parte de no convencer al lector, no son coherentes con la línea de pensamiento que ha caracterizado su importantísima obra. Por un lado, su obra *Metafísica del Bien y del Mal*, es todo un trabajo para destacar la centralidad que en metafísica y antropología tiene el acto de ser y, particularmente, el acto de ser personal, amén de la relación amorosa existente entre Dios y el hombre. Centralidad de la que hemos hecho un abundante uso en nuestro estudio. Por otro lado, descubre la incompatibilidad que reviste esa eternidad de ser *alguien delante de Dios y para siempre*, con la negativa tomista de la persona para el alma separada. Y el único modo que tiene para poder mantener que la muerte no le quita el carácter de persona al alma es acudiendo a la noción contemporánea de lo que significa ese concepto, a saber, hay persona donde hay libertad y conciencia, tesis que con todo rigor se deriva de la posición cartesiana del Cogito, —de lo que el prof. Cardona convino en llamar la *Trayectoria de la Inmanencia*—,[105] y cuyas drásticas consecuencias, para el pensamiento y para el hombre, han sido puestas de manifiesto, tanto en la *Metafísica de la Opción Intelectual* como en su obra

---

[104] "Ahora bien, por un lado el alma no es un ángel; y por otro no es un hombre completo, ni persona, como no lo es la mano o cualquier parte del hombre, ya que no es una substancia individual, una hypóstasis." Cf. J. Martínez Porcell, *Metafísica de la Persona*, op. cit., p. 95.

[105] C. Cardona, *Metafísica de la Opción Intelectual*, op. cit.

## 12.3 El estatuto del alma separada

póstuma *Olvido y Memoria del Ser*. Es conveniente transcribir el texto de la *Metafísica del Bien y del Mal*:

> "Como el alma humana es parte de la naturaleza completa del hombre, Santo Tomás rehúsa el término persona para designar al alma separada. Pero esto ha generado también algunos equívocos. Aunque la naturaleza humana completa incluya el cuerpo, el alma es directamente creada por Dios como subsistente en sí misma, y participando al cuerpo su propio acto de ser. Sabemos que subsiste en sí porque tiene operaciones (el entender y el amar) que no son corpóreas, al suponer la posesión intencional de la forma ajena en su alteridad, abstracta y universal, no determinada e individuada por materia alguna; y el obrar sigue al ser: una operación espiritual —inmaterial— supone una substancia espiritual. El cuerpo es condición inicial pero no origen o causa de la individualidad del alma. Por eso, *y teniendo en cuenta las connotaciones actuales del término persona (conciencia y libertad)*, no hay inconveniente alguno en decir que, después de la muerte del hombre, el alma separada sigue siendo persona, aunque entonces (y hasta la resurrección) ya no participe su propio acto de ser al cuerpo, y le falte algo para ser propiamente un hombre; pero sigue siendo el mismo sujeto individual y singular de su ser y de su obrar, sigue siendo el mismo «alguien delante de Dios»."[106]

Desde la posición que aquí se ha defendido, —fundar el estatuto ontológico del alma separada como persona a partir de la noción tomista de ser, y de la teoría del amor de A. Gálvez— no resulta lógico, sino más bien ilógico, además de innecesario,

---

[106] C. Cardona, *Metafísica del Bien y del Mal*, op. cit., p. 75.

acudir al actual concepto de persona, fruto de la filosofía de la Inmanencia. Solo desde la metafísica del ser de Santo Tomás en el nivel estrictamente trascendental, y en *común unión* con la teoría del amor de A. Gálvez —la cual es fiel al espíritu y, la mayoría de las veces, a la letra del Tomismo—, se puede encontrar una defensa del estatuto ontológico personal del alma separada del cuerpo. El prof. C. Cardona, en su obra póstuma, mantiene claramente que la persona no puede ser definida por las notas de conciencia y de libertad, y que el alma, como parte de la naturaleza humana, no es persona.[107]

Además de todo esto, la antropología tomista y la antropología que está a la base de los *Comentarios*, manteniendo ambas la unión substancial de alma y cuerpo, se distinguen, no obstante, en dos temas, que simplemente vamos a reseñar, pero que requerirían de un estudio profundo. El cuerpo en Santo Tomás, tras afirmar su composición substancial con el alma y entrar en la definición de naturaleza humana, juega simplemente un papel instrumental para realizar la operación suprema y más perfecta del entendimiento. Por eso su carencia, su privación, no afecta, en realidad, al estado del alma separada, puesto que el entendimiento realiza su operación sin comunicación con órgano alguno. En la antropología de A. Gálvez, el cuerpo, siendo de la esencia del hombre junto con su alma, es más que un instrumento, no teniendo ese carácter de ser solo un *medio* para conseguir un fin cognoscitivo, como en la antropología tomista, sino que por ser de la esencia del hombre, revela inmediata-

---

[107] "Por eso, no se puede definir a la persona como conciencia, libertad, etc., pues la persona es el sujeto, y no sus potencias, su alma o sus actos, que tienen razón de partes (esenciales, integrales, potenciales, etc.)." Cf. C. Cardona, *Olvido y Memoria del Ser*, op. cit., p. 445.

## 12.3 El estatuto del alma separada

mente, sin mediación alguna, la presencia de una persona. No podemos adentrarnos más en este tema, pero según A. Gálvez, 'la enorme influencia que el platonismo y el neoplatonismo han ejercido en el cristianismo, a lo largo de toda la historia de este último y hasta el momento actual' ha introducido una 'sospecha contra la materia' y 'contra la corporalidad del ser humano, desde el momento en que la perfección solamente se da en el reino de las ideas puras.'[108] El cuerpo no es un *medio para* revelar la existencia del alma, sino *en donde* se revela, y de modo inmediato. Y el segundo tema se refiere a la distinción existente entre la actividad de amar que en la antropología tomista es puesta dentro de la potencia operativa de la voluntad, cuyo objeto es el bien, mientras que en la teoría de A. Gálvez hunde su actuación en la potencia activa de la persona, y su objeto son los entes personales.

Y, en torno a la ética, no hay sino que hacer las mismas consideraciones que se hicieron con Platón, pues para la ética tomista de índole filosófica, el fin y la bienaventuranza del hombre se realiza mediante la actividad del entendimiento que contempla a Dios como verdad, y ello en virtud de que la pregunta sobre este fin es hecha a la naturaleza humana y, más particularmente, a su alma, mientras que para la tesis de A. Gálvez, el fin último del hombre consiste en la actividad de amar al Ser Personal, Dios, para cuyo ejercicio se requiere no solo la actividad ontológica de todas las potencias operativas que emanan de su naturaleza como principios próximos de operación, sino también la independencia temporal respecto del activo ejercicio de cada una de ellas. Y esto en virtud de que la pregunta sobre

---

[108] A. Gálvez, *Comentarios al Cantar de los Cantares*, op. cit., vol. I, p. 367.

el fin último del hombre es hecha, no a la naturaleza humana, ni tampoco al alma, sino al original y novedoso concepto de persona.

## 12.4 Conclusión

La metafísica, la antropología y la ética platónica, así como la síntesis que de ellas se derivaba, no exigían para el alma el estatuto personal después de la muerte. Con la llegada del Cristianismo, la persona es un tema eminentemente trascendental. La metafísica tomista del acto de ser estaba preparada para poder exigir al alma el estatuto ontológico de persona después de la muerte, pero ni su antropología ni su ética, ni la síntesis racional que de ellas se derivaba, poseían la misma exigencia, pues quedaban conformadas en sus razonamientos con la pura presencia del alma sin el rango de persona. Con ello el Cristianismo quedaba deslucido. Por último, la metafísica del acto de ser personal, la antropología del Primado de la persona humana, la ética de la actividad de amar al Ser Personal, y la síntesis —esa relación de Amor entre la persona humana y la Persona divina—, propias del pensamiento de A. Gálvez, exigían imperiosamente que el alma después de la muerte siguiera siendo persona.

# Epílogo

## Santo Tomás de Aquino y A. Gálvez.

Como en determinadas ocasiones había defendido, pública y desordenadamente, las diferencias existentes entre el pensamiento de Santo Tomás de Aquino y el de A. Gálvez, decidí ponerlas por escrito en esta obra que acaba de concluir para el lector, con el fin de adquirir el rigor y la lógica que tan apasionado tema muestra tener. Además del orden y del rigor, me ha movido no solo el deseo de recibir el veredicto de la comunidad tomista sobre mis apreciaciones, lo cual ya de por sí justificaría esta empresa, sino el amor a la verdad que tan profundamente marca el modo de pensar de ambos autores. Es cierto que si hay diferencias, y podemos contrastarlas, es porque evidentemente hay también identidades. De no existir éstas, lo que habría sería una total oposición, como la que se da, por ejemplo, entre el idealismo y el realismo. Pero existen las identidades, y entre ellas, quizá la más substancial aunque en modo alguno la única, sea precisamente el amor a la Verdad, como a cualquier otra verdad objetiva, que el entendimiento humano pudiera conocer, sea a través de la razón, sea por el camino de la Fe revelada.

Que duda cabe que al establecer esta substancial identidad en el amor a la Verdad como a cualquier otra verdad objetiva, deberíamos extraer inmediatamente el corolario de que, si la posesión de las verdades objetivas es lo que los une, las diferencias nos llevarían a la afirmación de la existencia del error en uno y la verdad en el otro; o bien el error en ambos; pero en absoluto la razón de verdad bajo el mismo aspecto y sobre el mismo tema en los dos sistemas de pensamiento, pues atentaríamos contra el principio de no-contradicción. Bien es cierto que sobre el mismo aspecto y el mismo tema cabría la posibilidad de que en uno se diera una mayor profundidad en la conquista de la verdad, al ser un hecho evidente *per se* la limitación del entendimiento humano en su intento de llegar al conocimiento de la esencia de lo real. Si mi memoria no me falla, es el mismo Santo Tomás el que afirma que nunca el hombre podrá conocer las esencias de las cosas tal como Dios las conoce. Y es de sobra conocido el argumento del Santo para justificar la existencia de una revelación de la Sacra Doctrina:

> "Quia veritas de Deo, per rationem investigata, a paucis, et per longum tempus, et cum admixtione multorum errorum, homini proveniret, a cuius tamen veritatis cognitione dependet tota hominis salus, quae in Deo est."

¡La búsqueda y conquista de la verdad pueden requerir un largo tiempo y con la admisión de muchos errores! Prefiero usar la terminología verdad-error para referirme a la particular diferencia entre Santo Tomás y A. Gálvez en torno al estatuto ontológico del alma después de la muerte, pues el primero afirma erróneamente que no es persona, mientras que el segundo propone la necesidad teológica de que sí lo sea, cuyo soporte racional, a mi parecer, ha sido expuesto en el contenido de este libro.

Me ha movido también una cierta intranquilidad cognoscitiva que, en estos tiempos de enorme confusión doctrinal al interior de la Iglesia Católica, pudiera derivar en dudas o tentaciones contra la Fe en almas débiles e intelectualmente mal formadas. La causa de esta intranquilidad consiste precisamente en que hay elementos del pensamiento de A. Gálvez que, siendo aceptados en mi entendimiento como evidentes o lógicamente deducidos, no solamente entran en conflicto con *contadas* tesis de Santo Tomás, sino que parecen, y *solo parecen*, hacer causa común con los detractores contemporáneos mas serios del Tomismo que, a decir verdad, no son muchos. Hay muchos, pero no serios. Y en realidad, si fueran serios y amadores de la Verdad, no caerían en el error que a continuación voy a describir: mientras que estos modernos detractores, a partir de algunas incongruencias o carencias de la Filosofía de Santo Tomás, han optado por un rechazo total de su metafísica, aventurándose así por los caminos del idealismo en su versión personalista, existencialista o neotomista, el pensamiento de A. Gálvez, por el contrario, está sustentado en los mismos pilares fundamentales de la Filosofía del Doctor Angélico, a través de un diálogo noble con la realidad extramental, para seguir adquiriendo, en profundidad, parcelas de la verdad, y lograr de este modo la síntesis intuitiva entre Filosofía y Teología. Aquéllos que han partido del Idealismo, en cualquiera de sus acepciones, para recuperar después el realismo tomista —*realismo crítico*—, no han hecho sino destruir los primeros principios de la metafísica tomista. O el pensar funda el ser o el ser funda el pensar. No hay camino intermedio.

La actitud de A. Gálvez es la propia del sabio cristiano. Los principios fundamentales de la metafísica tomista no pueden perder su carácter de principios, no porque sean tomistas, sino porque constituyen el fundamento de lo real. El sabio cristiano es el que busca una síntesis intelectual entre los saberes filosóficos, síntesis que por ser la de un sabio cristiano, entra en armonía con la Teología como ciencia sagrada. El sabio no es el que todo lo sabe, sino el que todo lo comprende en el misterio de la Verdad Immutable. El sabio no es el que conoce todas las verdades, sino el que conoce la presencia de la Verdad en cada una de las verdades que el entendimiento le presenta: de la multitud de verdades adquiridas, de la multitud de conocimientos sobre el ente y sus causas, tiene que descubrirse esa unidad de pensamiento que unifica todas las verdades objetivas en la Verdad, que es Dios, mediante una intuición intelectual. Dicho de otra forma, el esfuerzo sintético no es otro que aquel que logra encontrar en un solo acto cognoscitivo la presencia del Fundamento en lo fundamentado, la presencia de la Verdad en las verdades, por externas y alejadas que éstas pudieran estar de Aquélla. Y esto es lo que antiguamente se llamaba Sabiduría. El sabio cristiano no puede prescindir de los principios fundamentales de la metafísica tomista en la misma medida en que no puede prescindir de la verdad del Ser.

Por lo tanto, conviene insistir y clarificar que la conciencia explícita de las diferencias entre estos dos pensadores está enraizada en los mismos principios metafísicos reguladores del Tomismo; todo lo contrario de lo que ha sucedido en el pensamiento teológico contemporáneo cuyo error no ha sido otro sino el olvido y posterior rechazo del acto de ser como fundamento de lo real. Dicho esto, creo haber dado un paso de gigante para calmar la conciencia de los más inquietos devotos del Doctor Angélico, entre los que sin duda me encuentro yo.

Si en aquellas mis apasionadas y desordenadas defensas hubiera bien escandalizado a alguno, bien realizado afirmaciones que estuvieran carentes de fundamento, o sencillamente insostenibles, sirva este escrito para justificar mi pasión, así como para pedir disculpas por los errores cometidos. A veces nuestro entendimiento intuye la presencia de la verdad pero no logra ver la cadena lógica de proposiciones que la une con el Fundamento sino después de un largo proceso de madurez intelectual (...*et per longus tempus*). Tengo a mi haber la justificación real de que solo el libro de la Biblia está exento de aquello por lo que yo estoy pidiendo disculpas y de que los demás libros escritos por autores no inspirados pueden contener dosis de verdad y dosis de falsedad. Basado en esta apreciación y tan solo como algo anecdótico, el eminente tomista, J. García López, me contaba que solo si tras leer nueve veces seguidas el mismo texto tomista seguía manteniendo que Santo Tomás estaba equivocado, lo daba entonces por equivocado, no sin cierto temor y temblor. Y no hay duda de que lo mismo podría decirse del pensamiento de A. Gálvez, pues el error, aunque no fuera querido por sí mismo, puede venir ocultado bajo apariencia de verdad, o simplemente por un mal paso dado en la demostración. *Errare humanus est*.

No puedo dejar de expresar una afirmación que resultará evidente para los más peritos en esta materia y un tanto extraña para los más legos. Expresado de un modo negativo vendría a ser la siguiente: no es cierto que el espíritu de la Filosofía Tomista coincida, como si de una relación biunívoca se tratase, con lo escrito por Santo Tomás. Nada extraño tiene esta afirmación si tenemos en cuenta las reflexiones anteriores sobre el amor a la

Verdad, puesto que el Espíritu de la Filosofía del Aquino no es otro que esa búsqueda infatigable y amorosa por la Verdad. Los más devotos de la lectura asidua del Santo me darán la razón en esto: Santo Tomás no es en modo alguno platónico, pero tomó para sí lo que de verdad encontró en la Filosofía de Platón; no es en modo alguno agustiniano, pero, de nuevo, tomó para sí las verdades encontradas en la obra del Obispo de Hipona; y lo mismo podríamos decir con respecto a Aristóteles, pues aunque es mucho lo que toma de él, no es justo aplicarle lo que en muchos manuales de Historia de la Filosofía se dice: a saber, que fue aristotélico. Más bien, tomó de verdad lo que encontró en la filosofía del Filósofo de Estagira. Y así sucesivamente con cada uno de los autores citados en su voluminosa obra: Averroes, Avicena, Maimónides... Por lo tanto, si existieran algunos errores en la Filosofía del Aquino, no cabe duda de que el espíritu de su pensamiento no coincide con la letra en la que se expresarían esos errores. Estoy seguro que el mismo Santo Tomás sería el primero en reconocer sus errores, en caso de haberlos, como no pertenecientes al espíritu de su pensamiento.

Han de tener en cuenta los tomistas más reacios a la posibilidad de que hubiera algún error en el Tomismo que, con la misma fuerza con la que aceptaba las verdades encontradas tanto en los filósofos paganos como en los Padres de la Iglesia, con esa misma fuerza Santo Tomás señalaba también los errores cometidos por ellos en este largo camino (... *et cum admixtione multorum errorum*). No era la defensa del Platonismo o del Aristotelismo lo que estaba en juego para él, ni tampoco el Agustinismo ni el Averroísmo. Lo que a él le importaba era la búsqueda de la verdad objetiva para poder alcanzar la Verdad Absoluta, así como la señalización del error cometido, dijera quien lo dijera, en un respetuoso tratamiento. Mas que en cualquier otro pensador, se le podría aplicar la famosa sentencia atribuida a Aristóteles: *Amicus Plato, sed magis amica Veritas.*

Junto a esto, por estar abierto a toda verdad objetiva, la grandeza del Tomismo se manifiesta en un aspecto no suficientemente ponderado. Su obra no está concluida. Su filosofía y su teología están en continuo crecimiento en la misma medida en que el entendimiento va alcanzando cotas de verdad *per longus tempus.* Y es así como puede entrar en franco diálogo no solo con los filósofos que le precedieron, sino también con los sistemas de pensamiento que le sucedieron, de modo que cualquier verdad encontrada en ellos entraría a formar parte del espíritu de la Filosofía Cristiana que, con justificada pasión, Étienne Gilson defendió; y cualquier error quedaría excluido del contenido de esa misma Filosofía. Esta confrontación entre lo que constituye el pensamiento de Santo Tomás y la Filosofía Moderna y Contemporánea es una de los aspectos mas atractivos tanto de la obra de Gilson como de Millán-Puelles. Y, concretamente, esta apertura a la Verdad es la que ha permitido esta particular confrontación que, entre el Tomismo y el pensamiento de A. Gálvez, he realizado en este trabajo.

Por último, soy consciente de la gravedad de los temas que han sido tratados, especialmente el hecho de defender que no existe una síntesis filosófica entre la Metafísica, la Antropología y la Ética como ciencias en el pensamiento de Santo Tomás. Decir que no existe síntesis filosófica entre estas ciencias de la razón es decir también que no hay síntesis entre Teología y Filosofía, lo cual aumenta aún más la gravedad de la afirmación. Soy consciente de esta gravedad, no exclusivamente porque al defender la ausencia de una síntesis esté poniéndome frente a los grandes Tomistas contemporáneos, entre los que se encontraría el mismo E. Gilson, Garrigou-Lagrange, Santiago Ramírez, Jean-Hervé Nicolas, Carlos Cardona, C. Fabro, A. C. Pegis, O. Derisi, J. Pieper, J. García López, Abelardo Lobato, así como Francisco Canals y Edualdo Forment, cuya aceptación acrítica de la síntesis tomista es incontestable; sino por la abundante defensa de este orden sintético intelectual que se encuentra en los Papas de la Iglesia, especialmente desde León XIII hasta Pío XII. Así, refiriéndose a esta síntesis, y como botón de muestra, este último Papa expresa: "Pero este conjunto de conocimientos no ha sido expuesto por ningún otro autor tan lúcidamente, de modo tan claro y perfecto, ya se atienda a la recíproca concordancia de cada una de las partes, ya a su acuerdo con las verdades de la fe y a la espléndida coherencia que éstas presentan, ni ninguno ha edificado de todos ellos *una síntesis tan proporcionada y sólida*, como Santo Tomás de Aquino, según dijo León XIII." El 27 de junio de 1914 y el 7 de Marzo de 1916, la Congregación del Santo Oficio aprobó veinticuatro tesis tomistas como enunciados mayores, y fruto de ello, el mismo Papa San Pío X estableció en el Motu Propio *Doctoris Angelicis*: "Lo que en la filosofía de Santo Tomás es capital no debe ser tenido en el género de las opiniones sobre las que es lícito disputar en sentidos opuestos, sino que debe ser considerado como los fundamentos en que se apoya toda la ciencia de las cosas naturales y divinas."

No obstante, no es la metafísica tomista la que aquí ha sido cuestionada ni ninguno de sus principios nucleares, sino una concreta afirmación de su antropología, y por ende su ética, y no en su totalidad, sino en tanto carentes de una conexión lógica y real con los principios del orden metafísico tomista. El mismo San Pío X daría, en cierto modo, su beneplácito a nuestra reflexión siempre que dejemos intacta la metafísica del Santo: "De aquí que quisiésemos que todos los que se dedican al estudio de la filosofía o de la teología estuviesen advertidos de que, al apartarse de Santo Tomás, especialmente en las cuestiones metafísicas, no se hará nunca sin grave detrimento" (Mottu Proprio Doctoris Angelici, 29 abril 1914). Cabe recordar, y es este el preciso momento de hacerlo, la exagerada oposición que el Santo tuvo que sufrir en su tiempo por parte de los defensores de Averroes y San Agustín en el seno de la Iglesia, hasta el punto de que algunas de sus tesis fueron condenadas por el obispo Tempier, entre las que se encontraba la unidad de la forma substancial del alma y su no composición de materia y forma. Verdades estas que, gracias al genio intelectual del Santo y su tenacidad por la búsqueda de la verdad, entraron a formar parte del acerbo filosófico del mismo Magisterio de la Iglesia no mucho después de su muerte. De nuevo, y con ánimo de apaciguar los ánimos de los defensores a ultranza del Tomismo, quiero decir que en los mismos principios metafísicos tomistas se encuentra la clave para lograr lo que me parece ser una síntesis mas clara e intuitiva entre Metafísica, Antropología y Ética, y por ende, entre Filosofía y Teología. ¡Mas bien, su metafísica ha quedado aún mas realzada!

En definitiva, siguiendo las intuiciones de Gilson, quizá lo que queramos sea no detenernos en el pensamiento y no renunciar a explotar el gran descubrimiento del Cristianismo que, para la razón, fue el concepto de persona. Quizá, lo que el entendimiento humano quiera investigar sea la enumeración de esos equívocos a los que conduce la privación del estatuto de persona al alma sin el cuerpo, y qué consecuencias pueden tener para la

Filosofía y para la Teología. Es por ello por lo que quiero terminar enumerando las principales diferencias en torno a los dos pensamientos que se derivan de esta particular confrontación racional. No puedo decir que sea un catálogo exhaustivo, pero sí que están contenidas al menos las más fundamentales:

1. Mientras que para Santo Tomás, en la antropología, la persona es un resultado, en cambio para A. Gálvez la persona es un fundamento. Es decir, para Santo Tomás la persona se encuadra en el orden predicamental del ser mientras que en A. Gálvez, en el orden trascendental del ser.

2. Mientras que para Santo Tomás, en el hombre, la naturaleza tiene prioridad sobre la persona, en el pensamiento de A. Gálvez la persona tiene prioridad sobre la naturaleza.

3. Mientras que para Santo Tomás el fin último del hombre viene dictaminado por la naturaleza humana, en el pensamiento de A. Gálvez el fin último del hombre viene dictaminado por su estatuto de persona.

4. Mientras que para Santo Tomás la acción amorosa se encuadra dentro del acto voluntario, para el pensamiento de A. Gálvez el acto voluntario se encuadra dentro del acto amoroso. Dicho de otra forma, mientras que para Santo Tomás todo acto voluntario es amoroso, para A. Gálvez todo acto amoroso es voluntario pero no todo acto voluntario es amoroso *sensu strictu*. O aún mejor: mientras que para aquél no hay distinción entre querer y amar, para éste último sí la hay, y en absoluto es accidental.

5. Mientras que para Santo Tomás el objeto de todo acto amoroso es el bien, para el pensamiento de A. Gálvez el

objeto de ese mismo acto es la persona. Es decir, mientras que para Santo Tomás amar es querer el bien para alguien, para A. Gálvez amar es querer a la persona que posee ese bien, diferencias estas que no han de ser tomadas como meros juegos de palabras, sino que hunden sus raíces en la misma constitución metafísica de esa realidad que es el hombre.

6. Mientras que para Santo Tomás la facultad del entendimiento, y su acto propio orientado a la contemplación de la Verdad, tienen prioridad jerárquica sobre la facultad de la voluntad, y su acto propio orientado al Bien, para el pensamiento de A. Gálvez no existe prioridad de una facultad sobre la otra, pues metafísicamente hablando nada hace que la Verdad sea superior al Bien en el orden trascendental. Es decir, mientras que en Santo Tomás hay razones suficientes para suscitar la polémica entre el voluntarismo y el intelectualismo, en el pensamiento de A. Gálvez hay razones más que convincentes para no suscitarla.

7. Mientras que la Teología Trinitaria de Santo Tomás en torno a las procesiones divinas está basada en la metáfora del concepto de naturaleza y sus facultades, siguiendo el esquema agustiniano, en el pensamiento de A. Gálvez hay razones mas profundas para superar las limitaciones que tal metáfora conlleva haciendo uso de la Metafísica del Amor y la Persona, tarea ésta que será abandonada en las manos de futuras generaciones.

8. Mientras que en Santo Tomás es difícil, por no decir imposible, explicar qué añade la Resurrección final de nuestros

cuerpos a la felicidad ya otorgada en el Juicio Particular de la Escatología Intermedia, ni siquiera con la explicación del *aumento intensivo* de Cándido Pozo, para el pensamiento de A. Gálvez, encuadrado en una metafísica del amor personal donde el hombre ama con su alma y con su cuerpo, tal explicación sería posible.

# Índice de Autores

Adam, J., 227
Alcmeón, 23, 81, 82
Alfaro, J., 41
Allan, D. J., 174
Allen, R. E., 104, 113, 117
Altuna, L. R., 10, 14, 75, 80–82, 109
Amaya, R., xxi
Anaxágoras, 212, 213
Anaxímenes, 14, 81
Anaximandro, 14
Anton, J. P., 141, 142
Apolinar de Laodicea, 294
Araujo, M., xiii
Archer–Hind, R. D., 141, 145, 210, 224, 227

Aristófanes, xxvi, 80, 151, 191
Aristóteles, xii, xiii, xx, xxi, xxiii–xxv, xxvii, 9, 10, 12–15, 17, 18, 25, 29, 35, 54, 58, 59, 81, 133, 151, 154, 156, 160, 165, 166, 193, 209, 247, 248, 260, 261, 266–269, 272, 275, 278–289, 299, 352, 355–359, 417, 440, 448, 455, 456, 459, 477
Armero, J. C., 143
Arnim, H. von, 224

# ÍNDICE DE AUTORES

Arquitas de Tarento, 81
Arrio, 290
Averroes, 352, 356, 357, 440, 464
Avicena, 352, 356, 357, 440, 454, 455, 464, 478

Bambrough, J. R., 152, 153
Barth, K., xi, 39
Baudin, A., 282
Benedicto XII, ix
Benson, G. R., 231
Boecio, 259, 269, 293, 295-297, 440, 468, 484, 491
Boros, L., xiii, 342
Bostock, D., 129, 139, 140
Brentano, xxiii
Brochard, V., 32, 109
Burnet, J., 11, 145
Bury, R. G., 184, 189, 197

Calvo Martínez, T., xxiv, 280
Canals Vidal, F., 298
Cardona, C., 37, 70, 126, 271, 298, 310, 327, 441, 450-453, 462, 465, 468, 469, 484, 485, 488, 489, 492, 494
Castellote, S., 86

Cayetano, 465
Cherniss, H. F., 14, 116, 135, 153, 238
Colaclidès, P., 141
Constantino, 40
Copleston, F., 223
Cornford, F. M., 5, 13, 26, 137, 224, 227, 423, 424, 433
Crombie, I. M., 119, 143, 144, 155, 197, 231
Cross, R. C., 227
Cullmann, O., xi

Dale, H. E., 174
Daniélou, J., 39
De Jorge García-Reyes, J. A., 362
De Lubac, Henry, 444
De Strycker, E., 150
De Vries, G. J., 209
Demócrito, 52, 53, 81, 82, 87, 91, 95
Denzinger, ix, x, 290
Der Leeuw, G. van, xii
Derisi, O., 65
Descartes, xxiii, 31, 62, 86, 126, 353, 440
Diógenes, 81, 348
Diehl, E., 14
Diels, 75
Dodds, E. R., 11, 109

Dover, K. J., 178, 191
Duns Scoto, 45, 475, 491
Dupréel, E., 150
Durkheim, E., 13

Eggers Lan, C., 14, 51, 53, 76, 88
Empédocles, 22, 31, 76
Epicuro, 51, 87, 348
Esquilo, 52
Eucken, 34
Eurípides, 19, 52, 173

Fabro, C., 15, 16, 18, 21, 80, 83, 300
Farré, L., 231
Fernández-Galiano, M., 25, 220
Ferrater Mora, J., 78, 255, 256
Ferrer Arellano, J., xxiii
Festugière, 85
Fichte, xxiii
Filolao de Tebas, 81
Forment, E., 290, 298, 467, 472, 485, 491
Fouillée, A., 105, 112, 115, 208, 212, 213
Fraile, G., 56, 126
Fray Juan de los Ángeles, 45
Friedländer, P., 156

Gadamer, H. G., 38, 166, 167
Gálvez, A., xvi–xix, xxvii, 61–69, 71, 72, 84, 249, 307, 316, 317, 320, 321, 332, 344, 351, 355, 356, 360–364, 366–372, 374, 375, 378–396, 399–401, 403, 407, 409, 426, 428–431, 433, 438, 444, 450, 453, 484, 487–489, 494–501, 503, 506–508
Galot, J., 292
Gaos, J., 279
García Bazán, F., 38
García Gual, C., xxiii, 109, 134
García López, J., 65, 259, 501
Gaye, R. K., 22, 144, 145, 203–205, 211, 217–220, 222, 232, 234, 236, 237, 422
Gevaert, J., 302
Gigon, O., 150
Gilson, Étienne, xiii, xxi, 4, 8, 21, 39, 61, 83, 211, 212, 247, 248,

288, 289, 354, 357,
359, 414, 417, 427,
439, 440, 443, 446,
448, 449, 454, 455,
458, 467, 474–476,
490, 491
Gironés–Guillem, G., 41
Glorieux, Palémon, 342
Gómez Robledo, A., 426
Gomperz, Th., 34, 84, 125,
156, 157, 184
González Ruiz, J. M., xiv
Grabmmann, M., 40
Gracia, D., 259, 269, 293
Grassi, E., 58
Grillmeier, A., 291, 295
Grube, G. M. A., 78, 79,
98, 101, 111, 124,
125, 147, 156, 166,
170, 173, 185, 197
Guéroult, M., 125
Guardini, R., 97, 99, 103,
104
Guthrie, W. K. C., 52, 77,
78, 82, 84, 88,
91–94, 97, 98, 102,
104, 105, 107–110,
114, 117–119, 122,
125, 150, 152–156,
160, 164, 168, 184,

209, 214, 223, 224,
226, 227, 232, 233

Hackforth, R., 141,
184–190, 193, 194,
197, 198
Hans Urs von Balthasar,
32, 40
Harnack, A., 39
Haselberg, P. von, 84
Hazo, R. G., 44, 63, 70, 165
Hegel, xxiii, 10
Heidegger, xxiii, 33, 42, 354
Heráclito, 20, 23, 24, 51, 75,
76, 81, 124, 138,
210, 211
Herodoto, 75
Herrmann, J. W., 39
Hesíodo, xxvii, 18, 59, 76,
100, 106
Hoerber, R. G., 155
Homero, 12, 15, 16, 18–20,
51, 77, 82, 100, 106
Hugon, E., 490
Husserl, xxiii
Huxley, A., xxi

Jaeger, W., 18, 34, 55, 56,
58, 59, 173, 279
Jenófanes, 51
Jenofonte, 91, 151, 178
Joël, K., 15

# ÍNDICE DE AUTORES

Jolivet, R., 247
Jorge, J. A., xi
Jowett, B., 174, 246
Juan Pablo II, ix

Kant, xxiii, 31, 32, 256
Kosman, L. A., 433
Kranz, W., 14
Kraut, R., 161

Laberthonnière, 85
Lacey, A. R., 150
Lactancio, 39
Legido López, M., 413, 414
Leibniz, 411
Lévy–Bruhl, L., 13
Liberman, G., 423
Lledó Íñigo, E., xxiii
Lobato, A., 67, 277, 297
Loisy, 85
Lotz, J., 45
Luce, J. V., 193–197
Lutero, 39, 44

Mansion, S., 283
Marías, J., xiii
Maritain, J., 274
Markus, R. A., 433
Marston, R., 455
Martínez Hernández, M., xxiii
Martínez Porcell, J., 486, 491, 492

Martinazzoli, 35
Mason, A. S., 244, 245
Mateo Seco, L. F., 340
Mattingley, H. B., 178, 191
Melendo, T., 298
Merina, M., 39
Mersch, E., 342
Millán-Puelles, A., xx–xxiii, 269, 273, 277, 305, 312, 313, 323, 397, 487
Moeller, Ch., 6, 19, 37
Moliné, E., 38, 39
Moliné, J., 112
Moliner, M., 21, 185
Moliner, Montero, 211
Moncho, J. R., 276
Mondolfo, R., 10, 34, 35, 55, 85, 86, 150
More, P. E., 246
Moreau, J., 239
Morgan, Michael L., 56, 57
Morrison, J. S., 178, 189–193
Morrison, T. M., 226
Moya Obradors, P. J., 446, 449

Nédoncelle, M., 293, 294
Nédoncelle, M., 293
Nemesio de Émesa, 275, 276

Nestle, W., 24, 30–35, 51, 52, 58
Nettleship, R. L., 231
Newmann, 85
Nietzsche, 33
Nuyens, F., 279
Nygren, A., 26, 43–50, 62, 63, 66, 409, 411, 414, 419, 423, 432

Olivi, J., ix
Orígenes, 38, 473
Owen, G. E. L., 116, 198, 238

Pabón, J. M., 25, 220
Pablo VI, ix
Píndaro, 17, 52
Panteno, 38
Parménides, xxvii, 21, 23, 84, 138, 210, 211
Patterson, R. L., 145–147
Pedro Lombardo, 440
Pegis, A. C., 465
Penner, T., 152, 161
Pépin, J., 6, 20, 38, 51, 59, 276
Peterich, E., 17
Pieper, J., xii, 6, 7, 12, 13, 60, 270, 305, 334, 340, 344
Pinillos, J. L., 42

Pitágoras, 23, 80, 81
Platón, xii, xxiii–xxv, xxvii, 9, 10, 12, 15, 17–19, 24–27, 29, 31–35, 39, 41, 45, 49–57, 59, 61, 64, 68, 70, 76, 78–81, 84, 87–112, 114–119, 121–148, 150–166, 168–175, 177, 179–195, 197, 199–202, 204, 206, 208–217, 219–232, 234, 236–238, 240–249, 253, 259, 260, 263–266, 268, 269, 272, 275, 277, 283, 299, 349, 352, 355–357, 359, 407–413, 415–425, 427–429, 436, 440, 444, 448, 454, 455, 458–460, 473, 480–482, 484, 495
Plotino, 38, 352
Polo, L., 115
Pozo, C., xi, xii, xiv
Price, A. W., 154, 156, 166
Prior, William J., 117
Protágoras, 126, 206

Rahner, K., 292, 342

# ÍNDICE DE AUTORES

Ramos–Lissón, D., 39
Rees, D. A., 227
Rhonheimer, M., 270
Ricardo de San Victor, 491
Rist, J. M., 45, 433
Ritschl, A., 39
Rivera, E., 45, 63
Rivera, Jorge E., xiii, xxv, xxvi, 55
Robin, L., 89, 154–157, 170, 184, 224, 434, 435
Robinson, J. V., 239, 243, 244
Robinson, T. M., 196, 214, 237
Rodier, G., 125
Rohde, E., 10, 11
Ross, W. D., 116
Roure, L., 342
Ruiz Bueno, D., 36, 38
Ruiz de la Peña, J. L., xiv, 40–42
Ruiz, Faustino, 453
Russell, B., 147
Ryle, G., 116, 152, 153

San Agustín, 8, 40, 45, 261, 275, 295, 306, 352, 440, 454
San Anselmo, 8
San Buenaventura, 45, 352
San Cirilo de Alejandría, 294
San Clemente de Alejandría, 38, 76
San Justino, 37
San Lucas, 258
San Mateo, 258
San Pablo, 40
Santo Tomás de Aquino, x, xiv, xv, xviii, xix, 12, 16, 31, 35, 36, 40, 65, 67, 68, 133, 141, 142, 217, 218, 234–236, 246–249, 256, 257, 259, 268, 269, 275, 277, 288, 289, 293–299, 308–314, 325, 327, 336–341, 346, 347, 352, 353, 355, 357–359, 364, 369, 374, 375, 378, 407–409, 437–440, 442–461, 463–468, 470–485, 488, 491, 497, 499, 501, 502, 504–507
Sartre, xxiii
Sayés, J. A., 41, 269, 291, 292, 294, 295, 472
Sayre, K. M., 238

Scheeben, M. J., 17, 30
Scheler, M., 42, 306, 307
Schleiermacher, 157
Schumacher, B., 61
Sciacca, M. F., 57, 58, 90, 102, 104, 110, 115, 124, 125, 129, 142, 215, 345
Séneca, 39
Sentis, L., 295
Shorey, P., 116, 184
Snell, B., 23
Sócrates, xxiv, 9, 11, 12, 14, 15, 17, 24–27, 29, 35, 39, 52–56, 59, 78, 81, 87–91, 93–107, 109–115, 117, 118, 123, 125–128, 132, 134, 136, 137, 139, 142–146, 148, 150–155, 157–166, 168, 169, 171, 174, 175, 178–180, 182, 193, 194, 197, 201, 233
Sófocles, 19, 20, 45, 173
Spaemann, R., 270
Spencer, H., xxi
Spicq, C., 40, 44
Stange, C., xi

Taciano, 36
Tales de Mileto, 5, 14, 79, 81
Taylor, A. E., 145, 187, 227, 246
Tertuliano, 36
Thielicke, H., xii
Torán, A., 143
Tresmontant, C., 247
Troeltsch, E., 39
Trottmann, C., 262, 263
Tsirpanlis, E. C., 57, 162, 179, 198, 200–202
Tylor, A. E., 11, 12

Velásquez, O., 19, 173, 191, 207
Verbeke, G., 276
Vial Larraín, J. de D., 260–262, 266, 281, 284
Viciano, A., 39
Vives, J., 12, 16–18, 20, 38, 80, 95–97, 101, 109, 159, 169, 409, 413, 422
Vlastos, G., 26, 27, 150, 151, 154
Vollgraff, J. C., 208

Warnach, V., 45
Waterfield, R. A. H., 116

## ÍNDICE DE AUTORES

Whittaker, J., 196
Wilamowitz–Moellendorff, U. von, 16, 184, 191, 223
Wilhelmsen, F. D., 301, 303

Woozley, A. D., 227
Yepes Stork, R., 282, 284, 285
Zeller, E., 10, 14, 55

# Bibliografía

[1] AA. VV. *Dialague and Dialectic: Eight Hermeneutical Studies on Platon*. Yale University Press, New Heaven y London, 1980.

[2] AA. VV. *Ética y Teología ante la Crisis Contemporanea*. Eunsa, Navarra, 1980.

[3] AA. VV. *Facets of Plato's Philosophy*. University of California, California, 1976.

[4] AA. VV. *St. Thomas Aquinas, 1274—1974. Commemoratives Studies*. Pontifical Institute of Mediaeval Studies, Toronto, 1979.

[5] AA. VV. *The Cambridge Companion to Platon*. Cambridge University Press, Londres, 1992.

[6] AA. VV. *The Philosophy of Socrates. A Collection of Critical Essays*. University of Notre Dame Press, Indiana, 1971.

[7] AA. VV. *Veritas et Sapientia en el VII Centenario de Santo Tomás de Aquino*. Eunsa, Navarra, 1975.

[8] Adam, J. "The Doctrine of the Celestial Origin of the Soul from Pindar to Plato". En *Praelections Delivered Before the Senate of the University of Cambridge*, páginas 29-67, Cambridge, 1906.

[9] Adam, J. *The Republic of Plato*. D. A. Rees, Cambridge, 1963.

[10] Aertesen, J. *Nature and Creature. Thomas Aquinas's Way of Thought*. E. J. Brill, Leiden, 1988. Translate from Duch by Herbert Donald Morton.

[11] Agustín, S. *Obras Completas: Escritos Varios. La Inmortalidad del Alma*, volumen XXXIX. B.A.C., Madrid, 1988.

[12] Alfaro, J. *De la Cuestión del Hombre a la Cuestión de Dios*. Sígueme, Salamanca, 1988.

[13] Allen, R. E. "A Note on the Elenchus of Agathon: Symposium 199c-201c". *The Monist*:460-463, 1966.

[14] Altuna, L. R. *La Inmortalidad del Alama a la Luz de los Filósofos*. Gredos, Madrid, 1959.

[15] Alvira, R. *La Noción de Finalidad*. Eunsa, Pamplona, 1978.

[16] Alvira, R. *Reivindicación de la Voluntad*. Eunsa, Pamplona, 1988.

[17] Anton, J. P. "The Ultimate Theme of the Phaedo". *Arethusa*, 14:94-102, 1968.

[18] Archer-Hind, R. D. "On Some Difficulties in the Platonic Psychology". *Journal of Philology*:120-131, 1881.

[19] Arias, J. R. "El más Antiguo y Discutido Argumento para Probar la Incorporeidad del Alma Humana". *Estudios Filosóficos*, 1-2, 1953.

[20] Aristóteles. *De Anima*. Gredos, Madrid, 1988.

[21] Artola, J. M. "Consideraciones sobre la Doctrina de Santo Tomás acerca de la Creación". *La Ciencia Tomista*, 1(117):213-229, 1990.

[22] Artola, J. M. *Creación y Participación*. Publicación de la Institución Aquinas, Madrid, 1963.

[23] Baget-Bozzo, G. "La Teologia delle Idee Divine in San Tommaso". *Rivista di Filosofia Neo-Scolastica*, 66:295-311, 1974.

[24] Bambrough, J. R. "The Disunity of Plato's Thought, or What Plato Did not Say". *Philosophy*, 1:94-102, 1972.

[25] Barzaghi, G. "La Nozione di Creazione in S. Tommaso d'Aquino". *Divus Thomas*, 3(95):62-81, 1992.

[26] Baudin, A. "L'Acte et la Puissance dans Aristôte". *Revue Thomiste*, VII:40-62, 1984.

[27] Bazan, B. C. "La Corporalité selon Saint Thomas". *Revue de Philosophie de Louvain*, 81:425-446, 1983.

[28] Bazan, B. C. "The Highest Encomium of Human Body". En *Littera, Sensus, Sententia. Studi in Onore del Prof. C. J. Vansteenkiste*, páginas 99-116. Massino, Milano, 1991.

[29] Bittremieux, J. "Similitudo Creaturarum cum Deo Fundamentum Cognoscibilitatis Dei". *Divus Thomas*, 43:310-323, 1940.

[30] Boecio. *Patrologiæ. Cursus Completus. Liber de Persona et Duabus Naturis contra Eutychen et Nestoriu.* Vrayet de Surcy, París, 1847.

[31] Boros, L. *El Hombre y su Última Opción. Mysterium Mortis.* Paulinas, Madrid, 1972.

[32] Bostock, D. *Plato's Phaedo.* Clarendon Press, Oxford, 1986.

[33] Boutroux, E. *Leçons Sur Platon.* Editions Universitaires, París, 1990.

[34] Brochard, V. *Études de Philosophie Ancienne et de Philosophie Moderne.* J. Vrin, París, 1966.

[35] Callus, D. A. "La Condenación de Santo Tomás en Oxford". *Revista de Filosofía*, 6:377-416, 1947.

[36] Cardona, C. "Filosofía y Cristianismo en el Centenario de Heidegger". *Espíritu*, 39:101-114, 1990.

[37] Cardona, C. *Metafísica de la Opción Intelectual.* Rialp, Madrid, 1973.

[38] Cardona, C. *Metafísica del Bien y del Mal.* Eunsa, Navarra, 1987.

[39] Cardona, C. *Olvido y Memoria del Ser.* Eunsa, Navarra, 1997.

[40] Castellote, S. "Actualidad del Problema Alma-Cuerpo. Análisis Histórico-Epistemológico". *Anales Valentinos*, XVII:345-426, 1991.

[41] Castilla, B. *Noción de Persona en Xavier Zubiri.* Rialp, Madrid, 1996.

[42] Cherniss, H. F. "The Philosophical Economy of the Theory of Ideas". *American Journal of Philology*, 57:445-456, 1936.

[43] Cherniss, H. F. *La Crítica Aristotélica a la Filosofía Presocrática.* Universidad Nacional de Mexico, México, 1991.

[44] Choza, V. J. A.-.-.-J. *Filosofía del Hombre. Una Antropología de la Intimidad.* Rialp, Madrid, 1991.

[45] Copleston, F. *Historia de la Filosofía*, volumen I. Ariel, Barcelona, 1920.

[46] Copleston, F. *Historia de la Filosofía: Grecia y Roma*, volumen I. Editorial Ariel, Barcelona, 1974.

[47] Cornford, F. M. "Psychology and Social Structure in the Republic of Plato". *Classical Quarterly*, VI(4):246-265, 1912.

[48] Cornford, F. M. "The Division of the Soul". *Hibbert Journal*:206-219, 1930.

[49] Cornford, F. M. *The Unwritten Philosophy and Other Essays.* University Press of Cambridge, London, 1950.

[50] Cortest, T. L. "Was St. Thomas a Platonist?" *The Thomist*, 52:218-219, 1988.

[51] Crombie, I. M. *Análisis de las Doctrinas de Platón: El Hombre y la Sociedad*, volumen I. Alianza Editorial, Madrid, 1979.

[52] Crombie, I. M. *Análisis de las Doctrinas de Platón: El Hombre y la Sociedad*, volumen II. Alianza Editorial, Madrid, 1979.

[53] Cross, R. y Woozley, A. D. *Plato's Republica: Philosophical Commentary*. Palgrave McMilan UK, Londres, 1964.

[54] D'Arcy, M. C. *The Mind and Heart of Love*. Meridiam Books, New York, 1956.

[55] Daniélou, J. *Platonisme et Theologie Mystique: Doctrine Spirituelle de Saint Grégorie de Nysse*. Aubier, París, 1944.

[56] De Finance, J. *El Conocimiento del Ser*. Gredos, Madrid, 1971.

[57] De Vogel, C. J. "On the Neo-Platonic Character of Platonism and the Platonic Character of Neo-Platonic". *Mind*:43-64, 1953.

[58] De Vogel, C. J. *Philosophia: Studies in Greek Philosophy*, volumen I. Van Gorcum, Assen, 1970.

[59] De Vries, G. J. *A Commentary on the Phaedrus of Plato*. Adolf M. Hakkert, Amsterdam, 1969.

[60] Degl' Innocenti, U. *Il Problema della Persona nel Pensiero di S. Tommaso*. Libreria Editrici della Pontificia Universitá Lateranense, Roma, 1967.

[61] Demos, R. "Eros". *The Journal of Philosophy*, XXXI(13):337-345, 1934.

[62] Derisi, O. N. "Del Ente Participado al Ser Imparticipado". *Doctor Communis*, 35:26-38, 1982.

[63] Derisi, O. N. "La Trascendencia del Ser Divino". *Sapientia*, I:25-48, 1946.

[64] Diès, A. *Autour du Platon: Essais de Critique et d'Histoire*, volumen I. Gabriel Beauchesne, éditeur, París, 2ª edición, 1927.

[65] Diggs, B. J. *Love and Being*. S. F. Vanni, New York, 1947.

[66] Dixsaut, M. *Le Naturel Philosophe. Essai sur les Dialogues de Platon*. Librairie Philosophique J. Vrin, París, 1985.

[67] Dodds, E. R. *The Greek and the Irrational*. University of California Press, California, 2004.

[68] Dover, K. J. "Aristophanes' Speech in Plato's Symposium". *Journal of Hellenic Studies*:41-50, 1966.

[69] Dover, K. J. "The Date of Plato's Symposium". *Phronesis*, X:2-20, 1968.

[70] Dover, K. J. *Greek Homosexuality*. Harvard University Press, Oxford, 1978.

[71] Dover, K. J. *Greek Popular Morality in the Time of Plato and Aristotle*. Hackett Publishing Company, Inc., Oxford, 1974.

[72] Dupréel, E. *La Légende Socratique et les Sources de Platon*. Fb &C Limited, Bruselas, 2018.

[73] Eggers Lan, C. *Los Filósofos Presocráticos*, volumen I. Gredos, Madrid, 1978.

[74] Eggers Lan, C. *Los Filósofos Presocráticos*, volumen II. Gredos, Madrid, 1979.

[75] Eggers Lan, C. *Los Filósofos Presocráticos*, volumen III. Gredos, Madrid, 1980.

[76] Emery, G. "Essentialisme ou Personnalisme dans le Traité de Dieu chez Saint Thomas d'Aquin?" *Revue Thomiste*, 98:5-38, 1998.

[77] Entralgo, P. L. *Cuerpo y Alma. Estructura Dinámica del Cuerpo Humano*. Espasa-Calpe, Madrid, 1991.

[78] Fabro, C. *Introducción al Problema del Hombre*. Rialp, Madrid, 1982.

[79] Fabro, C. *La Aventura de la Teología Progresista*. Eunsa, Pamplona, 1976.

[80] Fabro, C. *La Nozione Metafisica di Partecipazione secondo S. Tommaso d'Aquino*. S.E.I., Torino, 1950.

[81] Falgueras, I. "Consideraciones Filosóficas en torno a la Distinción Real Esse-Essentia". *Revista de Filosofía*, 8:223-252, 1985.

[82] Ferrater Mora, J. *Diccionario de Filosofía*, volumen I. Editorial Sudamericana, Buenos Aires, 1959.

[83] Ferrer, M. *El Concepto de Persona y la Unión Hipostática*. Feda, Valencia, 1951.

[84] Field, G. C. *The Philosophy of Plato*. Oxford University Press, Oxford, 2ª edición, 1949.

[85] Forment, E. "¿Hombre y Persona?" *Espíritu*, XLV:19-37, 1996.

[86] Forment, E. "¿La Dignidad del Hombre y la Dignidad de la Persona?" *Sapientia*, LI:405-428, 1996.

[87] Forment, E. "Amor y Comunicación". *Espíritu*, 37:5-34, 1988.

[88] Forment, E. "El Personalismo de Santo Tomás". *Sapientia*, XLV:277-294, 1990.

[89] Forment, E. *Lecciones de Metafísica*. Rialp, Madrid, 1992.

[90] Forment, E. *Persona y Modo Substancial*. PPU, Barcelona, 1983.

[91] Forment, E. *Ser y Persona*. PPU, Barcelona, 1983.

[92] Fouillée, A. *La Filosofía de Platón*. La España Moderna, Buenos Aires, 1922.

[93] Fraile, G. "Teología de Platón". *La Ciencia Tomista*, 257:606-624, 1955.

[94] Galot, J. *¡Cristo! ¿Tú, quien eres?: Cristología I*. Centro de Estudios de Teolgía Espiritual, Madrid, 1982.

[95] Gálvez, A. *Comentarios al Cantar de los Cantares*, volumen I. Shoreless Lake Press, New Jersey, 1994.

[96] Gálvez, A. *Comentarios al Cantar de los Cantares*, volumen II. Shoreless Lake Press, New Jersey, 2000.

[97] Gálvez, A. *El Amigo Inoportuno*. Shoreless Lake Press, New Jersey, 1995.

[98] Gálvez, A. *El Invierno Eclesial*. Shoreless Lake Press, New Jersey, 2011.

[99] Gálvez, A. *El Misterio de la Oración*. Shoreless Lake Press, New Jersey, 2014.

[100] Gálvez, A. *Esperando a Don Quijote*. Shoreless Lake Press, New Jersey, 2007.

[101] Gálvez, A. *La Oración*. Shoreless Lake Press, New Jersey, 2002.

[102] Gálvez, A. *Meditaciones de Atardecer*. Shoreless Lake Press, New Jersey, 2005.

[103] Gálvez, A. *Mística y Poesía*. Shoreless Lake Press, New Jersey, 2018.

[104]   Gálvez, A. *Sermones*. Shoreless Lake Press, New Jersey, 2016.

[105]   Gálvez, A. *Siete Cartas a Siete Obispos*. Shoreless Lake Press, New Jersey, 2009.

[106]   Garay, J. *Diferencia y Libertad*. Rialp, Madrid, 1992.

[107]   García Bazán, F. "Tradición y Hermenéutica en el Platonismo, el Cristianismo Naciente y H. G. Gadamer". *Escritos de Filosofía*, 31, 1997.

[108]   García Gual, C. *Mitos, Viajes, Héroes*. Taurus, Madrid, 1981.

[109]   García López, J. *El Valor de la Verdad y Otros Estudios*. Gredos, Madrid, 1964.

[110]   García López, J. *Escritos de Antropología Filosófica*. Eunsa, Navarra, 2006.

[111]   García López, J. *Estudios de Metafísica Tomista*. Eunsa, Navarra, 1976.

[112]   García López, J. *Metafísica Tomista. Ontología, Gnoseología y Teología Natural*. Eunsa, Navarra, 2001.

[113]   García-Reyes, J. A. J. *Cristología*, volumen I. Shoreless Lake Press, New Jersey, 2016.

[114]   García-Reyes, J. A. J. *Cristología*, volumen II. Shoreless Lake Press, New Jersey, 2016.

[115]   García-Reyes, J. A. J. *Cristología*, volumen III. Shoreless Lake Press, New Jersey, 2016.

[116]   García-Reyes, J. A. J. *Dios Uno y Trino*. Shoreless Lake Press, New Jersey, 2010.

[117]   García-Reyes, J. A. J. *Escatología*. Shoreless Lake Press, New Jersey, 2018.

[118] Garrigou-Lagrange, R. *La Síntesis Tomista*. Desclée de Brouwer, Buenos Aires, 1946.

[119] Gaye, R. K. *The Platonic Conception of Immortality and its Connexion with the Theory of Ideas*. Cambridge University Press Warehouse, London, 1904.

[120] Geiger, L.-B. *La Participation dans la Philosophie de Saint Thomas d'Aquin*. J. Vrin, París, 1953.

[121] Gevaert, J. *El Problema del Hombre. Introducción a la Antropología Filosófica*. Ediciones Sígueme, Salamanca, 1980.

[122] Gil, L. "Notas al Fedro". *Emerita*, XXV:311-330, 1956.

[123] Gilson, É. "Autour de Pomponazzi. Problématique de l'Immortalité de l'Ame en Italie au début du XVI Siècle". *Archives d' Histoire Doctrinale et Litteraire du Moyen Age*, XXVIII:163-279, 1962.

[124] Gilson, É. "Eléments d'une Métaphysique Thomiste de l' Étre". *Archives d' Histoire Doctrinale et Littéraire du Moyen Age*, 40:7-36, 1973.

[125] Gilson, É. "Roger Marston: un Cas d'Augustinisme Avicennisant". *Archives d' Histoire Doctrinale et Litteraire du Moyen Age*, VIII:37-42, 1933.

[126] Gilson, É. *Constantes Philosophiques de l'Être*. J. Vrin, París, 1983.

[127] Gilson, É. *Dante et Béatrice. Études Dantesques*. Librairie Philosophique J. Vrin, París, 1974.

[128] Gilson, É. *Dios y la Filosofía*. Emece, Buenos Aires, 1945.

[129] Gilson, É. *El Ser y los Filósofos*. Eunsa, Pamplona, 1979.

[130]  Gilson, É. *El Tomismo. Introducción a la Filosofía de Santo Tomás de Aquino*. Eunsa, Pamplona, 1978.

[131]  Gilson, É. *Introduction a l' Étude de Saint Agustin*. Vrin, París, 1982.

[132]  Gilson, É. *Introduction à la Philosophie Chrétienne*. J. Vrin, París, 2011.

[133]  Gilson, É. *L'Être et l'Essence*. J. Vrin, Paris, 1972.

[134]  Gilson, É. *La Unidad de la Experiencia Filosófica*. Rialp, Madrid, 2004.

[135]  Gilson, É. *The Spirit of Mediaeval Philosophy*. University of Notre Dame Press, Notre Dame, 2011.

[136]  Girones-Guillem, G. "Meditación sobre el Alma". *Anales Valentinos*, XV:93-110, 1989.

[137]  Glorieux, P. "Endurcissement Final et Grâces Dernières". *Nouvelle Revue Théolgique*, 59:865-892, 1932.

[138]  Glorieux, P. "In Hora Mortis". *Mélanges de Science Religieuse*, 6:185-216, 1949.

[139]  Gómez Robledo, A. *Platón. Los Seis Grandes Temas de su Filosofía*. Fondo de Cultura Económica, México, 1986.

[140]  Gónzalez, A. L. *Ser y Participación. Estudio sobre la Cuarta Vía de Tomás de Aquino*. Eunsa, Pamplona, 1979.

[141]  Grabmann, M. *Historia de la Teología Católica desde Fines de la Era Patrística hasta Nuestros Dias*. Espasa-Calpe, Madrid, 1946.

[142]  Gracia Guillén, D. "Persona y Comunidad. De Boecio a Santo Tomás de Aquino". *Cuadernos Salmantinos de Filosofía*, XI:63-106, 1984.

[143] Grillmeier, A. *Le Christ dans la Traditin Chrétienne. De l'âge apostolique au concile de Chalcédoine (451)*, volumen 1. Éditions du Cerf, Paris, 1973.

[144] Groag, E. "Zur Lehre vom Wesen der Seele in Platons Phaidros und im zehnten Buch der Republik". *Wiener Studien*:189-222, 1915.

[145] Grube, G. M. A. *El Pensamiento de Platón*. Gredos, Madrid, 1984.

[146] Guardini, R. *La Muerte de Sócrates*. Emecé Editores, Buenos Aires, 1997.

[147] Guéroult, M. "La méditation de l'Ame sur l'Ame dans le Phédon". *Revue de Métaphysique et de Morale*:469, 1926.

[148] Guerrero, J. P. *La Creación como Asimilación a Dios*. Eunsa, Pamplona, 1996.

[149] Guthrie, W. K. C. *Historia de la Filosofía Griega: Platón, el Hombre y sus Diálogos: Primera Epoca*. Gredos, Madrid, 1990.

[150] Guthrie, W. K. C. *Historia de la Filosofia Griega: Platón, Segunda Epoca y la Academia*, volumen V. Gredos, Madrid, 1992.

[151] Guthrie, W. K. C. *Orfeo y la Religión Griega. Estudios sobre el Movimiento Órfico*. Eudeba, Buenos Aires, 1966.

[152] Guthrie, W. K. C. *Socrates*. Cambridge University Press, Londres, 1971.

[153] Guthrie, W. K. C. *The Greeks and their Gods*. Beacon Press, Boston, 1955.

[154] Hackforth, R. "Immortality in Plato's Symposium". *The Classical Review*, LXIV:43-45, 1950.

[155]   Hackforth, R. "The Modification of Plan in Plato's Republic". *Classical Quarterly*:265-272, 1913.

[156]   Hackforth, R. *Plato's Phaedo*. Cambridge University Press, Cambridge, 1955.

[157]   Hayen, A. *L'Intentionnel selon Saint Thomas*. Desclée de Brouwer, Bruges, 1954.

[158]   Hazo, R. G. *The Idea of Love*. Frederick A. Praeger, New York, 1967.

[159]   Heidegger, M. *Kant y el Problema de la Metafísica*. FCE., México, 1954.

[160]   Henle, R. J. *Saint Thomas and Platonism. A Study of the Plato and Platonic texts in Writings of Saint Thomas*. Martinus Nijhoff, The Hague, 1956.

[161]   Hoerber, R. G. "Plato's Lysis". *Phronesis*, 4:15-28, 1958.

[162]   Hugon, E. "De l'État des Ames Séparées". *Revue Thomiste*, XIV:48-68, 1906.

[163]   Hugon, E. "De l'État des Ames Séparées". *Revue Thomiste*, XV:529-546, 1906.

[164]   Hugon, E. "De l'État des Ames Séparées". *Revue Thomiste*, XVI:590-596, 1909.

[165]   Jaeger, W. *Aristóteles*. Fondo de Cultura Económica, México, 1984.

[166]   Jaeger, W. El Estudio de la Filosofía Griega: su Evolución desde el Despertar de la Conciencia Histórica. En *Estudios de Historia de la Filosofía Griega*. Volumen II, páginas 393-416. Universidad Nacional de Tucuman, Tucuman, 1962.

[167] Jaeger, W. *La Teología de los Primeros Filósofos Griegos*. Paideia, Méjico, 1952.

[168] Jaeger, W. *Paideia: The Ideals of Greek Culture: In Search of the Divine Centre*, volumen II. Oxford University Press, New York, Oxford, 1945.

[169] Jaeger, W. *Paideia: The Ideals of Greek Culture: The Conflict of Cultural Ideals in the Age of Plato*, volumen III. Oxford University Press, New York, Oxford, 1945.

[170] Jolivet, R. "Aristote et la Notion de Création". *Revue des Sciences Philosophiques et Théologiques*, XIX:209-235, 1930.

[171] Kelly, M. "Action in Aquinas". *The New Scholasticism*, 1(52):261-267, 1978.

[172] Krempel, A. *La Doctrine de la Relation chez Saint Thomas*. J. Vrin, París, 1952.

[173] Lacey, A. R. "Our Knowledge of Socrates". En *The Philosophy of Socrates. A Collection of Critical Essays*, páginas 12-36, 1980.

[174] Landmann, M. "Platons Traktat von den drei Unsterblichkeiten". *Zeitschrift für Philos*:161-190, 1956.

[175] Legido López, M. *El Problema de Dios en Platón*. Consejo Superior de Investigaciones Científicas, Madrid, 1963.

[176] Liberman, G. "La Dialectique Ascendante du Banquet de Platon". *Archives de Philosophy*, 59:455-462, 1996.

[177] Llano, A. "Actualidad y Efectividad". *Estudios de Metafísica Tomista*, 4:141-175, 1974.

[178] Lobato, A. "Antropología y Metantropología. Los Caminos Actuales de Acceso al Hombre". En del Convegno di Studio della S.I.T.A., A., edicíon, *Antropologia e Cristologia ieri e oggi*. Roma, Città del Vaticano, 1987.

[179] Luce, J. V. "Immortality in Plato's Symposium: A Reply". *The Classical Review*, LXIV:167-141, 1950.

[180] Malet, A. *Personne et Amour dans la Théologie Trinitaire de Saint Thomas d'Aquin*. J. Vrin, París, 1956.

[181] Mandonnet, P. "Chronologie des Questions Disputées de Saint Thomas d'Aquin". *Revue Thomiste*, 23:266-287, 341-371, 1918.

[182] Manser, G. M. *La Esencia del Tomismo*. Consejo Superior de Investigaciones Científicas, Madrid, 1953.

[183] Mansion, S. *Études Aristotéliciennes. Recueil d'Articles*. Éditions de l'Institut Supérieur de Philosophie, Louvaine, 1984.

[184] Marías, J. *Antropología Metafísica*. Revista de Occidente, Madrid, 1973.

[185] Maritain, J. *Neuf Leçons sur les Notions Premières de la Philosophie Morale*. Téqui, Paris, 1952.

[186] Martínez Porcell, J. *Metafísica de la Persona*. PPU, Barcelona, 1992.

[187] Mason, A. S. "Immortality in the Timaeus". *Phronesis*, XXXIX(1):90-96, 1994.

[188] Mattingley, H. B. "The Date of Plato's *Symposium*". *Phronesis*, 4:15-28, 1958.

[189] Melendo, T. "Metafísica de la Dignidad Humana". *Anuario Filosófico*, XXVII:15-34, 1994.

[190]  Méndez, J. R. *El Amor, Fundamento de la Participación Metafísica. Hermeneútica de la Suma Contra Gentiles.* Sudamericana, Buenos Aires, 1990.

[191]  Millán-Puelles, A. *El Valor de la Libertad.* Rialp, Madrid, 1995.

[192]  Millán-Puelles, A. *La Estructura de la Subjetividad.* Rialp, Madrid, 1967.

[193]  Millán-Puelles, A. *La Libre Aceptación de Nuestro Ser.* Rialp, Madrid, 1994.

[194]  Millán-Puelles, A. *Lexico Filosófico.* Rialp, Madrid, 1982.

[195]  Moeller, C. *Sabiduría Griega y Paradoja Cristiana.* Encuentro, Madrid, 1989.

[196]  Moliné, E. *Los Padres de la Iglesia: Una Guía Introductoria.* Palabra, Madrid, 1995.

[197]  Moliné, J. "Meno's Paradox? *Phronesis*, 14:153-161, 1969.

[198]  Monckerberg, F. "La Doble Causalidad Ejemplar Divina en Santo Tomás de Aquino". *Philosophica*, 9-10:155-166, 1987.

[199]  Mondolfo, R. *La Comprensión del Sujeto Humano en la Cultura Antigua.* Eudeba, Buenos Aires, 1955.

[200]  Mondolfo, R. *Sócrates.* Eudeba, Buenos Aires, 1959.

[201]  Montagnes, B. *La Doctrine de l'Analogie de l'Etre d'après Saint Thomas D' Aquin.* Publications Universitaires, Lovaina, 1963.

[202]  Montero Moliner, F. *Parménides.* Gredos, Madrid, 1960.

[203] Moravcsik, J. M. E. "Reason and Eros in the Ascent-Passage of the symposium". En *Essays In Ancient Greek Philosophy*. Suny Press, Albany, 1971.

[204] More, P. *The Religion of Plato*. Princeton University Press, Princeton, 1921.

[205] Moreau, J. "The Platonic Idea and its Threefold Function: a Synthesis". *International Philosophical Quarterly*, 2:477-517, 1969.

[206] Morrison, J. S. "Four Notes on Plato's Symposium'". *Classical Quarterly*:42-55, 1964.

[207] Nédoncelle, M. "Prosopon et Persona dans l'Antiquité Classique. Essai de Bilan Linguistique". *Revue des Sciences Religieuses*, 32:277-299, 1948.

[208] Némésius d'Émèse. *Némésius d'Émèse, De Natura Hominis. Édition critique avec une introduction sur l'Anthropologie de Némésius*, par G. Verbeke et J. R. Moncho. E. J. Brill, Leiden, 1975.

[209] Nestle, W. *Historia del Espíritu Griego*. Ariel, Barcelona, 1987.

[210] Nettleship, R. L. *Lectures on the Republic of Plato*. Macmillan y Co., Londres, reimpresión de la edición de 1898 edición, 1906.

[211] Neumann, H. "Diotima's Concept of Love". *American Journal of Philology*, 86:33-58, 1965.

[212] Nuyens, F. *L'Evolution de la Psychologie d'Aristote*. Institut Supérieur de Philosophie, Lovaina, 1942.

[213]  Nygren, A. *Erôs et Agapè. La Notion Chrétienne de l'Amour et ses Transformations*, volumen I. Aubier, París, 1952.

[214]  Nygren, A. *Erôs et Agapè. La Notion Chrétienne de l'Amour et ses Transformations*, volumen II, Livre Second. Aubier, París, 1952.

[215]  Nygren, A. *Erôs et Agapè. La Notion Chrétienne de l'Amour et ses Transformations*, volumen II, Livre Premier. Aubier, París, 1952.

[216]  Ocáriz, F. "Cuestiones de Metafísica Tomista en torno a la Creacción". *Divus Thomas*, 77, 1974.

[217]  Pasquali, G. *Storia della Tradizione e Critica del Testo*. F. Le Monnier, Florencia, 1962.

[218]  Patterson, R. L. *Plato on Immortality*. University Press, Pennsylvania, 1965.

[219]  Pegis, A. C. *St. Thomas and the Problem of the Soul in the Thirteenth Century*. Pontifical Institue of Mediaeval Studies, Toronto, 1983.

[220]  Peñalver Simó, P. "La Noción Escolástica de la Relación Trascendental". *Anuario Filosófico*, 3:253-2850, 1970.

[221]  Pépin, J. *Idées Grecques sur l'Homme et sur Dieu*. Société d'Édition Les Belles Lettres, París, 1971.

[222]  Pieper, J. *El Descubrimiento de la Realidad*. Rialp, Madrid, 1974.

[223]  Pieper, J. *El Ocio y la Vida Intelectual*. Rialp, Madrid, 1988.

[224]  Pieper, J. *Muerte e Inmortalidad*. Herder, Barcelona, 1977.

[225]  Pinillos, J. L. *Principios de Psicología*. Alianza Editorial, Madrid, 1978.

[226]  Plato. *The Dialogues of Plato. Translated into English with Analysis and Introductions by B. Jowett*, volumen I. Bigelow, Brow y Co., Inc., New York, 1983.

[227]  Plato. *The Symposium of Plato. Edited with Introduction, Critical Notes and Commentary by R.G. Bury*. London, 1932.

[228]  Platón. *Diálogos*, volumen I. Ediciones Ibéricas, Madrid, 1968.

[229]  Platón. *Diálogos*, volumen VI. Gredos, Madrid, 2000.

[230]  Platón. *Diálogos*, volumen IV. Gredos, Madrid, 2003.

[231]  Platón. *Diálogos*, volumen II. Gredos, Madrid, 2004.

[232]  Platón. *Diálogos*, volumen III. Gredos, Madrid, 2004.

[233]  Platón. *Diálogos*, volumen V. Gredos, Madrid, 2006.

[234]  Platón. *Diálogos*, volumen VII. Gredos, Madrid, 2006.

[235]  Platón. *Diálogos*, volumen VIII. Gredos, Madrid, 2006.

[236]  Platón. *Diálogos: Filebo, Timeo, Critias*. Gredos, Madrid, 1987.

[237]  Platón. *La República: Libros VII-X*, volumen III. Centro de Estudios Constitucionales, Madrid, 3ª edición, 1981. Traducción de José Manuel Pabón y Manuel Fernández Galiano.

[238]  Platón. *Oeuvres Complétes: Le Banquet*, volumen IV. Les Belles Lettres, París, 1970. Introducción, traducción y notas por Leon Robin.

[239]  Platón. *Platón: Cartas*. Instituto de Estudios Políticos, Madrid, 1970.

[240]  Platón. *República*. Eudeba, Buenos Aires, 1997. Traduccion directa de A. Camarero. Estudio preliminar y notas de L. Farré.

[241]  Polo, L. "El Conocimiento Habitual de los Primeros Principios". *Cuadernos de Anuario Filosófico*, 10, 1993.

[242]  Polo, L. *Curso de Teoría del Conocimiento*, volumen I. Eunsa, Pamplona, 1984.

[243]  Polo, L. *Curso de Teoría del Conocimiento*, volumen IV. Eunsa, Pamplona, 1994.

[244]  Polo, L. *El Ser*, volumen I. Eunsa, Pamplona, 1964.

[245]  Polo, L. *Presente y Futuro del Hombre*. Rialp, Madrid, 1993.

[246]  Price, A. W. *Love and Friendship in Plato and Aristotle*. Clarendon Press, Oxford, 1988.

[247]  Prior, W. J. *Unity and Development in Plato's Metaphysics*. Open Court Publishing Company, Illinois, 1985.

[248]  Rahner, K. *Sentido Teológico de la Muerte*. Herder, Barcelona, 1969.

[249]  Ramos, A. *"Signum": de la Semiótica Universal a la Metafísica del Signo*. Eunsa, Pamplona, 1987.

[250]  Rassam, J. *La Métaphysique de Saint Thomas*. Presses Universitaires de France, París, 1968.

[251]  Reeve, C. D. C. *Philosopher-Kings. The Argument of Plato's Republic*. Hackett Publishing Company, Inc., Princeton, 1988.

[252]  Reichmann, J. B. "Inmanently Trascendent and Subsistent Esse: A Comparison". *The Thomist*, 38:346-347, 1974.

[253]  Riccati, C. "L'Immagine di Platone in Tommaso d'Aquino". *Filosofía*, 35(2):85-116, 1984.

[254]  Rich, A. "The Platonic Ideas as Thoughts of God". *Mnemosyne*:122-133, 1954.

[255]  Rist, J. M. *Platonism and its Christian Heritage*. Variorum Reprints, Londres, 1985.

[256]  Robin, L. *La Théorie Platonicienne de l'Amour*. F. Alcan, Michigan, 1908.

[257]  Robin, L. *Platón*. Presses Universitaires de France, París, 1968.

[258]  Robinson, J. V. "The Tripartite Soul in the Timaeus". *Phronesis*, XXXV(1):103-110, 1990.

[259]  Robinson, T. M. "Soul and Immortality in Republic X". *Phronesis*, 12:147-151, 1967.

[260]  Robinson, T. M. "The Argument for Immortality in Plato's Phaedrus". En *Essays in Ancient Greek Philosophy*. J. P. Anton & G. L. Kustas, Nueva York, 1971.

[261]  Robinson, T. M. "The Argument of Tim. 27 d ff". *Phronesis*, XXIV:105-109, 1979.

[262]  Rodier, G. "L' Epreuve de l'Inmortalité de l'Ame d'après le Phédon". *Etudes de Philosophie Grecque*:138, 1926.

[263]  Roure, L. "Le Décisif Passage à la Lumière de Quelques Faits". *Études*, 1:402-415, 1928.

[264]  Rousselot, P. *Pour l'Histoire du Problème de l'Amour au Moyen Age*. Librairie Philosophique J. Vrin, París, 1933.

[265] Ruiz Bueno, D. *Padres Apologistas Griegos*. B.A.C., Madrida, 1976.

[266] Ruiz de la Peña, J. L. "Sobre el Alma: Introducción, Cuatro Tesis y Epílogo". *Estudios Eclesiásticos*, XV:377-399, 1989.

[267] Ruiz de la Peña, J. L. *La Muerte, Destino Humano y Esperanza Cristiana*. Colegio Mayor Chaminade, Madrid, 1983.

[268] Ruiz de la Peña, J. L. *Las Nuevas Antropologías. Un Reto a la Teolgía*. Sal Terrae, Santander, 1983.

[269] Ruiz, F. "¿Hay Síntesis entre Ética, Antropología y Metafísica en la Filosofía Tomista?" En *XXIX Semana Tomista*, 2004.

[270] Ruiz, F. "Conciencia y Libertad: El Drama de la Persona Humana en la Filosofía Tomista". En *XXXI Semana Tomista*, 2006.

[271] Ruiz, F. "El 'Proyecto Hombre Moderno' y el Urgente Retorno al Actus Essendi". En *L'Umanesimo Cristiano nel III Millennio: Prospettiva di Tommaso d'Aquino*, 2004.

[272] Ruiz, F. "El Primado del 'Actus Essendi' en Metafísica". En *XXVIII Semana Tomista*, 2003.

[273] Ruiz, F. "La Acción Humana de Amar según el Acto y la Potencia". En *XXXVII Semana Tomista*, 2012.

[274] Ruiz, F. "La Génesis del Concepto de Inmortalidad en Grecia: Desde los Orígenes hasta Sócrates: I". *Revista Diadokhe*, 10:13-31, 2007.

[275]   Ruiz, F. "La Génesis del Concepto de Inmortalidad en Grecia: Desde los Orígenes hasta Sócrates: II". *Revista Diadokhe*, 11:3-31, 2009.

[276]   Ruiz, F. "Santo Tomás de Aquino versus A. Gálvez". En *XXXVI Semana Tomista*, 2011.

[277]   Runciman, W. G. *Plato's Later Epistemology*. The Syndic of the Cambridge University Press, Cambridge, 1962.

[278]   Russell, B. *A History of Western Philosophy*. Simon & Schuster, Inc, 1972.

[279]   Ryle, G. *Plato's Progress*. Cambridge University Press, London, 1966.

[280]   Sancti Thomæ de Aquino. *Opera Omnia. Quæstiones Disputatæ de Anima*, volumen XXIV, 1. Les Éditions du Cerf, Roma, 1997.

[281]   Sancti Thomæ de Aquino. *Quæstiones Disputatæ de Anima*. Edición bilingüe, introducción, traducción y notas por F. Ruiz. Vol I, 2002.

[282]   Sancti Thomæ de Aquino. *Quæstiones Disputatæ de Anima*. Edición bilingüe, introducción, traducción y notas por F. Ruiz. Vol II, 2002.

[283]   Santo Tomás de Aquino. *Compendio de Teología*. Rialp, Madrid, 1982.

[284]   Santo Tomás de Aquino. *Cuestiones Disputadas sobre el Alma*. Eunsa, Pamplona, 1999.

[285]   Sayés, J. A. *Jesucristo, Ser y Persona*. Aldecoa, Burgos, 1984.

[286]   Sayre, K. M. *Plato's Late Ontology: A Riddle Resolved*. Princeton University Press, Princeton, 1983.

[287]  Scheeben, M. J. *Los Misterios del Cristianismo*. Herder, Barcelona, 1957.

[288]  Scheler, M. *Muerte y Supervivencia*. Revista de Occidente, Madrid, 1934.

[289]  Scheler, M. *El Puesto del Hombre en el Cosmos*. Losada, Buenos Aires, 1972.

[290]  Scheler, M. *La Idea del Hombre y la Historia*. La Pléyade, Buenos Aires, 1974.

[291]  Schuhl, P.-M. *La Obra de Platón*. Librería Hachette, Buenos Aires, 1954.

[292]  Schütz, C. y Sarach, R. *Mysterium Salutis: El Hombre como Persona*, volumen 2. Benzinger Verlag, Einsiedeln, 1965.

[293]  Sciacca, M. F. *Platón*. Troquel, Buenos Aires, 1959.

[294]  Sciacca, M. F. *Qué es la Inmortalidad*. Columba, Buenos Aires, 1959.

[295]  Seifert, J. *Essere e Persona. Verse una Fondazione Fenomenologica di una Metafisica Classica e Personalista*. P.U.C. Sacro Cuore, Milán, 1989.

[296]  Sentis, L. "Penser la Personne". *Nouvelle Revue Théologique*, 116:682-705, 1994.

[297]  Sertillanges, A. D. *Las Grandes Tesis de la Filosofía Tomista*. Dedebec, Buenos Aires, 1948.

[298]  Shorey, P. *What Plato Said*. University of Chicago Press, Chicago, 1965.

[299]  Skemp, J. B. *The Theory of Motion in Plato's Later Dialogues*. Adolf M. Hakkert, Cambridge, 1967.

[300]   Solmsen, F. "Parmenides and the Description of Perfect Beauty in Plato's Symposium". *American Journal of Philology*, 92:62-70, 1971.

[301]   Solmsen, F. *Plato's Theology*. Ithaca, Nueva York, 1942.

[302]   Spaemann, R. *Felicidad y Benevolencia*. Rialp, Madrid, 1989.

[303]   Spicq, C. *Teología Moral del Nuevo Testamento*, volumen I. Ediciones Universidad de Navarra, Pamplona, 1970.

[304]   Sprague, R. K. "Symposium 211a and Parmenides frag. 8". *Classical Philology*, 66:261, 1971.

[305]   Synave, P. "Le Problème Chronologique des Questions Disputées de Saint Thomas d'Aquin". *Revue Thomiste*, 31:154-159, 1926.

[306]   Taylor, A. E. *A Commentary on Plato's Timaeus*. Garland Pub, Oxford, 1928.

[307]   Taylor, A. E. *Plato. The Man and His Work*. Routledge, London, New York, 1926.

[308]   Thibault, H. J. *Creation and Metaphysics. A Generic Approach to Existential Act*. M. Nijhoff, The Hague, 1970.

[309]   Tresmontant, C. *La Métaphysique du Christianisme et la Naissance de la Phiolosophie Chrétienne*. Éditions du Seuil, Paris, 1921.

[310]   Trottmann, C. "Le Noeud de l'Anthropologie Aristotélicienne, ses Conséquences Théologiques et Politiques". *Revue Thomiste*, XCVI:312-326, 1996.

[311] Tsirpanlis, E. C. "The Immortality of the Soul in Phaedo and Symposium". *Platon*, 17:224-233, 1965.

[312] Velásquez, O. *Anima Mundi. El Alma del Mundo en Platón*. Ediciones Universidad Católica de Chile, Santiago de Chile, 1982.

[313] Velásquez, O. *Politeia. Un Estudio a través de la República de Platón*. Ediciones Universidad Católica de Chile, Santiago de Chile, 1997.

[314] Vial Larraín, J. d. D. *Breve Tratado de Filosofía Moral*. Universidad de los Andes, Santiago de Chile, 1992.

[315] Vial Larraín, J. d. D. *Una Ciencia del Ser*. Ediciones Universidad Católica de Chile, Santiago de Chile, 1987.

[316] Vicuña N., A. M. *Filosofía, Poesía y Mito a la Luz de Eros en el Symposio de Platón*. Pontificia Universidad Católica de Chile, Santiago de Chile, 1993.

[317] Vives, J. *Génesis y Evolución de la Etica Platónica*. Gredos, Madrid, 1970.

[318] Vives, J. *Los Padres de la Iglesia*. Herder, Barcelona, 1971.

[319] Vlastos, G. *Platonic Studies*. Princeton University Press, Princeton, 1973.

[320] Vollgraff, J. C. "Conjectanea in Platonis Phaedrum". *Mnemosyne*, 37:433-445, 1909.

[321] Von Balthasar, H. U. "Der Tod im heutigen Denken". *Anima*, 11, 1956.

[322] Von Balthasar, H. U. *Gloria. Una Estética Teológica*, volumen IV: Metafísica, Edad Antigua. Encuentro, Madrid, 1987.

[323] Von Wilamowitz-Moellendorff, U. *Platon*. Weidmannsche Buchhandlung, Berlin, 1920.

[324] Waterfield, R. A. H. "The Place of the Philebus in Plato's Dialogues". *Phronesis*, XXV(3):270-305, 1980.

[325] Weisheipl, J. A. *Friar Thomas d'Aquino. His Life, Thought and Works*. Doubleday, New York, 1974.

[326] Whitehead, A. N. *Process and Reality: An Essay on Cosmology*. Free Press, New York, 1978.

[327] Whittaker, J. "The Eternity of the Platonic Forms". *Phronesis*, 13:131-143, 1968.

[328] Wilhelmsen, F. D. *La Metafísica del Amor*. Rialp, Madrid, 1964.

[329] Williams, C. J. F. "Dying". *Philosophy*:217-230, 1969.

[330] Willwoll, A. *Alma y Espíritu*. Razón y Fe, Madrid, 1946.

[331] Windelband, W. *Historia de la Filosofía Antigua*. Editorial Nova, Buenos Aires, 1955. Versión Castellana de J. Rovira Armengol.

[332] Wippel, J. F. "Aquinas and Participation". En *Studies in Medieval Philosophy*. Catholic University of America Press, Washington, 1987.

[333] Yepes Stork, R. *La Doctrina del Acto en Aristóteles*. Eunsa, Navarra, 1993.

[334] Zubiri, X. *El Hombre y Dios*. Alianza Editorial, Madrid, 1984.

[335] Zubiri, X. *Inteligencia Sentiente. Inteligencia y Realidad*. Alianza Editorial, Madrid, 1980.

www.ingramcontent.com/pod-product-compliance
Lightning Source LLC
Chambersburg PA
CBHW030257080526
44584CB00012B/354